Zur restriktiven Auslegung der Urheberschranken
vor dem Hintergrund von Art. 5 GG

Schriften zum Handels- und Wirtschaftsrecht

Herausgegeben von Michael Kling, Herbert Leßmann und Ralph Backhaus

Band 22

PETER LANG

Frankfurt am Main · Berlin · Bern · Bruxelles · New York · Oxford · Wien

Florian Mizdalski

Zur restriktiven Auslegung der Urheberschranken vor dem Hintergrund von Art. 5 GG

PETER LANG
Internationaler Verlag der Wissenschaften

Bibliografische Information der Deutschen Nationalbibliothek
Die Deutsche Nationalbibliothek verzeichnet diese Publikation in der Deutschen Nationalbibliografie; detaillierte bibliografische Daten sind im Internet über http://dnb.d-nb.de abrufbar.

Zugl.: Marburg, Univ., Diss., 2010

Umschlaggestaltung:
Olaf Glöckler, Atelier Platen, Friedberg

Gedruckt auf alterungsbeständigem,
säurefreiem Papier.

D 4
ISSN 1439-4189
ISBN 978-3-631-61060-2

www.peterlang.de

Meinen Eltern

Vorwort

Seit Jahrzehnten erschwert die Rechtsprechung die Auslegung des UrhG dadurch, dass statt des klassischen Auslegungskanons Floskeln verwendet werden, um eine restriktive Auslegung der Schrankentatbestände zu begründen. Die vorliegende Arbeit versucht daher, den Einfluss der Grundrechte auf die Auslegung der Schranken festzustellen, um eine neue, zeitgemäße Interpretation des sechsten Abschnitts des UrhG zu erreichen.

Die Arbeit wurde im Sommersemester 2010 vom Fachbereich Rechtswissenschaften der Philipps-Universität Marburg als Dissertation angenommen. Rechtsprechung und Literatur wurden bis Juni 2010 berücksichtigt.

Ein aufrichtiger Dank gilt meinem Doktorvater, Prof. Dr. Ralph Backhaus, für die Betreuung während und nach der Erstellungsphase, aber auch für die herzliche Atmosphäre während meiner Zeit als wissenschaftlicher Mitarbeiter an seinem Institut. Ihm verdanke ich wertvolle Hinweise und Anregungen zu dem Thema.

Frau Prof. Dr. Monika Böhm danke ich als Vertreterin des öffentlichen Rechts, dass sie sich dieses interdisziplinären Themas angenommen und das Zweitgutachten so zügig erstellt hat.

Allen voran danke ich aber meinen Eltern, Dr. Reiner und Monika Mizdalski. Sie haben meine juristische Ausbildung maßgeblich gefördert und unterstützt und mich während der Arbeit an meiner Dissertation immer wieder von neuem ermutigt und ermuntert. Sie haben außerdem die mühsame Arbeit des Korrekturlesens auf sich genommen.

Weiter sei zahlreichen Freunden, aber auch Kollegen am Institut für Rechtsgeschichte gedankt, die für Ablenkung und Rückhalt sorgten, Feedback gaben oder einfach nur ein offenes Ohr hatten. Namentlich sind hier neben vielen anderen vor allem Jan und Aliye zu erwähnen.

Nicht zu vergessen seien auch die Mitarbeiter des juristischen Seminars im Savigny-Haus in Marburg, deren überobligatorische und engagierte Hilfe aufwändige Recherchen deutlich vereinfachte.

Bremen im Juni 2010

Inhaltsverzeichnis

Abkürzungen

AcP	Archiv für die civilisitsche Praxis (Zeitschrift)
AfP	Zeitschrift für Medien- und Kommunikationsrecht (Zeitschrift)
AK	Alternativkommentar
Anm. d. Verf.	Anmerkung/en des Verfassers
AöR	Archiv des öffentlichen Rechts (Zeitschrift)
BAGE	Entscheidungen des Bundesarbeitsgerichts
BArbG	Bundesarbeitsgericht
BegrRefE	Begründung (zum) Referentenentwurf
BGHSt	Entscheidungen des Bundesgerichtshofes in Strafsachen
BGHZ	Entscheidungen des Bundesgerichtshofes in Zivilsachen
BK	Bonner Kommentar
BT-Drucks	Bundestag-Drucksache
BVerfGE	Entscheidungen des Bundesverfassungsgerichts
BVerwGE	Entscheidungen des Bundesverwaltungsgerichts
CR	Computer und Recht (Zeitschrift)
DB	Der Betrieb (Zeitschrift)
Der Staat	Der Staat (Zeitschrift)
ders.	derselbe
DGVZ	Deutsche Gerichtsvollzieher Zeitung (Zeitschrift)
dies.	dieselbe/dieselben
DÖV	Die öffentliche Verwaltung (Zeitschrift)
DPMA	Deutsches Patent- und Markenamt (München)
DRM	Digital Rights Mangement
DVBl.	Deutsches Verwaltungsblatt (Zeitschrift)
EuGH	Europäischer Gerichtshof (Luxemburg)
EuGRZ	Europäische Grundrechte-Zeitschrift (Zeitschrift)
EWiR	Entscheidungen zum Wirtschaftsrecht (Zeitschrift)
FAZ	Frankfurter Allgemeine Zeitung (Tageszeitung)
FG	Festgabe (für)
FS	Festschrift (für)
FuR	Film und Recht (Zeitschrift)
GewArch	Gewerbearchiv (Zeitschrift)
GRUR Int.	Gewerblicher Rechtsschutz und Urheberrecht, Internationaler Teil (Zeitschrift)
GRUR	Gewerblicher Rechtsschutz und Urheberrecht (Zeitschrift)
GRUR-RR	Gewerblicher Rechtsschutz und Urheberrecht Rechtsprechungs-Report (Zeitschrift)
Hdb	Handbuch
HdbStR	Handbuch des Staatsrechts
IPRax	Praxis des internationalen Privat- und Verfahrensrechts (Zeitschrift)
JA	Juristische Arbeitsblätter (Zeitschrift)
Jura	Juristische Ausbildung (Zeitschrift)
JuS	Juristische Schulung (Zeitschrift)
JW	Juristische Wochenschrift (Zeitschrift)
JZ	Juristenzeitung (Zeitschrift)
K&R	Kommunikation & Recht (Zeitschrift)

KG	Kammergericht (Oberlandesgericht Berlin)
KUG	Gesetz betreffend das Urheberrecht an Werken der bildenden Künste und der Photographie
KUR	Kunst und Recht (Zeitschrift)
LM	Lindenmaier/Möhring: Nachschlagewerk des Bundesgerichtshofs (Entscheidungssammlung)
LUG	Gesetz betreffend das Urheberrecht an Werken der Literatur und der Tonkunst
MDR	Monatsschrift für deutsches Recht (Zeitschrift)
MLR	Marburg Law Review (Zeitschrift)
MMR	Multimedia und Recht (Zeitschrift)
MTV	Manteltarifvertrag
NJW	Neue Juristische Wochenschrift (Zeitschrift)
NVwZ	Neue Zeitschrift für Verwaltungsrecht (Zeitschrift)
RabelsZ	Rabels Zeitschrift für ausländisches und internationales Privatrecht (Zeitschrift).
RBÜ	Revidierte Berner Übereinkunft
RdA	Recht der Arbeit (Zeitschrift)
RGZ	Entscheidungen des Reichsgerichts (Zeitschrift)
RzU	s. Schulze RzU
Schulze RzU	Schulze: Rechtsprechung zum Urheberrecht (Entscheidungssammlung)
sic.	(wirklich) so
SZ	Süddeutsche Zeitung (Tageszeitung)
TRIPS	Übereinkommen über handelbezogene Aspekte der Rechte des geistigen Eigentums (Agreement on Trade-Related Aspects of Intellectual Property Rights)
UFITA	Archiv für Urheber- und Medienrecht (Zeitschrift)
UWG	Gesetz gegen unlauteren Wettbewerb
VG	Verwertungsgesellschaft
VR	Verwaltungsrundschau (Zeitschrift)
VVDStRL	Veröffentlichungen der Vereinigung der Deutschen Staatsrechtslehrer (Zeitschrift)
WCT	WIPO-Urheberrechtsvertrag (WIPO Copyright Treaty)
WIPO	Weltorganisation für geistiges Eigentum (World Intellectual Property Organisation)
WPPT	WIPO-Vertrag über Darbietungen und Tonträger (WIPO Performances and Phonograms Treaty)
WRP	Wettbewerb in Recht und Praxis (Zeitschrift)
WRV	Weimarer Reichsverfassung
WuB	Entscheidungssammlung zum Wirtschafts- und Bankrecht (Zeitschrift)
ZIP	Zeitschrift für Wirtschaftsrecht (Zeitschrift)
ZUM	Zeitschrift für Urheber- und Medienrecht (Zeitschrift)

„Die Schrankenbestimmungen der §§ 45 ff. UrhG [sind] generell eng auszulegen.“

BGH Urt. v. 29. April 2010

in GRUR 2010, Seite 628 (630) – „Vorschaubilder“ (st. Rspr.)

„Kaum eine verfehlte Regel hat so viel Unheil gestiftet, wie die Behauptung, Ausnahmevorschriften seien ihrem Wesen nach einer Analogie unzugänglich; immer wieder hat sich die Rechtsprechung darauf berufen und sich auf diese Weise die Mühe einer genaueren Begründung erspart.“

Claus-Wilhelm Canaris

Die Feststellung von Lücken im Gesetz, Seite 181.

„Es kann ... vermutet werden, dass die Literatur bislang bewusst den Beschränkungen [des Urheberrechts] nicht allzu viel Aufmerksamkeit geschenkt hat, in der Befürchtung, dass dies vom zu erreichenden Ziel ablenken könnte: die Anerkennung und Stärkung des Urheberrechts.“

Christophe Geiger

in Hilty/Peukert: Interessenausgleich im Urheberrecht, Seite 143 (143)

1. Teil: Einführung

Das Urheberrecht schützt den Urheber in seinen geistigen und persönlichen Beziehungen zum Werk und in der Nutzung des Werkes (§ 11 S. 1 UrhG). Um dies zu erreichen stellt das UrhG dem Schöpfer zum Schutze seiner ideellen Interessen die Urheberpersönlichkeitsrechte zur Seite (§§ 12-13 UrhG). Zum Schutze seiner wirtschaftlichen Interessen gelten dagegen die Verwertungsrechte (§§ 15 ff. UrhG). Beide zusammen bilden nach der monistischen Theorie das einheitliche Urheberrecht.[1]

Die Reichweite des Urheberrechtsschutzes wird durch den sechsten Abschnitt des UrhG begrenzt, in welchem die urheberrechtlichen Schranken normiert sind. Diese sollen im Interesse der Allgemeinheit die genehmigungsfreie Nutzung fremder Werke in einem gewissen Rahmen ermöglichen.

Grundsätzlich werden Urheberrechte verfassungsrechtlich durch die Eigentumsgarantie des Art. 14 I 1 GG geschützt. Eigentum verpflichtetet aber zugleich. Gem. Art. 14 II 2 GG soll sein Gebrauch dem Wohle der Allgemeinheit dienen. Hierin finden die Urheberschranken ihre verfassungsrechtliche Legitimation.

Um dem „Ausnahmecharakter" der Urheberschranken gerecht zu werden sind diese nach noch allgemeiner Ansicht restriktiv auszulegen. Als Floskel geistert das Dogma durch die Rechtsprechung des BGH. Hierdurch soll eine effektive Verwirklichung des Schutzauftrages aus Art. 14 I 1 GG (Beteiligungsgrundsatz) sichergestellt werden. Dieses verfassungsrechtliche Schutzgut kollidiert dabei aber mit den Freiheiten des Art. 5 GG, namentlich der Meinungs-, Informations-, der Medien-, der Kunst- und der Wissenschaftsfreiheit. Gerade diese gebieten es auf den ersten Blick, eine extensive Nutzung fremden Geistesschaffens zu ermöglichen.

Auch die ordentliche Rechtsprechung, welche im Wesentlichen durch den BGH geprägt wurde, hat das Dogma der streng restriktiven Handhabung der Urheberschranken nicht konsequent angewandt. In mehreren Entscheidungen ist eine Tendenz zu erkennen, im Einzelfall auch eine weite bis sogar analoge Anwendung der Schranken vorzunehmen. Dabei ist die Rechtsprechung aber dennoch weit davon entfernt, endgültig Abstand vom Dogma der restriktiven Schrankenauslegung zu nehmen.

Die verfassungsrechtlichen Vorgaben des BVerfG scheinen dagegen eine Auslegung im Lichte von Art. 5 GG zu fordern, was ebenfalls gegen eine restriktive Handhabung spricht.

---

1 Vgl. *Mizdalski*, MLR 2008, 13 (17) zu den Grundlagen des Urheberrechts. Zu urheberrechtlichen Implikationen im Bereich des elektronischen Rechtsverkehrs vgl. *Backhaus* in Gounalakis, Electronic Business, § 23.

Nach jahrelanger Untätigkeit hat der Gesetzgeber vor dem Hintergrund der RL 2001/29/EG zur Harmonisierung bestimmter Aspekte des Urheberrechts ... in der Informationsgesellschaft (sog. Multimedia-RL) das UrhG gleich mehrfach geändert und dem technischen Fortschritt angepasst. Durch das Gesetz zur Regelung des Urheberrechts in der Informationsgesellschaft wurde das UrhG am 10.9.2003 in einem sog. „Ersten Korb" und am 26.10.2007 in einem „Zweiten Korb" reformiert.[2] Letzte Änderungen, die der Umsetzung der RL 2004/48/EG (sog. Enforcement-RL) dienten, hat der Gesetzgeber in der Enforcement-Novelle berücksichtigt, die zum 1.8.2008 in Kraft getreten ist.

Es ist an der Zeit, sich von Pauschaläußerungen wie dem Dogma der restriktiven Auslegung der Urheberschranken zu lösen und zurück zu einer unbefangenen zeitgemäßen Auslegung zu kehren.

Die vorliegende Arbeit soll dabei neue Aspekte für die Auslegung der Urheberschranken insbesondere aus verfassungsrechtlicher Sicht zu Tage fördern. Grundlage der Untersuchung sollen primär Fälle aus der höchstrichterlichen Rechtsprechung und Vorgaben der Verfassungsrechtsprechung sein. Ziel der Untersuchung ist es, einen Ausgleich der widerstreitenden Verfassungsgüter vorzunehmen und so die Rechtsprechung von BGH und BVerfG zu harmonisieren.

2 Siehe auch unten **3. Teil D. II. 5. b.**

2. Teil: Stand der Wissenschaft & Gang der Bearbeitung

Wissenschaft und Rechtsprechung haben sich in einem komplexen Prozess, der durch technische und rechtliche Neuerungen oder Reformen beeinflusst wurde, stetig fortentwickelt. Zu behaupten, dass sich die Lager heute in eine die restriktive Auslegung befürwortende und eine ablehnende Ansicht entwickelt hätten, wird dem Spektrum der unterschiedlichen Lösungsansätze nicht gerecht. Dennoch wiederholen sich die Argumente.

Im Folgenden sollen daher zunächst einige der klassischen oder herausragenden Lösungsansätze skizziert werden. Der Stand der Argumentation soll hiernach allerdings lösgelöst von einzelnen Modellen aufgezeigt und so für eine breite Diskussion fruchtbar gemacht werden. Eine vertiefte Untersuchung der Rechtsprechung soll in einem praktischen Teil (4. Teil) erfolgen, um die zum Teil widersprüchliche Judikatur zu verdeutlichen.

Eine überzeugende und praktikable Lösung hat *Frank Findeisen* in seiner Bearbeitung entworfen, die daher eine hervorgehobene Darstellung verdient (D.).

Am Ende des Kapitels soll dann ein Ausblick auf den Gang der nachfolgenden Bearbeitung gegeben werden (E.).

A. Bedeutung der Frage und Konsequenzen

Das Dogma der restriktiven Handhabung der Urheberschranken wirkt sich im Wesentlichen auf drei Fragenkomplexe aus.[3] Der erste – und im Zusammenhang mit dem Dogma zugleich der zentrale – beschäftigt sich mit der Frage, ob die Schranken generell einer extensiven Auslegung zugänglich sind. Hiermit zusammen hängt auch die Frage nach einer analogen Anwendung der Schranken. Zweitens stellt sich die Frage, ob bei der Anwendung der Schranken der technische Fortschritt zu berücksichtigen ist.[4] Schließlich ist drittens zu klären, ob neben den im UrhG geregelten Schranken auch allgemeine Rechtfertigungsgründe (des Zivilrechts) Eingriffe in Urheberrechte legitimieren können.[5]

---

3 So explizit bei *Poeppel*, Neuordnung der urheberrechtlichen Schranken, S. 41 ff.

4 Unten **3. Teil D. V.**

5 Vgl. hierzu unten **3. Teil E. VIII. 1.**

B. Lösungsansätze

Die noch herrschende Meinung geht davon aus, dass die Schrankenbestimmungen des UrhG, die maßgeblich im sechsten Abschnitt geregelt sind, grundsätzlich restriktiv auszulegen sind.[6]

Dass eine weite bis analoge Anwendung möglich oder sogar geboten sein soll, wird erst neuerdings vermehrt vertreten.[7]

Spricht man heute vom Dogma der restriktiven Handhabung der Urheberschranken, so bezieht man sich meist auch auf eine moderate Modifikation der streng restriktiven Auslegung. Da Extremmeinungen dem Einzelfall nur selten gerecht werden, eine streng restriktive Handhabung somit kaum praktikabel ist, gibt es auch unter Befürwortern einer restriktiven Auslegung – allen voran der Rechtsprechung - immer wieder Versuche, das Dogma zu relativieren und eine analoge Anwendung im Einzelfall zu ermöglichen.[8] Gerade diese sich mehrenden Einzelfälle führen zu einer gewissen Inkonsequenz und somit zu erheblicher Rechtsunsicherheit.

Neben diesen zwei Gegenpolen gibt es einige Modifikationen. Eine abschließende Darstellung kann selbst im hiesigen Rahmen nicht erfolgen. Zudem

---

[6] Vgl. exemplarisch die noch h.M.: RGZ 153, 1 (23) – „Schallplatten und Rundfunk"; BGHZ 11, 135 (143) – „Schallplatte"; 50, 147 (152) – „Kandinsky"; BGH NJW 1972, 1273 (1273 f.) – „Landesversicherungsanstalt"; BGH GRUR 1983, 562 (563) – „Zoll- und Finanzschulen"; BGH NJW 1974, 1872 (1873) – „Alters-Wohnheim"; BGH GRUR 1983, 28 (29) – „Presseberichterstattung und Kunstwerkwiedergabe II"; BGH GRUR 1985, 874 (875) – „Schulfunksendung"; BGH GRUR 1992, 386 (387) – „Altenwohnheim II"; BGH GRUR 1994, 45 (46) – „Verteileranlagen"; BGH GRUR 1994, 800 (802) – „Museumskatalog"; BGH GRUR 1997, 459 (463) – „CB-infobank I". Ferner *Fechner*, Geistiges Eigentum, S. 236; *von Gamm*, § 45 UrhG Rn. 4; *Katzenberger*, Elektronische Printmedien, S. 50, 62; *Loewenheim*, GRUR 1996, 636 (641); *Nicolini* in Möhring/Nicolini, § 45 Rn. 2, § 46 UrhG Rn. 3; *W. Nordemann* in Fromm/Nordemann, vor § 44a ff. UrhG Rn. 3; *Schack*, Urheber- und Urhebervertragsrecht, Rn. 95, 533; *ders.*, FS Schricker, 511 (515); *ders.*, JZ 2002, 1007 (1008); *Melchiar* in Schricker, Vor §§ 44a ff. UrhG Rn. 15; *Lüft* in Wandtke/Bullinger, Vor §§ 44a ff. Rn. 1, § 49 UrhG Rn. 14.

[7] Exemplarisch *Geiger* in Hilty/Peukert, 143 (152 ff.); *ders.*, GRUR Int. 2004, 815 (819); *Hoeren* in FS Sandrock, 357 (369 f.); *ders.* in Möhring/Nicolini, § 69d UrhG Rn. 2; *Kamps/Koops*, CR 2007, 581 (585); *Kröger*, Informationsfreiheit, S. 222 ff; *ders.*, MMR 2002, 18 (18 ff.); *Löffler*, NJW 1980, 201 (204); *Poeppel*, Neuordnung der urheberrechtlichen Schranken, S. 45; *Raue*, FS Nordemann, 327 (330, 339); *Raue/Hegemann* in Hoeren/Sieber, Teil 7.5 HdbMultimedia Rn. 13; *Wandtke*, GRUR 2002, 1, (5 f.); *Wild* in Schricker, § 97 UrhG Rn. 23.

[8] Exemplarisch BGH GRUR 1987, 362 (363) – „Filmzitat"; BGH GRUR 2002, 963 (964 f.) – „Elektronischer Pressespiegel"; *Bornkam*, FS Piper, 641 (649); *Dreier* in Dreier/Schulze, Vor §§ 44a ff. UrhG Rn. 7; *Freiwald*, Private Vervielfältigung im digitalen Kontext, S. 45 f.; *Lettl*, Urheberrecht, § 6 Rn. 3; *Schricker* in Schricker, § 51 UrhG Rn. 8; *Raue*, FS Nordemann, 326 (339); *Schack*, FS 50 Jahre BGH II, 687 (689); *Pahud*, Sozialbindung, S. 109 ff. Zögerlich *Rehbinder*, Urheberrecht, Rn. 435.

ist aufgrund minimaler Abweichungen, unterschiedlicher Terminologie oder widersprüchlicher Aussagen nicht immer eindeutig, wann eine Meinung sich als eigenständig von einem der beiden Gegenpole abheben will.

Daher sollen im Folgenden exemplarisch einige aktuelle[9] Lösungswege dargestellt werden, deren Denkansätze entweder besonders radikal, interessant oder fruchtbar erscheinen.

I. Freiheit des Urheberrechts

Hoeren[10] geht davon aus, dass die Nutzung fremder Ideen grundsätzlich frei ist – womit er unbestritten Recht hat, denn die reine (formlose) Idee ist urheberrechtlich nicht schutzfähig.[11] Seiner Ansicht nach ist aber der Schutz von Werken als verkörperter Idee demnach eine Ausnahme dieses Grundsatzes. Die „Schranken geben dem Nutzer nur die Freiheit zurück, die ihm ohnehin zusteht“[12]. Diese Freiheiten lassen sich logisch nur über eine extensive Handhabung realisieren.

Auch *Kröger* sieht legitimiert durch Art. 5 GG Informationen als grundsätzlich frei und dem Gemeingebrauch zugänglich an. Eine Monopolisierung von Informationen durch Urheberschutz hält er für eine „begründungspflichtige Ausnahme“ von diesem Gemeingebrauch.[13]

Dass das Urheberrecht bislang nur unzureichend beschränkt wurde, um der Allgemeinheit die Nutzung urheberrechtlich geschützter Werke zu ermöglichen, hat das BVerfG bislang noch nicht festgestellt.[14] Ebenso könnte man die Argumentation zugunsten eines reinen Urheberschutzes umdrehen mit der Begründung, das Urheberrecht bezwecke schließlich primär den Schutz der Kunstschaffenden (§ 11 UrhG). Vergleicht man die Immaterialgüterrechte mit dem Sacheigentum, kann ein Schutz aus Art. 14 I GG also nicht versagt werden. Auch kann nicht bestritten werden, dass das Urheberrecht als Ausschließlichkeitsrecht konzipiert ist.[15]

---

9 Insbesondere zum älteren Meinungsspektrum vgl. *Findeisen*, Auslegung urheberrechtlicher Schrankenbestimmungen, S. 68 ff. m.w.N.

10 *Hoeren* in Möhring/Nicolini, § 69d UrhG Rn. 2; *ders.*, MMR 1999, 412 (413). Vgl. auch *ders.*, MMR 2000, 3 (5).

11 *G. Schulze* in Dreier/Schulze, § 2 UrhG Rn. 15; *Rehbinder*, Urheberrecht, Rn. 149 f. Vgl. auch unten **3. Teil B. I. 3. a.**

12 *Hoeren* in Möhring/Nicolini, § 69d UrhG Rn. 2. Vgl. *Rogge*, Elektronische Pressespiegel, S. 219.

13 *Kröger*, MMR 2002, 18 (20). So auch *Pahud*, Sozialbindung, S. 108, 109.

14 Vgl. *Bornkamm*, FS Piper, 641 (641).

15 *Fechner*, Geistiges Eigentum, S. 234 f.

II. Verfassungskonforme Güterabwägung

Für eine verfassungskonforme Güterabwägung spricht sich *Kröger* weiterhin aus und möchte eine Auslegung in beide Richtungen vornehmen.[16] Das Gesetz ist verfassungskonform so auszulegen, dass der Bedeutung der Informationen für die Inanspruchnahme individueller wie gesellschaftlicher Freiheit hinreichend nachgekommen wird. Die staatliche Gewalt trifft die Pflicht, den Kommunikationsprozess offen zu halten und gesellschaftlichen Informationsungleichgewichten entgegenzuwirken. Die Zugänglichkeit muss nicht zwangsläufig kostenfrei erfolgen.

Auf den ersten Blick mag der Vorschlag nahe liegen und aus dem Verfassungsrecht bekannt sein. Das Verfassungsrecht bildet eine objektive Werteordnung, die auch auf das einfache Recht ausstrahlt.[17] Auf der Suche nach einer praktikablen Umsetzung des Vorschlags zeigen sich aber schnell Gefahren. Eine freischwebende Güter- und Interessenabwägung würde nämlich das abgestufte Schrankenmodell des Gesetzgebers unterlaufen und die Tatbestandsmerkmale einzelner Schranken umgehen. Die Güterabwägung muss daher in den Auslegungsprozess einbezogen werden und auch die Grenzen der Auslegung respektieren.[18]

III. Ermittlung der Ratio der Norm

In seinem Schlusswort zu einer Abhandlung über die Auslegung der Urheberschranken spricht sich *Raue* dafür aus, die Ratio der jeweiligen Norm zu suchen, um über eine analoge Anwendung zu entscheiden.[19] Maßgeblich sei der Grund, warum der Gesetzgeber eine zusätzlich begrenzende Norm formuliert. Dieser Grund liege eben darin, dass der Allgemeinheit der Zugang zu Informationen ermöglicht werden soll.[20]

Diese Auffassung gefällt vor allem deshalb, weil sie sich von Floskeln wie „Ausnahmevorschriften sind generell eng auszulegen“ löst und einen Ansatz im Sinne der juristischen Methodenlehre anklingen lässt. Was als Schlusswort gedacht war, kann also als Ausgangspunkt einer „neuen“ Auslegungsmethode dienen – die doch eigentlich die klassische und unbefangene ist.

---

16 *Kröger*, MMR 2002, 18 (19).

17 Dazu unten **3. Teil C. II.**

18 Hierzu später **3. Teil E. VI.** und **VIII.**

19 *Raue*, FS Nordemann, 327 (339).

20 Vgl. *Kröger,* MMR 2002, 18 (20).

IV. Vergleich mit dem Sacheigentum

Als Test für die Zulässigkeit eines Eingriffs in Urheberrechte schlägt *Bornkamm* einen Vergleich mit dem Sacheigentum vor.[21] Seiner Ansicht nach wäre zum Beispiel zu fragen, ob der Diebstahl von Tagebüchern nach § 903 BGB gerechtfertigt wäre, um sie der Allgemeinheit zugänglich zu machen. Für das Urheberrecht könne letztlich nichts anderes gelten.

Trotz der gravierenden Unterschiede zwischen dem Sach- und dem geistigen Eigentum[22] ist die Idee *Bornkamms* nicht von der Hand zu weisen. Wegen größerer Gefährdungspotentiale ist das geistige Eigentum mit Sicherheit schutzwürdiger als das Sacheigentum. Im Gegenzug ist aber auch der soziale Bezug des geistigen Eigentums größer als beim Sacheigentum.[23] Daher ist zu fragen, in welchen Fällen ein stärkerer Schutz gerechtfertigt sein mag. Eine isolierte Betrachtung führt schnell dazu, dass das Urheberrecht zu einem Fremdkörper im Rechtssystem mutiert.

V. Rechtsnatur der Schranken

Geiger bemüht die bisher vernachlässigte Frage um die Rechtsnatur der Schranken. Er versucht einzuordnen, ob es sich bei den Beschränkungen des sechsten Abschnitts um Schranken oder um Ausnahmen handelt. Mit anderen Worten: handelt es sich um ein Recht der Allgemeinheit oder um ein Interesse der Allgemeinheit?[24] Der Begriff der *Ausnahme* impliziert eine Hierarchie.[25] Dagegen wird der Inhalt des Ausschließlichkeitsrechts durch seine *Schranken* bestimmt, über deren Grenzen hinaus der Urheber keine Kontrollmöglichkeiten mehr hat.[26] *Geiger* kommt zu dem Ergebnis, dass es sich bei den Schranken des UrhG nicht um Ausnahmen vom Recht der Urheber handelt, sondern „um Rechtstechniken, die den Inhalt und die Grenzen des Rechts bestimmen“[27]. Damit sind sich Urheberrechte und Schranken ebenbürtig.

Das bislang etablierte Gleichgewicht sieht er durch die technischen Änderungen gefährdet, „denn den Ausweitungen auf Seiten der Rechte folgen keine Ausweitungen der den Nutzern gelassenen Freiräume. Es ist somit erforderlich,

---

21 *Bornkamm*, FS Piper, 641 (647 f.). Bei der Diskussion ging es um Eingriffe durch den zivilrechtlichen Notstand. Freilich spielen diese Überlegungen aber generell im Bereich der Auslegung der Schrankentatbestände ebenfalls eine Rolle.

22 Dazu unten **3. Teil A. II. 1.**

23 Vgl. unten **3. Teil A. III. 2. b.**

24 *Geiger* in Hilty/Peukert, Interessenausgleich, 143 (143, 150 f.).

25 Beispiel: „Ausnahme ist eine Insel von Freiheit in einem Meer von Exklusivität“.

26 Beispiel: „Schranke ist eine Insel von Exklusivität in einem Meer von Freiheit“.

27 *Geiger* in Hilty/Peukert, Interessenausgleich, 143 (151). Vgl. auch *ders.*, GRUR Int. 2004, 815 (818 f.).

dass die Schranken im Lichte der Grundrechte interpretiert werden, um die Adaptierbarkeit des Systems zu gewährleisten und das Gleichgewicht zu erhalten“[28].

Geiger legt den Finger auf eine Wunde des Urheberrechts. Weder BVerfG noch BGH haben bislang Anstalten unternommen, die Rechtsnatur der Schranken zu klären, obschon sich mehrfach die Möglichkeit hierzu bot. Hat die Allgemeinheit ein Recht auf einen nutzungsfreien Raum, muss die Auslegung selbstredend anders ausfallen, als wenn es sich bei den Schranken um einen großzügigerweise gewährten Bereich der freien Nutzung handelt.

VI. Auslegung nach dem Urheberwohl

Von einer neuen Interessenkonstellation geht *Hilty* bei seinem Auslegungsmodell aus. Dieser hat auf Grundlage des „Pressespiegel“-Urteils des BGH[29] erkannt, dass sich der Interessenkonflikt in der Praxis zumeist als tripolar darstellt. Es kollidieren nicht nur Interessen von Urhebern und Werknutzern. Tatsächlich sind auch Interessen der Inhaber von Nutzungsrechten an der Kollision beteiligt.[30] *Hilty* liest nun aus dem Urteil des BGH heraus, dass die Auslegung auch nach dem Wohle der Urheber zu erfolgen habe, da die „bisherige“ urheberfreundlich gemeinte (restriktive) Auslegung im tripolaren Verhältnis stets den Inhabern der Nutzungsrechte zugute kam.[31] Der BGH hatte sich mit dieser Begründung für eine Zulässigkeit elektronischer Pressespiegel ausgesprochen, da den Autoren als Urhebern hierdurch gem. § 49 I 2 UrhG die Vergütung zufloss.[32]

Dieser Lösungsansatz überrascht aufgrund seiner Neuartigkeit. Er bleibt ohne nähere Ausdifferenzierung aber zu pauschal, um praktikabel zu sein. Hier wird man abermals auf die jeweilige Interessenlage im Einzelfall verweisen müssen, die maßgeblich durch Verfassungsgüter bestimmt wird.

C. Stand der Argumentation

Gerade in der älteren Judikatur begnügte sich die Rechtsprechung mit der floskelhaften Übernahme von Begründungen des RG. Die Frage ob, und gegebenenfalls wie die Urheberschranken auszulegen sind, wurde lange Zeit aus einer kri-

---

28 *Geiger* in Hilty/Peukert, Interessenausgleich, 143 (152).

29 BGH GRUR 2002, 963 – „Elektronischer Pressespiegel“. Hierzu später **4. Teil C. I.**

30 Im BGH-Fall der elektronischen Pressespiegel waren es die Verleger elektronischer Pressespiegel, welche von den Urhebern konkrete Nutzungsrecht erwarben. Vgl. unten **4. Teil C. I. 2. b.**

31 *Hilty*, FS Schricker, 325 (329 f.).

32 Vgl. BGH GRUR 2002, 963 (966) – „Elektronischer Pressespiegel“.

tischen Diskussion ausgeklammert. Erst in letzter Zeit, vorangetrieben durch technische Neuerungen, findet die Frage vermehrt Beachtung. Sowohl Vertreter einer restriktiven als auch Vertreter einer extensiven Handhabung kommen nunmehr in den Zwang, ihre Thesen zu begründen.

I. Pro restriktive Argumente

1. Verfassungsgüter

Befürworter einer eher restriktiven Handhabung der Urheberschranken begründen dies mit dem aus der Verfassung resultierendem Schutzgebot von Immaterialgüterrechten. Neben der Eigentumsgarantie aus Art. 14 I 1 GG (Beteiligungsgrundsatz)[33] werden urheberpersönlichkeitsrechtliche Belange durch das allgemeine Persönlichkeitsrecht in Art. 2 I i.V.m. Art. 1 I 1 GG garantiert.[34]

Das Argument ist nicht haltbar, wenn man bedenkt, dass im Gesamtgefüge des Rechts immer auch antagonistische Grundrechte mit dem Beteiligungsgrundsatz kollidieren, die im Wege der Abwägung miteinander in Einklang zu bringen sind. *Findeisen* hat bereits aufgezeigt, dass Einschränkungen im Rahmen der Sozialbindung des Eigentums oder des kulturellen Allgemeingebrauchs veröffentlichter Werke hingenommen werden müssen.[35] Hieran gilt es mit der vorliegenden Untersuchung anzuknüpfen.

2. Systematische Argumente

Weiterhin werden systematische Argumente herangezogen, um das Dogma zu untermauern.

Zunächst findet sich vielfach der Hinweis, dass die Schranken im sechsten Abschnitt des UrhG geregelt und den Urheberrechten des vierten Abschnitts (Urheberpersönlichkeitsrechte und Verwertungsrechte) somit als Ausnahme gegenübergestellt seien.[36] Dies allein überzeugt aber nicht. Sowohl Urheberpersönlichkeitsrechte und Verwertungsrechte auf der einen Seite als auch die Schran-

---

33 BGH GRUR 1999, 707 (710, 713 f.) – „Kopienversanddienst“; BGH GRUR 2002, 963 (966) – „Elektronische Pressespiegel“; OLG Hamburg GRUR-RR 2002, 51 (52) – „Goldmann-Kommunikationssysteme“; *Gounalakis*, NJW 2007, 36 (37); *Lettl*, Urheberrecht, § 1 Rn. 47.

34 Zur Reichweite der Eigentumsgarantie vgl. unten **3. Teil A. II.** Zum Urheberpersönlichkeitsrecht vgl. *Backhaus* in Gounalakis, Electronic Business, § 23 Rn. 13 ff.; *Gounalakis/Rhode*, Persönlichkeitsschutz im Internet, Rn. 75 ff.

35 Vgl. hierzu das Lösungsmodell von *Findeisen*, unten **D.**

36 BGH GRUR 1997, 459 (463) – „CB-infobank I“ und BGH GRUR 1997, 464 (466) – „CB-infobank II“.

ken auf der anderen Seite normieren von zwei Seiten ein und das selbe Recht: das Urheberrecht. Es handelt sich um „zwei Seiten derselben Medaille“[37]. Das Urheberrecht wird dem Urheber als ein von Anfang an mit den Schranken belastetes Recht gewährt. Dem Gesetzgeber ist es im Rahmen der Inhalts- und Schrankenbestimmung nach Art. 14 GG durchaus freigestellt, dieses Recht in verschiedenen Abschnitten eines Gesetzes zu normieren,[38] ebenso wie er sich sogar für eine Regelung in verschiedenen Gesetzeswerken entscheiden könnte. Denkbar wäre auch, dass Urheberrechte und Schranken in einem eigenen Abschnitt geregelt würden, wie es z.B. beim LUG der Fall war.[39]

Kaum widerlegbar ist dagegen ein anderes systematisches Argument: Die Darstellung der Werkarten und der Verwertungsrechte ist offen formuliert. Sowohl § 2 UrhG als auch § 15 UrhG benennen lediglich einen Beispielskatalog an Werkarten bzw. Verwertungsrechten, der jeweils entwicklungsoffen ist.[40] So kennt die herrschende Meinung bei den Werkarten z.B. das unbenannte Multimediawerk, das im Katalog des § 2 I UrhG nicht aufgeführt ist.[41] Gleiches gilt für die Verwertungsrechte, die bewusst offen formuliert sind, um dem technischen Fortschritt stand halten zu können. Die öffentliche Zugänglichmachung von Werkarten im Internet war beispielsweise schon vor der Etablierung des § 19a UrhG als selbständige Verwertungsart geschützt.[42] Dagegen hat sich der Gesetzgeber bei der Darstellung der Schranken für das Enumerationsprinzip entschieden, indem er explizit benannte Tatbestände auflistet, in welchen eine Nutzung urheberrechtlich geschützter Werke gestattet ist.[43] Damit ist der Raum für die freie Nutzung von Werken auf wenige Fälle begrenzt. Ob im Geltungsbereich des UrhG eine Schranken-Generalklausel, wie sie die US-amerikanische „fair use“-doctrine darstellt,[44] konventionsrechtlich Bestand haben könnte, ist fraglich.[45]

---

37 *Schack*, FS Schricker, 511 (511).

38 BVerfGE 31, 270 (272) – „Schulfunksendungen“; 49, 382 (393) – „Kirchenmusik“; vgl. auch unten **3.** und **3. Teil A. II. 2. a.**

39 Vgl. hierzu den zweiten Abschnitt des LUG.

40 *Schack*, FS Schricker, 511 (511, 514).

41 Vgl. *Backhaus* in Gounalakis, Electronic Business, § 23 Rn. 11 m.w.N.

42 Vgl. BGH GRUR 2003, 958 (961) – „Paperboy“; LG Hamburg, GRUR Int. 2004, 148 (151) – „Thumbnails“; *Dreier* in Dreier/Schulze, § 19a UrhG Rn. 3; *Lauber/Schwipps*, GRUR 2004, 293 (294); *v. Welser* in Wandtke/Bullinger, Fallsammlung, Fall 2, 7 (12 f.).

43 *Götting* in Loewenheim § 30 HdbUrhR Rn. 4. Vgl. zum Enumerationsprinzip generell *Schack*, FS Schricker, 511 (513).

44 Vgl. nur *Bornkamm*, FS Piper, 641 (648); *Hilty*, FS Schricker, 325 (329); *Löffler*, NJW 1980, 201 (204); *Ulmer*, GRUR 1972, 323 (323). Ausführlich bei *Schack*, FS Schricker, 511 (511 ff.).

45 Hierzu *Schack*, FS Schricker, 511 (512 f.).

3. Ausnahmevorschriften sind eng auszulegen

In diesem Zusammenhang hört man auch immer wieder das Schlagwort, dass die Urheberschranken als Ausnahmevorschriften grundsätzlich eng auszulegen sind.[46]

Eine Regel, dass Ausnahmevorschriften *generell* eng auszulegen sind, kennt die zivilrechtliche Methodenlehre nicht.[47] Spezialnormen dürfen nur dann nicht analog angewendet werden, wenn dies der Regelungsabsicht der Generalnorm zuwiderlaufen oder diese in ihr Gegenteil verkehrt würde.[48] Ausnahmevorschriften können nach Sinn und Zweck sogar analog angewendet werden.[49] Es ist also im Rahmen der Auslegung die Frage zu klären, ob eine Ausnahme vorliegt.[50] Insofern könnte das Enumerationsprinzip Indiz für den Willen des Gesetzgebers sein, die Schranken zu begrenzen. Dann müsste durch die Entscheidung für das Enumerationsprinzip aber auch deutlich werden, dass der Gesetzgeber sich zugleich gegen eine Analogie ausspricht. Ein generelles Bekenntnis für eines der Dogmen hat in den Materialien zum Gesetzgebungsverfahren jedoch keinen Niederschlag gefunden.[51] Somit sind im jeweiligen *Einzelfall* die konkrete Norm und die Begleitumstände herauszuarbeiten, sowie die kollidierenden Verfassungsgüter zu untersuchen und eine Entscheidung mit den allgemeinen Hilfsmitteln der Methodenlehre zu finden.[52]

---

46 BGH NJW 1972, 1273 (1273 f.) – „Landesversicherungsanstalt"; BGH GRUR 1983, 562 (563) – „Zoll- und Finanzschulen"; BGH NJW 1974, 1872 (1873) – „Alters-Wohnheim". BGH GRUR 1992, 386 (387) – „Altenwohnheim II"; BGH GRUR 1994, 45 (46) – „Verteileranlagen"; BGH GRUR 1997, 459 (463) – „CB-infobank I"; BGH GRUR 1999, 325 (327) – „Elektronische Pressearchive"; BGH GRUR 2010, 628 (630) – „Vorschaubilder". Ferner *Dreier* in Dreier/Schulze, Vor §§ 44a ff. UrhG Rn. 7; *Fechner*, Geistiges Eigentum, S. 236; *W. Nordemann* in Fromm/Nordemann, vor § 44a ff. UrhG Rn. 3; *Schack*, Urheber- und Urhebervertragsrecht, Rn. 86; *Melchiar* in Schricker, Vor §§ 44a ff. UrhG Rn. 15, *Lüft* in Wandtke/Bullinger, Vor §§ 44 a ff Rn. 1.

47 *Canaris*, Feststellung von Lücken im Gesetz, S. 181; *Larenz/Canaris*, Methodenlehre, S. 175 f.; *Weinsheimer*, NJW 1959, 566 (566). Vgl. auch unten **3. Teil D. IV.**

48 BGH GRUR 1987, 362 (363)) – „Filmzitat"; *Dreier* in Dreier/Schulze, Vor §§ 44a UrhG Rn. 7; *Hilty*, FS Schricker, 325 (327); *Poeppel*, Neuordnung der urheberrechtlichen Schranken, S. 43 f.; *Ulmer*, GRUR 1972, 323 (324); dies gibt auch *Schack*, FS Schricker, 511 (514) zu, der ansonsten eine restriktive Auslegung befürwortet.

49 Vgl. *Hilty*, FS Schricker, 325 (327); *Ulmer*, Urheber- und Urhebervertragsrecht, S. 315.

50 *Kröger,* MMR 2002, 18 (20). Vgl. auch das Lösungsmodell von *Findeisen* unten **D. I.**

51 Vgl. *Poeppel*, Neuordnung der urheberrechtlichen Schranken, S. 44.

52 *Poeppel*, Neuordnung der urheberrechtlichen Schranken, S. 45

4. Keine Aushebelung der Schrankensystematik

Das Urheberrecht versucht generell einen Ausgleich zwischen den Interessen des Urhebers und denen der Allgemeinheit – wie der Informationsfreiheit - zu treffen. Diesen Ausgleich hat der Gesetzgeber nach herrschender Ansicht bereits in der Etablierung der Schranken vorgenommen. Eine quasi doppelte Berücksichtigung des Informationsinteresses – durch die Anwendung der hierauf fußenden Schranken einerseits und nochmaliger Auslegung andererseits - würde angeblich zur Aufhebung des Urheberrechts als Ausschließlichkeitsrecht führen und die Schranken gänzlich aushebeln.[53]

Dieses Argument ist nur auf den ersten Blick stichhaltig. Auch wenn der Gesetzgeber das allgemeine Informationsinteresse bei den Schranken verortet haben mag, bleibt es dem Rechtsanwender doch unbenommen, Auslegung in den Grenzen der Methodenlehre zu betreiben. Hierzu gehört auch die verfassungskonforme Auslegung.[54] Erst hier wird sich zeigen, ob der Gesetzgeber das Informationsinteresse der Allgemeinheit auf wenige Fälle begrenzen wollte oder ob er darüber hinaus auch anderen Interessen Rechnung tragen wollte.[55] Die Auslegung mit dem Argument zu versagen, dass die Interessen einer Gruppe bereits bei der Gesetzgebung *abschließend* berücksichtigt wurden, wäre unter rechtsmethodischen Gesichtspunkten völlig neuartig. Mit diesem Argument könnte jede Auslegung im Keim erstickt werden, denn dem Gesetzgeber kann bei gewissenhafter Arbeit stets unterstellt werden, dass er um einen Ausgleich verschiedener Interessengruppen bemüht ist. Doch auch der Gesetzgeber kann bei Erlass einer Vorschrift nicht alle erdenklichen Einzelfälle voraussehen und berücksichtigen.

II. Pro extensive Argumente

Die Argumente von Befürwortern einer extensiven Auslegungsmethode sind im Vergleich dazu schmal. Viele beschränken sich auf die Widerlegung der Gegenansicht, insbesondere der Widerlegung des Dogmas der restriktiven Auslegung als Ausnahmevorschrift und suchen eine unvoreingenommene Lösung nach den Mitteln der juristischen Methodenlehre.

Es darf aber nicht übersehen werden, dass Verfassungsrechten der Werkschöpfer Verfassungsgüter Dritter, namentlich solche aus Art. 5 GG gegenübergestellt sind. So ist der freie Zugang zu Informationen ebenfalls nach Art. 5 I, III GG

---

53 Vgl. *Poeppel*, Neuordnung der urheberrechtlichen Schranken, S. 44.

54 Vgl. unten **3. Teil E.**

55 *Bornkamm*, FS Piper, 641 (649).

geschützt.[56] Viele der Schranken dienen insoweit selber verfassungsrechtlich geschützten Freiheiten.[57] Verfassungsgüter werden üblicherweise im Wege der praktischen Konkordanz im Einzelfall gegeneinander abgewogen.[58] Den Grundrechten kommt somit bei einer Abkehr von der restriktiven Handhabung der Urheberschranken gesteigerte Bedeutung zu.

D. Auslegungsmodell Findeisens

Einen rein urheberrechtlichen Lösungsansatz hat *Findeisen* in seiner Bearbeitung zur Auslegung der Urheberschranken vorgelegt.

Ausgangspunkt seiner Überlegung ist die Erkenntnis, dass die Rechtsprechung des BGH mittlerweile inkonsequent geworden ist und durch Floskeln belegt wird, deren Ursprung nicht mehr nachvollziehbar ist.[59] *Findeisen* widerlegt daher den Grundsatz, dass die Urheberschranken Ausnahmevorschriften darstellten, die generell eng auszulegen wären.

I. Ausnahmevorschriften

Diesen Satz hatte einst das Reichsgericht zur Auslegung des LUG entwickelt. Seitdem geistert die Floskel als Dogma weiterhin durch die Rechtsprechung, ohne von ihr weiter hinterfragt zu werden.

Von grundlegender Bedeutung ist, wie es zu diesem „Missverständnis" kam.[60] Erstmals taucht der Grundsatz in einer Entscheidung des LG Berlin auf, in welcher das Gericht über die Reichweite der Schranke des § 20 I LUG[61] zu entscheiden hatte. Das Gericht formulierte, dass die Vervielfältigung von Texten musikalischer Werke eine Abweichung von dem in § 11 LUG[62] erklärten Aus-

[56] Zur Informationsfreiheit insbesondere *Kröger*, MMR 2002, 18 (19 ff.); *Löffler*, NJW 1980, 201 (202 ff.).

[57] *Poeppel*, Neuordnung der urheberrechtlichen Schranken, S. 42

[58] Vgl. *Raue/Hegemann* in Hoeren/Sieber, Teil 7.5 HdbMultimedia Rn. 13 ff.; *Kröger*, MMR 2002, 18 (19 ff.); *Poeppel*, Neuordnung der urheberrechtlichen Schranken, S. 42 f.; *Raue*, FS Nordemann, 327 (329).

[59] Vgl. auch das Urteil zu den „Elektronischen Pressearchiven" unten **4. Teil C. IV. 2. b.**

[60] Vgl. hierzu ausführlich *Findeisen*, Auslegung urheberrechtlicher Schrankenbestimmungen, S. 58 ff.

[61] „Zulässig ist die Vervielfältigung, wenn kleinere Theile einer Dichtung oder Gedichte von geringem Umfange nach ihrem Erscheinen als Text zu einem neuen Werke der Tonkunst in Verbindung mit diesem wiedergegeben werden..."

[62] „Der Urheber hat die ausschließliche Befugniß, das Werk zu vervielfältigen und gewerbsmäßig zu verbreiten..."

schließlichkeitsrecht des Urhebers darstelle und insofern eine Ausnahme bilde.[63] Das RG bestätigte diese Auffassung, „bereinigte" aber die Formulierung. Infolgedessen kam das RG zu dem Ergebnis, dass jede Einschränkung von Rechten der Urheber im Zweifel nicht erweiternd zu deuten sei[64] und übertrug diese Rechtsprechung schließlich auch auf die Auslegung des KUG.[65] Heute, so stellt *Findeisen* fest, wird der Ausnahmecharakter der Schranken primär aus dem urheberrechtlichen Beteiligungsgrundsatz gefolgert.[66]

II. Ausnahmen vom Vergütungsanspruch (Beteiligungsgrundsatz)

Dabei war eine Paradigmatisierung aus Sicht des LUG nicht einmal so fernliegend, wie es heute erscheinen mag. Auch die Rechtsprechung zum LUG hatte eine Art Beteiligungsgrundsatz urheberrechtlicher Art angenommen. In ihrer vorkonstitutionellen Judikatur folgerte die Rechtsprechung diesen Grundsatz selbstredend nicht aus dem GG, sondern aus der „Natur der Sache".[67] Da aber die Vorschriften des LUG keine Vergütung für Eingriffe in das Urheberrecht vorsahen, ist es durchaus richtig, dass die Rechtsprechung bei jeder Verwertung, welche nicht durch den Urheber gestattet wurde, eine Ausnahme von dem urheberrechtlichen „Beteiligungsgrundsatz" annahm.[68]

Insofern lautet die erste und wohl grundlegendste Erkenntnis *Findeisens*: Ausnahmen, welche eine restriktive Auslegung rechtfertigen würden, lassen sich de lege lata nur dann annehmen, wenn die Vergütung des Urhebers ausgeschlossen ist.

---

63 LG Berlin JW 1925, 2501 (2501). Vgl. *Findeisen*, Auslegung urheberrechtlicher Schrankenbestimmungen, S. 59.

64 RGZ 122, 66 (68) – „Tanzschlager-Liederbuch"; 128, 102 (113) – „Schlager-Liederbücher"; vgl. *Findeisen*, Auslegung urheberrechtlicher Schrankenbestimmungen, S. 60.

65 RGZ 130, 196 (206) – „Bildzitat"; 134, 198 (201); 153, 1 (22) – „Schallplatten und Rundfunk". Dem folgte der BGH in BGHZ 11, 135 (142) – „Schallplatte"; 50, 147 (152) – „Kandinsky" auch wenn er sich in BGHZ 17, 266 (277) – „Grundig-Reporter" kurzzeitig wieder von dem Dogma distanzierte.

66 Vgl. *Findeisen*, Auslegung urheberrechtlicher Schrankenbestimmungen, S. 64 f. m.w.N.

67 Vgl. BGHZ 17, 266 (277 f.) – „Grundig-Reporter"; *Findeisen*, Auslegung urheberrechtlicher Schrankenbestimmungen, S. 62 f.

68 *Findeisen*, Auslegung urheberrechtlicher Schrankenbestimmungen, S. 84 f.

III. Ausnahmen von der Verfügungsfreiheit (Verbotsrecht)

Weit weniger eindeutig ist die Frage zu beantworten, inwiefern ein Ausschluss des urheberrechtlichen Verbotsanspruchs als Ausnahme zu werten ist, denn wie bereits gezeigt hat der Gesetzgeber hier im Rahmen der Inhalts- und Schrankenbestimmung durchaus einen gewissen Ermessensspielraum.[69]

Das BVerfG wird nicht müde zu betonen, dass zum Kern des Urheberrechts auch die Freiheit gehöre, in eigener Verantwortung darüber verfügen zu können.[70] Dennoch stellt das Gericht immer wieder klar, dass das Urheberrecht auch einen sozialen Bezug aufweist, der stärker ausgeprägt ist als bei vielen Rechten des Sacheigentums. So trete das Urheberrecht bestimmungsgemäß in den gesellschaftlichen Raum und könne damit zu einem eigenständigen, das kulturelle und geistige Bild der Zeit mitbestimmenden Faktor werden.[71] Schließlich löse sich das Werk mit der Zeit von der privatrechtlichen Verfügbarkeit und werde geistiges und kulturelles Allgemeingut.[72]

Daher sieht *Findeisen* (zumindest ab der Veröffentlichung des Werkes)[73] keine Ausnahme vom Grundsatz des Verfügungsrechts des Urhebers, wenn die Nutzung des Werkes dem Sozialbezug dienen soll, weshalb in diesen Fällen keine restriktive Auslegung geboten ist. Entscheidend ist somit alleine der Zweck der Schranke. Vorschriften bilden seiner Ansicht nach dann keine Ausnahme vom Urheberrecht, wenn sie im Interesse der Allgemeinheit an Kenntnisnahme und geistiger Auseinandersetzung normiert sind.[74] Dies ist bei §§ 48 bis 51 UrhG der Fall.[75] In diesen Fällen soll auch eine extensive Auslegung möglich sein. Als „echte" Ausnahmen qualifiziert er dagegen die §§ 44a-47, 52 und 55 ff. UrhG.

IV. Konklusion Findeisens

Im Grunde belässt es *Findeisen* dabei, dass die urheberrechtlichen Schrankenbestimmungen in Ausnahmefällen restriktiv auszulegen sind. Allerdings stellt *Fin-*

---

69 Vgl. oben **C. I. 2.** und unten **3. Teil A. II. 2.**

70 BVerfGE 31, 229 (241) – „Kirchen- und Schulgebrauch"; 79, 29 (40) – „Vollzugsanstalten". Vgl. auch unten **3. Teil A. II. 1.**

71 BVerfGE 31, 229 (242) – „Kirchen- und Schulgebrauch"; 49, 382 (394) – „Kirchenmusik"; 79, 29 (42) – „Vollzugsanstalten". Vgl. Vgl. auch unten **3. Teil A. III. 2.**

72 BVerfGE 58, 137 (148 f.); 79, 29 (42) – „Vollzugsanstalten". Vgl. *Findeisen*, Auslegung urheberrechtlicher Schrankenbestimmungen, S. 100; Vgl. auch unten **3. Teil A. III. 2.**

73 *Findeisen*, Auslegung urheberrechtlicher Schrankenbestimmungen, S. 110.

74 *Findeisen*, Auslegung urheberrechtlicher Schrankenbestimmungen, S. 107.

75 Vgl. *Findeisen*, Auslegung urheberrechtlicher Schrankenbestimmungen, S. 107 f., 20. Nach dem „Zweiten Korb" lassen sich wohl auch die §§ 52a und b UrhG hierzu zählen.

deisen die Frage, wann eine Schrankenbestimmung unter den Ausnahmetatbestand fällt.

Bezüglich des Beteiligungsgrundsatzes sieht er dies als gegeben an, wenn die Vorschrift keine Vergütungsregelung enthält. Bezüglich des Verfügungsgrundsatzes dagegen, wenn die Schranke nicht dem Interesse der Allgemeinheit an Kenntnisnahme und geistiger Auseinandersetzung dienen soll.

E. Diskussion

Für eine grundlegend restriktive Auslegung hat die herrschende Meinung keine überzeugenden Argumente vorgebracht. Vielmehr verweist der BGH in seinen Urteilen nur noch auf die eigene Rechtsprechung und bleibt eine fundierte Begründung somit schuldig.

Den hiesigen Ausführungen klang bereits an, dass der Lösung *Findeisens* insoweit der Vorrang gebührt. Möchte man eine zeitgemäße Auslegung der Urheberschranken erreichen, muss man sich von floskelhaften Begründungen aus dem „urheberrechtlichen Mittelalter" lösen und die Grundsätze der juristischen Methodenlehre wieder in den Mittelpunkt stellen, um so „unbefangen" eine Lösung zu erarbeiten. Eben dies hat *Findeisen* in seiner Arbeit erreicht. Und eben dies dürfte auch der Forderung *Raues* entsprechen.

Allerdings hat *Findeisen* bislang „nur" festgestellt, dass eine Abkehr von der restriktiven Auslegung dann geboten ist, wenn eine Schranke dem Informationsinteresse der Allgemeinheit zu dienen bestimmt ist. Der Gesetzgeber verwirklicht dann den Anspruch des Nutzers aus Art. 5 I 1 Alt. 2 GG (Informationsfreiheit). Der Interessenkonflikt stellt sich aber als komplexer dar und wird auch durch andere Grundrechte geprägt. Den Grundrechten kommt bei der Fortführung von *Findeisens* Modell also eine zentrale Rolle zu.[76] *Findeisen* hat einer Einbeziehung der Grundrechte im Wege der verfassungskonformen Auslegung dagegen ausdrücklich keinen Stellenwert beigemessen und die verfassungskonforme Auslegung lediglich auf einen engen verfassungskonformen Auslegungsbegriff bezogen.[77] Dabei kann nur auf diesem Wege dem Argument begegnet werden, der Beteiligungsgrundsatz des Art. 14 I GG gebiete eine restriktive Auslegung der Urheberschranken.

Erkenntnisquellen und somit Aufhänger für die Findung von die Auslegung bestimmenden Indikatoren liefert die Rechtsprechung des BGH. Von Interesse sind hierbei nicht nur die Urteile, in denen der BGH ausdrücklich auf die Grundrechte abgestellt hat. Gerade in anderen Urteilen mag ein unentdecktes Potential an Indizien für die Auslegung schlummern. Eine eingehende Untersuchung der

---

76 So auch *Spindler/Heckmann*, GRUR Int. 2008, 271 (278).

77 *Findeisen*, Auslegung urheberrechtlicher Schrankenbestimmungen, S. 132 f. Vgl. auch unten **3. Teil E. II. 1.**

Urteile verspricht wichtige Erkenntnisse über Indikatoren, die letztlich über die Auslegung entscheiden mögen, und liefert zugleich die Verbindung zu praxisrelevanten Informationen.

F. Gang der Bearbeitung

Eine Abkehr vom Dogma der restriktiven Auslegung der Urheberschranken hängt also maßgeblich vom Einfluss der Grundrechte ab. Die oben genannten Argumente gegen eine extensive Auslegung sollen daher in einem **theoretischen Teil** nochmals vertieft werden. Im Folgenden sollen die verfassungsrechtlichen Grundlagen für den Fortgang der Untersuchung erarbeitet werden:

Hierbei sollen zunächst die grundrechtlichen Pfeiler des Urheberrechts (A.), aber auch konkurrierende Grundrechte (B.) und deren Wirkung im Zivilrecht (C.) dargestellt werden.

Um den Bezug zum Thema herzustellen soll sodann der Auslegungskanon als Grundlage der juristischen Methodik folgen (D.).

Hieran schließt sich die Frage an, wie Grundrechte und zivilrechtliche Auslegung in Einklang gebracht werden können. Dies geschieht im Kapitel zur verfassungskonformen Auslegung und der praktischen Konkordanz (E.).

In einem **praktischen Teil** sollen die so gewonnen Erkenntnisse unter Berücksichtigung der Rechtsprechung des BGH und den Vorgaben des BVerfG angewandt werden. Eine Untersuchung exemplarischer BGH-Urteile soll zeigen, wie der Ausgleich kollidierender Verfassungsgüter in der Praxis erfolgen kann.

3. Teil: Theoretischer Teil

A. Verfassungsrechtliche Grundlagen

Im Rahmen einer Abwägung im urheberrechtlichen Interessenkonflikt sind die Grundrechte zu beachten. Diese begrenzen den Abwägungsvorgang in zwei Richtungen. Für die Abwägung ist daher zunächst herauszuarbeiten, wie weit der verfassungsrechtliche Schutz von Urheberrechten geht.

I. Schutz geistigen Eigentums in der Geschichte

Das Bedürfnis nach Werkschutz ist verhältnismäßig neu. So war z.B. eine Regelung im Corpus Iuris Civilis überflüssig, da römische Künstler oft durch Mäzene unterstützt wurden und auf diese Weise ihren Lebensunterhalt sicherten. Auch im Mittelalter wurden Handwerker von Zünften oder Mönche durch ihr Kloster sozial abgesichert.[78] Dadurch, dass Bildung ein Privileg darstellte, bedurfte es noch keines Werkschutzes, weshalb es außer dem Bücherfluch keine „wirksamen" Schutzmöglichkeiten gab.[79]

Ein Wandel trat mit der Erfindung des Kupferstiches und des Buchdruckes und der damit einhergehenden Ausbreitung von Geisteswerken ein.[80] Von einem mittelalterlichen Urheberschutz hätten Schöpfer wie *Martin Luther* profitiert, der bereits gegen unerlaubte Veröffentlichung seiner Reden und unerlaubten Nachdruck seiner Werke zu kämpfen hatte.[81]

Vor allem die Einflüsse der Renaissance führten zu einer Steigerung des künstlerischen Selbstbewusstseins.[82] Im 16. Jahrhundert wurden erstmals sog. Autorenprivilegien gewährt. Diese konnte der Autor beim Kaiser beantragen, um die Sicherung seines Werkes gegen Rechtsverletzungen durchzusetzen.[83] Insbesondere die Philosophen der Aufklärung erkannten die Notwendigkeit des

---

78 *Hubmann*, ZUM 1988, 4 (4 f.); *Schack*, Urheber- und Urhebervertragsrecht, Rn. 104.

79 Vgl. *Bappert*, Wege zum Urheberrecht, S. 79 mit dem Beispiel von *Irenäus von Lyon* (bereits um 200 n. Chr.) „Ich erkläre jedem, der die prophetischen Worte dieses Buches vernimmt: Wer etwas hinzufügt, dem wird Gott die Plagen hinzufügen, von denen in diesem Buche geschrieben steht. Wer von den Worten ... etwas wegnimmt, dem wird Gott wegnehmen seinen Anteil an dem Baume des Lebens ..."; *Kirchhof*, FS Zeidler 2, 1639 (1643) mit weiteren Beispielen.

80 *Jahn*, Urheberpersönlichkeitsrecht, S. 10; *Krüger-Nieland*, FS Oppenhoff, 173 (174).

81 *Haug*, UFITA 135 (1997), 145 (184 ff.).

82 Vertiefend *Bechtold*, ZUM 1997, 427 (446); *Jahn*, Urheberpersönlichkeitsrecht, S. 10.

83 *Pohlmann*, UFITA 33 (1961), 169 (179, 181); *Schack*, Urheber- und Urhebervertragsrecht, Rn. 107 f.

Schutzes geistigen Eigentums.[84] Wurden ursprünglich Verleger und Drucker als Rechtsinhaber geistiger Schöpfungen angesehen, so entwickelte sich durch das Aufkommen der Theorie vom geistigen Eigentum im 18. Jahrhundert, die auf naturrechtliche Gedanken zurückgreift, eine Tendenz, dem eigentlichen Schöpfer den Inhalt seines Werkes auch rechtlich zuzuordnen.[85] Heute ist die Schutzwürdigkeit geistigen Eigentums allgemein anerkannt.[86] Tatsächlich war die Lehre bislang so intensiv darum bemüht, den Schutz des Urheberrechts zu begründen, dass die Frage, wie man Urheberrechte beschränken kann, vernachlässigt wurde – mag dies auch unbewusst gewesen sein, um nicht die Früchte der bereits geleisteten Arbeit um die Anerkennung der Urheberrechte zu verlieren.[87]

II. Schutz geistigen Eigentums nach Art. 14 I GG

Gewichtiges Indiz für die Auslegung liefern die durch das Grundgesetz gegebenen Verfassungsvorgaben. Art. 14 I GG gewährleistet heute das Eigentum und verpflichtet somit den einfachen Gesetzgeber, Eigentum zu schützen. Dass auch geistiges Eigentum unter den Schutz von Art. 14 I 1 GG fällt, wird heute nicht mehr bezweifelt.[88] Allein eine fundierte Erklärung bleibt die urheber- und verfassungsrechtliche Literatur im Wesentlichen schuldig.

Art. 14 GG schützt das Eigentum in mehrfacher Hinsicht. Der Schutzbereich umschreibt ein Schutzobjekt, das „Eigentum“, und sichert diesbezüglich eine Garantie zu („gewährleisten“). Sollen Anhaltspunkte für eine restriktive Auslegungstendenz zugunsten der Urheber aus Art. 14 I 1 GG gewonnen werden, ist zunächst klarzustellen, inwieweit Urheberrechte unter das Schutzobjekt fallen, und in welchem Umfang sie von der Garantie des Art. 14 GG erfasst werden.

---

84 Nachdruck *Fichte*, UFITA 106 (1987), 155 (156 f.); Nachdruck *Kant*, UFITA 106 (1987), 137 (140 f.) m. Anm. *Hubmann*, UFITA 106 (1987), 137 (148 f., 150 f.).

85 Vertiefend *Gieseke*, Vom Privileg zum Urheberrecht, S. 115 ff.; *Hubmann*, ZUM 1988, 4 (5 ff.); *Jänich*, Geistiges Eigentum, S. 4 ff. Zur Unverzichtbarkeit des Begriffs des geistigen Eigentums heute *Kreile*, FS Lerche, 251 (255); vgl. auch *Badura*, FS Maunz, 1 (3 ff.). Zur Geschichte der Idee des geistigen Eigentums in Deutschland *Kohler*, AcP 82 (1894), 141 (166 ff.).

86 Zur Verfassungsgeschichte geistigen Eigentums *Badura*, FS Maunz, 1 (6 f.); *Hubmann*, ZUM 1988, 4 (7); *Kreile*, FS Lerche, 251 (251 f.).

87 So bemerkt bei *Geiger* in Hilty/Peukert, Interessenausgleich, 143 (143).

88 Vgl. nur BVerfGE 31, 229 (239) – „Kirchen- und Schulgebrauch“; *Fechner*, Geistiges Eigentum, S. 200 m.w.N.; *Gounalakis*, § 52a UrhG, S. 9; *Hohagen*, Freiheit der Vervielfältigung zum eigenen Gebrauch, S. 272; *Kimminich* in BK, Art. 14 GG Rn. 32, 34; *Leinemann*, Sozialbindung, S. 55; *Schack*, Urheber- und Urhebervertragsrecht, Rn. 91 ff.

1. Schutzobjekt

Die Verfassung enthält keine Definition darüber, was Eigentum ist, geschweige denn ob Urheberrechte unter Art. 14 I GG fallen. Der einzige Verfassungshinweis urheberrechtlicher Art findet sich in Art. 73 Nr. 9 GG, wonach dem Bund die ausschließliche Gesetzgebungskompetenz in diesem Bereich zukommt. Hierdurch wird aber noch kein Grundrechtsschutz gewährt. Die Entscheidung, was als Eigentum anzusehen ist, bleibt gem. Art. 14 I 2 GG dem einfachen Gesetzgeber überlassen.[89]

Der Gesetzgeber hat ausdrückliche Vorgaben in § 903 BGB normiert. Auch dieser kann zunächst zum Eigentum i.S.v. Art. 14 I GG gerechnet werden.[90] Dass § 903 BGB mit dem verfassungsrechtlichen Eigentumsbegriff nicht deckungsgleich ist und auch Urheberrechte nicht zu erfassen vermag, ist aber unbestritten und beruht auf grundlegenden Unterschieden zwischen dem Sach- und dem geistigen Eigentum. § 903 BGB erfasst, wie die Formulierung „Eigentümer einer Sache" im Gegensatz zur „Inhaberschaft", also dem „Eigentum an Rechten", deutlich macht, nur körperliche Gegenstände.[91] Unterschiede werden aber bereits viel früher deutlich. Der Eigentumsschutz im herkömmlichen Sinne soll andere von der Nutzung der Sache ausschließen. Bei urheberrechtlich geschützten Werken verhält es sich anders. Diese sind Mitteilsgut und sollen gerade zur Kenntnis genommen, also gebraucht werden. Der Urheberschutz dient dazu, die Nutzung des Werkes zu überwachen und eine angemessene Vergütung des Urhebers sicherzustellen.[92] Das Urheberrecht ist ubiquitär und kann von mehreren gleichzeitig genutzt werden. Die Herrschaft über das Sacheigentum kann in der Regel nur von einer Person ausgeübt werden.[93] Der Eigentumsschutz an Sacheigentum nach § 903 BGB währt ewig, der Schutz von geistigem Eigentum verblasst mit der Zeit[94] mit der Folge, dass geistige Werke ins Gemeingut übergehen und allgemein genutzt werden können. Insofern kommt Urheberrechten eine

---

[89] BVerfGE 31, 270 (272) – „Schulfunksendungen"; *Pieroth/Schlink*, Grundrechte, Rn. 972; zu den hiermit verbundenen grundrechtsdogmatischen Problemen aus urheberrechtlicher Sicht vgl. *Söllner*, FS Traub, 367 (370 ff.).

[90] *Pieroth/Schlink*, Grundrechte, Rn. 979.

[91] *Fritzsche* in Bamberger/Roth, § 903 BGB Rn. 4, 10; *Jänich*, Geistiges Eigentum, S. 3.

[92] BT-Drucks IV/270, UFITA 45 (1965-II), 240 (279); *Badura* in FS Maunz, 1 (2); *Kreile*, FS Lerche, 251 (253 f.); *Laudeur* in Schulze RzU, BVfG 39, 13 (13); *Leinemann*, Sozialbindung, S. 58.

[93] Vgl. *Findeisen*, Auslegung urheberrechtlicher Schrankenbestimmungen, S. 71.

[94] *Kreile*, FS Lerche, 251 (259); *Wieland* in Dreier, Art. 14 GG Rn. 59; *Ahlberg* in Möhring/Nicolini, Einleitung UrhG Rn. 15.

soziale Dimension zu.[95] Demnach ist es nicht ausreichend, bezüglich der Pflicht zum Schutze von Urheberrechten auf das vorkonstitutionelle BGB zu verweisen.

Damit wird deutlich, dass sich Vorgaben zur Definition des Eigentums aus der Verfassung selbst ergeben müssen.[96] Der einfache Gesetzgeber hätte es andernfalls in der Hand, den Schutzbereich des Art. 14 GG durch parlamentarische Entscheidung zu verkürzen.

Auch wenn im einzelnen Unklarheiten über eine differenzierte Definition des Eigentumsbegriffs bestehen, kann im Ergebnis doch gesagt werden, dass Eigentum im Sinne des Art. 14 I 1 GG bereits jede vermögenswerte Rechtsposition darstellt.[97]

Urheberrechte lassen sich in zwei Komponenten aufspalten: die Urheberpersönlichkeitsrechte (§§ 12-14 UrhG) und die Verwertungsrechte (§§ 15 ff. UrhG). Erstere sollen die ideellen Interessen des Urhebers zu seinem Werk sichern. Sie sind gewissermaßen Ausfluss des allgemeinen Persönlichkeitsrechts und dienen somit der Sicherstellung des Ansehens und des Rufes des Urhebers. Die Verwertungsrechte sichern dagegen die wirtschaftlichen Interessen des Urhebers. Dieser soll über den Gebrauch seines Werkes bestimmen können, um so seinen Lebensunterhalt zu sichern,[98] denn „auch der genialste Komponist hat irgendwann mal Hunger“[99]. Andernfalls würde ein wesentlicher Anreiz zur Schaffung geistiger Werke verloren gehen. „Es muss das Bestreben und das Ziel jedes wahren Künstlers sein, sich eine Lage zu erwerben, in der er sich ganz mit der Ausarbeitung größerer Werke beschäftigen kann und nicht durch Verrichtungen oder ökonomische Rücksichten davon abgehalten wird“ meinte schon *Ludwig van Beethoven*, wohl bereits in Angst um eine Altersvorsorge.[100]

Merkmal des Eigentums ist, „dass ein vermögenswertes Recht dem Berechtigten ebenso ausschließlich wie Sacheigentum zur privaten Nutzung und zur eigenen Verfügung zugeordnet ist“[101]. Von der Eigentumsfreiheit ist grundsätzlich die Innehabung, die Nutzung und die Verfügung des Eigentümers geschützt.[102] Eigentum soll dem Grundrechtsträger einen Freiheitsraum im vermögensrechtlichen Bereich sichern.[103]

---

95 BVerfGE 49, 382 (394) – „Kirchenmusik“; siehe auch unten **III. 2. b**.

96 *Schoch*, Jura 1989, 113 (115).

97 *Badura* in Benda/Maihofer/Vogel, § 10 HdbVerfR Rn. 35; *Kreile*, FS Lerche, 251 (253).

98 Vgl. *Mizdalski*, MLR 2008, 13 (16).

99 *Backhaus,* FG Schulze, 23 (23).

100 Zitiert nach *Krüger-Nieland*, FS Oppenhoff, 173 (174).

101 BVerfGE 89, 1 (6).

102 BVerfGE 104, 1 (8); *Jarass* in Jarass/Pieroth, Art. 14 GG Rn. 18.

103 *Jänich*, Geistiges Eigentum, S. 138

Grundlegend äußerte sich das BVerfG erstmals 1971 zum verfassungsrechtlichen Eigentumsschutz von Urheberrechten in einer Reihe von Entscheidungen.[104] In seiner Grundsatzentscheidung zum Schutze von Urheberrechten als Eigentum führt das BVerfG aus: „Zu den konstituierenden Merkmalen des Urheberrechts als Eigentum im Sinne der Verfassung gehört die grundsätzliche Zuordnung des vermögenswerten Ergebnisses der schöpferischen Leistung an den Urheber im Wege privatrechtlicher Normierung und seine Freiheit, in eigener Verantwortung darüber verfügen zu können“[105]. Das BVerfG sieht zumindest die nutzungsrechtliche Komponente der Urheberrechte soweit von Art. 14 I GG erfasst, als „der Urheber grundsätzlich einen Anspruch darauf hat, dass ihm der wirtschaftliche Nutzen seiner Arbeit zugeordnet wird“[106]. Einen wirtschaftlichen Nutzen zieht der Urheber aus den Verwertungs- und den Nutzungsrechten.[107] Der Urheber gestattet einem Dritten, das Werk in einer bestimmten Form gegen Zahlung eines Entgelts zu nutzen. Es findet also eine Amortisation seiner Leistung statt. Gleiches gilt für die Leistungsschutzrechte.[108] Demnach sind diese Rechte als vermögensrechtliche Befugnisse des Schöpfers als Eigentum im Sinne von Art. 14 I 1 GG geschützt.[109]

2. Eigentumsgarantie

Art. 14 I 1 GG besagt, dass das Eigentum „gewährleistet“ wird. Diese in Art. 14 I 1 GG enthaltene Gewährleistung wird in zweierlei Hinsicht garantiert. Es wird „das Privateigentum sowohl als Rechtinstitut wie auch in seiner konkreten Gestalt in der Hand des einzelnen Eigentümers (gewährleistet)“[110].

Art. 14 I GG enthält zum einen eine sog. Individualgarantie. Sie wird auch oft als Bestands- oder Rechtsstellungsgarantie bezeichnet. Diese wirkt sich subjektiv nur auf den einzelnen Rechtsträger aus. Diesem wird der konkret vorhan-

---

104 BVerfGE 31, 229 – „Kirchen- und Schulgebrauch“; 31, 248 – „Bibliotheksgroschen“; 31, 255 „private Tonbandvervielfältigung“; 31, 270 – „Schulfunksendung“; 31, 275 – „Schallplatten“. Der verfassungsrechtliche Schutz von Urheberrechten wurde vor der Entscheidung kaum diskutiert - *Möhring/Nicolini*, 1. Auflage 1970 geht auf verfassungsrechtliche Vorgaben gar nicht ein.

105 BVerfGE 31, 229 (240 f.) – „Kirchen- und Schulgebrauch”.

106 BVerfGE 31, 229 (243) – „Kirchen- und Schulgebrauch”.

107 BVerfGE 31, 229 (241) – „Kirchen- und Schulgebrauch”; 49, 382 (392) – „Kirchenmusik“; 77, 263 (271) – „Zeitschriftenauslage“; 79, 29 (40 f.) – „Vollzugsanstalten“; 81, 12 (16) – „Vermietungsvorbehalt“.

108 BVerfGE 31, 275 (289 ff.) – „Schallplatten“.

109 Vgl. auch BVerfGE 49, 382 (392) – „Kirchenmusik“; *Kimminich* in BK, Art. 14 GG Rn. 34; *Leinemann*, Sozialbindung, S. 55; *Schoch*, Jura 1989, 113 (118).

110 BVerfGE 24, 367 (389).

dene Zustand vermögenswerter Rechte selbst garantiert. Hierunter fallen also alle Rechte, die der Gesetzgeber dem Bürger erschaffen hat.[111]

Weiterhin enthält Art. 14 I GG eine Institutsgarantie. Teilweise wird auch von (Rechts-) Einrichtungsgarantie gesprochen. Diese „sichert einen Grundbestand von Normen, die als Eigentum im Sinne dieser Grundrechtsbestimmung bezeichnet werden“[112]. Es wird also das Eigentum an sich garantiert. Sachbereiche, die dem „elementaren Bestand grundrechtlich geschützter Betätigung im vermögensrechtlichen Bereich“[113] gehören, darf der Gesetzgeber nicht mehr entziehen. Demnach stellt sich die Frage, was den zu schützenden Kern des Urheberrechts bildet.

Aus dieser Unterscheidung können sich Auswirkungen auf die Bindung des Gesetzgebers ergeben. Je nachdem in welchem Umfang Rechte erteilt oder fälschlicherweise nicht erteilt werden, ergeben sich Anhaltspunkte für eine Verhaltenspflicht von Trägern öffentlicher Gewalt, an welche sich die Verfassung in Art. 1 III GG richtet.

a. Individualgarantie

Die Individualgarantie wird als unproblematisch erachtet.[114] Den verfassungsrechtlichen Auftrag zum Schutze geistigen Eigentums hat der Gesetzgeber durch Erlass des Urheberrechtsgesetzes vom 9. September 1965 auf einfachgesetzlicher Ebene umgesetzt, indem Werke nach Maßgabe von § 2 UrhG urheberrechtlich geschützt werden.[115] Ein nachträglicher Entzug dieser Rechtsposition würde eine Enteignung im Sinne von Art. 14 III GG darstellen.

Dabei muss aber nicht jede nur denkbare Verwertungsmöglichkeit durch den Gesetzgeber geschützt werden.[116] Die konkrete Ausgestaltung der Inhalts- und Schrankenbestimmung unterliegt der Disposition des Gesetzgebers.[117] Dieser hat lediglich einen Grundbestand an Eigentumsrechten zu wahren.[118]

---

111 *Schoch*, Jura 1989, 113 (117).

112 BVerfGE 24, 367 (389); vgl. auch BVerfGE 31, 229 (241) – „Kirchen- und Schulgebrauch“.

113 BVerfGE 24, 367 (389).

114 *Schack*, Urheber- und Urhebervertragsrecht, Rn. 92; anders wohl *Kreile*, FS Lerche, 251 (253), der diese nicht in den Mittelpunkt des Interesses rücken will.

115 Neben dem Schutz des Urhebers bezweckt dieses Gesetz die Sicherstellung des kulturellen Fortschritts, vgl. *Haass*, ZUM 1999, 834 (835).

116 BVerfGE 31, 229 (241) – „Kirchen- und Schulgebrauch“; 31, 248 (252) – „Bibliotheksgroschen“; 31, 275 (284) – „Schallplatten“; 49, 382 (392) – „Kirchenmusik“.

117 BVerfGE 31, 275 (284) – „Schallplatten“.

118 BVerfGE 31, 229 (241) – „Kirchen- und Schulgebrauch“; *Ahlberg* in Möhring/Nicolini, Einleitung UrhG Rn. 17.

b. Institutsgarantie

Problematisch ist die Reichweite der Institutsgarantie und die Frage, ob und inwieweit der Gesetzgeber verpflichtet ist, geistiges Eigentum, namentlich Urheberrechte, zu schützen. Auf den ersten Blick mag diese Frage bedeutungslos sein, denn eine entsprechende Rechtsposition hat der Gesetzgeber Urhebern bereits durch Erlass des Urheberrechtsgesetzes eingeräumt. Die Institutsgarantie gewinnt dennoch bei der konkreten Ausgestaltung einzelner Vermögensrechte an Bedeutung.[119] Sie dient im Wesentlichen dazu, einen Kernbereich zu bestimmen, den der Gesetzgeber nicht antasten darf bzw. einen Mindeststandard festzulegen, den der Gesetzgeber zu wahren hat, wenn sich die tatsächlichen Verhältnisse derart ändern, dass das geltende Recht keinen ausreichenden Schutz mehr bietet.[120] Auch als Schranken-Schranke kann die Institutsgarantie den Gesetzgeber in seinem Handeln beschränken.[121]

Die institutionelle Garantie des Eigentums stellt den Gesetzgeber vor die Aufgabe, das vermögenswerte Ergebnis der schöpferischen Leistung dem Urheber zuzuordnen.[122] Der Wert des Werkes besteht dabei in der Eignung zum Werkgenuss.[123]

Die Aufgabe der Eigentumsgarantie besteht darin, einen Freiheitsraum bezüglich vermögensrechtlicher Betätigung zu schaffen, weshalb Art. 14 GG letztlich auch der Entfaltung der Persönlichkeit dient, da die Norm dem Urheber ja auch die eigenwirtschaftliche Lebensgestaltung ermöglichen soll.[124]

Zudem hat der Gesetzgeber sicherzustellen, dass der Urheber wirtschaftlich an seinem Werk beteiligt wird.[125] Sowohl die Privatautonomie als auch die wirtschaftlich sinnvolle Disposition und Nutzung müssen gesichert werden.[126]

---

119 *Leinemann*, Sozialbindung, S. 57.

120 *Badura*, FS Maunz, 1 (10).

121 *Pieroth/Schlink*, Grundrechte, Rn. 1030; Ergänzung findet die Institutsgarantie in allgemeinen Verfassungsprinzipien wie dem Verhältnismäßigkeitsgrundsatz, dem Vertrauensprinzip oder der Wesensgehaltsgarantie des Art. 19 II GG; vgl. hierzu *Söllner*, FS Traub, 367 (371 ff.).

122 Vgl. schon oben **II. 1.** Ferner: BVerfGE 31, 229 (240 f.) – „Kirchen- und Schulgebrauch"; 49, 382 (392) – „Kirchenmusik"; 79, 29 (40) – „Vollzugsanstalten"; *Hubmann*, ZUM 1988, 4 (9); *Pahud*, Sozialbindung, S. 73.

123 *Hubmann*, ZUM 1988, 4 (9).

124 *Leinemann,* Sozialbindung, S. 57 m.w.N.

125 BVerfGE 31, 229 (243) – „Kirchen- und Schulgebrauch"; 31, 248 (252) – „Bibliotheksgroschen"; 31, 275 (291) – „Schallplatten"; 49, 382 (400) – „Kirchenmusik"; 79, 29 (44) – „Vollzugsanstalten"; *Hubmann*, ZUM 1988, 4 (9).

126 *Leinemann,* Sozialbindung, S. 57 m.w.N.

oder auch im Nachhinein zu beschränken. Daher stellen die Schranken auch keine Ausnahmen der Urheberrechte, sondern ein Teil derselben dar.[137]

Eine andere Frage ist, welche Rückschlüsse man daraus ziehen kann, dass der Verfassungswortlaut dem Gesetzgeber sowohl die Inhalts- als auch die Schrankenbestimmung überlässt. Aufgrund der ansonsten minimalistisch verwendeten Formulierungen des Verfassungsgebers liegt die Vermutung nahe, dass Inhalts- und Schrankenbestimmung nicht identisch sind.

aa. Begriffliche Unterscheidung

Begrifflich lassen sich Inhalts- und Schrankenbestimmung durchaus unterscheiden. Diese Unterscheidung beruht darauf, dass der Gesetzgeber maßgeblich die Formung des Eigentums in der Hand hat.

Die Inhaltsbestimmung ist die „abstrakt-generelle (Neu-)Bestimmung des Eigentumsinhalts für die Zukunft“[138]. Bei der gesetzgeberischen Schrankenbestimmung werden dagegen durch Neubestimmung des Eigentumsinhalts konkret-individuelle Altrechte beeinträchtigt.[139]

Als Beispiel für die Schrankenbestimmung lässt sich der Sachverhalt zur „Schallplatten“-Entscheidung[140] des BVerfG anführen. Durch die Einführung des UrhG von 1965 wurde das Recht der ausübenden Künstler neu geregelt. Nach dem Vorläufer, dem LUG, erhielten diese ein eigenes Bearbeiter-Urheberrecht. Im Wege der eigentumsrechtlichen Schrankenbestimmung reformierte der Gesetzgeber aber die Rechtslage und billigte den ausübenden Künstlern in § 82 UrhG „nur“ noch ein Leistungsschutzrecht zu.

Eine reine Inhaltsbestimmung kann in der Einführung des § 19a UrhG gesehen werden. Das Recht der öffentlichen Zugänglichmachung wurde durch den „Ersten Korb“ 2003 eingeführt, um die Online-Nutzung zu erfassen, die zuvor gesetzlich nicht ausdrücklich geregelt war.[141] Ginge man davon aus, dass die Online-Nutzung vor der Reform nicht durch den Auffangtatbestand des § 15 II UrhG erfasst würde, würde die Einführung des § 19a UrhG eine Inhaltsbestimmung darstellen.

---

137 Vgl. schon oben **2. Teil C. I. 2.** (erste Hälfte) und hier **II. 2.**

138 *Kempen*, Eingriff des Staates, Rn. 116; *Thormann*, Sozialbindung, S. 138.

139 *Thormann*, Sozialbindung, S. 138; vgl. auch *Kempen*, Eingriff des Staates, Rn. 116.

140 BVerfGE 31, 275; so auch *Spindler/Heckmann*, GRUR Int. 2008, 271 (278). *Ramsauer*, Faktische Beeinträchtigungen, S. 74 f. sieht hierin eine Inhaltsbestimmung.

141 Hierzu *Dreier* in Dreier/Schulze, § 19a UrhG Rn. 3; *Schack*, Urheber- und Urhebervertragsrecht, Rn. 458 ff.

bb. Rechtliche Unterscheidung

Damit ist aber noch nicht gesagt, dass eine Unterscheidung zwischen Inhalts- und Schrankenbestimmung auch rechtlich geboten ist.

Dem Wortlaut nach mag dies zunächst nahe liegen. Schranken kann es nur geben, wenn bereits ein Inhalt vorhanden ist, der eingegrenzt wird.[142] Dennoch wird diese Ansicht in der Literatur selten vertreten.[143] Die herrschende Meinung spricht sich ausdrücklich gegen eine Trennung von Inhalts- und Schrankenbestimmung aus.[144] Das BVerfG, das sich ansonsten stark am Verfassungswortlaut orientiert, verwendet beide Begriffe unterscheidungslos nebeneinander.[145]

Eine begriffliche Unterscheidung ist geboten, da Bestands- und Institutsgarantie, wie bei den Grenzen zulässiger Inhalts- und Schrankenbestimmung noch zu zeigen sein wird,[146] in die Inhalts- und Schrankenbestimmung wirken. Der Terminus Inhaltsbestimmung betrifft in erster Linie das Eigentum als Rechtsinstitut, die Schrankenbestimmung dagegen vorrangig Individualrechte.[147] Ansonsten ist eine rechtliche Trennung ohne Gewinn für den Rechtsanwender und daher nicht erstrebenswert.[148] Ob eine Regelung letztlich Inhalts- oder Schrankenbestimmung ist, hängt zudem meist vom Zufall ab.[149]

b. Sozialbindung

Neben der personalen Seite des Urheberrechts, die allein dem Werkschaffenden zukommt, erfüllt das Urheberrecht auch eine soziale Funktion.[150] Nach dem BVerfG ist die Befugnis des Gesetzgebers zur Inhalts- und Schrankenbestim-

---

142 *Kempen*, Eingriff des Staates, Rn. 116; *Leisner* in Isensee/Kirchhof, § 149 HdbStR VI Rn. 134.

143 *Krüger*, FS Schack, 71 (72), *Leisner* in Isensee/Kirchhof, § 149 HdbStR VI Rn. 134; *Lerche*, FS Reichardt, 100 (110, Fn. 16). Nachweise auch bei *Parodi*, Eigentumsbindung, S. 72 ff.; *Thormann*, Sozialbindung, S. 137.

144 *Breuer*, Bodennutzung, S. 19 f.; *Leinemann*, Sozialbindung, S. 62; *Nüßgens/Boujong*, Eigentum, Sozialbindung und Enteignung, Rn. 128; *Papier* in Maunz/Dürig, Art. 14 Rn. 307; *Parodi*, Eigentumsbindung, S. 70 ff.

145 Vgl. nur BVerfGE 50, 290 (339 f.); 58, 300 (330) – „Nassauskiesung"; 79, 174 (192). Zur Judikatur des BVerfG ausführlich *Thormann*, Sozialbindung, S. 136 f.

146 S.u. **3.**; vgl. auch *Ramsauer*, DVBl. 1980, 539 (540 f.); *ders.*, Faktische Beeinträchtigungen, S. 75 f.

147 *Ramsauer*, Faktische Beeinträchtigungen, S. 75.

148 *Thormann*, Sozialbindung, S. 137 f.

149 *Papier* in Maunz/Dürig, Art. 14 GG Rn. 307.

150 BT-Drucks IV/270, UFITA 45 (1965-II), 240 (243 f.); vgl. auch *Badura*, FS Maunz, 1 (12); *Hubmann*, FuR 1983, 291 (291 ff.); *Leinemann*, Sozialbindung, S. 35 ff.; *Pahud*, Sozialbindung, S. 12 ff.

mung umso weiter, je mehr das Eigentumsobjekt eine soziale Funktion aufweist.[151] Dies resultiere aus dem Gebot der Rücksichtnahme.[152]

Die Rechtsprechung des RG sah das Urheberrecht bereits 1933 als „sozial gebundene Befugnis“[153] an.

Das BVerfG hat im Rahmen der sozialen Funktion der Urheberrechte wiederholt die Interessen der Allgemeinheit an einem ungehinderten Zugang zu geistigem Gedankengut herausgearbeitet. Das Gericht betonte immer wieder, dass mit der Veröffentlichung das geschützte Werk nicht mehr allein dem Urheber zur Verfügung stehe. Es trete vielmehr bestimmungsgemäß in den gesellschaftlichen Raum und könne damit zu einem eigenständigen, das kulturelle und geistige Bild der Zeit mitbestimmenden Faktor werden.[154] Schließlich löse sich das Werk mit der Zeit von der privatrechtlichen Verfügbarkeit und werde geistiges und kulturelles Allgemeingut.[155] Damit billigte das Gericht zugleich die zeitliche Schranke in § 64 UrhG.[156]

Darüber hinaus hat das Gericht in einzelnen Entscheidungen aber auch weitere soziale Funktionen erkannt.[157]

In der „Kirchen- und Schulbuch“-Entscheidung[158] hatte das Gericht über die Schranke des § 46 UrhG zu entscheiden. Die Richter stellten klar, dass der Ausschluss des Vervielfältigungs- und Verbreitungsrechts gerechtfertigt ist, um die Jugend im Rahmen eines gegenwartsnahen Unterrichts mit dem Geistesschaffen vertraut zu machen.[159]

Die Schranke des § 52 UrhG untersuchte das Gericht in der „Kirchenmusik“-Entscheidung.[160] Es stellte fest, dass auch die Teilhabe an musikalischem Schaffen im Interesse der Allgemeinheit eine Beschränkung von Individualrechten rechtfertige und die öffentliche Wiedergabe insbesondere zu kirchlichen Anlässen, die keinen Erwerbszwecken dienten, zulässig sei.

§ 52 wurde in der „Vollzugsanstalten“-Entscheidung[161] abermals unter die Lupe genommen. Hier erkannte das Gericht sogar einen gesteigerten Gemein-

---

151 BVerfGE 42, 263 (294); 50, 290 (340); 53, 257 (292); 70, 191 (201); 84, 382 (385).

152 BVerfGE 50, 290 (341); 68, 361 (368); 70, 191 (201); 84, 382 (385); kritisch *Thormann*, Sozialbindung, S. 156.

153 RGZ 140, 264 (270).

154 BVerfGE 31, 229 (242) – „Kirchen- und Schulgebrauch“; 49, 382 (394) – „Kirchenmusik“; 79, 29 (42) – „Vollzugsanstalten“.

155 BVerfGE 58, 137 (148 f.); 79, 29 (42) – „Vollzugsanstalten“.

156 BVerfGE 31, 275 (287) – „Schallplatten“; 79, 29 (42) – „Vollzugsanstalten“; vgl. auch *Rehbinder*, Urheberrecht, Rn. 104 ff.

157 Allgemein zu Schranken zugunsten der Allgemeinheit unter Hervorhebung der Rechtsprechung des BVerfG vgl. *Leinemann*, Sozialbindung, S. 94 ff.

158 BVerfGE 31, 229.

159 BVerfGE 31, 229 (242) – „Kirchen- und Schulgebrauch“.

160 BVerfGE 49, 382.

161 BVerfGE 79, 29. Vgl. hierzu unten **4. Teil C. III. 2. b.**

wohlbezug, der den Ausschluss einer Vergütung rechtfertigte. Das Urheberrecht unterstütze als Ersatzkommunikationsmittel die psychische Gesundheit der Strafgefangenen.[162]

Somit dient das Urheberrecht neben der Sicherung der Urheberinteressen auch der Sicherstellung sozialer Belange. Dies widerspricht dem Ergebnis bei *Findeisen*, der nur das allgemeine Informationsbedürfnis bei der Auslegung berücksichtigen wollte.[163] Ob sich diese sozialen Belange auch auf die Abwägung auswirken, wird der praktische Teil dieser Bearbeitung zeigen.[164]

c. Abgrenzung Inhalts- und Schrankenbestimmung und Sozialbindung

Wo aber genau ist nun der „Sitz der Sozialbindung"[165]? Die Frage korrespondiert mit der Frage nach dem Verhältnis von Art. 14 I 2 GG zu Art. 14 II GG.

Ein Teil des älteren Schrifttums sieht in der Inhalts- und Schrankenbestimmung und der Sozialbindung zwei verschiedene Eigentumsschranken bzw. Beschränkungsmöglichkeiten. Demnach richte sich die Sozialbindung nicht ausschließlich an den Gesetzgeber. Der Sozialbindung ließen sich Gebrauchs-, Nutzungs- und Verfügungsbeschränkungen entnehmen, die unmittelbar den Bürger treffen, ohne dass erst eine geschriebene Regelung erforderlich wäre.[166]

Dies widerspricht aber schon dem Wortlaut von Art. 14 I 2 GG, wonach sich jede Beschränkung von Eigentumspositionen an den Gesetzgeber richtet. Eine Verlagerung in die Sozialbindung würde eine Umgehung dieses Gebotes bedeuten. Für eine unmittelbare Verpflichtung des Bürgers ist Art. 14 II GG nicht ausreichend konkretisiert.[167] Nur das durch die Gesetze ausgeformte Eigentum ist Gegenstand der Eigentumsgarantie,[168] weshalb es verfassungsunmittelbare Eigentümerpflichten gar nicht geben kann. Der Begriff des Eigentums müsste sich sonst bereits unmittelbar aus der Verfassung ergeben.

Die herrschende Meinung sieht daher die Inhalts- und Schrankenbestimmung einerseits und die Sozialbindung andererseits als einen einheitlichen Gesetzesvorbehalt an, der sich ausschließlich an den Gesetzgeber richtet.[169] Dem hat sich auch das BVerfG angeschlossen, welches hier einen unlösbaren Zu-

---

162 BVerfGE 79, 29 (42) – „Vollzugsanstalten"; kritisch, *Kreile*, FS Lerche, 251 (260 ff.).
163 Vgl. oben **2. Teil D. III.**
164 Dazu insb. unten **4. Teil C. III.**
165 Diese Frage stellte schon *Maunz* in GRUR 1973, 107 (108) in den Vordergrund.
166 *Kimminich* in BK, Art. 14 GG Rn. 175; *Breuer*, Bodennutzung, S. 42.
167 *Wendt*, Eigentum, S. 294.
168 BVerfGE 24, 367 (396); 58, 300 (338) - „Nassauskiesung"; *Papier* in Maunz/Dürig, Art. 14 GG Rn. 307
169 *Papier* in Maunz/Dürig, Art. 14 GG Rn. 306 m.w.N.

sammenhang erblickt.[170] Unter dieser Prämisse lassen sich beide Absätze einheitlich als „Eigentumsbindungen" bezeichnen.[171] Innerhalb dieser Eigentumsbindungen wird zum Teil nochmals differenziert. So kann man Art. 14 I 2 GG als formelle Ermächtigung zur Inhalts- und Schrankenbestimmung ansehen. Hierzu ist der Gesetzgeber befugt und verpflichtet. Die materielle Reichweite wird demgegenüber durch Art. 14 II GG definiert.[172]

Die Abgrenzung ist letztlich dogmatischer Natur und ohne praktische Bedeutung.[173] Weder die Inhalts- und Schrankenbestimmung noch die Sozialbindung haben eine Entschädigung des Bürgers zur Folge. Bei der Sozialbindung werden umfassend die widerstreitenden Interessen des Eigentümers mit dem Wohle der Allgemeinheit abgewogen.[174] Eine entsprechende Abwägung wird im Rahmen der Inhalts- und Schrankenbestimmung bei der Prüfung allgemeiner Verfassungsgrundsätze wie dem Verhältnismäßigkeitsprinzip oder der bei Art. 14 GG gesondert vorzunehmenden Prüfung des Prinzips der Gleichbehandlung[175] vorgenommen.

Im Schrifttum wird lapidar und meist ohne tiefgreifende verfassungsrechtliche Begründung die Sozialbindung als Sitz der urheberrechtlichen Schrankenlegitimation angesehen.[176] Meines Erachtens gestaltet sich die Lage folgendermaßen: Art. 14 II GG soll das Wohl der Allgemeinheit zum Tragen bringen. Insoweit geht es also um die Berücksichtigung sozialer Belange. Erst hierdurch wird auch die Abwägung ermöglicht. Dagegen geht es bei der Inhalts- und Schrankenbestimmung in erster Linie um die inhaltliche Ausgestaltung des einfachen Rechts. Da mit den Schranken des Urheberrechts vorzüglich Gemeinwohlinteressen verfolgt werden, sollte der Sitz der Legitimation wohl auch nach Ansicht

---

170 BVerfGE 21, 73 (83); 50, 290 (339 f.); 56, 249 (260); 58, 300 (338) - „Nassauskiesung"; 102, 1 (18).

171 *Kimminich* in BK, Art. 14 GG Rn. 151; *Osterloh*, JuS 1992, L9 (L10) fasst dagegen beides unter dem Begriff „Sozialbindung" zusammen.

172 So *von Brünneck*, Eigentumsgarantie, S. 395 f., der Art. 14 I 2 GG und Art. 14 II GG ebenfalls als einheitlichen Gesetzesvorbehalt ansieht; ähnlich auch *Leisner*, Sozialbindung, S. 44. Zur Bestimmung der Grenze dessen, was dem Eigentümer zugemutet werden kann vgl. BVerfGE 102, 1 (20).

173 *Leinemann*, Sozialbindung, S. 64; a.A. *Maunz*, GRUR 1973, 107 (108 ff.), der hier die „Kernschwierigkeit" sieht, die „dem Schutz der geistigen Schöpfung vom GG her entgegentritt" oder *Lerche*, FS Reichardt, 101 (109 f.), der Unterschiede beim Erforderlichkeitsprinzip bedenkt.

174 BVerfGE 31, 229 (241 f.) – „Kirchen- und Schulgebrauch"; 79, 29 (40) – „Vollzugsanstalten".

175 BVerfGE 49, 382 (394) – „Kirchenmusik"; 102, 1 (17).

176 BT-Drucks IV/270, IV 3401 UFITA 45 (1965-II), 155 (243 f.); *Erdmann*, WRP 2002, 1329 (1332); *Kreile*, FS Lerche, 251 (259); *Lüft* in Wandtke/Bullinger, Vor §§ 44a ff. UrhG Rn. 1; *Melchiar* in Schricker, Vor §§ 44a ff. UrhG Rn. 1; *J. Nordemann/W. Nordemann* in Fromm/Nordemann, Vor § 44a ff. UrhG Rn. 1; *Plaß*, WRP 2000, 599 (604); differenzierend *Dreier* in Dreier/Schulze, vor §§ 44a ff. UrhG Rn. 1.

des BVerfG, das die Frage noch nicht explizit beantwortet hat, in der Sozialbindung zu sehen sein.[177] Ansonsten bleibt es aber dabei, dass die ersten beiden Absätze des Art. 14 GG einen einheitlichen Gesetzesvorbehalt bilden.

d. Abgrenzung zur Enteignung

Tatsächlich von Interesse ist jedoch die Abgrenzung der Eigentumsbindung zur Enteignung. Sollten die Urheberschranken als Enteignung verfassungsrechtlicher Positionen anzusehen sein, wäre der Gesetzgeber nämlich bereits von Verfassungs wegen zur Entschädigung verpflichtet (Art. 14 III GG).

aa. Voraussetzungen der Enteignung

Zu klären ist im Bereich des Urheberrechts bereits, ob eine Enteignung von geistigem Eigentum überhaupt möglich ist. Im älteren Schrifttum wird dies teilweise als problematisch angesehen. Oftmals seien mit wirtschaftlichen auch persönlichkeitsrechtliche Befugnisse verknüpft. Hier wäre schon fraglich, ob eine Enteignung nach Art. 14 III GG zulässig sei, da mit einer solchen (zumindest vor Veröffentlichung) stets auch persönlichkeitsrechtliche Befugnisse des Urhebers tangiert würden.[178] Ansonsten wird man aber das geistige Eigentum abermals dem Sacheigentum gleichstellen müssen.[179] Dass geistiges Eigentum in der Praxis weniger leicht zu schützen ist als das Sacheigentum, gebietet es erst recht, dem Gesetzgeber die „Hürden" des Art. 14 III GG aufzuerlegen. Im Bereich des Urheberrechts kann man daher eine Enteignung in einem wertmindernden Eingriff in Form einer Gebrauchsminderung sehen.[180]

Art. 14 III 1 GG bestimmt selber die materiellen Voraussetzungen einer rechtmäßigen Enteignung. Diese ist verfassungsrechtlich nur zum Wohle der Allgemeinheit zulässig. Zudem darf die Enteignung nur aufgrund eines Gesetzes erfolgen, das eine gerechte Entschädigung gewährt. Ferner muss die Enteignung verhältnismäßig sein.[181]

---

177 Vgl. die Andeutungen bei BVerfGE 49, 382 (403) – „Kirchenmusik; 79, 29 (40, 42 f.) – „Vollzugsanstalten".

178 *Hirsch Ballin*, UFITA 21 (1956–I), 196 (203); *Hubmann* in Bettermann/Nipperdey/Scheuner, Band IV/1, 1 (33).

179 *Hubmann* in Bettermann/Nipperdey/Scheuner, Band IV/1, 1 (32).

180 *Maunz*, GRUR 1973, 107 (109); so wohl auch *Hirsch Ballin*, UFITA 21 (1956–I), 196 (203). Allgemein zu möglichen Formen der Enteignung vgl. *Ossenbühl*, Staatshaftungsrecht, S. 168.

Ausdrücklich hat das BVerfG noch keine Enteignung von Urheberrechten in seiner Rechtsprechung untersucht, weshalb sich praktische Beispiele nicht anführen lassen.[182] Insbesondere in seinen Urheberentscheidungen im 31. Band hat es die Schranken stets als Ausfluss der Inhalts- und Schrankenbestimmung angesehen.[183] Auch wenn Inhalts- und Schrankenbestimmung grundsätzlich von der Enteignung zu trennen sind, ist eine Enteignung auch im Rahmen von Art. 14 I 2 GG denkbar, zum Beispiel wenn ein gesamtes Rechtsgebiet neu geregelt wird.[184]

Beispiele für Enteignungen urheberrechtlicher Befugnisse können ferner in den Zwangslizenzen nach §§ 5 III, 42a, 87 V UrhG zu sehen sein, die allein aufgrund der gesetzlich vorgesehenen Vergütung verfassungskonform sind.[185] Bei den Zwangslizenzen wird dem Urheber zwar die Abschlussfreiheit, nicht aber das Verbotsrecht genommen.[186] Als Enteignung von Künstlern, die Briefmarken gestalten, empfindet *Schack*[187] das Urteil des LG München I[188], wonach Briefmarken aufgrund ihrer Veröffentlichung im Amtsblatt des Bundesministers für das Post- und Fernmeldewesen amtliche und damit aus dem urheberrechtlichen Schutz ausgeklammerte Werke im Sinne von § 5 UrhG darstellen. Ansonsten kann bereits der Wegfall einer Vergütung für den Urheber eine verfassungswidrige Enteignung darstellen.[189] So wäre auch die Änderung des § 53 II UrhG durch das Gesetz zur Änderung des Urheberrechtsgesetzes vom 24.6.1985, wonach für eine Vervielfältigung zum eigenen Gebrauch nunmehr keine Vergütung zu zahlen ist, eine Enteignung, wenn der Gesetzgeber im Gegenzug nicht die Geräteabgabe normiert hätte.[190]

bb. Abgrenzungstheorien

Ob sich eine Maßnahme letztlich als Enteigngung oder aber als Ausfluss der Inhalts- und Schrankenbestimmung darstellt, wurde von den jeweiligen Fachgerichten unterschiedlich beurteilt.

---

181 *Sproll* in Detterbeck/Windhorst/Sproll, Staatshaftungsrecht, Rn. 110 ff.; zur Zulässigkeit sog. salvatorischer Klauseln vgl. *Thormann*, Sozialbindung, S. 113 f.

182 Zu Beispielen aus dem Bereich des Patentrechts vgl. *Fechner*, Geistiges Eigentum, S. 249 f.; *Hubmann* in Bettermann/Nipperdey/Scheuner, Band IV/1, 1 (32 f.).

183 BVerfGE 31, 229 (240) – „Kirchen- und Schulgebrauch"; 31, 270 (272) – „Schulfunksendung"; 31, 275 (284 f., 289) – „Schallplatten"; 49, 382 (394) – „Kirchenmusik"; 79, 29 (40) – „Vollzugsanstalten".

184 BVerfGE 52, 1 (28); *Leinemann*, Sozialbindung, S. 72.

185 *Rehbinder*, Urheberrecht, Rn. 140.

186 *Schack*, Urheber- und Urhebervertragsrecht, Rn. 481.

187 Kunst und Recht, Rn. 275.

188 GRUR 1987, 436 – „Briefmarken".

189 *Gettke*, Fotokopierrecht, S. 96 ff. für das Fotokopierrecht.

190 *Hubmann*, ZUM 1988, 4 (12).

(1). ältere materielle Abgrenzungslehren

BGH und BVerwG grenzten die Enteignung in älteren Urteilen nach rein materiellen Gesichtspunkten von der Inhalts- und Schrankenbestimmung ab.

Der BGH hatte aus der Einzelaktstheorie des RG die Sonderopfertheorie entwickelt. Kennzeichnend für die Enteignung war demnach, dass dem Eigentümer ein Sonderopfer zugunsten der Allgemeinheit auferlegt wird, welches ihm unter Berücksichtigung des Gleichheitsgedankens nicht zugemutet werden kann.[191]

Anders entschied das BVerwG. Dieses sah in der Schwere und Tragweite des Eingriffs die enteignende Handlung[192] und prägte somit die Schweretheorie. Eine Enteignung war hiernach zu bejahen, wenn der Eigentümer durch die Maßnahme hart und schwer getroffen wird, so dass eine entschädigungslose Hinnahme unzumutbar erschien.[193]

(2). formal-typologisierende Abgrenzung des BVerfG

Die Abgrenzung nach materiellen Gesichtspunkten hatte zur Folge, dass letztlich die Gerichte nach wertenden Gesichtspunkten zu entscheiden hatten, ob eine Handlung als Enteignung zu werten war, obwohl dies eigentlich Aufgabe des Gesetzgebers ist.

Die Richter des BVerfG grenzen daher die Enteignung formal nach der Intention des Gesetzgebers von der Eigentumsbindung ab.[194]

Unter einer Inhalts- und Schrankenbestimmung versteht das BVerfG „die generelle und abstrakte Festlegung von Rechten und Pflichten“[195]. Zweck derartiger Gesetze ist es, Inhalt und Schranken des Eigentums für die Zukunft in allgemeiner Form neu zu bestimmen.[196]

Eine Enteignung liegt dagegen vor, wenn „ein Gesetz ... individuelle Rechte entzieht oder beschneidet“[197]. Zu unterscheiden sind hierbei die Legalenteignung, die aufgrund eines Gesetzes erfolgt, sowie die Administrativ-

---

191 BGHZ 6, 270 (279 f.), bestätigt z.B. in BGHZ 30, 338 (341); 45, 150 (152 f.); 54, 293 (295); 60, 126 (130).

192 BVerwGE 5, 143 (145); bestätigt z.B. in BVerwGE 7, 297 (299); 11, 68 (75); 19, 94 (98 f.); 32, 173 (179).

193 Vgl. *Detterbeck*, Öffentliches Recht, Rn. 816.

194 Als grundlegend wird hierzu die Naßauskiesungsentscheidung, BVerfGE 58, 300 (330 f.) angesehen. Tatsächlich hatte das Gericht aber schon in früheren Entscheidungen die Weichen gestellt. BGH und BVerwG folgten schließlich dieser Rechtsprechung: BGHZ 99, 24 (28); BVerwGE 77, 295 (297 f.).

195 BVerfGE 52, 1 (27).

196 *Detterbeck*, Öffentliches Recht, Rn. 820.

197 BVerfGE 45, 297 (325 f.); 52, 1 (27).

enteignung, die aufgrund einer behördlichen Maßnahme ergeht, welche sich ihrerseits auf ein formelles Gesetz stützt.[198]

Zusammenfassend lässt sich untechnisch sagen, dass das BVerfG in der Inhaltsbestimmung eine abstrakt-generelle Regelung, in der Enteignung dagegen einen konkreten Zugriff auf das Eigentum des Einzelnen sieht.[199] Präziser ausgedrückt: die Enteignung ist im Gegensatz zur Inhaltsbestimmung final.[200] So wurde eine Enteignung in der „Pflichtexemplar"-Entscheidung verneint, da die Pflicht zur Abgabe eines Freiexemplars jeden Verleger traf, und das Eigentum von vorneherein um diese Pflicht gekürzt war.[201] Freilich ist das Gericht terminologisch zurückhaltender, da die Begriffspaare abstrakt/generell bzw. konkret/individuell klassischerweise zur Abgrenzung von Norm und Einzelakt verwendet werden.[202]

cc. Die ausgleichspflichtige Inhaltsbestimmung

Die Einordnung einer Maßnahme als Inhalts- und Schrankenbestimmung bzw. als Enteignung ist endgültig. Eine Inhaltsbestimmung kann also auch dann nicht in eine Enteignung „umschlagen", wenn die Grenzen der Sozialbindung überschritten wurden.[203]

Zwar hat die Inhaltsbestimmung keine Entschädigung zur Folge. Es kann aber auch Inhaltsbestimmungen geben, die sich faktisch als Enteignung darstellen, ohne dabei enteignend im rechtlichen Sinne zu sein.[204] Umgekehrt lässt nicht jede Vergütungsregelung auf eine Enteignung schließen. In seiner „Pflichtexemplar"-Entscheidung[205] hat das BVerfG daher die Figur der ausgleichspflichtigen Inhaltsbestimmung geprägt.[206] Genauer gesagt erkennt das Gericht Konstellationen, in denen die Verhältnismäßigkeit einer inhaltsbestim-

---

198 *Detterbeck*, Öffentliches Recht, Rn. 822; *Sproll* in Detterbeck/Windhorst/Sproll, Staatshaftungsrecht, Rn. 88 ff.

199 *Ossenbühl*, Staatshaftungsrecht, S. 178; *Thormann*, Sozialbindung, S. 92.

200 *Maunz*, GRUR 1973, 107 (109); *Thormann*, Sozialbindung, S. 93.

201 BVerfGE 58, 137 (144).

202 *Thormann*, Sozialbindung, S. 92 f.

203 BVerfGE 52, 1 (28); 58, 300 (320) - „Nassauskiesung"; *Fechner*, Geistiges Eigentum, S. 231; *Kirchhof*, Gesetzgebungsauftrag, S. 45; *Ossenbühl*, Staathaftungsrecht, S. 178.

204 Das BVerfG spricht in diesem Zusammenhang daher auch stets von „Ausgleichs-", nicht aber von „Entschädigungsansprüchen" und verdeutlicht hierdurch, dass es sich um Inhaltsbestimmungen handelt; vgl. hierzu auch die Darstellung bei *Thormann*, Sozialbindung, S. 111.

205 BVerfGE 58, 137.

206 Der Großteil der Literatur hat dieser Rechtsprechung zugestimmt; vgl. nur die Nachweise bei *Thormann*, Sozialbindung, S. 111, Fn. 359.

menden Maßnahme aufgrund von Übermaßverbot und Gleichheitssatz nur dann Bestand haben kann, wenn ein finanzieller Ausgleich gewährt wird.[207]

Auch dem UrhG ist die ausgleichspflichtige Inhaltsbestimmung nicht fremd. Im Urheberrecht lassen sich Verfügungs- und Verwertungsrechte unterscheiden. Das Verfügungsrecht begründet einen Verbotsanspruch, das Verwertungsrecht dagegen einen Vergütungsanspruch.[208] Das sozialbindende Allgemeinwohl rechtfertigt eher einen Eingriff in das Verfügungs- als in das Verwertungsrecht.[209] Es gibt Konstellationen, in denen das UrhG das Verfügungsrecht aufhebt, dem Urheber aber einen gesetzlichen Vergütungsanspruch als Ausgleich einräumt. Es handelt sich um Fälle der gesetzlichen Lizenz, welche die erlaubnisfreie Werknutzung kompensieren soll.[210] Dass hier eine Vergütung zu zahlen ist, legt den Schluss nahe, dass es sich um eine Enteignung handelt. Eine solche liegt aber bereits formal nicht vor. Den Ausgleich für die Verwertung hat nämlich der Nutzer zu leisten, also eine Privatperson. Eine Entschädigung wäre aber vom Staat zu leisten.[211]

Trotzdem gibt es einige Formulierungen, die daran zweifeln lassen, ob sich das BVerfG bei seinen Urteilen letztlich nicht auch von Enteignungs-Erwägungen hat leiten lassen. Das Gericht stellt in der „Schallplatten"-Entscheidung klar, dass ein Eingriff in subjektive Rechte nur zulässig ist, wenn dieser durch Gründe des öffentlichen Interesses unter Berücksichtigung des Grundsatzes der Verhältnismäßigkeit gerechtfertigt ist.[212] Dies sind Erwägungen, die das Gericht ansonsten bei der Prüfung der Enteignungsvoraussetzungen vorgenommen hätte. Bei Ausführungen zur Sozialbindung verwendete das Gericht stets andere Formulierungen.[213] Die Richter erklärten die Übergangsvorschrift des § 135 UrhG für verfassungswidrig, da auch der Gedanke der Rechtsvereinheitlichung nicht „den ersatzlosen Entzug von Rechten" rechtfertigen kann.[214] Auch diese Formulierung

---

207 *Fechner*, Geistiges Eigentum, S. 230; *Papier* in Maunz/Dürig, Art. 14 GG Rn. 345; *Thormann*, Sozialbindung, S. 112 f. stellt klar, dass die Ausgleichspflicht dennoch nur ein Ausnahmefall bleiben darf.

208 *Leinemann*, Sozialbindung, S. 69; vgl. auch *Gettke*, Fotokopierrecht, S. 96.

209 BVerfGE 79, 29 (41) – „Vollzugsanstalten"; vgl. auch BVerfGE 31, 229 (243) – „Kirchen- und Schulgebrauch"; 49, 382 (400) – „Kirchenmusik".

210 *Schack*, Urheber- und Urhebervertragsrecht, Rn. 475, 483; vgl. auch *Wandtke* in Wandtke/Bullinger, § 96 UrhG Rn. 17.

211 *Leinemann*, Sozialbindung, S. 75.

212 BVerfGE 31, 275 (289 f.) – „Schallplatten"; ebenso BVerfGE 79, 29 (46) – „Vollzugsanstalten".

213 Bei der Sozialbindung verwendete das Gericht die Formulierung „Gründe des Gemeinwohls" in BVerfGE 31, 229 (242) – „Kirchen- und Schulgebebrauch"; bzw. „Interessen der Allgemeinheit" oder „gerechter Ausgleich" in BVerfGE 49, 382 (394) – „Kirchenmusik".

214 BVerfGE 31, 275 (292) – „Schallplatten".

wäre wohl eher bei der Enteignung zu erwarten gewesen. Dem fügt das Gericht zu, dass „die Notwendigkeit, für bestimmte Gebiete einheitliches Recht zu schaffen, sogar Enteignungsmaßnahmen rechtfertigen (kann)“[215] und rückt seine Ausführungen damit nochmals ein Stück in Richtung Enteignung. Den Vorwurf der Beschwerdeführerin in der „Tonbandvervielfältigungs“-Entscheidung, die Vorschrift des § 53 UrhG stelle ein Sonderopfer dar,[216] also eine enteignende Maßnahme nach der materiellen Enteignungstheorie, räumte das Gericht lediglich durch die Feststellung aus, dass es sich hierbei nicht um ein Einzelfallgesetz handele.[217] Insofern ließe sich durchaus vertreten, dass sich das BVerfG selbst in Widersprüche verstricke, indem es einerseits bei der Setzung von Schranken von einer Inhalts- und Schrankenbestimmung ausgeht, dann aber andererseits Erwägungen anstellt, die bei der Klassifizierung als Enteignung typisch gewesen wären. Allein in der „Kirchenmusik“-Entscheidung stellt das Gericht ausdrücklich klar, dass es sich bei der Schranke nicht um eine Enteignung handelt.[218]

In Anbetracht der Wortgewandtheit des BVerfG überraschen diese sprachlichen Ungenauigkeiten. Hat sich das Gericht die Entscheidung für eine mögliche Enteignung im Urheberrecht für spätere Urteile offen halten wollen? Teilweise wird vertreten, das BVerfG habe bereits in seinen Urheberentscheidungen die Figur der ausgleichspflichtigen Inhaltsbestimmung anerkannt.[219] Diese Ansicht überzeugt nicht, da in der „Pflichtexemplar“-Entscheidung nicht auf die Urheberentscheidungen verwiesen wird.[220] Bei den Urheberentscheidungen ging es allein um Ausgleiche im privatrechtlichen Bereich. Öffentlich-rechtliche Ausgleichsansprüche hat das Gericht tatsächlich erst später anerkannt, weshalb in den Urheberentscheidungen noch keine ausgleichspflichtige Inhaltsbestimmung zu sehen ist.[221]

3. Grenzen zulässiger Inhalts- und Schrankenbestimmung

Bei der Ausgestaltung der Inhalts- und Schrankenbestimmung wird der Gesetzgeber durch die Eigentumsgarantie einerseits und durch die Sozialbindung andererseits beschränkt.

---

215 BVerfGE 31, 275 (293) – „Schallplatten“.

216 BVerfGE 31, 255 (260) – „Private Tonbandvervielfältigung“.

217 BVerfGE 31, 255 (263) – „Private Tonbandvervielfältigung“.

218 BVerfGE 49, 382 (393) – „Kirchenmusik“; hier wird die Terminologie auch konsequenter verwendet, vgl. insb. S. 400.

219 *Kleinlein*, DVBl. 1991, 364 (366); *Kreft*, FS Geiger, 399 (412); *Sass*, Entschädigungserfordernis, S. 102; *Schulze-Osterloh*, Eigentumsopferentschädigung, S. 237; *Schwabe*, JZ 1983, 273 (276).

220 BVerfGE 58, 137 (148) verweist lediglich bzgl. des sozialen Faktors auf BVerfGE 31, 229 (242).

221 *Hendler*, DVBl. 1983, 873 (880); *Thormann*, Sozialbindung, S. 109.

Die Inhaltsbestimmung orientiert sich allein an der Institutsgarantie. Diese markiert wie oben dargelegt die äußerste Grenze dessen, was der Gesetzgeber an Eigentumspositionen belassen oder erlassen muss.[222] In die entgegengesetzte Richtung wird die Inhaltsbestimmung aber durch das Sozialgebot beschränkt.[223] Aufgabe des Gesetzgebers ist es, einen Ausgleich zwischen persönlichen und sozialen Belangen zu finden. Das BVerfG sieht in Art. 14 II GG eine verbindliche Richtschnur für den Gesetzgeber, die im Rahmen der Inhalts- und Schrankenbestimmung zu beachten ist.[224] Reine Inhaltsbestimmungen werden auftauchen, wenn der Gesetzgeber neue Eigentumsrechte schafft, was praktisch selten der Fall ist.[225]

Die Schrankenbestimmung muss dagegen die Bestandsgarantie beachten. Bedeutsam wird sie bei der Beschränkung von Altrechten. Dies wird meist wegen des Rückwirkungsverbotes nicht möglich sein. In der Regel wird die Schrankenbestimmung daher nur zusammen mit der Inhaltsbestimmung für die Zukunft einhergehen.[226] Gleichzeitig muss es dem Gesetzgeber aber auch möglich sein, Altrechte zu verändern, ohne hierbei am Rückwirkungsverbot zu scheitern. Andernfalls wären Reformvorhaben nicht zu realisieren.[227] Art. 14 I 1 GG „bedeutet nicht die Unantastbarkeit einer Rechtsposition für alle Zeiten“[228], weshalb auch die von der Eigentumsgarantie erfassten Rechte letztlich der Disposition des Gesetzgebers unterliegen, ohne eine Enteignung darzustellen.[229] Zu beachten ist bei der zulässigen Schrankenbestimmung jedoch, dass das schutzwürdige Vertrauen des Eigentümers in den Bestand seiner Rechte nicht enttäuscht werden darf.[230] Daher ist die Schrankenbestimmung nur zulässig, wenn sie durch „Gründe des öffentlichen Interesses unter Berücksichtigung des Grundsatzes der Verhältnismäßigkeit gerechtfertigt ist“[231]. Der Verhältnismäßigkeitsgrundsatz wird im Wesentlichen auch den Erlass von Übergangsvorschriften erfordern.[232] Dies gilt im Urheberrecht umso mehr, als sich der Schaffensprozess oft erst nach

---

222 Siehe oben **II. 2. b.**

223 *Thormann*, Sozialbindung, S. 141 m.w.N.; zu den Rechtmäßigkeitsvoraussetzungen der Sozialbindung vgl. *Lerche*, FS Reichardt, 101 (104).

224 BVerfGE 37, 132 (140); 68, 361 (367); 71, 230 (246); 79, 29 (40) – „Vollzugsanstalten“.

225 *Thormann*, Sozialbindung, S. 138.

226 *Thormann*, Sozialbindung, S. 138.

227 *Thormann*, Sozialbindung, S. 144.

228 BVerfGE 31, 275 (284) – „Schallplatten“.

229 BVerfGE 31, 275 (284 f.) – „Schallplatten“; 36, 281 (293); 58, 300 (350 f.) - „Nassauskiesung“; 70, 191 (201 f.).

230 *Thormann*, Sozialbindung, S. 145.

231 BVerfGE 31, 229 (242) – „Kirchen- und Schulgebrauch“; 31, 275 (290) – „Schallplatten“; 49, 382 (400) – „Kirchenmusik“; vgl. auch *Thormann*, Sozialbindung, S. 145 f.

232 BVerfGE 31, 275 (285 ff.) – „Kirchen- und Schulgebrauch“; *Nüßgens/Boujong*, Eigentum, Sozialbindung und Enteignung; Rn. 138; *Thormann*, Sozialbindung, S. 146.

erheblicher Zeit auszahlt und eine Amortisation der Leistung stattfindet. Die geleistete Arbeit und der Einsatz von Kapital dürfen nicht von heute auf morgen entwertet werden.[233]

IV. Zusammenfassung von 3. Teil A.

Schutz geistigen Eigentums nach Art. 14 I GG: Das Urheberrecht wird nach Art. 14 I GG als geistiges Eigentum verfassungsrechtlich geschützt. Die Reichweite des Schutzes bestimmt der einfache Gesetzgeber.

Der Kern des Urheberrechts beinhaltet die grundsätzliche Zuordnung des vermögenswerten Ergebnisses der schöpferischen Leistung an den Urheber im Wege privatrechtlicher Normierung und seine Freiheit, in eigener Verantwortung darüber verfügen zu können. Daher hat der Urheber einen Anspruch darauf, dass ihm der wirtschaftliche Nutzen seiner Arbeit zugeordnet wird. Dies betrifft neben den Verwertungs- vor allem die Nutzungs- und Leistungsschutzrechte.

Dem Gesetzgeber obliegt im Rahmen der Inhalts- und Schrankenbestimmung die konkrete Ausgestaltung des Urheberschutzes, ohne dessen unverletzlichen Kernbereich anzutasten.

Sozialbindung: Inhalts- und Schrankenbestimmung nach Art. 14 I 2 GG sowie die Sozialbindung nach Art. 14 II GG formen einen einheitlichen Gesetzesvorbehalt der Eigentumsbindung, welcher die Quelle für die verfassungsrechtliche Legitimation der Urheberschranken bildet.

Mit der Veröffentlichung steht das Werk nicht mehr allein dem Urheber zur Verfügung. Es tritt vielmehr bestimmungsgemäß in den gesellschaftlichen Raum und löst sich mit der Zeit von der privatrechtlichen Verfügbarkeit, um geistiges und kulturelles Allgemeingut zu werden. Die Befugnis des Gesetzgebers zur Inhalts- und Schrankenbestimmung ist umso weiter, je mehr das Eigentumsobjekt eine soziale Funktion aufweist.

Grenzen zulässiger Inhalts- und Schrankenbestimmung: Daher ist die Schrankenbestimmung nur zulässig, wenn sie durch „Gründe des öffentlichen Interesses unter Berücksichtigung des Grundsatzes der Verhältnismäßigkeit gerechtfertigt ist".

B. Konkurrierende Grundrechte

Mit dem Urheberrecht konkurrieren regelmäßig Grundrechte der Allgemeinheit. Die Interessen, welche an einer Werknutzung bestehen, können dabei höchst unterschiedlich sein.

---

[233] BVerfGE 58, 300 (349) – „Nassauskiesung".

Gesteigerte Bedeutung kommt Art. 5 GG zu. Dieser normiert in Abs. 1 fünf Grundrechte, die sich als „Kommunikationsfreiheit“[234] zusammenfassen lassen: Meinungs(äußerungs)freiheit (Art. 5 I 1 HS 1 GG)[235], Informationsfreiheit (Art. 5 I 1 HS 2 GG), Pressefreiheit (Art. 5 I 2 Var. 1GG), Rundfunkfreiheit (Art. 5 I 2 Var. 2 GG) und Filmfreiheit (Art. 5 I 2 Var. 3 GG). Ferner garantiert Art. 5 GG in Abs. 3 die Kunst- und die Wissenschaftsfreiheit, die ebenfalls mit dem Urheberrecht kollidieren können.

I. Informationsfreiheit

Die im Urheberrecht am häufigsten betroffene Kommunikationsfreiheit dürfte die Informationsfreiheit sein. Diese ist in Art. 5 I 1 HS 2 GG verbrieft.

1. Schutzzweck und Schutzbereich

Die Informationsfreiheit soll dem Bürger ein ausreichendes Informationsangebot sichern.[236] Insofern ist die Informationsfreiheit auch eng mit den anderen Kommunikationsgrundrechten verwoben und trägt beispielsweise ihrerseits wesentlich zur Meinungsbildung bei.[237]

Die Informationsfreiheit schützt das Recht, sich aus allgemein zugänglichen Quellen ungehindert zu unterrichten. Sie lässt sich in drei Ausprägungen unterteilen:[238]

---

[234] *Pieroth/Schlink*, Grundrechte, Rn. 591. Bisweilen differenzieren die Terminologien. So werden Presse-, Rundfunk- und Filmfreiheit zum Teil als „Medienfreiheit“ zusammengefasst. Die Unterscheidungen machen didaktisch keinen Sinn. Lediglich eine pauschale Zusammenfassung der verschiedenen Grundrechte als „Meinungsfreiheit“ verbietet sich, da es zu Verwechselungen mit der Meinungsäußerungsfreiheit kommen kann. Im Folgenden soll der Begriff „Kommunikationsfreiheit“ für alle in Abs. 1 verbrieften Rechte verwendet werden.

[235] Die terminologische Unterscheidung zwischen Meinungsfreiheit und Meinungsäußerungsfreiheit (vgl. *Schmidt*, Grundrechte, Fn. 730) ist hier nicht von Belang. Beide Formulierungen beziehen sich im Rahmen dieser Bearbeitung auf Art. 5 I 1 HS 1 GG. Sollen sämtliche Grundrechte des Art. 5 I GG erfasst werden, wird hier der Begriff „Kommunikationsfreiheit“ verwendet.

[236] *Kröger*, Informationsfreiheit und Urheberrecht, S. 189; *Lerche*, Jura 1995, 561 (561).

[237] *Kröger*, Informationsfreiheit und Urheberrecht, S. 190; *Herzog* in Maunz/Dürig, Art. 5 GG Rn. 82; vgl. *Scholz*, FS Löffler, 355 (365 ff.).

[238] Nach *Kröger*, Informationsfreiheit und Urheberrecht, S. 201.

Das Recht, Informationen zu empfangen,
das Recht, sich aus allgemein zugänglichen Quellen ungehindert zu unterrichten
und das Recht, Informationen nach Wunsch ungestört zu verbreiten.

Die Informationsfreiheit umfasst positiv sowohl die Unterrichtung aus allgemein zugänglichen Quellen als auch das Entgegennehmen und das Beschaffen von Informationen.[239] Geschützt sind also sowohl Rezipient als auch Anbieter von Informationen. Die Informationsfreiheit beinhaltet das Recht, eine unter mehreren zur Verfügung stehenden Informationsquellen auszuwählen.[240] Die Benutzung technischer Hilfsmittel gehört ebenso hierzu wie das Speichern und Aufbereiten von Informationen.[241] Sie kann sogar das Anfertigen von Bild- und Tonaufnahmen rechtfertigen,[242] nicht aber die Vervielfältigung.[243] Dagegen gibt es keine staatliche Pflicht, verfügbare Informationen zu präsentieren.[244] Der Bürger hat ferner keinen Anspruch, Informationen kostenlos zu erhalten.[245]

a. Informationsquelle

Als Quellen kommen sämtliche Träger von Informationen in Betracht. Da die Informationsfreiheit dem Informationspluralismus dienen soll, kommt es auf die Qualität der Information nicht an. Der Zugang zu Boulevardmedien ist in gleichem Maße zu ermöglichen, wie der Zugang zu politischen, wirtschaftlichen oder Bildungsmedien.[246] Auch ist die Informationsfreiheit kein Deutschenrecht. Ein ausländischer Informationsempfänger hat also ebenso wie ein Deutscher das Recht, sich eine Parabolantenne zum Empfang ausländischer Fernsehsender zu installieren.[247]

---

239 BVerfGE 27, 71 (82 f.) – „Leipziger Volkszeitung“; *Kröger*, Informationsfreiheit und Urheberrecht, S. 192.

240 *Pieroth/Schlink*, Grundrechte, Rn. 628.

241 BVerfGE 90, 27 (32) - „Parabolantenne I“; *Starck* in v. Mangoldt/Klein/Starck, Art. 5 Abs. 1, 2 GG Rn. 51; *Schmidt*, Grundrechte, Vor Rn. 453.

242 *Schmidt*, Grundrechte, Rn. 458.

243 Vgl. OLG Köln DVBl. 1979, 523 (524); *Starck* in v. Mangoldt/Klein/Starck, Art. 5 Abs. 1, 2 GG Rn. 58.

244 Vgl. auch unten **b. bb.**

245 *Starck* in v. Mangoldt/Klein/Starck, Art. 5 Abs. 1, 2 GG Rn. 58; *Wendt* in v. Münch/Kunig, Art. 5 GG Rn. 28.

246 Vgl. *Jarass* in Jarass/Pieroth, Art. 5 GG Rn. 15.

247 Vgl. BVerfGE 90, 27 (32) – „Parabolantenne I“. Das Mietrecht (Eigentum des Vermieters) hat insoweit hinter der Informationsfreiheit zurückzustehen.

b. Allgemein zugänglich

Die Informationsquelle ist allgemein zugänglich, wenn sie „geeignet und bestimmt ist, der Allgemeinheit, also einem individuell nicht bestimmbaren Personenkreis, Informationen zu verschaffen"[248]. Dass es damit nicht auf die Erreichbarkeit ankommen kann, wird deutlich, wenn man bedenkt, dass der Gesetzgeber andernfalls Zugangshindernisse errichten könnte, um so Informationen aus der Informationsfreiheit auszuklammern.[249] Das Merkmal der Zugänglichkeit ist daher schon dann erfüllt, wenn die Allgemeinheit bereits mit einem Ausschnitt der Information angesprochen wird, so z.B. beim Bereitstellen von Datenbanken oder Medien mit individueller Abrufmöglichkeit.[250] Das Merkmal der Allgemeinheit soll die Individualkommunikation, die ihrerseits unter Art. 10 GG bzw. das allgemeine Persönlichkeitsrecht fällt, aus der Informationsfreiheit ausklammern.[251]

Für das Urheberrecht bedeutet dies, dass die Informationsquelle vom Urheber dazu bestimmt sein muss, der Allgemeinheit Informationen zu bieten.[252] Noch nicht veröffentlichte Werke werden daher regelmäßig nicht als allgemein zugängliche Quelle in Betracht kommen, weshalb das Urheberrecht diesen auch erhöhten Schutz bietet.[253]

aa. Rechtliche Begrenzung von Quellen

Teilweise wird angenommen, eine Quelle sei nicht allgemein zugänglich, wenn der Zugang rechtlich – z.B. durch Normen des UrhG - begrenzt sei und der Rechteinhaber von seinem Bestimmungsrecht Gebrauch mache.[254] Dem kann so nicht gefolgt werden. Informationen unterfallen auch dann dem Kriterium der allgemeinen Zugänglichkeit, wenn sie – wie im Falle des Urheberrechts - auf-

---

248 BVerfGE 27, 71 (83) – „Leipziger Volkszeitung"; 90, 27 (32) – „Parabolantenne I"; 103, 44 (60) – „Gerichtsfernsehen".

249 BVerfGE 27, 71 (83) – „Leipziger Volkszeitung"; 27, 104 (108); *Schulze-Fielitz* in Dreier, Art. 5 I, II GG Rn. 78; *Kleinke*, Pressedatenbanken und Urheberrecht, S. 55; *Kröger*, Informationsfreiheit und Urheberrecht, S. 198; *Herzog* in Maunz/Dürig, Art. 5 I, II GG Rn. 89 f.

250 *Kröger*, Informationsfreiheit und Urheberrecht, S. 199; vgl. *Bullinger*, NJW 1984, 385 (386).

251 Vgl. *Kleinke*, Pressedatenbanken und Urheberrecht, S. 56.

252 *Kröger*, Informationsfreiheit und Urheberrecht, S. 199.

253 Das Recht der ersten Inhaltsmitteilung (§ 12 II UrhG) oder das Ausstellungsrecht (§ 18 UrhG) besteht dem Wortlaut nach nur an unveröffentlichten Werken. Zugleich ermöglicht die Publikation der Öffentlichkeit, das Werk innerhalb der Schranken des Urheberrechtes zu nutzen (das Zitatrecht nach § 51 UrhG, oder das Recht zum Unterrichtsgebrauch nach § 46 UrhG stellen z.B. auf die Veröffentlichung ab).

254 *Hoffmann-Riem* in AK-GG, Art. 5 Abs. 2 GG Rn. 89; *Kleinke*, Pressedatenbanken und Urheberrecht, S. 56; *Kröger*, Informationsfreiheit und Urheberrecht, S. 199.

grund von Gesetzen nicht mehr erreichbar sind.[255] Daher ist allein an die objektive Tatsachenlage anzuknüpfen.[256] Wie eben bemerkt, könnte der einfache Gesetzgeber sonst Informationen aus dem Schutzbereich der Informationsfreiheit ausklammern. Das UrhG darf daher erst im Rahmen des Gesetzesvorbehalts i.S.v. Art. 5 II GG in Betracht kommen.[257]

bb. Objektiv-rechtliche Pflicht zur Informationsversorgung

Um die Monopolisierung von Informationen durch Private – ein Phänomen, das mit dem Wandel zur Informationsgesellschaft und der Auflösung der Konturen zwischen Massen- und Individualkommunikationsmitteln einhergeht – zu verhindern, wird teilweise versucht, das Merkmal der „allgemein zugänglichen Quelle" neu zu bewerten.[258] Demnach müsse es objektiv-rechtliche staatliche Pflichten zur Informationsversorgung geben. Allein die Individualkommunikation soll daher aus dem Merkmal der allgemein zugänglichen Quellen ausgeklammert werden, wodurch der Schutzbereich sich entsprechend erweitern würde.[259] Der Gesetzgeber müsse einen Minimalbestand an Informationen verfassungsrechtlich sicherstellen. Andernfalls bestünde die Gefahr, dass die finanzielle Leistungsfähigkeit zu einem bestimmenden Faktor bei der Informationsbeschaffung würde.[260]

Mit Recht verhalten sich die Beiträge zu diesem Thema sehr zurückhaltend. Grundsätzlich kann den Grundrechten auch eine objektiv-rechtliche Funktion zukommen, welche den klassischen Charakter der Grundrechte als Abwehrrechte in Teilhabe- und staatliche Leistungsrechte umwandelt.[261] Die Informationsfreiheit stellt aber in erster Linie ein Abwehrrecht dar. Der Staat hat lediglich Transparenz zu wahren – Informationen muss er nicht bereithalten. Im Bereich des Art. 5 GG kommt vorrangig den Medienfreiheiten eine objektive Dimension zu.[262] Die einschlägigen Beiträge, die eine derartige Ausprägung auch für die

---

[255] *Starck* in v. Mangoldt/Klein/Starck, Art. 5 Abs. 1, 2 GG Rn. 58.

[256] BVerfGE 27, 71 (83) – „Leipziger Volkszeitung"; widersprüchlich daher *Kleinke*, Pressedatenbanken und Urheberrecht, S. 55; *Kröger*, Informationsfreiheit und Urheberrecht, S. 198.

[257] Vgl. auch *Hoffmann-Riem* in AK-GG, Art. 5 Abs. , 2 GG Rn. 102. Eine Verkürzung des Schutzbereichs kann auch *Kröger* nicht gewollt haben, der bei seinem Lösungsmodell ganz auf die Informationsfreiheit setzt.

[258] Vgl. *Engel*, Privater Rundfunk vor der EMRK, S. 125 f.; *Kröger*, Informationsfreiheit und Urheberrecht, S. 201 ff.; *Lerche*, Jura 1995, 561 (565); *Schoch*, VVDStRL 57 (1998), 158 (188 ff.).

[259] *Schoch*, VVDStRL 57 (1998), 158 (189); vgl. auch *Kröger*, Informationsfreiheit und Urheberrecht, S. 202.

[260] *Kröger*, Informationsfreiheit und Urheberrecht, S. 204, 207.

[261] Vgl. dazu unten **C. III.**

[262] *Schulze-Fielitz* in Dreier, Art. 5 I, II GG Rn. 213. Vgl. dazu unten **C. III. 2. b.**

Informationsfreiheit fordern, mögen allein im Bereich der Kurzberichterstattung Sinn machen.[263] Das BVerfG hat in dem zugrundeliegenden Urteil allerdings die Informationsfreiheit „nur" als einen wesentlichen Bestandteil der Rundfunkfreiheit untersucht.[264] Insofern liegt dem Sachverhalt eine andere Konstellation zugrunde, da die objektiv-rechtliche Komponente Ausfluss der Rundfunkfreiheit war.[265] Presseunternehmen gibt die Pressefreiheit aber weiterreichende Rechte als die Informationsfreiheit, da sie die Presse nicht auf die allgemein zugänglichen Quellen beschränkt.[266]

c. Urheberrechtliche Werke als allgemein zugängl. Informationsquelle

Für das Urheberrecht ist nun zu fragen, welche Rolle das UrhG im Verhältnis zur Informationsfreiheit einnimmt. Dabei müssen zunächst Informationsquellen vorliegen, welche durch die Informationsfreiheit geschützt werden. Derartige Informationsquellen dürften urheberrechtliche Werke in der Regel darstellen. Bei den Sprachwerken liegt dies auf der Hand. Informationsträger können aber auch Bilder, Filmwerke, Reden oder sogar Ereignisse darstellen.[267] So ziemlich jede persönliche geistige Schöpfung kann daher Informationen transportieren. Das BVerfG hat immer wieder betont, dass das Werk mit seiner Veröffentlichung nicht mehr alleine dem Urheber zur Verfügung stehe, sich von der privatrechtlichen Verfügbarkeit löse und geistiges und kulturelles Allgemeingut werde.[268] Allein hierdurch entsteht aber auch ein gewisses Informationsinteresse der Allgemeinheit an dem zum Kulturbesitz gehörenden Werk. Somit ist festzuhalten, dass urheberrechtliche Werke in aller Regel (zumindest ab der Veröffentlichung) eine Informationsquelle darstellen.

Für die Deklaration als allgemein zugängliche Quelle ist es dabei unerheblich, ob die Veröffentlichung des Werkes rechtmäßig erfolgte oder nicht. Eine einmal zugänglich gemachte Informationsquelle fällt unbeschadet der Art und Weise der Zugänglichmachung in den Schutzbereich der Informationsfreiheit.[269] Erfolgt der Informationsbezug also gegen den Willen eines Urhebers, fallen die in dem Werk enthaltenen Informationen dennoch unter den Schutzbereich der Informationsfreiheit.

---

263 Vgl. hierzu unten **III. 2. b.**

264 BVerfGE 97, 228 (257) – „Kurzberichterstattung".

265 Vgl. zu den objektiv-rechtlichen Ausprägungen der Rundfunkfreiheit *Schulze-Fielitz* in Dreier, Art. 5 I, II GG Rn. 122, 213.

266 Vgl. unten **III. 1. a.**

267 *Starck* in v. Mangoldt/Klein/Starck, Art. 5 Abs. 1, 2 GG Rn. 42.

268 Vgl. oben **A. III. 2. b.** BVerfGE 58, 137 (148 f.); 79, 29 (42) – „Vollzugsanstalten".

269 Vgl. *Wendt* in v. Münch/Kunig, Art. 5 GG Rn. 29.

b. Wechselwirkungslehre

Bei der Frage, ob das sich nicht ausschließlich gegen eine der Kommunikationsfreiheit richtende Gesetz dem Schutz höherrangiger Rechtsgüter dient, kommt (quasi als Schranken-Schranke[283]) die vom BVerfG entwickelte Wechselwirkungslehre zum Tragen. Demnach sind die allgemeinen, die Kommunikationsfreiheit einschränkenden Gesetze in ihrer beschränkenden Wirkung ihrerseits wieder im Lichte der Grundrechte auszulegen.[284] Die Abwägung hat dabei streng abstrakt zu erfolgen, da eine Bewertung von Informationen ausbleiben soll. Die Abwägung betrifft daher „nicht das Schutzgut des allgemeinen Gesetzes, sondern nur die Erforderlichkeit des auf das allgemeine Gesetz gestützten Mittels zum Schutze des Rechtsgutes“[285]. Es handelt sich hierbei letztlich um nichts anderes als eine Ausprägung des Verhältnismäßigkeitsgrundsatzes.[286]

Obwohl die Vorschriften des UrhG Eingriffe in die Informationsfreiheit verfassungsrechtlich rechtfertigen können, ist das UrhG nach der Wechselwirkungslehre in seiner beschränkenden Wirkung also ebenfalls im Lichte der Informationsfreiheit auszulegen. Auf welche Weise dies geschieht, soll an dieser Stelle noch keine Rolle spielen.[287] Ein Ansatzpunkt, diesen Ausgleich zu schaffen, bieten jedenfalls die Schrankentatbestände, welche insoweit dazu dienen können, die Wechselwirkung zwischen Urheberschutz und Informationsfreiheit auszugleichen.

II. Meinungsfreiheit

Jeder hat das Recht, seine Meinung in Wort, Schrift und Bild frei zu äußern und zu verbreiten (Art. 5 I 1 HS 1 GG).

1. Schutzzweck und Schutzbereich

Das BVerfG wird nicht müde, die Bedeutung der Meinungsfreiheit als „vornehmstem“ Grundrecht einer demokratischen Gesellschaft zu betonen.[288] Sie ist eng mit der Informationsfreiheit verknüpft, die notwendige Voraussetzung für

[283] *Hoppe*, JuS 1991, 734 (737); *Kleinke*, Pressedatenbanken und Urheberrecht, S. 66.
[284] BVerfGE 7, 198 (209) – „Lüth“;
[285] *Starck* in v. Mangoldt/Klein/Starck, Art. 5 Abs. 1, 2 GG Rn. 201.
[286] *Schmidt*, Grundrechte, Rn. 509.
[287] Hierzu unten **E.**
[288] BVerfGE 7, 198 (208) – „Lüth“; vgl. *Brugger*, JA 2006, 687 (689).

die Meinungsbildung ist.[289] Die Meinungs(äußerungs)freiheit ist weit zu verstehen.

a. Meinungen

Meinungen sind Werturteile. Ein Werturteil liegt vor, wenn die Äußerung durch Elemente der subjektiven Stellungnahme des Dafürhaltens oder Meinens geprägt ist, wenn also die Richtigkeit oder Unrichtigkeit der Behauptung eine Sache der persönlichen Überzeugung bleibt.[290] Auf die Vernünftigkeit oder die Begründetheit der Meinung kommt es nicht an.[291] Wie bei der Informationsfreiheit kann eine Qualität der Meinung nicht herausdifferenziert werden.[292] Abgesehen davon, dass eine derartige Klassifizierung schwer bis unmöglich wäre, würde sie zu einer Subjektivierung der Meinungsfreiheit und dem Verbot einzelner Meinungen führen. Selbst Schmähkritik kann dem Schutzbereich der Meinungsfreiheit unterstellt werden, wenn sie durch Elemente des Wertens geprägt ist und einen Bezug zu Tatsachen aufweist.[293]

b. Tatsachenbehauptungen

Im Gegensatz dazu sind Tatsachenbehauptungen wirklich geschehene oder existierende, dem Beweis zugängliche Umstände.[294]

Ob auch Tatsachenbehauptungen in den Schutzbereich der Meinungsfreiheit fallen, ist unklar. Hier ließe sich leicht vertreten, dass Tatsachen eben keine Meinungen sind. Anhaltspunkte hierfür liefern z.B. §§ 186 ff., 263 ff. StGB oder die Landespressegesetze.[295] Allerdings kann das einfache Recht nicht über die Anwendung der Grundrechte entscheiden. Wenn Art. 5 I GG die Freiheit der Berichterstattung als lex specialis gegenüber der Meinungsfreiheit schützt, dann muss die Meinungsfreiheit als Generaltatbestand auch Tatsachenbehauptungen erfassen. Denn auch Tatsachen tragen zum Meinungsbildungsprozess bei und

---

289 *Herzog* in Maunz/Dürig, Art. 5 Abs. I, II GG Rn. 82; *Schulze-Fielitz* in Dreier, Art. 5 I, II GG Rn. 83; *Starck* in v. Mangoldt/Klein/Starck, Art. 5 Abs. 1, 2 GG Rn. 37.

290 BVerfGE 61, 1 (9) – „Meinungsäußerung im Wahlkampf“; 65, 1 (41) – „Volkszählung“; 71, 162 (179); *Schmidt*, Grundrechte, Rn. 427.

291 BVerfGE 61, 1 (8) – „Meinungsäußerung im Wahlkampf“.

292 BVerfGE 30, 336 (347) – „Jugendgefährdende Schriften“; 33, 1 (15); 61, 1 (7) – „Meinungsäußerung im Wahlkampf“; vgl. *Starck* in v. Mangoldt/Klein/Starck, Art. 5 Abs. 1, 2 GG Rn. 22; *Wendt* in v. Münch/Kunig, Art. 5 GG Rn. 8.

293 Vgl. *Fechner*, Medienrecht, Rn. 132.

294 BVerfGE 90, 241 (247) – „Auschwitzlüge“; 93, 266 (289) – „Soldaten sind Mörder“; 94, 1 (8); *Jarass* in Jarass/Pieroth, Art. 5 GG Rn. 5.

295 *Huster*, NJW 1996, 487 (488).

sind im Regelfall sogar Voraussetzung für diesen.[296] Eine klare Trennung zwischen Werturteil und Tatsachenbehauptungen ist zumal oft nicht möglich[297] oder kann durch geschickte Formulierungen entsprechend gelenkt werden. Das BVerfG subsumiert daher auch Tatsachenbehauptungen unter den Meinungsbegriff, wenn diese sich mit wertenden Elementen vermischen[298] und wenn diese objektiv wahr sind. Die bewusste Lüge soll also nicht von Art. 5 I 1 HS 1 GG geschützt werden.[299]

c. Form der Äußerung

Die Meinungsäußerungsfreiheit schützt jede Form der Äußerung, sofern sie dem „geistigen Kampf von Meinungen“ dient.[300] Die Aufzählung „Wort, Schrift und Bild“ ist somit nur beispielhafter Natur.[301] Die Meinungskundgabe kann verbal oder nonverbal erfolgen. Die Wahl von Zeit und Ort der Meinungskundgabe werden ebenfalls durch Art. 5 I GG geschützt.[302] Auch das Empfangen einer kundgegebenen Äußerung wird vom Schutzbereich der Meinungsäußerungsfreiheit erfasst.[303]

Die Meinungsfreiheit gibt dagegen keinen Anspruch, gehört zu werden.[304] Geschützt wird die Meinungsfreiheit auch in negativer Hinsicht – also das Recht, sich nicht äußern zu müssen. Dies ist urheberrechtlich insbesondere im Hinblick auf § 12 UrhG relevant.

---

296 Vgl. BVerfGE 65, 1 (41) – „Volkszählung“; *Starck* in v. Mangoldt/Klein/Starck, Art. 5 Abs. 1, 2 GG Rn. 26; *Wendt* in v. Münch/Kunig, Art. 5 GG Rn. 9.

297 *Herzog* in Maunz/Dürig, Art. 5 Abs. I, II GG Rn. 51; *Pieroth/Schlink*, Grundrechte, Rn. 597; *Schmitt Glaeser*, AöR 113 (1988), 52 (75); *Schulze-Fielitz* in Dreier, Art. 5 I, II GG Rn. 51. Zur Abgrenzung vgl. *Gounalakis/Rhode*, Persönlichkeitsschutz im Internet, Rn. 110 ff.

298 BVerfGE 61, 1 (9) – „Meinungsäußerung im Wahlkampf“; 65, 1 (41) – „Volkszählung“.

299 BVerfGE 54, 208 (219) – „Heinrich Böll“; 66, 116 (149) – „Springer/Wallraff“; 85, 1 (15) – „Bayer-Aktionäre“; 99, 185 (196) – „Scientology“; vgl. *Gounalakis/Rhode*, Persönlichkeitsschutz im Internet, Rn. 243. Kritisch *Wendt* in v. Münch/Kunig, Art. 5 GG Rn. 10; *Pieroth/Schlink*, Grundrechte, Rn. 599 m.w.N., welche auch die „Freiheit zum Irrtum erfassen“ wollen. Relevant wird diese Frage insbesondere bei der sog. „Auschwitz-Lüge“.

300 BVerfGE 25, 256 (265). Aufgezwungene oder aufgedrückte Meinungen werden daher nicht vom Schutzbereich der Meinungsfreiheit erfasst.

301 *Starck* in v. Mangoldt/Klein/Starck, Art. 5 Abs. 1, 2 GG Rn. 28; *Wendt* in v. Münch/Kunig, Art. 5 GG Rn. 16

302 BVerfGE 93, 266 (289) – „Soldaten sind Mörder“.

303 BVerfGE 35, 35 (39); BVerfG NJW 2005, 1341. Dieser Schutz wirkt selbstredend nur zugunsten des Äußernden. Der Empfänger einer Äußerung wird hingegen durch die Informationsfreiheit geschützt. Vgl. *Schmidt*, Grundrechte, Rn. 446.

304 *Wendt* in v. Münch/Kunig, Art. 5 GG Rn. 19 f.

d. Meinungsfreiheit im Urheberrecht

Im Urheberrecht kann es vorkommen, dass ein Grundrechtsträger durch seine Meinungskundgabe in fremde Urheberrechte eingreift. Prominentes Beispiel hierfür ist die Parodie.[305] Diese besondere Kunstform, die oftmals mit Kritik, also mit der Äußerung einer eigenen Meinung verbunden ist, imitiert eine Vorlage, schiebt dieser aber eine andere Aussage unter, um so einen kritischen oder komischen Effekt zu erzeugen.[306]

2. Eingriff und Rechtfertigung

Meinungsäußerungsverbote oder –beeinträchtigungen stellen Eingriffe in die Meinungsfreiheit dar. Solche hat die Rechtsprechung beispielsweise anerkannt bei öffentlichen **Boykottaufrufen** gegen den Film „Die unsterbliche Geliebte" von *Veith Harlan* durch Senatsdirektor *Lüth*[307] oder die Zeitschrift „Blinkfüer"[308], die das Rundfunkprogramm der DDR abdruckte. Ferner stellte die Unterlassungsverfügung wegen **Ehrverletzung** nach der Äußerung „Soldaten sind Mörder"[309] oder „Die CSU ist die NPD von Europa"[310] einen Eingriff in die Meinungsfreiheit dar. Gleiches galt für das Verbot von **Schockwerbung** im Rahmen von Werbekampagnen durch die Firma Benetton.[311]

Zur Rechtfertigung gilt das bei der Informationsfreiheit bereits Gesagte. Insbesondere kann das UrhG als allgemeines Gesetz Eingriffe in die Meinungsfreiheit rechtfertigen. Allerdings ist das UrhG im Rahmen der Wechselwirkungslehre seinerseits im Lichte der Grundrechte auszulegen.

---

305 Vgl. BVerfG NJW 2002, 3767; (3767); BGH GRUR 2004, 590 (590); *Schulze-Fielitz* in Dreier, Art. 5 I, II GG Rn. 67. Freilich werden diese Darstellungsformen primär durch die Kunstfreiheit geschützt. Ausführlicher hierzu unten **V. 5.** und **4. Teil C. V.** M.E. ist hier aber ein kumulativer Schutz durch beide Grundrechte zumindest zu erwägen. Aufgrund der unterschiedlichen Schutzrichtungen kann die Kunstfreiheit nicht schlechthin als lex specialis gegenüber der Meinungsäußerungsfreiheit angesehen werden.

306 Vgl. hierzu unten **V. 5.** und **4. Teil C. V.**

307 BVerfGE 7, 198 (203 ff.) – „Lüth".

308 BVerfGE 25, 256 – „Blinkfüer".

309 BVerfGE 93, 266 – „Soldaten sind Mörder".

310 BVerfGE 61, 1 – „Meinungsäußerung im Wahlkampf".

311 BGH GRUR 1995, 595 – „Kinderarbeit"; nachfolgend BVerfGE 102, 347 (360) – „Benetton I". BGH GRUR 2002, 360 (362 ff.) – „H.I.V. POSITIVE"; nachfolgend BVerfGE 107, 275 (280) – „Benetton II".

III. Medienfreiheiten

Auch die Medienfreiheiten konkurrieren regelmäßig mit dem Urheberrecht. Hierunter werden die Grundrechte der Presse-, Rundfunk- und Filmfreiheit zusammengefasst (Art. 5 I 2 GG). Ihnen kommt die Besonderheit zu, dass sie die Kommunikationsgrundrechte aus Art. 5 I 1 GG für die jeweiligen Medienvertreter ergänzen.[312]

1. Pressefreiheit

„Eine freie, nicht von der öffentlichen Gewalt gelenkte, keiner Zensur unterworfene Presse ist Wesensmerkmal des freiheitlichen Staates und für die moderne Demokratie unentbehrlich."[313] Auch der Schutzbereich der Pressefreiheit (Art. 5 I 2 Var. 1 GG) ist daher weit auszulegen.

a. Schutzbereich

Der Begriff der Presse umfasst sämtliche Druckerzeugnisse, die zur Verbreitung geeignet sind. Hierunter fallen periodische (Zeitungen und Zeitschriften), wie nicht-periodische (Bücher, Flugblätter, Plakate) Druckwerke.[314] Aber auch Erzeugnisse, die über die Papierform hinausgehen, sind mittlerweile als Druckwerk anerkannt,[315] insbesondere können auch Online-Nachrichtendienste im Internet ein Presseerzeugnis darstellen.[316] Auf die Qualität der Presse kommt es auch hier nicht an.[317] Boulevardblätter werden ebenso geschützt wie politische Magazine.

Die geschützte Tätigkeit reicht von der Informationsbeschaffung bis hin zu deren Verbreitung.[318] Zudem werden auch presseinterne Hilfstätigkeiten von der Pressefreiheit erfasst.[319] Das Layout, die Art der Darstellung und die redaktionelle Auswahl fallen ebenfalls unter die Pressefreiheit.[320] Der Schutz reicht wei-

---

312 *Pieroth/Schlink*, Grundrechte, Rn. 616; *Schmidt*, Grundrechte, Vor Rn. 461.

313 BVerfGE 20, 162 (174) – „Spiegel"; vgl. 66, 116 (133) – „Springer/Wallraff".

314 BVerfGE 95, 28 (35) „Werkszeitungen".

315 *Pieroth/Schlink*, Grundrechte, Rn. 611 m.w.N.

316 Vgl. OLG München MMR 2005, 768 (770). Kritisch *Gounalakis*, ZUM 2003, 180 (181 f.); *ders./Zagouras*, Medienkonzentrationsrecht, S. 51 f.

317 BVerfGE 101, 361 (389) – „Caroline von Monaco II"; BVerfG NJW 2006, 2836 (2837) – „Luftbilder von Wohnungsgrundstücken Prominenter"; *Wendt* in v. Münch/Kunig, Art. 5 GG Rn. 31.

318 BVerfGE 20, 162 (176) „Spiegel".

319 *Pieroth/Schlink*, Grundrechte, Rn. 613. Presseexterne Hilfstätigkeiten werden dagegen durch andere Grundrechte geschützt, BVerfGE 77, 346 (354) „Presse-Grossist".

320 *Schmidt*, Grundrechte, Rn. 468.

ter als im Falle der Informationsfreiheit, da er sich nicht auf die allgemein zugänglichen Quellen beschränkt und auch den Informations- und Informantenschutz umfasst.[321]

Grundrechtsträger sind alle im Pressewesen tätigen Personen und Unternehmen.[322]

b. Eingriffe

Jede Behinderung von der Pressefreiheit unterliegenden geschützten Tätigkeiten stellt einen Eingriff in die Pressefreiheit dar.[323] So wurden Sanktionen bezüglich Inhalt und Gestaltung von Presseerzeugnissen als Eingriff angesehen,[324] ebenso die Beschlagnahme von redaktionellen Unterlagen[325] oder die Durchsuchung von Redaktionsräumen[326]. Ein Verbot der Berufsausübung als Redakteur stellt einen Eingriff dar.[327] Schon relative Benachteiligungen, wie eine selektive Subventionierung von Presseunternehmen, beeinträchtigt den Schutzbereich.[328]

c. Pressefreiheit und Urheberrecht

Die der Pressefreiheit unterliegenden Druckerzeugnisse kommen klassischerweise mit dem Urheberrecht in Berührung. Zum einen können sich Pressevertreter ihrerseits auf das Urheberrecht berufen - zum Beispiel, wenn deren Beiträge in einer unternehmensfremden Datenbank zugänglich gemacht werden.[329] Zum anderen ist die Presse vor dem Hintergrund von Art. 5 I 2 1. Alt. GG zuweilen aber auch auf eine großzügige Interpretation des UrhG angewiesen. So beispielsweise, wenn es darum geht, Pressespiegel mit den Beiträgen anderer Verlagshäuser zu erstellen (vgl. § 49 I UrhG).[330] Dieses Problem ist insbesondere bei den elektronischen Pressespiegeln diskutiert worden.[331] Die Pressefreiheit ist

---

321 BVerfGE 36, 193 (204) – „Zeugnisverweigerungsrecht der Presse"; 107, 299 (329 f.); *Pieroth/Schlink*, Grundrechte, Rn. 616. Dagegen wird die Meinungsäußerungsfreiheit nicht von der Pressefreiheit verdrängt, vgl. BVerfGE 85, 1 (12) – „Bayer-Aktionäre"; 86, 122 (128); *Wendt* in v. Münch/Kunig, Art. 5 GG Rn. 33.

322 BVerfGE 253, 296 (114 f.).

323 *Jarass* in Jarass/Pieroth, Art. 5 GG Rn. 29.

324 BVerfGE 113, 63 (76).

325 BVerfGE 56, 247 (248 f.).

326 BVerfGE 20, 162 (187) „Spiegel".

327 BVerfGE 10, 118 (121) – „Behördliches Presseverbot".

328 *Schmidt*, Grundrechte, Rn. 479.

329 Vgl. BGH GRUR 1997, 459 und 464 – „CB-infobank I und II"; BGH GRUR 1999, 325 – „Elektronische Pressearchive". Eine Berufung auf die Pressefreiheit hatte der BGH allerdings in keinem der Fälle erwogen.

330 Vgl. zu den „herkömmlichen" Pressespiegeln unten **4. Teil C. I. 2. b.**

331 Hierzu unten **4. Teil C. I.**

in diesen Fällen maßgeblich bei der Auslegung des einfachen Rechts zu berücksichtigen.

2. Rundfunk- und Filmfreiheit

Da der Rundfunk eines der meist genutzten Informationsmedien ist, betont das BVerfG immer wieder dessen Bedeutung für die Meinungsbildung. Die Ausprägungen des dualen Rundfunks[332] verdeutlichen, dass es dem Gericht darauf ankommt, Informationsmonopole zu verhindern und Meinungspluralismus zu erzeugen.

a. Schutzbereiche

Rundfunk- und Filmfreiheit entsprechen weitestgehend der Pressefreiheit, unterscheiden sich von dieser aber in ihrem technischen Verbreitungsweg. Auch sie schützen von der Informationsbeschaffung bis hin zur Verbreitung und zwar unabhängig von der Qualität der zu transportierenden Information.[333]

Der Begriff „Rundfunk" umfasst - anders als der allgemeine Sprachgebrauch vermuten lässt - sowohl den Hörfunk als auch den Fernsehrundfunk. Rundfunk ist jede drahtgebundene oder drahtlose Übermittlung von Gedankeninhalten durch physikalische Wellen.[334] Anders als im Bereich der Individualkommunikation (z.B. bei einem Telefonat) zeichnet sich der Rundfunk aber dadurch aus, dass er sich an eine Vielzahl von Personen richtet und eine redaktionelle Tätigkeit voraussetzt.[335]

Entsprechend versteht man unter dem Filmbegriff eine Übermittlung von Gedankeninhalten durch Bilderreihen, die zur Projektierung am Abspielort bestimmt sind.[336]

Grundrechtsträger der Rundfunkfreiheit waren ursprünglich nur die öffentlich-rechtlichen Sendeanstalten.[337] Mittlerweile ist aber anerkannt, dass die Rundfunkfreiheit auch den privaten Rundfunkbetreibern zugute kommen soll.[338]

---

332 Vgl. *Pieroth/Schlink*, Grundrechte, Rn. 622 ff. Unter dualem Rundfunk versteht man die Aufspaltung in den öffentlich-rechtlichen Bereich des Rundfunks, welcher die Grundversorgung mit Informationen sicherstellen soll und einen privaten Bereich, welcher die Meinungsvielfalt sicherstellen soll.

333 *Wendt* in v. Münch/Kunig, Art. 5 GG Rn. 45 ff.

334 *Schulze-Fielitz* in Dreier, Art. 5 I, II GG Rn. 99; *Pieroth/Schlink*, Grundrechte, Rn. 618.

335 *Schmidt*, Grundrechte, Rn. 483.

336 *Schulze-Fielitz* in Dreier, Art. 5 I, II GG Rn. 111.

337 Dies ist im Bereich der Grundrechtslehre nahezu einmalig, da der öffentlich-rechtliche Rundfunk eine juristische Person des öffentlichen Rechts ist, die Grundrechte als Ab-

b. Bedeutung für das Urheberrecht

Grundsätzlich könnte die Filmfreiheit als Verfassungsgrundlage für Filmwerke i.S.v. § 2 I Nr. 6 UrhG fungieren. Ihr kommt jedoch nur eine untergeordnete Bedeutung zu, da die meisten Filmwerke auch durch die Kunstfreiheit geschützt werden, die weiter geht als die Filmfreiheit.[339]

Dagegen ist die Rundfunkfreiheit urheberrechtlich durch das Recht auf Kurzberichterstattung (§ 5 RStV) relevant geworden. Dieses soll der Monopolbildung bei der Übertragung von Großereignissen entgegenwirken. Da hier (in der Regel private) Rundfunkanbieter[340] die Fernsehübertragung durch Exklusivrechte teuer an sich binden und den Empfang nur gegen Entgelt ermöglichen, soll dem Informationsinteresse der Allgemeinheit durch das Recht auf Kurzberichterstattung gedient werden. Das BVerfG sieht Informationen als einen „wesentlichen Bestandteil des klassischen Rundfunkauftrages“[341]. Das Recht auf Kurzberichterstattung ermöglicht daher anderen Medien eine limitierte, zeitversetzte, bebilderte Wiedergabe des Großereignisses.

IV. Zensurverbot als Schranken-Schranke

Die Schranken der Kommunikations- und der Medienfreiheiten werden durch das Zensurverbot des Art. 5 I 3 GG abermals eingeschränkt. Grundrechtsschranken dürfen nicht dazu führen, dass eine staatliche Vorzensur stattfindet.[342] Hierunter versteht man „einschränkende Maßnahmen vor der Herstellung oder Verbreitung eines Geisteswerkes, insbesondere das Abhängigmachen von behördlicher Vorprüfung und Genehmigung seines Inhalts“[343]. Verfassungsrechtlich gestattet ist lediglich die Nachzensur, also der nachträgliche Eingriff in die Verbreitung bereits veröffentlichter Medien.[344] Bedeutsam kann das Zensurverbot daher insbesondere bei der vorbeugenden Unterlassungsklage vor Gerichten werden.

---

wehrrechte gegen den Staat aber eben nicht öffentlich-rechtlichen Personen zukommen sollen. Die Rundfunkfreiheit wird aber ausdrücklich statuiert, um den Rundfunk staatsfrei zu halten. Vgl. BVerfGE 83, 238 (322) – „6. Rundfunkurteil“. Eine ähnliche Konstellation gibt es sonst nur im Bereich der Wissenschaftsfreiheit (staatliche Hochschulen).

338 BVerfGE 95, 220 (234) - „Aufzeichnungspflicht“; 97, 298 (311 f.) – „Rundfunkfreiheit für Private“; *Böckenförde/Wieland*, AfP 1982, 77 (78).

339 *Schmidt*, Grundrechte, Rn. 494.

340 In der Vergangenheit hat beispielsweise der Sender „Premiere“ von sich Reden gemacht.

341 BVerfGE 97, 228 (257) – „Kurzberichterstattung“.

342 BVerfGE 47, 198 (236 f.); 73, 118 (166) – „4. Rundfunkurteil“.

343 BVerfGE 33, 52 (72); 47, 198 (236); 73, 118 (166) – „4. Rundfunkurteil“.

344 *Herzog* in Maunz/Dürig, Art. 5 Abs. I, II GG Rn. 298.

Das UrhG dürfte als Schranke der Informationsfreiheit demnach also nicht als Mittel der Zensur missbraucht werden. In den USA gehört folgender Fall zum Standard-Repertoire für Studenten der Rechtswissenschaften:[345] Die in den USA als Religionsgemeinschaft anerkannte Church of Scientology ist Inhaberin der Urheberrechte von Schriften ihres geistigen Führers *L. Ron Hubbard*.[346] Auf einem anonymen US-Remailer[347] waren nun interne Informationen Scientologys aufgetaucht, die zuvor aus ihrem Computersystem gestohlen wurden. Dass sich die Scientology-Kirche nun auf die Wahrung ihrer Urheberrechte berief, lag selbstredend nicht daran, dass die in Deutschland als Sekte beurteilte Religionsgemeinschaft ihr geistiges Eigentum hüten wollte. Vielmehr ging es ihr darum, Informationsmaterial vor Kritikern zu verstecken.

Da auch unrechtmäßig erlangte Informationen allgemein zugängliche Quellen i.S.d. Informationsfreiheit darstellen können,[348] darf die Informationsfreiheit nicht durch das Zensurverbot umgangen werden. Nach Ansicht des BVerfG wirkt sich das Zensurverbot aber ohnehin nicht auf die Informationsfreiheit aus, da dieses seiner Natur nach nur den Hersteller, nicht aber den Empfänger schützt.[349] Insoweit wird dem grundgesetzlichen Verbot der Vorzensur für das Urheberrecht keine große Bedeutung zukommen.

V. Kunstfreiheit

Einer der häufigsten Fälle von Kollisionen mit dem Urheberrecht dürfte neben der Informations- die Kunstfreiheit (Art. 5 III 1 GG) aufweisen.

---

345 Mitgeteilt bei *Lutterbeck*, CR 2000, 52 (58). Vgl. *Kröger*, Informationsfreiheit und Urheberrecht, S. 162.

346 Aufgrund des works-made-for-hire-Grundsatzes in den USA ist es dort durchaus möglich, dass eine juristische Person originäre Urheberrechte an einem Werk erwirbt, ohne dass es dafür der Übertragung der Nutzungsrechte bedürfe. Vgl. *Schack*, Urheber- und Urhebervertragsrecht, Rn. 1114.

347 Ein Remailer ist ein Internetforum, auf dem Beiträge anonym veröffentlicht werden können. Die Beiträge werden dabei direkt an den Remailer geschickt, der diese anonymisiert. Die einzelnen Beiträge kann danach nur noch der Remailer identifizieren, der über die Zuordnung eine entsprechende Datenbank führt. Vgl. *Lutterbeck*, CR 2000, 52 (58).

348 Vgl. Jarass in Jarass/Pieroth, Art. 5 GG Rn. 80, 17. Vgl. auch oben **I. 1. c.**

349 BVerfGE 27, 88 (102); *Herzog* in Maunz/Dürig, Art. 5 Abs. I, II GG Rn. 297; a.A. *Deumeland*, KUR 2001, 121 (123).

1. Kunstbegriff

In seinen frühen Entscheidungen hatte das BVerfG noch versucht, einen Kunstbegriff herauszuarbeiten.[350] Mittlerweile geht das Gericht aber davon aus, dass der Kunstbegriff keiner Definition zugänglich ist und jeder Versuch, das Grundrecht zu definieren, bereits eine Einschränkung des Schutzbereichs bedeutet.[351] Damit ist aber kein Definitionsverbot der Kunst verbunden,[352] denn nur einen beschreibbaren, konturierbaren Schutzgegenstand kann die Verfassung rechtlich schützen.[353] Das BVerfG scheut vielmehr eine Unterscheidung zwischen höherer und niedriger, bzw. guter und schlechter Kunst, und differenziert stattdessen ausschließlich zwischen Kunst und Nichtkunst.[354] Diese Zurückhaltung ist nur verständlich, wenn man sich die nationalsozialistische Kunstgeschichte Deutschlands und deren Verständnis von Kunst und entarteter Kunst vor Augen führt. Die Kunstfreiheit verbietet daher jedes staatliche „Kunstrichtertum".[355]

Das BVerfG verwendet nunmehr drei Kunstbegriffe nebeneinander:[356] Nach einem eher **formellen Kunstbegriff** ist ein Kunstwerk zu bejahen, wenn das Werk Strukturmerkmale aufweist, aufgrund derer es einem bestimmten Werktyp zugeordnet werden kann. So kann das Werk Merkmale der Malerei, der Bildhauerei, u.s.w. aufweisen. Nach einem **materiellen Kunstbegriff** kann dann von Kunst gesprochen werden, wenn das Werk das geformte Ergebnis einer freien schöpferischen Gestaltung ist. Schließlich kann nach dem **offenen Kunstbegriff** Kunst angenommen werden, wenn das Werk interpretationsfähig und -bedürftig sowie vielfältigen Bezügen zugänglich ist.

Im Schrifttum wird teilweise noch die **Drittanerkennung** für die Kunstdefinition herangezogen. Kunst liegt dann vor, wenn ein für Kunstfragen sachverständiger Dritter den Gegenstand der Kunst zuschreibt.[357]

---

350 Vgl. BVerfGE 30, 173 (188 f.) – „Mephisto".

351 BVerfGE 67, 213 (224 ff.) – „Anachronistischer Zug"; *Ossenbühl*, DÖV 1983, 785 (789).

352 So aber *Knies*, Schranken der Kunstfreiheit, S. 214 ff.

353 *Badura*, Staatsrecht, C 79.

354 BVerfGE 75, 369 (377) – „Strauß-Karikatur"; BVerfG NJW 2001, 596 (597) – „Deutschland muss sterben". Vgl. *Zöbeley*, NJW 1985, 254 (256).

355 BVerfGE 30, 173 (190) – „Mephisto"; *Kobor*, JuS 2006, 593 (594).

356 BVerfGE 67, 213 (226 ff.) – „Anachronistischer Zug"; 83, 130 (139 ff.) – „Josefine Mutzenbacher". Vgl. ferner m.w.N. *Pernice* in Dreier, Art. 5 III GG (Kunst) Rn. 18 ff.; *Starck* in v. Mangoldt/Klein/Starck, Art. 5 Abs. 1, 2 GG Rn. 302; *Wendt* in v. Münch/Kunig, Art. 5 GG Rn. 90.

357 *Wendt* in v. Münch/Kunig, Art. 5 GG Rn. 92; vgl. *Bethge* in Sachs, Art. 5 GG Rn. 184; *Schick*, JZ 1970, 645 (646). Kritisch *Scholz* in Maunz/Dürig, Art. 5 Abs. III GG Rn. 26.

Einigkeit besteht insoweit, als der Kunstbegriff weit auszulegen ist, und auch ungewöhnliche Darstellungsformen wie provokative Kunst oder Happenings unter den Schutz des Art. 5 GG fallen können.[358] Dagegen ist Kunst von rein empirischen Berichterstattungen oder Dokumentationen abzugrenzen, die keinen eigenständigen schöpferischen Gehalt aufweisen.[359]

2. Vergleich mit dem urheberrechtlichen Werkbegriff

Selbstverständlich ist der grundrechtliche Kunstbegriff nicht mit dem urheberrechtlichen Werkbegriff zu verwechseln. Insbesondere wäre es unzulässig, zur Konkretisierung des Verfassungsrechts auf das einfache Recht zurückzugreifen. Dennoch fallen bei der Definition von Kunst gewisse Parallelen zum Werkbegriff auf.

Der **formelle Kunstbegriff** entspricht weitestgehend den Formanforderungen an das urheberrechtliche Werk. Auch hier sind je nach Werkgattung verschiedene Formerfordernisse zu beachten, bevor dem Werk urheberrechtlicher Schutz zugesprochen werden kann. Auch Teile des **materiellen Kunstbegriffs** finden sich im Werkschutzrecht des Urheberrechts wieder. Hier streiten Rechtsprechung und Lehre darum, welches Maß an Individualität oder Gestaltungshöhe erfüllt sein muss, um den Werkcharakter anzuerkennen.[360] *Dass* ein derartiges ungeschriebenes Tatbestandsmerkmal in die Voraussetzungen des Werkschutzes hineinzulesen ist, ist aber unbestritten. Dies entspricht dem „geformten Ergebnis einer freien schöpferischen Gestaltung" in hohem Maße. Schließlich lehnt sich auch der **offene Kunstbegriff** an die Lehre von der Individualität des Werkes an. Insoweit findet sich immer wieder die Formulierung „nicht individuell ist, was jeder so machen würde"[361].

Gesetzgebung und Rechtsprechung sind darum bemüht, den Werkbegriff geschmacksneutral zu definieren und allein von objektiven Kriterien abhängig zu machen. Eine derartige Tendenz ist auch beim BVerfG bei der Ausgestaltung des Kunstbegriffs zu bemerken.

Die Schnittmenge von Werk- und Kunstbegriff ist daher nicht unerheblich. Eine Schöpfung, welche die Voraussetzungen des Werkschutzes erfüllt, dürfte stets ein Kunstwerk i.S.d. GG darstellen. Umgekehrt muss dies dagegen nicht immer der Fall sein.

---

358 *Pernice* in Dreier, Art. 5 III GG (Kunst) Rn. 24; *Wendt* in v. Münch/Kunig, Art. 5 GG Rn. 91; *Pieroth/Schlink*, Grundrechte, Rn. 662.

359 Grundrechtsschutz kann sich in diesen Fällen aber aus den Medienfreiheiten ergeben, vgl. *Scholz* in Maunz/Dürig, Art. 5 Abs. III GG Rn. 31. Auch die Wissenschaftsfreiheit kann dann Grundrechtsschutz gewähren.

360 Vgl. *Mizdalski*, MLR 2008, 13 (19) m.w.N.

3. Geschützte Tätigkeit

Die Kunstfreiheit schützt sowohl das Recht, sich künstlerisch zu betätigen **(Werkbereich)** als auch das Recht, entstandene Werke darzubieten und zu verbreiten **(Wirkbereich)**,[362] nicht aber den bloßen Kunstkonsum.[363]

Gerade Tätigkeiten im Wirkbereich können schnell zu einem Verstoß gegen das UrhG führen. Daher ist es umso wichtiger, den Wirkbereich genau zu definieren, denn nicht jede beliebige Verbreitungsart wird geschützt.[364] Der Wirkbereich umfasst die „unentbehrliche Mittlerfunktion zwischen Künstler und Publikum"[365]. Insofern erfüllt der Wirkbereich einen kommunikativen Aspekt.[366] Zu den grundrechtlichen Gewährleistungen gehört es, das Werk dem Publikum zugänglich zu machen.[367] Daher müssen auch alle hiermit verbundenen Tätigkeiten geschützt werden. Erfasst sind also neben dem Künstler auch Verleger.[368] Die wirtschaftliche Verwertung des Kunstwerkes wird dagegen nicht durch den Wirkbereich geschützt.[369] Hierfür sind Eigentums- und Berufsfreiheit die spezielleren Grundrechte.

4. Schranken

Ein Eingriff in die Kunstfreiheit liegt vor, wenn Werk- oder Wirkbereich behindert werden. Die Schrankentrias des Art. 5 II GG ist aufgrund des systematischen Aufbaus von Art. 5 GG auf die Kunstfreiheit nicht anwendbar.[370] Das Grundrecht wird vorbehaltlos gewährleistet. Daraus folgt aber nicht, dass die Kunstfreiheit höherrangiger wäre als Grundrechte mit Gesetzesvorbehalt.[371] Die Kunstfreiheit ist durch verfassungsimmanente Schranken im Rahmen der praktischen Konkordanz[372] nach einer Einzelfallabwägung beschränkbar.[373]

---

361 *Rehbinder*, Urheberrecht, Rn. 151.

362 BVerfGE 30, 173 (191 ff.) – „Mephisto"; *Müller*, Freiheit der Kunst, S. 97 ff.

363 *Pieroth/Schlink*, Grundrechte, Rn. 663.

364 *Pernice* in Dreier, Art. 5 III GG (Kunst) Rn. 25; *Müller*, Freiheit der Kunst, S. 102.

365 BVerfGE 30, 173 (191) – „Mephisto"; 81, 278 (292) – Bundesflagge".

366 *Kobor*, JuS 2006, 593 (595); *Bethge* in Sachs, Art. 5 GG Rn. 188.

367 BVerfGE 81, 298 (306) „Deutschlandlied"; *Pernice* in Dreier, Art. 5 III GG (Kunst) Rn. 25.

368 *Kobor*, JuS 2006, 593 (595).

369 *Schmidt*, Grundrechte, Rn. 530.

370 BVerfGE 30, 173 (191 f.) – „Mephisto"; *Pernice* in Dreier, Art. 5 III GG (Kunst) Rn. 31; *Jarass* in Jarass/Pieroth, Art. 5 GG Rn. 113; *Wendt* in v. Münch/Kunig, Art. 5 GG Rn. 95.

371 *Pernice* in Dreier, Art. 5 III GG (Kunst) Rn. 31. So aber anscheinend *Jarass* in Jarass/Pieroth, Art. 5 GG Rn. 114.

372 Dazu unten **E. IX.**

Obwohl sich Werk- und Wirkbereich gleichrangig gegenüberstehen und kein Stufenverhältnis besteht,[374] spricht eine (widerlegbare) Vermutung dafür, dass „die Kunstfreiheit im Werkbereich eher den Vorrang genießt als im Wirkbereich“[375]. Folgende Überlegungen können die Abwägung in diesem Sinne beeinflussen: Der Werkbereich schützt das „ob“ des Schaffensprozesses. Es handelt sich hier um den geschützten Kern der künstlerischen Entfaltung. An Eingriffe sind daher besonders hohe Anforderungen zu stellen. Als rechtfertigende Schranken kommen nur Verfassungsgüter in Betracht.[376] Dagegen schützt der Wirkbereich das „wie“ des Schaffensprozesses, insbesondere Verbreitungs- und Vorbereitungshandlungen. Hier tritt das Werk an die Öffentlichkeit. Handlungen im Werkbereich können die Rechte Kunstschaffender somit empfindlicher beeinträchtigen als Handlungen im Wirkbereich.[377] Daher müssen Eingriffe in den Wirkbereich eher möglich sein.[378]

5. Kollisionen mit dem Urheberrecht

Berücksichtigung fand die Kunstfreiheit in der Rechtsprechung zur Parodie, die als Kunstform den Schutz des Art. 5 III GG in Anspruch nehmen kann.[379] Um die im UrhG nicht ausdrücklich privilegierte Parodie zu ermöglichen, subsumiert die ganz herrschende Meinung diese unter § 24 UrhG[380] und legt das für

---

373 Vgl. BVerfGE 67, 213 (228) „Anachronistischer Zug“; 77, 240 (253) – „Herrnburger Bericht“.

374 *Pernice* in Dreier, Art. 5 III GG (Kunst) Rn. 32; *Schröder*, DVBl. 2008, 146 (146). A.A. *Starck* in v. Mangoldt/Klein/Starck, Art. 5 Abs. 3 GG 3. Auflage Rn. 207 f. Ein Stufenverhältnis kann nicht angenommen werden, da Werk- und Wirkbereich auch zusammenfallen können, wie beispielsweise im Bereich der Straßen- oder der Baukunst.

375 BVerfGE 77, 240 (254) – „Herrnburger Bericht“. Vgl. auch *Scholz* in Maunz/Dürig, Art. 5 Abs. III GG Rn. 65.

376 BVerfGE 77, 240 (253) – „Herrnburger Bericht“; *Starck* in v. Mangoldt/Klein/Starck, Art. 5 Abs. 3 GG Rn. 331 ff.

377 BVerfGE 77, 240 (253) – „Herrnburger Bericht“; *Starck* in v. Mangoldt/Klein/Starck, Art. 5 Abs. 3 GG Rn. 331; *Scholz* in Maunz/Dürig, Art. 5 Abs. III GG Rn. 65.

378 *Jarass* in Jarass/Pieroth, Art. 5 GG Rn. 114. Nach S*tarck* in v. Mangoldt/Klein/Starck, Art. 5 Abs. 3 GG Rn. 333 f. kann daher bereits die allgemeine Rechtsordnung Schranken setzen. Diesbezüglich kritisch: *Pernice* in Dreier, Art. 5 III GG (Kunst) Rn. 33; wie *Pernice* wohl auch BVerfGE 77, 240 (254) – „Herrnburger Bericht“; BVerfG GewArch 1988, 369 (370).

379 Vgl. BGH NJW 2001, 603 (605) – „K’s Mattscheibe“; *Chakraborty*, Das Rechtsinstitut der freien Benutzung im Urheberrecht, S. 102; *Platho*, GRUR 1992, 360 (362, 363); *Schack*, Urheber- und Urhebervertragsrecht, Rn. 279. Explizit offen gelassen bei BGH GRUR 2003, 956 (958) - „Gies-Adler“.

380 Vgl. hierzu *v. Becker*, NJW 2001, 583 (583); *Mizdalski*, MLR 2008, 13 (19) m.w.N.

§ 24 UrhG erforderliche Merkmal des Verblassens entsprechend kunstfreundlich aus.[381]

VI. Wissenschaftsfreiheit

Auch die Wissenschaftsfreiheit kommt als eines der wenigen Grundrechte Hoheitsträgern, nämlich staatlichen Hochschulen und deren Wissenschaftlern (z.B. Hochschullehrer) zugute und stellt eine Ausnahme von dem Grundsatz dar, dass Grundrechte Abwehrrechte des Bürgers gegen den Staat sind. So können sich Hochschulen gegenüber dem Staat, aber auch Wisseschaftler gegenüber „ihrer" Hochschule auf die Wissenschaftsfreiheit berufen. Wissenschaft ist jede Tätigkeit, die „nach Inhalt und Form als ernsthafter und planmäßiger Versuch zur Ermittlung der Wahrheit anzusehen ist"[382]. Diese Definition gilt unabhängig davon, ob die Wissenschaft an eine staatliche oder private Hochschule oder gar eine privatwirtschaftliche Forschungsinstitution angebunden ist.[383] Die Ermittlung der Wahrheit kann im Zuge einer kritischen Bewertung ihrerseits wieder zu einer Wissenschaft werden.[384]

Im Rahmen dieses Wechselspieles kann es zu urheberrechtlichen Kollisionen kommen, nämlich dann, wenn Wissenschaftler auf den Arbeiten ihrer Vorgänger aufbauen, anknüpfen, oder diese zu widerlegen versuchen. Einbruchstelle kann hier beispielsweise der § 51 UrhG sein, dessen Anwendung dann unter Gesichtspunkten der Wissenschaftsfreiheit zu sehen ist.

Die Freiheit der Lehre beinhaltet die freie Wahl von Inhalt, Ansatz und Äußerung bzw. von Gegenstand, Form, Methode, Inhalt, Zeit und gegebenenfalls auch Ort der Lehre.[385] Erfasst wird die universitäre Lehre. Der Betrieb an Schulen wird von Art. 7 GG, nicht aber von Art. 5 III 1 Alt. 2 GG geschützt.[386] Somit ist § 46 I UrhG wohl eher nicht von der Wissenschaftsfreiheit beeinflusst, § 52a UrhG dafür umso mehr.

---

381 Vgl. unten **4. Teil C. V.**

382 BVerfGE 35, 79 (113) – „Hochschulurteil"; 47, 327 (367); vgl. auch 90, 1 (12).

383 Vgl. *Thieme*, DÖV 1994, 150 (159 ff.).

384 *Pieroth/Schlink*, Grundrechte, Rn. 671.

385 BVerfGE 35, 79 (113 f.) – „Hochschulurteil"; *Bremer,* NVwZ 2001, 167 (168).

386 BVerfGE 37, 317 (320); *Pieroth/Schlink*, Grundrechte, Rn. 672, 743.

Die Anforderungen an Eingriff und Rechtfertigung der Wissenschaftsfreiheit gleichen der Kunstfreiheit. Allerdings wird die Freiheit der Lehre in Art. 5 III 2 GG durch die Treue zur Verfassung wieder beschränkt.[387]

Die Wissenschaftsfreiheit wirkt sich auch auf das UrhG aus. Dieses kennt zum einen wissenschaftliche Werke, die es unter § 2 I Nr. 1 UrhG subsumiert, und zum anderen Darstellungen wissenschaftlicher Art, die unter § 2 I Nr. 7 UrhG fallen. Diesen Werkformen müsste nach Art. 5 III GG besonderer Schutz zukommen. So wendet die Rechtsprechung bei Darstellungen wissenschaftlicher Art den Grundsatz der kleinen Münze an, da diese Schöpfungen andernfalls schutzlos wären.[388] Dagegen fordert der BGH bei den wissenschaftlichen Werken ein „deutliches Überragen“ gegenüber dem allgemeinen Durchschnittskönnen.[389] Dies scheint zunächst der Wissenschaftsfreiheit zu widersprechen. Man kann nur mutmaßen, dass dem BGH daran gelegen ist, das Ergebnis wissenschaftlicher Arbeit weitestgehend gemeinfrei zu halten, um den wissenschaftlichen Gedankenaustausch voranzutreiben.[390]

C. Grundrechtswirkung

Damit sind die verfassungsrechtlichen Grundsteine für die Kollision im Urheberrecht gelegt. Im Folgenden gilt es zu erörtern, wie sich die Verfassungswerte auf das Privatrecht, hier das Urheberrecht, auswirken. Da es sich hierbei um einen komplexen Vorgang handelt, kann zunächst nur die Wirkung der Grundrechte im Privatrecht beschrieben werden. Wie die Grundrechte dann praktisch zu berücksichtigen sind, wird an anderer Stelle vertieft.[391]

---

387 Eine den Staat verunglimpfende oder diffamierende Lehre soll – anders als eine „normale“, kritische Lehre nicht unter den Schutz des Art. 5 III GG fallen. Vgl. *Schlink*, Der Staat 1976, 335 (352 f.). Die Formulierung ist eine Ausprägung der beamtenrechtlichen Treuepflicht, BVerfGE 39, 334 (347).

388 BGH GRUR 1988, 33 (35) – „Topographische Landeskarten“; BGH GRUR 1991, 449 (452) – „Betriebssystem“; BGH GRUR 1991, 529 (530) – „Explosionszeichnungen“; BGH GRUR 1993, 34 (35) – „Bedienungsanweisung“. Vgl. auch *A. Nordemann* in Fromm/Nordemann, § 2 UrhG Rn. 213.

389 BGH GRUR 1985, 1041 (1047 f.) – „Inkasso-Programm“; GRUR 1986, 739 (740 f.) – „Anwaltsschriftsatz“.

390 *Mizdalski*, MLR 2008, 13 (19); *Loewenheim* in Schricker, § 2 UrhG Rn. 61 ff.

391 Ein Vorschlag zur Berücksichtigung der Grundrechte im Rahmen der verfassungskonformen Auslegung wird unten **E.** aufgegriffen.

I. Funktion der Grundrechte

Den Grundrechten schrieb *Jellinek* drei Funktionen zu:[392] Er verstand die Grundrechte zunächst als Freiheit vom Staat und somit als Abwehrrecht (Status negativus). Darüber hinaus erkannte er aber auch, dass es einige Freiheiten nicht ohne den Staat geben konnte. Die Grundrechte begründeten daher seiner Ansicht nach Schutz-, Teilhabe- und Leistungsrechte (Status positivus). Schließlich sah er aber auch, dass es eine Freiheit in und für den Staat gebe, in welcher der Einzelne aktiv mitwirke (Status activus).

Fest steht: Grundrechte sind klassischer Weise Abwehrrechte des Bürgers gegen den Staat (**subjektive Funktion** der Grundrechte).[393] Damit ist die Grundrechtswirkung im privatrechtlichen Bereich an sich ausgeschlossen. Dieses noch aus den Zeiten der Weimarer Verfassung stammende Grundverständnis unserer heutigen Verfassung ist aber bei weitem nicht mehr zeitgemäß. Das Individuum wird in der modernen Industriegesellschaft weniger vom Staat denn von Privaten in seiner Freiheit bedroht. Arbeitgeber, Medien, Monopolisten, Großunternehmen und sonstige „soziale Gewalten" üben teils mittelbar, teils unmittelbar Druck aus und lenken unser Handeln in ihrem Sinne.[394] Die Grundrechte müssen sich daher auch an diejenigen richten, die als Privatrechtssubjekte in die betreffenden Lebensverhältnisse eingreifen. Diese Entwicklung hat die Rechtswissenschaft vor das Problem gestellt, inwieweit die Grundrechte sich auf das Privatrecht auswirken.

II. Drittwirkung und Werteordnungstheorie des BVerfG

Heute ist eine mittelbare Drittwirkung der Grundrechte im Privatrecht anerkannt.[395] Demnach gelten die Grundrechte im Verhältnis der Bürger untereinander nicht unmittelbar.[396] Das BVerfG hat in der „Lüth"-Entscheidung herausge-

---

392 *Jellinek*, System der subjektiven öffentlichen Rechte, S. 87, 94 ff.; vgl. *Pieroth/Schlink*, Grundrechte, Rn. 75 ff.

393 BVerfGE 7, 198 (204 f.) – „Lüth"; 21, 362 (369); 50, 290 (337) – „Mitbestimmung"; 68, 193 (205); *Dreier*, Jura 194, 505 (505); *Fehn*, VR 1994, 413 (413); *Hesse*, Verfassungsrecht, Rn. 287. Dass die Wirkung der Grundrechte hierauf nicht begrenzt ist, wird noch darzustellen sein, vgl. unten **E.**

394 Vgl. *Erichsen*, Jura 1996, 527 (527); *Pieroth/Schlink*, Grundrechte, Rn. 198, 95 f.

395 Vgl. BVerfGE 7, 198 (205) – „Lüth"; BGHZ 13, 334 (338) – „Leserbrief"; 26, 349 (354 ff.) – „Herrenreiter"; *Dürig*, FS Nawiasky, 157 (176 ff.); *ders.*, DÖV 1958, 194 (196).

396 *Hager*, JuS 2006, 769 (770 f.); *Schnapp/Kaltenborn*, JuS 2000, 937 (939 f.). Eine unmittelbare Wirkung der Grundrechte im Zivilrecht hatte das BArbG noch befürwortet, da sich Arbeitgeber und Arbeitnehmer ähnlich gegenüber stünden wie Staat und Bürger. Vgl. BAGE 1, 185 (192 f.); 4, 274 (276 f.); *Nipperdey*, RdA 1950, 121 (124 f.); *ders.*, DVBl. 1958, 445 (446 ff.). Die Folgen wären aber weitreichend. So würden die Grund-

arbeitet, dass das GG als höchste Norm in der Normenhierarchie eine objektive Werteordnung etabliert und somit als tragende Säule mittelbar in alle Rechtsgebiete, also auch das Privatrecht, ausstrahlt (**Werteordnungstheorie**). Insoweit besteht für den Richter als Teil der Staatsgewalt vor dem Hintergrund von Art. 1 III GG die Pflicht, die Rechtsanwendung mit den Grundrechten in Einklang zu bringen, denn spätestens durch ein die Grundrechte missachtendes Urteil würde der Berechtigte durch einen Akt staatlicher Gewalt verletzt.[397] Einbruchstellen bilden insbesondere (aber nicht ausschließlich) zivilrechtliche Generalklauseln und unbestimmte Rechtsbegriffe, welche der Richter im Lichte der Grundrechte auszulegen hat.[398] Ausstrahlungswirkung und Drittwirkung verschmelzen gewissermaßen miteinander.[399] So ist letztlich auch die Wechselwirkungslehre[400] Ausfluss dieser Ausstrahlungswirkung.[401]

Neuerdings stellt das BVerfG zur Begründung der Geltung der Grundrechte im Privatrecht auch auf die **Schutzfunktion** der Grundrechte ab.[402] Der Staat hat den Bürger damit vor Angriffen durch Private zu schützen, wird also zum aktiven Handeln gedrängt.[403] Diese Schutzfunktion muss sich ebenfalls auf das ge-

---

rechte zu absoluten Rechten i.S.v. §§ 134, 823 I, II BGB werden und letztlich die Privatautonomie empfindlich in ihrem Kern betroffen. Vgl. *Canaris*, AcP 184 (1984), 201 (202); *ders.*, JuS 1989, 161 (162); *Dreier*, Jura 1994, 505 (510); *Erichsen*, Jura 1996, 527 (528, 530); *Hager*, JZ 1994, 373 (373); *Pieroth/Schlink*, Grundrechte, Rn. 190 f.

397 Vgl. *Hager*, JZ 1994, 373 (376 f.); *Pieroth/Schlink*, Grundrechte, Rn. 200. Teilweise wird hierin auch ein Argument gesehen, um die Lehre der mittelbaren Drittwirkung als Scheinproblem abzutun. So *Schwabe*, NJW 1973, 1818 (1818). Tatsächlich handelt es sich aber nicht um ein Contra-, sondern um ein zusätzliches Argument zur Stüzung der mittelbaren Drittwirkung, vgl. *Erichsen*, Jura 1996, 527 (529 f.).

398 BVerfGE 7, 198 (206) – „Lüth"; 73, 261 (269) – „Sitzblockade". Vgl. auch *Dreier*, Jura 1994, 505 (510 f.); *Erichsen*, Jura 1996, 527 (531); *Hesse*, Verfassungsrecht, Rn. 356; *Pieroth/Schlink*, Grundrechte, Rn. 196 ff., 177 ff.; *Schmidt*, Grundrechte, Rn. 23, 105

399 Vgl. *Pieroth/Schlink*, Grundrechte, Rn. 200. Zwar unterscheidet auch das BVerfG in der „Lüth"-Entscheidung zwischen Werteordnung und mittelbarer Drittwirkung, dennoch hält es sich gerade bezüglich der Drittwirkung bedeckt. Dies mag daran liegen, dass die verfassungsrechtliche Diskussion zur Zeit der „Lüth"-Entscheidung noch nicht weit vorangeschritten und die mittelbare Drittwirkung der Grundrechte bei weitem keine Selbstverständlichkeit war.

400 Siehe oben **B. I. 3. b.**

401 *Hain*, JZ 2002, 1036 (1040); *Katz,* Staatsrecht, Rn. 650; *Herzog* in Maunz/Dürig, Art. 5 Abs. I, II GG Rn. 256 ff.

402 BVerfGE 81, 242 (256) – „Handelsvertreter"; *Metzger*, ZUM 2000, 924 (929). Vgl. hierzu *Hager*, JZ 1994, 373 (378 ff.); *Hesse*, Verfassungsrecht, Rn. 350. Befürwortend *Hain*, JZ 2002, 1036 (1042), der die u.g. Problematik der objektiven Wirkung der Grundrechte komplett der Schutzfunktion überlassen will. Er sieht den Zivilrichter verpflichtet, den Grundrechtsträger vor Angriffen Dritter zu schützen. Ebenso *Unruh*, Verfassungsbegriff des GG, S. 545 ff.

403 *Dreier*, Jura 1994, 505 (512); *Gounalakis*, Embryonenforschung und Menschenwürde, S. 66.

samte Recht erstrecken.[404] Dem Gesetzgeber, der so zum Erlass von (Schutz)Gesetzen verpflichtet wird, obliegt eine Prognose um einzuschätzen, welche Mittel er als effektiv erachtet, um diesem Schutzauftrag nachzukommen.[405] Eine Möglichkeit der Berücksichtigung der Grundrechte im Bereich der Judikative bietet die verfassungskonforme Auslegung,[406] die vom Zivilrichter ebenso vorzunehmen ist wie die Auslegung nach dem „traditionellen“ Auslegungskanon. Auf diese wird daher noch intensiv einzugehen sein.

III. Objektiv-rechtliche Wirkung der Grundrechte

Von dieser Entwicklung blieb auch das Verständnis der Grundrechte nicht unberührt. Hatte man diese aufgrund des Abwehrcharakters als subjektive Individualrechte des Einzelnen verstanden, kam den Grundrechten mit der Judikatur der Werteordnungstheorie mehr und mehr auch eine **objektiv-rechtliche Wirkung** zu,[407] die über die Institutsgarantie hinausgeht.[408] Das BVerfG betont damit, dass die einzelnen Grundrechte auch Ordnungsprinzipien etablieren und den Staat zum aktiven Handeln verpflichten.[409]

Denkbar wäre somit, dass Grundrechte im Einzelfall **Teilhabe- und Leistungsrechte** begründen.[410] Die Gewährung von absoluten Rechten ist dem GG an sich fremd.[411] Die haushaltsrechtlichen Folgen wären unabsehbar, wenn Art. 12 I GG

---

404 *Starck* in v. Mangoldt/Klein/Starck, Art. 1 Abs. 3 GG Rn. 312. Vgl. zu den Möglichkeiten, welche die Lehre von den Schutzfunktionen bietet *Hain*, JZ 2002, 1036 (1042).

405 BVerfGE 39, 1 (44); 46, 160 (164); *Gounalakis*, Embryonenforschung und Menschenwürde, S. 66.

406 *Kröger*, Informationsfreiheit und Urheberrecht, S. 194.

407 An dieser Stelle sei hervorgehoben, dass durch die objektiv-rechtliche Wirkung der Grundrechte *keine* Hierarchie innerhalb der Grundrechte etabliert wird. Die Grundrechte stehen sich somit gleichwertig gegenüber. Vgl. *Pecher*, Verfassungsimmanente Schranken, S. 43 ff., 63.

408 *Dreier*, Jura 1994, 505 (509); *Hesse*, Verfassungsrecht, Rn. 279 ff. Eine objektive Wirkung der Grundrechte i.S.e. Institutsgarantie etabliert z.B. Art. 6 I GG in der Gewährleistung von Ehe und Familie als Institut, oder Art. 14 I GG in der Gewährleistung des Eigentums als Institut. Vgl. *Hesse*, Verfassungsrecht, Rn. 297. Das Wertesystem geht allerdings weiter und versucht, Individualrecht zu institutionalisieren.

409 Vgl. *Pieroth/Schlink, Grundrechte*, Rn. 114.

410 *Fehn*, VR 1994, 413 (420); *Lenz/Leydecker*, DÖV 2005, 841 (845). Ein „Untermaßverbot“ in dem Sinne, dass der Staat auch zu wenig handelt, soll es dennoch nicht geben, so *Lenz/Leydecker*, DÖV 2005, 841 (848 f.).

411 Im Gegensatz zu *Jellineks* Status negativus kann der Staat durch die objektiv-rechtliche Wirkung verpflichtet werden, neue Einrichtungen zu schaffen. Abgelehnt, aber als nicht gänzlich abwegig empfunden bei BVerfGE 33, 303 (333) – „numerus clausus“; vgl. *Pie-*

beispielsweise zugleich ein einklagbares Recht auf Arbeit verliehe – zumal dies allenfalls in einer Planwirtschaft, nicht aber einer sozialen Marktwirtschaft möglich wäre.[412] Ansonsten sind Leistungsrechte nur über Art. 3 GG im Rahmen der Selbstbindung der Verwaltung anerkannt.[413]

1. Kritik

Die Verobjektivierung der Grundrechte ist nicht ohne Kritik geblieben.[414] Diese richtet sich insbesondere gegen den Begriff der Werte. „Werte" seien demnach rein subjektiv – weshalb sie beispielsweise in Zeiten der nationalsozialistischen Diktatur pervertiert worden seien.[415] Dem bleibt entgegenzuhalten, dass sich die vom BVerfG gewollte Werteordnung rational nachvollziehen lässt, denn alle ihr zugrunde liegenden „Werte" sind im GG verbrieft und werden nach den Regeln der Verfassungsauslegung ermittelt.[416] Auch wird bemängelt, dass eine Begründung durch das BVerfG, insbesondere der Versuch einer Definition von „Werten", bis heute ausgeblieben sei.[417] Freilich ist dies kein Argument gegen eine Objektivierung, sondern vielmehr die Aufforderung, eine entsprechende Begründung nachzuschieben.[418] Wo es subjektive (Grund-)Rechte gibt, muss es auch staatliche Pflichten geben.[419] Schließlich können die dem GG zugrundeliegenden „Werte" bereits ethischen Gesichtspunkten und dem Naturrecht entnommen werden. So fußen die Grundrechte auf den Menschenrechten, die ebenfalls eine objektive Ordnung etablieren.[420] Das BVerfG praktiziert denn auch seine Wertetheorie mit abweichender Terminologie bis heute.[421]

---

roth/Schlink, Grundrechte, Rn. 106. *Jellinek* umschrieb mit dem *status negativus* dagegen eine abstrakte Freiheit, so *Hesse*, Verfassungsrecht, Rn. 281.

412 *Dreier*, Jura 1994, 505 (508). Bei sozialen Grundrechten auf Landesebene handelt es sich daher stets um Staatszielbestimmungen.

413 Vgl. *Dreier*, Jura 1994, 505 (508).

414 S. nur *Gusy*, JA 1980, 78 (82); *Hesse*, Verfassungsrecht, Rn. 299 ff.; *Odendahl*, JA 1998, 933 (935). Vgl. auch die Nachweise bei *Erichsen*, Jura 1996, 527 (531).

415 *Rüthers*, Unbegrenzte Auslegung, S. 228 ff.; vgl. *Pecher*, Verfassungsimmanente Schranken, S. 46.

416 Vgl. *Erichsen*, Jura 1996, 527 (531); *Pecher*, Verfassungsimmanente Schranken, S. 47.

417 *Goerlich*, Wertordnung und GG, S. 131.

418 *Pecher*, Verfassungsimmanente Schranken, S. 46, der auf S. 48 ff. einen Definitionsversuch des Werte-Begriffs unternimmt.

419 So wohl auch *Hain*, JZ 2002, 1036 (1042): „(Den) staatlichen Pflichten korrespondieren subjektive Rechte der Individuen".

420 *Pecher*, Verfassungsimmanente Schranken, S. 51.

421 Vgl. die Nachweise bei *Pecher*, Verfassungsimmanente Schranken, S. 44 f., Fn. 37-44 und insb. dessen Rechtfertigung auf S. 48 ff.

2. Die Ausprägung der objektiven Wirkung der einzelnen Grundrechte

Die objektive Wirkung ist bei den einzelnen Grundrechten unterschiedlich stark ausgeprägt, wobei über die Ausprägung der jeweiligen Gehalte erhebliche Unklarheiten bestehen.[422]

a. Kommunikationsfreiheiten

Oben[423] wurde am Beispiel der Informationsfreiheit bereits ausgeführt, dass die objektive Wirkung bei den Kommunikationsfreiheiten als eher gering einzuschätzen ist. Da die Grundrechte aus Art. 5 I GG der individuellen Freiheitsentfaltung dienen, sind sie in erster Linie als Abwehrrechte und somit als subjektive Rechte konzipiert.[424] Der objektiv-rechtliche Gehalt der Kommunikationsgrundrechte beschränkt sich daher primär auf die Schutzpflicht des Staates.[425] Die Ausstrahlungswirkung gewinnt aber umso mehr an Bedeutung, als explizite Regelungen für den Rechtsverkehr nur minimal bestehen, der Rechtsanwender sich also insbesondere auf Generalklauseln im Zivilrecht (z.B. § 1004 BGB) stützen muss.[426]

b. Medienfreiheiten

Im Gegensatz dazu ist die objektive Funktion bei den Medienfreiheiten überdurchschnittlich stark ausgeprägt.[427] Bei der Rundfunkfreiheit wird zuweilen sogar ein subjektiver Charakter bezweifelt, da es sich hier um eine „dienende Freiheit" handelt.[428] Auch die Pressefreiheit erfährt aufgrund ihres Beitrags zur öffentlichen Meinungsbildung in der Demokratie eine starke Objektivierung.[429]

---

422 *Starck* in v. Mangoldt/Klein/Starck, Art. 5 Abs. 1, 2 GG Rn. 8. Sicher ist hier nicht der Platz, diese Unklarheiten endgültig auszuräumen. Für den weiteren Verlauf der Bearbeitungen sollen die objektiven Gewährleistungen aber zumindest im Grundsatz angedeutet werden.

423 **B. I. 1. b. bb.**

424 *Hoffmann-Riem* in AK-GG, Art. 5 Abs. 1, 2 GG Rn. 31, 97 f.; *Schulze-Fielitz* in Dreier, Art. 5 I, II GG Rn. 121, 213. A.A. wohl *Kröger*, Informationsfreiheit und Urheberrecht, S. 201 ff.

425 *Schulze-Fielitz* in Dreier, Art. 5 I, II GG Rn. 218 ff. Vgl. *Hoffmann-Riem* in AK-GG, Art. 5 Abs. 1, 2 GG Rn. 98.

426 Vgl. *Schulze-Fielitz* in Dreier, Art. 5 I, II GG Rn. 277 ff.

427 *Schulze-Fielitz* in Dreier, Art. 5 I, II GG Rn. 122, 213, 226 ff.

428 Vgl. BVerfGE 87, 181 (197 f.) – „7. Rundfunkentscheidung"; *Hoffmann-Riem* in AK-GG, Art. 5 Abs. 1, 2 GG Rn. 135; *Gounalakis/Zagouras*, Medienkonzentrationsrecht, S. 10.

429 *Schulze-Fielitz* in Dreier, Art. 5 I, II GG Rn. 226 ff.

Dem hat der Staat durch eine entsprechende juristische Infrastruktur Rechnung zu tragen.

c. Kunst- und Wissenschaftsfreiheit

Die Förderung von Kunst und Wissenschaft stellt eine Staatszielbestimmung dar.[430] So sind auch bei der Kunst- und der Wissenschaftsfreiheit objektivrechtliche Gehalte anerkannt.[431] Konkrete Förderungspflichten lassen sich aus Art. 5 III GG zwar nicht herleiten,[432] dennoch gewinnen Kunst- und Wissenschaftsfreiheit über die staatliche Schutzpflicht an Bedeutung, die sich auch auf die Auslegung des einfachen Rechts auswirkt.

IV. Zusammenfassung von 3. Teil C.

Im Rahmen der **mittelbaren Drittwirkung** „strahlen" die Grundrechte auch auf die Anwendung des Privatrechts.

Die Grundrechte etablieren eine **objektive Werteordnung** bzw. **Schutzpflichten** für den Staat. Hierdurch kann sich der Charakter der Grundrechte als Abwehrrechte in Leistungs- und Teilhaberechte wandeln.

Somit ist klargestellt, *dass* die Grundrechte auch bei der Anwendung des Urheberrechts als Bestandteil des Privatrechts zu berücksichtigen sind. Im Folgenden gilt es zu klären, *wie* diese Berücksichtigung vonstatten geht. Eine Möglichkeit bietet das Instrument der **verfassungskonformen Auslegung**, das im Folgenden darzustellen ist.

D. Der Auslegungskanon

Nachdem nunmehr die verfassungsrechtlichen Voraussetzungen für den Schutz von Urheberrechten und kollidierender Rechtsgüter dargelegt wurden, ist der Weg für die Auslegung bereits vorgezeichnet. Diese Grundlagen können in den hermeneutischen Auslegungsprozess einbezogen werden.

Hierbei ist der Jurist in seinem Handeln aber nicht frei. Sowohl kritische als auch wohlwollende Untersuchungen des Dogmas der restriktiven Schrankenauslegung müssen sich an die juristische Methodenlehre halten. Bevor auf die Grundsätze der verfassungskonformen Auslegung als Modell zur Berücksichtigung grundrechtlich geschützter Rechtsgüter eingegangen wird, sind daher die

[430] BVerfGE 36, 321 (331) – „Schallplattenumsatzsteuer"; 81, 108 (116); *Pernice* in Dreier, Art. 5 III GG Rn. 45; *Starck* in v. Mangoldt/Klein/Starck, Art. 5 Abs. 1, 2 GG Rn. 292.

[431] *Pernice* in Dreier, Art. 5 III GG Rn. 45 ff.

[432] Vgl. BVerfGE 36, 321 (332) – „Schallplattenumsatzsteuer".

Grundlagen der „klassischen" Auslegung in Form des Auslegungskanons darzustellen.

I. Ziel der Auslegung von Gesetzen

Ziel der Gesetzesauslegung ist es, die Bedeutung einer Rechtsnorm zu erkennen.[433] Gesetze, die der Gesetzgeber erlassen hat, dauern auch in späteren Legislaturperioden fort, sofern ein „neuer" Gesetzgeber keinen Anlass zur Änderung sieht. Die „großen" Gesetzeswerke wie BGB, ZPO, HGB und natürlich auch das UrhG sind zwar stetig verändert und der gesellschaftlichen Entwicklung angepasst worden, im Großen und Ganzen hat der jeweilige Gesetzgeber sie allerdings unverändert übernommen. Legt man bei der Auslegung von Normen den Willen des parlamentarischen Gesetzgebers als demokratisch legitimiertes Gesetzgebungsorgan zugrunde, stellt sich also die Frage, auf wessen Willen - insbesondere bei alternden Gesetzen - abzustellen ist.

In der hermeneutischen Debatte haben sich zwei Ansätze herausgebildet, die unter dem Stichwort „subjektive Theorie" bzw. „objektive Theorie" diskutiert werden.

Die sog. **subjektive Theorie** legt bei der Auslegung von Gesetzen den Willen des historischen Gesetzgebers zugrunde. Unbestritten ist, dass wegen des Alterns von Gesetzen nicht auf deren ursprüngliche Bedeutung abzustellen ist. Gerade bei Gesetzeswerken wie dem BGB kann heute also nicht auf den Gesetzgeber von 1900 abgestellt werden. Daher wird der Wille des historischen Gesetzgebers auch in die Gegenwart projiziert.[434] Eine streng subjektive Theorie wird also nicht vertreten.[435]

Vorherrschend ist die **objektive Theorie**, die nicht den Willen des Gesetzgebers, sondern die Bedeutung des Gesetzes zu ermitteln versucht.[436] In Anlehnung an die Terminologie der subjektiven Theorie wird zuweilen davon gesprochen, dass es hier um den „Willen des Gesetzes" geht.[437]

---

[433] *Wank*, Auslegung, S. 29.

[434] *Stammler*, Theorie der Rechtswissenschaft, S. 370 ff.; *Rüthers*, Rechtstheorie, Rn. 796 ff, 805 ff.; *Wank*, Auslegung, S. 34 f.

[435] So aber bei *Bydlinski*, Methodenlehre, S. 429.

[436] BVerfGE 1, 299 (312); 10, 234 (244); 11, 126 (130); 62, 1 (45). Vgl. *Savigny*, System des heutigen Römischen Rechts I; S. 209; *Zippelius*, Methodenlehre, S. 22 f.

[437] Kritisch zu dieser Formulierung *Larenz/Canaris*, Methodenlehre, S. 139 f.; *Rüthers*, Rechtshteorie, Rn. 719, 797.

Rechtssätze sind anders als Naturgesetze von Menschen für Menschen geschaffen und den gesellschaftlichen Ordnungen entsprechend angepasst. Demnach kann der gesetzgeberische Wille bei der Auslegung von Normen nicht vollends ignoriert werden,[438] denn durch den Gesetzgebungsakt wollte der Gesetzgeber spezifischen Problemen seiner Zeit begegnen.

Gegen die subjektive Theorie wird oft vorgebracht, dass der Wille des Gesetzgebers sich nicht immer ermitteln lässt. Zuzugeben ist, dass dies kein Argument dafür ist, den Willen des Gesetzgebers gänzlich unbeachtet zu lassen, wenn er sich denn tatsächlich feststellen lässt.[439] Soweit man davon ausgeht, es gäbe keinen Willen des Gesetzgebers, würde dies suggerieren, dass alle am Gesetzesverfahren beteiligten Abgeordneten „willenlose Wesen“[440] sind.

Die subjektive Theorie verkennt aber, dass jedes Gesetz, das in Kraft tritt, eine eigene Dynamik entfaltet, die über das hinausgeht, was der Gesetzgeber bezwecken wollte. Dieser Vorgang ist nur natürlich, denn auch der Gesetzgeber kann eine Materie bei Erlass einer Vorschrift nicht immer abschließend beurteilen.[441] Die Situation lässt sich durchaus vergleichen mit dem Urheber, der sein Werk der Öffentlichkeit preisgibt und auch hierdurch gewisse Rechte verliert.[442] Ebenso wie die Allgemeinheit das Werk zur Kenntnis nimmt und es kulturell absorbiert, integriert sich das Gesetz in den gesellschaftlichen Wirkungsprozess und kann sich von der ursprünglichen Regelungsabsicht des Gesetzgebers loslösen.

Dennoch ist der Streit um das Ziel der Gesetzesauslegung in erster Linie dogmatischer Natur Nach beiden Ansätzen ist der Wille des Gesetzgebers einer von mehreren Indikatoren, die bei der Auslegung lediglich Indizwirkung haben. Die zur Auslegung heranzuziehenden Argumente entsprechen sich daher nach beiden Lösungsansätzen. Unterschiede gibt es nur, wenn historische oder teleologische Argumente zu unterschiedlichen Ergebnissen führen würden. Dann kommt es maßgeblich auf die Gewichtung der jeweiligen Argumente an.[443]

II. Auslegungskriterien

In der juristischen Methodenlehre, die im Wesentlichen auf *Friedrich Carl von Savigny* zurückgeht,[444] sind vier Auslegungsmethoden zur Ermittlung des Aus-

---

438 *Larenz/Canaris*, Methodenlehre, S. 137 f.

439 Vgl. *Bydlinksy*, Methodenlehre, S. 430; *Rüthers*, Rechtstheorie, Rn. 791.

440 *Wank*, Auslegung, S. 31, 34

441 *Larenz/Canaris*, Methodenlehre, S. 138; vgl. *Rüthers*, Rechtstheorie, Rn. 721.

442 **B. I. 1. b.** a.E.

443 *Bydlinksy*, Methodenlehre, S. 430, 432, 436; *Röhl/Röhl*, Allgemeine Rechtslehre, S. 620; *Wank*, Auslegung, S. 35, 39.

444 Zu *Savignys* Auslegungsmodell vgl. *Huber*, JZ 2003, 1; *Rüthers*, Rechtstheorie, Rn. 698 ff.; *Zippelius*, Methodenlehre, S. 42 ff. Maßgeblich beteiligt an der heutigen Entwicklung

legungsziels anerkannt: die grammatikalische, die systematische, die historische und die teleologische Auslegung. Es handelt sich hierbei um Hilfsmittel der Auslegung, die sowohl von Anhängern der subjektiven als auch der objektiven Theorie herangezogen werden, die aber innerhalb der Theorien unterschiedliche Gewichtung erfahren.

1. Wortlaut- und grammatikalische Auslegung

Ausgangspunkt jeder Auslegung ist unbestrittener Maßen der Wortlaut einer Norm.[445] Die Ermittlung des möglichen Wortsinns dient der ersten Orientierung bzw. der Absteckung eines Anwendungsbereichs und soll von vornherein unzutreffende Bedeutungsvarianten ausschließen.[446]

Die **Sens-Clair-Regel** statuiert zwar, dass Auslegung bei eindeutigem Wortlaut ausgeschlossen ist. Der BGH nimmt diese Regelung aber – zurecht – nicht ernst.[447] Ob ein Wortlaut klar ist oder nicht, kann erst mit Hilfe der Auslegung geklärt werden.[448] Selbst die schlagwortartige Behauptung, ein Wortlaut sei „eindeutig“, ist also das Ergebnis einer – möglicherweise unbewussten – Auslegung.[449] § 53 II Nr. 2 UrhG a.F. gestattet die Aufnahme eigener Werkstücke in ein eigenes Archiv.[450] Der BGH hatte zu entscheiden, ob die Erstellung elektronischer Pressearchive nach Vorlagen, die der Kunde der Beklagten zur Verfügung stellte, unter die Privilegierung fällt. Trotz des anscheinend klaren Wortlauts[451] verneint der BGH das Vorliegen eines Archivs im Sinne der Vorschrift aufgrund der Zielsetzung des Gesetzgebers.[452] Allein der Wortlaut vermag also nicht immer eindeutige Ergebnisse herbeizuführen. Er erschließt sich oftmals

---

einer verbindlichen Methodenlehre war *Karl Larenz*, der sich im Wesentlichen auf die Vorarbeiten von *Savigny* stützt.

445 Die Wortauslegung beschränkt sich auf „isolierte Prädikatoren“, wohingegen die grammatikalische Auslegung ganze Sätze zugrundelegt. *Röhl/Röhl*, Allgemeine Rechtslehre, S. 613.

446 *Bydlinksy*, Methodenlehre, S. 441; *Larenz/Canaris*, Methodenlehre, S. 142 f., 145, 163 f., 165.

447 Vgl. BGHZ 2, 176 (181 f.); *Röhl/Röhl*, Allgemeine Rechtslehre, S. 614 f.

448 *Weinsheimer*, NJW 1959, 566 (566).

449 *Larenz/Canaris*, Methodenlehre, S. 164; *Rüthers*, Rechtstheorie, Rn. 732 f.

450 Erst im Rahmen des „Zweiten Korbes“ wurde die Vorschrift um das Merkmal der Nichtgewerblichkeit ergänzt.

451 Der BGH führt selbst aus, dass die Beklagte „für Kunden entgeltliche Leistungen zum Aufbau elektronischer Presse*archive* (erbringt)“, BGH GRUR 1999, 325 (325) – „Elektronische Pressearchive“.

452 BGH GRUR 1999, 325 (327) – „Elektronische Pressearchive“. Dazu unten **4. Teil C. IV. 2. b.**

erst unter Zugrundelegung anderer Auslegungskriterien, die ihrerseits auf den Wortsinn zurückgreifen („hermeneutischer Zirkel“).[453]

2. Systematische Auslegung

Die grammatikalische Auslegung wird durch die systematische Auslegung bzw. den sog. Bedeutungszusammenhang ergänzt. Die systematische Auslegung folgt dabei einer äußeren und einer inneren Systematik.

a. Äußere Systematik

Die äußere Systematik eines Normkomplexes kann Aufschluss über den Regelungsgehalt einer Vorschrift geben. So zeigt sich der Bedeutungszusammenhang deutlich erst aus der Einordnung einer Vorschrift in den Abschnitt eines Gesetzeswerkes.[454]

Oben wurde bereits das Argument ins Feld geführt, eine restriktive Auslegung der Urheberrechte ergebe sich systematisch bereits daraus, dass die Schranken den Verwertungsrechten als Ausnahme in einem eigenen Abschnitt des UrhG gegenübergestellt wurden. Dennoch zeigt die Gesamtbetrachtung, dass Verwertungsrechte und Schranken von zwei Seiten ein und dasselbe Recht – das Urheberrecht – definieren.[455] Der Sinn einer Norm kann also nicht isoliert, sondern nur im Kontext einer Regelung erfasst werden. Erst durch Verweisungen ergänzen sich viele Vorschriften zu einer einheitlichen Regelung. Eine einheitliche Materie kann so in mehreren Normen geregelt sein.

§ 99 UrhG regelt die urheberrechtlichen Ansprüche gegen den Inhaber eines Betriebes. Dass dieser „nur“ auf Beseitigung und Unterlassung haftet ergibt sich daraus, dass § 99 UrhG bezüglich der Ansprüche lediglich auf § 97 I UrhG verweist, nicht aber auch auf dessen zweiten Absatz, in welchem die Schadensersatzansprüche geregelt sind.[456]

b. Innere Systematik

Die innere Systematik achtet dagegen auf die inhaltliche Ausgestaltung der Norm oder des Normwerkes. Als weiteres systematisches Argument zur Untermauerung einer restriktiven Auslegung wird immer wieder hervorgebracht, dass die Schranken im sechsten Abschnitt des UrhG enumerativ angeführt sind, wäh-

---

453 *Larenz/Canaris*, Methodenlehre, S. 141 f.

454 *Bydlinski*, Methodenlehre, S. 443; *Larenz/Canaris*, Methodenlehre, S. 147.; *Wank*, Auslegung, S. 55; *Zippelius*, Methodenlehre, S. 56 f.

455 Siehe oben **2. Teil C. I. 2.**

456 Vgl. *Backhaus* in Mestmäcker/Schulze, § 99 UrhG Rn. 30.

rend die Verwertungsrechte generalklauselartig am Anfang des Gesetzes aufgelistet werden.[457]

Bei der inneren Systematik ist davon auszugehen, dass sämtliche Normen des Rechts ein einheitliches System bilden **(Einheit der Rechtsordnung).**[458] Innerhalb dieser Einheit sind Widersprüche zu vermeiden.[459] Weiterhin besteht eine bestimmte **Rangfolge,**[460] die das gesamte Rechtssystem ordnet.[461] Die Einheit der Rechtsordnung gebietet weiter, **Vergleiche** zwischen verschiedenen Gesetzeswerken vorzunehmen und **Widersprüche** zu vermeiden bzw. aufzudecken.

Im Falle der Zulässigkeit elektronischer Pressespiegel hat der BGH einen Vergleich zu „herkömmlichen" Pressespiegeln vorgenommen. Unter der Prämisse, dass diese von § 49 I UrhG erfasst werden, hat er zunächst die qualitativen Unterschiede elektronischer Pressespiegel herausgearbeitet: das höhere Verletzungspotenzial aufgrund technischer Errungenschaften. Sofern man diese Gefahr ausräume – z.B. indem man die Zulässigkeit elektronischer Pressespiegel auf die Faksimile-Form begrenze – spreche nichts gegen die Zulässigkeit elektronischer Pressespiegel.[462]

Obwohl sich durch die systematische Auslegung der Kreis möglicher Deutungsergebnisse erheblich einschränken lässt, führt die Betrachtung des Bedeutungszusammenhangs alleine nicht immer weiter. Die Systematik kann ebenfalls nicht isoliert, sondern nur im Kontext mit grammatikalischen und teleologischen Aspekten betrachtet werden.[463]

3. Historische Auslegung

Die historische Auslegung versucht zu ermitteln, „welche Deutung ... der Regelungsabsicht des Gesetzgebers oder seiner eigenen Normvorstellung am ehesten entspricht"[464]. Ergibt die Auslegung nach Wortsinn und Systematik mehrere Deutungsmöglichkeiten, kann die historische Auslegung zu einer Ausgrenzung von Deutungsvarianten führen, denn in der Regel hat der Gesetzgeber bei der

---

[457] Siehe oben **2. Teil C. I. 2.**

[458] Erstmals *Engisch*, Einheit der Rechtsordnung, S. 4 f.

[459] *Rüthers*, Rechtstheorie, Rn. 744, 750; *Wank*, Auslegung, S. 56, 61.

[460] *Wank*, Auslegung, S. 57; *Zippelius*, Methodenlehre, S. 52 f.

[461] *Canaris*, JuS 1989, 161 (163); *Rüthers*, Rechtstheorie, Rn. 759 ff.

[462] BGH GRUR 2002, 963 (967) – „Elektronischer Pressespiegel". Vgl. hierzu unten **4. Teil C. I.**

[463] *Larenz/Canaris*, Methodenlehre, S. 148.

[464] *Larenz/Canaris*, Methodenlehre, S. 149.

Wahl seiner Ausdrucksweise eine bestimmte Regelungsabsicht verfolgt[465] und diese in verschiedenen Quellen festgehalten, die zur Erkenntnis herangezogen werden können. Seine Motive protokolliert er in den Drucksachen von Bundestag und Bundesrat, Referentenentwürfen und Stellungnahmen sowie amtlichen Begründungen.[466]

Die historische Auslegung kann an mehrere Stadien der Gesetzesentstehung anknüpfen:[467] Sie kann bereits vor dem eigentlichen Gesetzgebungsakt greifen **(Vorgeschichte)**. Vorgängervorschriften können herangezogen werden, um Änderungen durch den Gesetzgeber aufgrund entsprechend aufgetretener Konflikte zu verdeutlichen (sog. historisch-soziologische Auslegung).[468] Bei der Frage, ob auch elektronische Pressespiegel nach § 49 I UrhG privilegiert würden, erkannte der BGH, dass § 49 I UrhG gegenüber dem „Vorbild" des § 18 I LUG um „Informationsblätter" ergänzt und somit bewusst erweitert wurde.[469] Die **Entstehungsgeschichte i.e.S.** greift auf die klassischen Materialien zu, welche die am Gesetzgebungsverfahren beteiligten Gremien verfassen.[470] Auf diese hat der BGH verwiesen, als er zu entscheiden hatte, ob eine Bank ein Archiv mit Wirtschaftsbeiträgen aus der Fachpresse ihren Kunden zugänglich machen dürfe.[471] Die Gesetzesmaterialien von 1965 bzw. der Reform von 1985 hat der BGH im Falle des Kopienversanddienstes intensiv untersucht, als ihn die Frage bemühte, ob der Kopienversand auf Bestellung nach dem Willen des Gesetzgebers dem Verbotsrecht des Urhebers unterworfen sein sollte. Mangels derartiger Hinweise gestattete der BGH mit diesem Hauptargument den Kopienversand.[472]

4. Teleologische Auslegung

Bei der teleologischen[473] Auslegungsmethode soll der hinter einer Regelung stehende Sinn und Zweck, die *ratio legis*, ermittelt werden.[474] Sie kommt insbe-

---

465 *Larenz/Canaris*, Methodenlehre, S. 150.

466 *Bydlinski*, Methodenlehre, S. 449; *Rüthers*, Rechtstheorie, Rn. 790.

467 Nach *Wank*, Auslegung, S. 63 ff.

468 *Röhl/Röhl*, Allgemeine Rechtslehre, S. 619; *Rüthers*, Rechtstheorie, Rn. 781.

469 BGH GRUR 2002, 963 (964 f.) – „Elektronischer Pressespiegel". Hierzu unten **4. Teil C. I. 2. b.**

470 *Röhl/Röhl*, Allgemeine Rechtslehre, S. 620; *Rüthers*, Rechtstheorie, Rn. 783.

471 BGH GRUR 1997, 459 (461) – „CB-infobank I". Hierzu unten **4. Teil C. IV. 2. a.**

472 BGH GRUR 1999, 707 (710) – „Kopienversanddienst". Hierzu unten **4. Teil C. IV. 2. c.**

473 *Telos* ist das griechische Wort für Ziel/Sinn/Zweck.

474 *Heinrichs* in Palandt, Einleitung BGB Rn. 46. Teilweise wird an der objektiv-teleologischen Auslegung, die in der heutigen Form auf *Larenz/Canaris* „Methodenlehre der Rechtswissenschaft" zurückgeht, Kritik geübt: Das Ergebnis hänge zu stark vom Rechtsanwender ab und sei nur schwer kontrollierbar. Daher sei die objektiv-teleologische Auslegung in Wahrheit die subjektivere Auslegung, die subjektiv-historische Auslegung dagegen die tatsächlich objektivere. *Rüthers*, Rechtstheorie, Rn.

sondere dann zum Tragen, wenn die bisherigen Auslegungsmethoden nicht weiterhelfen und ist somit „entscheidend“[475] für das Auslegungsergebnis.[476] Die teleologische Auslegung geht hierbei noch über die historische Auslegung, welche die vom Gesetzgeber bezweckte Regelungsabsicht zu ermitteln versucht, hinaus, indem sie eine Regelung weiter hinterfragt und auch Konsequenzen berücksichtigt, die der Gesetzgeber mitunter noch gar nicht absehen konnte.[477] Daher spricht man im Gegensatz zur historischen Auslegung nach dem (subjektiven) Willen des Gesetzgebers bei der Auslegung nach Sinn und Zweck oft von der objektiv-teleologischen Auslegung.

In einem demokratischen Rechtsstaat soll eine Norm immer auch **sachgerechte Regelungen** treffen.[478] Insofern ergibt sich oft schon aus der „Natur der Sache“, dass den Besonderheiten des jeweiligen Lebenssachverhaltes Rechnung zu tragen ist.[479]

Auch eine **Folgenkontrolle** wird oftmals Erkenntnisse gegen eine Auslegungsvariante liefern. Das sog. *Argumentum ad absurdum* liefert den Nachweis, dass eine bestimmte Auslegung zu unhaltbaren Konsequenzen führt.[480] Unhaltbar wäre es nach Ansicht des BGH, wenn § 5 UrhG nicht analog auf Datenbanken i.S.v. § 87a UrhG anwendbar wäre. Da § 5 UrhG auf Datenbank*werke* i.S.v. § 4 II UrhG anwendbar ist, müsse dies für Datenbanken erst recht gelten. Es könne nicht sein, dass der Hersteller, der zusätzlich noch einen schöpferischen Anteil erbringt (Datenbank*werk*) urheberrechtliche Einschränkungen hinnehmen müsse, derjenige, der „nur“ Investitionen erbringe (Datenbank), dagegen nicht.[481]

---

806 ff. Die objektiv-teleologische Auslegung bietet jedoch Erkenntnisse, die mit dem gesunden Menschenverstand nachvollziehbar sind (vgl. hierzu das Beispiel bei *Röhl/Röhl*, Allgemeine Rechtslehre, S. 620). Daher ist nicht zu erwarten, dass die gebotene Erweiterung des richterlichen Handlungsspielraums in richterliche Willkür umschlägt.

475 *Heinrichs* in Palandt, Einleitung BGB Rn. 46.

476 *Bydlinski*, Methodenlehre, S. 453 f. Dagegen bestünde die Gefahr, dass der Richter nach der subjektiven Auslegung bereits eine Stufe eher von der Methodik entbunden wäre, wenn die historische Auslegung keine Ergebnisse lieferte. Die teleologische Auslegung stellt somit eine *zusätzliche* Bindung des Rechtsanwenders an vorgegebene methodische Strukturen dar. Weshalb *Rühters* ihr dennoch eine Subjektivierung vorwirft, kann daher nicht nachvollzogen werden.

477 *Larenz/Canaris*, Methodenlehre, S. 154. Insoweit geht es also auch um die Frage, was der Gesetzgeber zu beachten gehabt *hätte*.

478 *Larenz/Canaris*, Methodenlehre, S. 153.

479 *Bydlinski*, Methodenlehre, S. 459 f.; *Larenz/Canaris*, Methodenlehre, S. 154 f.; *Wank*, Auslegung, S. 67.

480 *Bydlinski*, Methodenlehre, S. 457 f.; *Wank*, Auslegung, S. 68.

481 BGH GRUR Int. 2007, 532 (533) – „Sächsischer Ausschreibungsdienst“.

5. Weitere Auslegungsmethoden

Neben diesen allgemein anerkannten Auslegungskriterien gibt es weitere Ansätze zur Auslegung von Gesetzen, die als Auslegungskriterien herangezogen werden.

a. Verfassungskonforme Auslegung

Auch die verfassungskonforme Auslegung wird, soweit sie nicht schon ohnehin in den klassischen Auslegungskanon integriert wird,[482] als zusätzliche Erkenntnisquelle im Rahmen der Auslegung anerkannt. Aufgrund der fundamentalen Bedeutung für die Ergebnisse der hiesigen Bearbeitung soll der verfassungskonformen Auslegung ein eigenes Kapitel gewidmet werden.

b. Richtlinienkonforme Auslegung

Viele Bestimmungen des Urheberrechts fußen auf Richtlinien der Europäischen Union, die den deutschen Gesetzgeber zur Umsetzung in nationales Recht verpflichten.[483] Aus Art. 10 EG folgt die Pflicht der Mitgliedsstaaten, alle geeigneten Maßnahmen zur Erfüllung ihrer Vertragspflichten zu treffen (Pflicht zur Gemeinschaftstreue). Nationales Recht ist somit *spätestens* nach Ablauf der Umsetzungsfrist richtlinienkonform auszulegen,[484] soweit es das nationale Recht zulässt.[485] Die auf einer Richtlinie fußenden Schranken sind daher gemeinschaftsrechtskonform auszulegen.[486]

Dem ist die urheberrechtliche Rechtsprechung nur vereinzelt nachgekommen. Bei seinen Untersuchungen des § 17 I UrhG hat der BGH in seiner Entscheidung zu den Le-Courbusier-Möbeln[487] und bei seiner Entscheidung zu den Wagenfeld-Leuchten[488] die Vorschrift richtlinienkonform ausgelegt.[489] Im Bereich

---

482 Siehe unten **E. V.**

483 Zur Umsetzung von Richtlinien in nationales Recht vgl. *Herdegen*, Europarecht, § 8 Rn. 36 ff.

484 *Herdegen*, Europarecht, § 8 Rn. 41. Vgl. auch *Röhl/Röhl*, Allgemeine Rechtslehre, S. 605.

485 EuGH, Rs. C- 212/04, Slg. 2006, I-6057 Rn. 111 – „Adeneler".

486 *Dreyer* in Dreyer/Kotthoff/Meckel, Vor §§ 44a UrhG ff. Rn. 12; *Findeisen*, Auslegung urheberrechtlicher Schrankenbestimmungen, S.139.

487 BGH GRUR 2007, 50 (51) – „Le-Corbusier-Möbel".

488 BGH GRUR 2007, 871 (879) – „Wagenfeld-Leuchte";vgl. hierzu *Gottschalk*, IPRax 2006, 135 (139).

der Schranken hat der BGH das Gemeinschaftsrecht jedoch erst in einem Fall zu Rate gezogen: In der „Pressespiegel"-Entscheidung hat das Gericht auf Art. 5 III lit. c der Multimedia-RL zurückgegriffen. Die Zulässigkeit elektronischer Pressespiegel hat es u.a. damit begründet, dass die RL dem Gesetzgeber durchaus Möglichkeiten lassen wollte, Pressespiegel auch in elektronischer Form zu privilegieren.[490]

Die Frage ist, inwieweit Richtlinien als Auslegungshilfe taugen. Da der Richtlinien-Geber den Mitgliedsstaaten weitgehend Spielraum für die innerstaatliche Umsetzung belässt, ist nicht zu erwarten, dass sich aus den Richtlinien alle Fragen klären lassen. Es bedarf somit weiterhin anderer Auslegungsmethoden, allen voran der verfassungskonformen Auslegung. Die vorliegende Bearbeitung wird auf Vorgaben des Richtliniengebers daher auch nicht weiter eingehen. Es sei insoweit auf die Feststellungen von *Findeisen* verwiesen.[491]

c. Konventionsfreundliche Auslegung

Auch der Einfluss des Völkerrechts auf das nationale Urheberrecht ist für die Auslegung der urheberrechtlichen Schrankenbestimmungen wenig relevant. Konventionsrechtliche Hauptquelle ist die revidierte Berner Übereinkunft (RBÜ), die einen urheberrechtlichen Mindestschutz aufstellt. Die Schrankenbestimmungen des Urheberrechts sind konventionsrechtlich an dem in Art. 9 II RBÜ normierten Dreistufentest zu messen.[492]

Im Gegensatz zur verfassungskonformen Auslegung hat die Rechtsprechung die völkerrechtskonforme Auslegung bislang kaum für sich entdeckt. Eine enge Auslegung von § 52 UrhG unterstreicht der BGH in der Entscheidung „Landesversicherungsanstalt" aufgrund von Art. 11 RBÜ.[493] In „CB-infobank" zieht der BGH dagegen den Dreistufentest heran, um eine enge Auslegung des § 53 II Nr. 4a UrhG zu begründen.[494] Einen Vergütungsanspruch konstruiert der

489 Der EuGH widersprach jedoch in einem anderen Verfahren der Auslegung, die Art. 4 I der RL durch den BGH erfahren hat. Vgl. EuGH GRUR 2008, 604 (604 f.) – „Le-Corbusier-Möbel".

490 BGH GRUR 2002, 963 (967) – „Elektronischer Pressespiegel".

491 *Findeisen*, Auslegung urheberrechtlicher Schrankenbestimmungen, S. 134 ff.

492 *Senftleben* in Hilty/Peukert, Interessenausgleich, 159 (173 ff.).

493 BGH NJW 1972, 1273 (1273 f.) – „Landesversicherungsanstalt".

494 BGH GRUR 1997, 459 (463) – „CB-infobank I".

BGH in der „Kopienversanddienst“-Entscheidung auch aufgrund der RBÜ und des TRIPS-Übereinkommens.[495]

Nach Ansicht des BGH ist also das Konventionsrecht bei der Auslegung der innerstaatlichen Urheberschranken zu berücksichtigen. Diese Argumentation wurde im Schrifttum begrüßt,[496] da es ein Gebot der Respektierung des Konventionsrechts gäbe.[497]

Abgesehen davon, dass die unmittelbare Anwendung des Konventionsrechts auf die nationale Schrankenanwendung heftig umstritten ist,[498] hat *Findeisen* bereits aufgezeigt, dass der Anwendungsbereich der RBÜ tatsächlich verschwindend gering ist und in den Fällen, in welchen sich der BGH auf die RBÜ berufen hat, schon gar nicht eröffnet war. Art. 5 I RBÜ nimmt das Ursprungsland aus der Schutzgewährung raus. Auch gem. Art. 5 IV RBÜ darf das Ursprungland des geschützten Werkes nicht Deutschland sein.[499] Dies war aber in allen vom BGH untersuchten Sachverhalten der Fall. Damit lassen sich die Anwendungskonstellationen stark einschränken. Der Schutz von in Deutschland entstandenen Werken bemisst sich nur nach nationalem Urheberrecht.

6. Verhältnis der Auslegungsmethoden

Die Einordnung eines Kriteriums in den Auslegungskanon kann Schwierigkeiten bereiten. Eine Trennung ist nicht immer möglich – und nicht immer sinnvoll. Vielmehr gehen die einzelnen Auslegungsmethoden ineinander über.[500] Es handelt sich wohlgemerkt nur um Auslegungs*indizien*. Sie ergänzen und erklären sich gegenseitig **(hermeneutischer Zirkel)**. Eine exakte Zuordnung ist zudem entbehrlich, denn erst am Ende der Auslegung wird im Rahmen einer **Gesamtabwägung** ein endgültiges Auslegungsergebnis formuliert, in das *alle* Zwi-

---

495 BGH GRUR 1999, 707 (710) – „Kopienversanddienst“. Die Entscheidung bildet die Grundlage für den heutigen § 53a UrhG. Vgl. im Übrigen unten **4. Teil C. IV. 2. C.**

496 *Hoeren*, MMR 1999, 672 (673); *Götting* in Loewenheim, § 30 HdbUrhR Rn. 20 f.; *Schack*, JZ 1999, 1007 (1008); *Melchiar* in Schricker, vor §§ 44a ff. UrhG Rn. 15; *G. Schulze*, FS Erdmann, 173 (179).

497 *Walter* in Loewenheim, § 58 HdbUrhR Rn. 2; *Katzenberger* in Schricker, Vor §§ 120 ff. UrhG Rn. 118.

498 Vgl. *Kreibich*, TRIPs-Abkommen in der Gemeinschaftsordnung, S. 143 ff.; *Riesenhuber*, ZUM 2003, 333 (340).

499 Tiefgreifender bei *Findeisen*, Auslegung urheberrechtlicher Schrankenbestimmungen, S. 148 f.

500 *Bydlinski*, Methodenlehre, S. 564 f.

schenergebnisse des Auslegungskanons (und der weiteren Auslegungsmethoden) einfließen.[501]

Probleme ergeben sich erst, wenn die Auslegungsmethoden unterschiedliche Ergebnisse zu Tage bringen. Eine **Rangordnung** der Auslegungskriterien besteht nicht.[502] „Die Auslegung ist kein Rechenexempel, sondern eine schöpferische Gestaltungstätigkeit“[503]. Die Auslegungskriterien sind miteinander nicht vergleichbar und stehen sich daher abstrakt gleichwertig gegenüber, ihre Gewichtung hängt stark vom Einzelfall und letztlich auch vom Ermessen des Rechtsanwenders ab und kann nur unter wertenden Gesichtspunkten bestimmt werden. Derartige Restunsicherheiten sind bei der Rechtsgewinnung aber hinzunehmen.[504] Es ist zu bedenken, dass der Rechtsanwender durch die methodischen Vorgaben ausreichend an vorhandene Erkenntnissätze gebunden ist.

III. Abgrenzung zur Rechtsfortbildung

Die Grenzen der Auslegung liegen dort, wo die Rechtsfortbildung beginnt. Die Grenze bilden der Wortlaut der Norm, der insoweit den Rahmen der Auslegung vorgibt, und der Wille des Gesetzgebers.[505] Nun kann es vorkommen, dass der Rechtsanwender bei der Auslegung einer Norm ein unbefriedigendes Ergebnis erzielt, durch den Wortlaut aber gehindert wird, von dem Ergebnis abzuweichen und das gewünschte bzw. gebotene Ergebnis auch nicht durch eine andere Norm begründen kann. Es entsteht eine Gesetzeslücke. Die Rechtsfortbildung eröffnet dem Rechtsanwender die Möglichkeit, die Lücke nach hermeneutischen Vorgaben zu schließen.

Die wohl „bekannteste“ Methode der Lückenschließung ist die **Analogie**. Bei der Abgrenzung zur Analogie ist der **Umkehrschluss** aus einer Norm (*argumentum e contrario* und *argumentum e silentio*) von Bedeutung.[506] Eng mit

---

501 *Bydlinski*, Methodenlehre, S. 556; *Larenz/Canaris*, Methodenlehre, S. 163; *Wank*, Auslegung, S. 71.

502 *Wessels/Beulke*, Strafrecht AT, Rn. 57 und *Wank*, Auslegung, S. 71 (letzterer wohlgemerkt als Vertreter der subjektiven Theorie!) gehen dagegen davon aus, dass der objektiv-teleologischen Auslegung im Zweifel das Übergewicht zukommt.

503 *Larenz/Canaris*, Methodenlehre, S. 166.

504 *Bydlinski*, Methodenlehre, S. 566.

505 *Zippelius*, Methodenlehre, S. 61 f. Vgl. *Wank*, Auslegung, S. 79. Dagegen sieht die Gesetzessinntheorie die Grenzen der Auslegung erreicht, wenn die Auslegung nicht mehr vom Zweck der Vorschrift gedeckt ist, *Wank*, Auslegung, S. 43 f.

506 Es handelt sich hierbei um die „Schwester der Analogie“. *Wank*, Auslegung, S. 87. Wenn das Gesetz einen bestimmten Fall *nur* in diesem Sinne lösen wollte (contrario)/schweigt (silentio), dann soll eben eine Analogie ausgeschlossen sein. Vgl. auch *Bydlinski*, Me-

der Analogie verwandt ist auch der **erst-recht-Schluss** (*argumentum a minori maius* und *argumentum a maiori ad minus*).[507] Weiterhin stellen die **teleologische Reduktion**,[508] und **allgemeine Rechtsprinzipien**[509] Werkzeuge der Rechtsfortbildung dar.

Bereits vor der Einführung des § 53a UrhG hatte der BGH die Frage zu klären, ob der Kopienversand öffentlicher Bibliotheken auf Bestellung zulässig sei. Der BGH subsumierte den Sachverhalt unter § 53 II Nr. 4a UrhG,[510] erkannte aber, dass der Kopienversand ohne Vergütung der Urheber keinen Bestand haben konnte. Daher schuf das Gericht im Rahmen der Rechtsfortbildung den Vergütungsanspruch aus bereits existierenden Vergütungsnormen analog §§ 27 II, III, 49 I, 54a II i.V.m. § 54h I UrhG.[511]

IV. Auslegung von Ausnahmevorschriften

Den angeblichen Grundsatz, dass Ausnahmevorschriften stets restriktiv auszulegen seien, hat die Rechtsprechung im Bereich der Anwendung der urheberrechtlichen Schrankentatbestände überdehnt. Tatsächlich kannte das römische Recht im Corpus Iuris Civilis den Grundsatz *quod contra rationem juris receptum est, non est producendum ad consequentias*[512]: Vorschriften, die dem Grundgedanken des Gesetzes zuwiderlaufen, sind eng auszulegen[513] – nicht etwa, wie heute gerne angenommen wird „Ausnahmevorschriften sind *generell* eng auszulegen". Ein derartiger Grundsatz wäre der juristischen Methodenlehre fremd![514] *Canaris* bemerkt dazu: „Kaum eine verfehlte Regel hat so viel Unheil gestiftet wie die Behauptung, Ausnahmevorschriften seien ihrem Wesen nach einer Analogie unzugänglich; immer wieder hat sich die Rechtsprechung darauf berufen und sich auf diese Weise die Mühe einer genaueren Begründung erspart"[515]. Nur wo der

---

thodenlehre, S. 476; *Rüthers*, Rechtstheorie, Rn. 899 ff. Zum „Schweigen des Gesetzes" vgl. auch *Larenz/Canaris*, Methodenlehre, S. 191.

507 *Bydlinski*, Methodenlehre, S. 479 f.; *Zippelius*, Methodenlehre, S. 69.

508 *Bydlinski*, Methodenlehre, S. 480; *Rüthers*, Rechtstheorie, Rn. 902 f.

509 *Bydlinski*, Methodenlehre, S. 481; *Wank*, Auslegung, S. 88.

510 Vervielfältigung zum sonstigen eigenen Gebrauch – wobei sich der eigene Gebrauch hier auf die Nutzer bezog, welche die Vervielfältigung in Auftrag gaben.

511 BGH GRUR 1999, 707 (711) – „Kopienversanddienst". Hierzu unten **4. Teil C. IV. 2. c.**

512 Paul. D. 1. 3. 14.

513 LG Berlin JW 1925, 2501 (2501, linke Spalte unten). Vgl. *Findeisen*, Auslegung urheberrechtlicher Schrankenbestimmungen, S. 59 f.; *Liebs*, Lateinische Rechtsregeln und Rechtssprichwörter, Q89.

514 *Bydlinski*, Methodenlehre, S. 443; *Larenz/Canaris*, Methodenlehre, S. 175 f.; *Poeppel*, Neuordnung der urheberrechtlichen Schranken, S. 43; *Wank*, Auslegung, S. 45 f.

515 *Canaris*, Feststellung von Lücken im Gesetz, S. 181.

Sache nach von einem bestimmten Grundsatz abgewichen wird, kann auch gesagt werden, dass die Vorschrift beschränkenden Charakter hat.[516]

Eine floskelartige Dogmatisierung wurde schon in den einleitenden Feststellungen dieser Bearbeitung abgelehnt. Die Schrankentatbestände sind den Verwertungsrechten nicht bereits deshalb als Ausnahmen gegenübergestellt, weil sie in einem gesonderten Abschnitt geregelt sind. Ein gewichtiges Indiz für eine restriktive Auslegung ergäbe sich allenfalls daraus, dass sich der Gesetzgeber bei den Schrankentatbeständen des Enumerationsprinzips bediente – bei den Verwertungsrechten dagegen offener Tatbestände.[517] Es handelt sich hierbei aber nur um *ein* **systematisches** Argument, dessen Verallgemeinerung letztlich auch von den anderen Auslegungskriterien abhängt. **Sprachlich** ließen sich Schranken und Ausnahmen unterscheiden.[518] Der Begriff der „Ausnahmen" ist enger zu verstehen, als der Begriff „Schranken". Damit stützt der Wortlaut der amtlichen Überschrift das Dogma der restriktiven Auslegung nicht, denn sprachlich wäre eine Verengung noch möglich. **Historisch** wollte der Gesetzgeber ausweislich der amtlichen Begründung § 44a UrhG als Ausnahme einfügen und die Überschrift in „Ausnahmen und Schranken" ändern.[519] Demnach setzt auch der Gesetzgeber Schranken nicht den Ausnahmen gleich. **Teleologisch** hat *Geiger* bereits dargelegt, dass sich Urheberrechte und Schranken ihrer Rechtsnatur nach ebenbürtig sind.[520] Diese Argumente schwächen das durchaus beachtliche systematische Argument bei der **Gesamtabwägung** nicht unerheblich. Eine pauschale Verallgemeinerung des Dogmas ist daher abzulehnen.

V. Wandel der Normsituation

Ein weiteres großes Problem im Bereich der urheberrechtlichen Schrankensituation stellt die Frage dar, ob die Urheberschranken einer zeitgemäßen Auslegung zugänglich sind.

1. Bedeutung der Frage

Gesellschaftlicher Wandel, fortschreitende Zeit und Technik können dazu führen, dass Rechtstatsachen, die der historische Gesetzgeber vor Augen hatte, sich ändern. Fraglich ist dann insbesondere bei älteren Gesetzeswerken, welcher Sprachgebrauch aus welcher Zeit maßgeblich sein soll. Gerade bei zeitempfind-

---

516 „Richtig" noch bei BGHZ 17, 266 (277) – „Grundig-Reporter".
517 Vgl. oben **2. Teil C. I. 2.**
518 *Geiger* in Hilty/Peukert, Interessenausgleich, 143 (150); *ders.*, GRUR Int. 2004, 815 (818 f.).
519 BegrRefE UFITA 2004/I, 143 (163). Vgl. *Melchiar* in Schricker, Vor §§ 44a ff. Rn. 11b
520 Siehe oben **2. Teil B. V.**

lichen Regelungsgehalten kann es vorkommen, dass eine Regelung, die der historische Gesetzgeber bezweckt hat, den aktuellen Anforderungen nicht mehr gerecht wird. Das UrhG ist hierfür anfälliger als die meisten anderen Gesetzeswerke.[521]

Da die Kriterien, die zur Auslegung herangezogen werden, wertende Indizien enthalten, ist es rechtsdogmatisch aber möglich, die auslegungsfähige Norm den neuen Umständen durch eine angemessene Auslegung anzupassen. Dies ist zumindest dann geboten, wenn die „Unzulänglichkeit des bisherigen Gesetzesverständnisses ‚evident' geworden ist"[522].

2. Praxis des BGH

Im Bereich der Verwertungsrechte hat der BGH daher die Urheberbefugnisse rasch neuen technischen Gegebenheiten angepasst.[523] Es sei zur Bebilderung abermals auf die Erweiterung des Werkkatalogs um das Multimediawerk oder die Anerkennung der Wiedergabe von Werken im Internet vor Inkrafttreten des § 19a UrhG durch den BGH verwiesen.[524]

Dennoch galt es lange Zeit als gefestigte Urheberrechtsprechung, dass der mit einer Schranke verfolge Zweck „nur aus der tatsächlichen und rechtlichen Lage, die der Gesetzgeber *bei Erlass* dieser Bestimmung vorfand" entnommen werden kann. [525] Erst in der „Pressespiegel"-Entscheidung hat der BGH diese Vorgaben gelockert – aber nicht aufgegeben.[526]

---

521 *Schack*, FS 50 Jahre BGH II, 677 (677).

522 *Larenz/Canaris*, Methodenlehre, S. 171.

523 Zu „leichtfertigen" Anpassungen der Verwertungsbefugnisse durch den Gesetzgeber vgl. *Hilty*, FS Schricker, 325 (328 Fn. 13).

524 Dazu bereits oben **2. Teil C. I. 2.** Als weiteres Beispiel ließe sich die Entstehung des Erschöpfungsgrundsatzes nennen, *Schack*, FS 50 Jahre BGH II, 677 (689). Vgl. hierzu *Loewenheim*, GRUR Int. 1996, 307 (307 ff., 309).

525 RGZ 153, 1 (14 ff.) – „Schallplatten und Rundfunk"; BGHZ 17, 266 (274 ff.) – „Grundig-Reporter"; BGH GRUR 1997, 459 (462) – „CB-Infobank I"; OLG Hamburg CR 2000, 658 (659) – Elektronischer Pressespiegel". Vgl. auch BGH GRUR 1999, 325 (327) – „Elektronische Pressearchive". Zur Entstehung des Dogmas *Findeisen*, Auslegung urheberrechtlicher Schrankenbestimmungen, S. 172 ff. Trotz methodischer Bedenken wurde diese Rechtsprechung im urheberrechtlichen Schrifttum zum Teil begrüßt. Vgl. *Loewenheim*, GRUR 1996, 636 (641); *Melchiar* in Schricker, Vor §§ 45 ff. UrhG Rn. 15 (1. und 2. Auflage); *G. Schulze*, FS Erdmann, 173 (180). Kritisch *Kamps/Koops*, CR 2007, 581 (585 f.).

526 BGH GRUR 2002, 963 (966) – „Elektronischer Pressespiegel". Dem ist *Melchiar* in Schricker, Vor §§ 44a ff. UrhG Rn. 15b ab der 3. Auflage gefolgt.

3. Notwendigkeit einer zeitgemäßen Auslegung

Dabei liegt die Notwendigkeit der zeitgemäßen Auslegung gerade bei zeitfühligen Gesetzeswerken wie dem UrhG auf der Hand.[527] Wenn das Urheberrecht von technischen Neuerungen stärker betroffen ist als andere Gesetze, muss es auch Aufgabe der Gerichte sein, entsprechend reagieren zu können, denn sie sind mit der aktuellen Rechtsentwicklung stärker konfrontiert. Letztlich erkennt auch der Gesetzgeber die Position der Rechtsprechung an. Viele Reformen stellen sich als Kodifikation der Rechtsprechung dar – die Schaffung von § 53a UrhG sei an dieser Stelle zu nennen.

Das UrhG wurde zwar in der Vergangenheit mehrfach reformiert, doch kann schon aus Gründen der Rechtssicherheit der Gesetzgeber das Gesetz nicht bei jeder technischen Neuerung anpassen, ganz zu schweigen davon, dass eine derart intensive „Betreuung" durch den Gesetzgeber kaum praktikabel wäre. Genau aus diesem Grund werden Gesetze abstrakt generell gehalten.

4. Begründung

Es ist gar nicht einzusehen, warum ausgerechnet bei den Urheberschranken der technische Fortschritt nicht zu beachten sein sollte. Zweifellos ist diese Interpretation des BGH Ausfluss seiner restriktiven Handhabe der Schranken. Dabei ließe sich das Postulat des BGH in dessen grundlegender Entscheidung zum „Grundig-Reporter" auch anders verstehen und mit dem Rechtsgedanken vergleichen, der später in § 31 IV UrhG[528] die Einräumung unbekannter Nutzungsarten für unwirksam erklären sollte.[529] Der Streit korrespondiert allerdings eher mit der Frage nach einer objektiven bzw. subjektiven Auslegung,[530] und bei dieser bekennt sich der BGH zur objektiven Gesetzesauslegung.[531] Gesetze erfahren ihre Legitimation in der Gegenwart. Der derzeitige Gesetzgeber könnte sie jederzeit anpassen oder abschaffen. Indem er den Großteil der Gesetze aber beibehält, bekennt er sich gleichzeitig hierzu, misst ihnen aber nur eine zeitgemäße

---

527 *Kamps/Koops*, CR 2007, 581 (585 f.).

528 Die Vorschrift wurde durch den „Zweiten Korb" aufgehoben.

529 *Backhaus*, FG Schulze, 23 (25 f.). Zur Schranke des § 31 IV UrhG a.F. *Backhaus* in Gounalakis, Electronic Business, § 23 Rn. 36 ff.

530 Vgl. *Kröger*, MMR 2002, 18 (20); *Engisch*, Einführung in das juristische Denken, S. 114; *Rüthers*, Rechtstheorie, Rn. 784, 796 ff.; *Wank*, Auslegung, S. 32 ff. Wobei selbst Subjektivisten dem Wandel der Normsituation Rechnung tragen. A.A. *Findeisen*, Auslegung urheberrechtlicher Schrankenbestimmungen, S. 181 f.

531 Zu subjektiver und objektiver Auslegung vgl. schon oben **I.**

Bedeutung bei.[532] Je älter ein Gesetz wird, umso mehr löst es sich von der ursprünglichen Regelungsabsicht des damaligen Gesetzgebers.[533]

Wie selbstverständlich gehen die Objektivisten in der juristischen Methodenlehre davon aus, dass Gesetze durchaus geltungszeitlich auszulegen sind. Es mag nicht einleuchten, warum bei der Auslegung der Urheberschranken etwas anderes gelten sollte.

Die historische Auslegung stellt nur ein Auslegungskriterium unter mehreren dar und kann nicht „exklusiv" und pauschaliert die Auslegung auf einen historischen Moment begrenzen.[534] Insbesondere die objektiv-teleologische Auslegung wird Einfallstor für die geltungszeitliche Auslegung sein.[535] Auch der Gedanke der Einheit der Rechtsordnung spricht dafür, ältere Gesetze in den geltungszeitlichen Kontext aktueller Gesetze einzubeziehen.[536]

Dass das UrhG von technischen Neuerungen stärker betroffen ist als andere Gesetze, ist kein Grund zur Restriktion. Im Gegenteil ergibt sich gerade hieraus die Notwendigkeit einer weiten, zukunftsorientierten Auslegung, zumal das UrhG ebenfalls stärker als andere Gesetze den Willen zeigt, mit dem technischen Fortschritt Schritt zu halten. Dies manifestiert sich beispielsweise an dem nur beispielhaften Katalog der Werkarten und Verwertungsrechte.

Ein Abstellen auf den Zeitpunkt des Erlasses einer Vorschrift stellt das Postulat für den Gesetzgeber auf, die Schranken in regelmäßigen Abschnitten zu aktualisieren. Mit einer derartigen Anmahnung übersteigt die Rechtsprechung aber ihre Aufgaben als judikativer Teil der Staatsgewalt.

VI. Zusammenfassung von 3. Teil D.

Ziel der Auslegung ist die Ermittlung der Bedeutung einer Norm (objektive Theorie). Die Ermittlung des Willens des Gesetzes (subjektive Theorie) spielt dagegen „nur" im Rahmen der historischen Auslegung eine Rolle.

Der Auslegungskanon besteht aus **Wortlaut**- bzw. grammatikalischer Auslegung, **systematischer**, **historischer** und **teleologischer Auslegung**. Darüber hinaus gibt es **ergänzende Auslegungsmethoden**.

Eine klare Abgrenzung der Auslegungsmethoden ist nicht möglich. Auch eine Rangfolge ist nicht vorgegeben. Vielmehr wird erst im Rahmen einer **Gesamtabwägung** ein Auslegungsergebnis gefunden, in das sämtliche Zwischenerkenntnisse wertend einfließen.

---

532 *Zippelius*, Methodenlehre, S. 25.
533 *Bydlinski*, Methodenlehre, S. 577 f.
534 *Kröger*, MMR 2002, 18 (20); *Zippelius*, Methodenlehre, S. 26.
535 *Bydlinski*, Methodenlehre, S. 579.
536 *Engisch*, Einführung in das juristische Denken, S. 115.

Wortlaut der Norm und Wille des Gesetzgebers bilden kumulativ die **Grenze zur Rechtsfortbildung**.

Einen Grundsatz, dass **Ausnahmevorschriften grundsätzlich eng auszulegen** wären, gibt es nicht. Ob dies der Fall ist, bestimmt sich maßgeblich nach der Betrachtung *aller* Auslegungskriterien. Für das Urheberrecht sind keine Anhaltspunkte ersichtlich, die eine derartige Verallgemeinerung für die Schrankentatbestände rechtfertigen würden.

Die Schrankentatbestände des UrhG sind **geltungszeitlich** auszulegen.

E. Verfassungskonforme Auslegung & praktische Konkordanz

Die verfassungskonforme Auslegung gehört nicht zum klassischen Kanon der Auslegung. Dennoch bestimmt sie die Auslegung des einfachen Rechts maßgeblich mit. Auch in der Rechtsprechung des BGH findet sich in der jüngeren Judikatur zur restriktiven Auslegung der Urheberschranken vermehrt eine Tendenz, die Urteilsgründe auch auf Verfassungsprinzipien zu stützen.[537]

Obwohl dies zu begrüßen ist, ist der Rückgriff auf die Grundrechte durch die ordentlichen Gerichte dogmatisch begründungsbedürftig. Über die Auslegung der Grundrechte oder gar die Verwerfung eines nachkonstitutionellen Gesetzes wegen Verstoßes gegen Grundrechte entscheidet allein das BVerfG. Dennoch binden Art. 1 III, 20 III GG die gesamte Staatsgewalt, also auch die Judikative an die Grundrechte.[538] Allein aus diesem Grund muss dem Richter eine Überprüfung seiner Entscheidung am Maßstab des GG möglich sein, ohne dass ihm eine Vorlage beim BVerfG zugemutet wird.

I. Entwicklung

Bei der Frage, auf welche Weise die ordentlichen Richter zur verfassungskonformen Auslegung berufen sind, sind grundsätzlich die Rechtschaffungskompetenz des Gesetzgebers einerseits und das Verwerfungsmonopol des BVerfG (Art. 100 I 1 GG) andererseits zu beachten. Diese Kompetenzverteilung darf durch die verfassungskonforme Auslegung nicht ausgehebelt werden. Die verfassungskonforme Auslegung durch die Judikative darf also einerseits der Legis-

---

537 Vgl. unten **VII.**

538 Vgl. *Bogs*, Verfassungskonforme Auslegung, S. 24; *Vosskuhle*, AöR 125 (2000), 177 (180).

lative keine Aufgaben entziehen, andererseits ist aber natürlich auch die Zuständigkeitsverteilung unter den Gerichten zu beachten.

Dennoch hat das BVerfG schon früh erkannt, dass mit der normenkontrollrechtlichen Verwerfung von Gesetzen Zurückhaltung geboten ist und eine verfassungskonforme Interpretation der Verwerfung vorzuziehen ist.[539] Die Verwerfung führt zu Rechtsunsicherheit und Rechtsschutzlücken, da der Gesetzgeber eine Ersatzregelung oft nur mit erheblicher zeitlicher Verzögerung erlassen kann. Die verfassungskonforme Auslegung wirkt dagegen sofort.[540] Hieraus resultiert der Grundsatz, dass einem Gesetz unter mehreren Auslegungsmöglichkeiten stets die Bedeutung beizumessen ist, die nicht zur Verfassungswidrigkeit führt (Normerhaltungsgrundsatz),[541] auf den die verfassungskonforme Auslegung aber nicht begrenzt ist.

II. Begriff der verfassungskonformen Auslegung

Verfassungskonforme Auslegung meint eine „Gesetzesauslegung, die den Inhalt des Verfassungsgesetzes berücksichtigt und ein Auslegungsergebnis zu erzielen sucht, das den Grundsätzen der Staatsverfassung möglichst gerecht wird."[542] Der Begriff der verfassungskonformen Auslegung lässt sich in zwei verschiedene Begriffsarten mit je unterschiedlichen Funktionen aufspalten.[543]

1. Enger (prozessualer) Auslegungsbegriff

Die verfassungskonforme Auslegung lässt sich zunächst in einem engen Sinne verstehen. Im Folgenden soll auch von der verfassungskonformen Auslegung im prozessualen Sinne die Rede sein, weil sich diese Art der Auslegung auf die Normenkontrolle nach Art. 100 I GG bezieht. Hier ist der eben genannte Grundsatz bekannt, dass ein Gesetz nicht für nichtig erklärt werden darf, wenn ihm noch ein mit der Verfassung vereinbarer Inhalt gegeben werden kann (Normerhaltungsgrundsatz). Ergeben sich nach der Auslegung mehrere Auslegungsmöglichkeiten, von denen eine verfassungswidrig wäre, so ist immer die Auslegung

---

[539] Kritisch *Vosskuhle*, AöR 125 (2000), 177 (184).

[540] *Bogs*, Verfassungskonforme Auslegung, S. 16; *Zippelius*, BVerfG und GG II, 108 (111).

[541] Vgl. BVerfGE 2, 266 (282); 8, 28 (34); 9, 194 (197 ff.); 12, 45 (61); 14, 56 (73); 16, 306 (329); 18, 18 (34); 19, 1 (5); 19, 242 (247); 19, 268 (281); 21, 292 (395); 33, 52 (65); 48, 40 (45); 49, 148 (157); 69, 1 (55); 85, 69 (74 f.); 86, 288 (320); 88, 145 (166); 88, 203 (331).

[542] *Bogs*, Verfassungskonforme Auslegung, S. 15.

[543] Nach *Simon*, EuGRZ 74, 85 (86 f.).

zu wählen, die nicht zur Verfassungswidrigkeit führt.[544] Der verfassungskonformen Auslegung kommt hier eine *negative Funktion* zu, nämlich der Ausschluss einer Nichtigkeitserklärung.[545]

2. Weiter (materieller) Auslegungsbegriff

Die verfassungskonforme Auslegung ist aber trotz teilweise anders lautender Aussagen nicht auf den prozessualen Ansatz beschränkt.[546]

Ergänzt wird der enge prozessuale Auslegungsansatz der verfassungskonformen Auslegung durch ein weites Verständnis. Teilweise wird hierfür die Terminologie der „verfassungsfreundlichen“ oder der „verfassungsorientierten“ Auslegung präferiert.[547] Im Folgenden soll auch von der verfassungskonformen Auslegung im materiellen Sinne die Rede sein.

Bei dieser Variante der Auslegung geht es darum, die in Rede stehende Norm im konkreten Einzelfall im Lichte der Verfassung auszulegen und anzuwenden. Der Auslegung kommt also eine *positive Funktion* zu, nämlich die optimale Anwendung der Norm im Kontext mit Verfassungswertungen.[548]

Zu ihr finden sich nur wenige Stellungnahmen in der Literatur. Im Gegensatz zur verfassungskonformen Auslegung im prozessualen Sinne, die ihre Stütze in Art. 100 I GG findet, ist die materielle Form der verfassungskonformen Auslegung daher umso begründungsbedürftiger.

Ein Gesetz ist nach dem Normerhaltungsgrundsatz des BVerfG für nichtig zu erklären, wenn es nicht im **Einklang mit der Verfassung** ausgelegt werden kann. *Hesse* bemerkt, dass „dieser ‚Einklang' ... nicht nur dann vorhanden (ist), wenn das Gesetz ohne die Heranziehung verfassungsrechtlicher Gesichtspunkte eine Auslegung zulässt, die mit der Verfassung vereinbar ist; er kann auch dadurch hergestellt werden, dass ein mehrdeutiger oder unbestimmter Inhalt des Gesetzes durch Inhalte der Verfassung bestimmt wird.“[549] *Hesse* sieht das Prinzip der Einheit der Rechtsordnung als Anker der verfassungskonformen Ausle-

---

544 BVerfGE 2, 262 (282); 48, 40 (45); 64, 229 (242). Vgl. auch *Bogs*, Verfassungskonforme Auslegung, S. 15; *Lüdemann*, JuS 2004, 27 (28 f.); *Heinrichs* in Palandt, Einleitung BGB Rn. 42.

545 *Simon*, EuGRZ 74, 85 (87).

546 *Simon*, EuGRZ 74, 85 (86). Anders aber anscheinend *Findeisen*, Auslegung urheberrechtlicher Schrankenbestimmungen, S. 118; *Lüdemann*, JuS 2004, 27 (28 f.); *Röhl/Röhl*, Allgemeine Rechtslehre, S. 624 f.; *Vosskuhle*, AöR 125 (2000), 177 (180 f.).

547 *Lüdemann*, JuS 2004, 27 (28); *Vosskuhle,* AöR 125 (2000), 177 (180).

548 *Simon*, EuGRZ 74, 85 (87).

549 *Hesse*, Verfassungsrecht, Rn. 80.

gung (im materiellen Sinn).[550] Hiernach haben sich alle Normanwendungen an einem einheitlichen Grundprinzip – der Verfassung – zu orientieren.[551] Da der Richter der Verfassung unterliegt, wird er in seinem Ermessen durch die Verfassung gebunden, da er stets die Auslegung zu wählen hat, welche die optimalste Grundrechtsentfaltung verspricht.

Das BVerfG begründet die verfassungskonforme Auslegung mit seiner **Werteordnungstheorie**[552] und der hieraus resultierenden Ausstrahlungswirkung der Grundrechte. Die Grundrechte sind klassischer Weise Abwehrrechte gegen den Staat. Ihnen kommt also insoweit eine subjektive Funktion zu. Das BVerfG geht davon aus, dass den Grundrechten darüber hinaus auch eine objektive Funktion zukommt, die auf die gesamte Rechtsordnung ausstrahlt.[553] Neuerdings begründet das BVerfG diese Ausstrahlungswirkung auch mit der Schutzfunktion der Grundrechte.[554] Das GG bildet hiernach den Mittelpunkt des Wertesystems und muss daher für alle Bereiche des Rechts gelten. Keine Vorschrift darf im Widerspruch zum GG stehen. Die Grundrechte entfalten eine mittelbare Drittwirkung auch in das bürgerliche Recht hinein, da der Richter nach Art. 1 III GG an die Grundrechte gebunden ist.

Die verfassungskonforme Auslegung im materiellen Sinne ergibt sich neben der Bindung der Rechtsprechung nach Art. 1 III GG auch aus dem allgemeinen Prinzip, dass die **rangniedrigere Norm** die ranghöhere Norm stets zu beachten hat. Dieser Grundsatz spiegelt sich in Art. 79 III GG wider, wonach selbst Normen des GG verschiedenen Rang haben und teilweise unantastbar sind; ferner in Art. 28 I 1 GG, wonach Landesverfassungen bundesverfassungstreu auszulegen sind und schließlich in Art. 31, 100 I 2 GG, wonach Bundesrecht Landesrecht bricht.[555]

3. Unterschiede der Auslegungsformen

In der Praxis lassen sich verfassungskonforme Auslegung im weiten und im engen Sinne nicht immer streng trennen. Je nach Art ergeben sich aber unterschiedliche Funktionen und Adressaten für die Auslegung. Da die Auslegung im prozessualen Sinne hauptsächlich im Rahmen des konkreten Normenkontrollverfahrens auftritt, geht es darum, die Auslegung „abstrakt und generalisierend

550 *Hesse*, Verfassungsrecht, Rn. 80. Vgl. ferner *Bogs*, Verfassungskonforme Auslegung, S. 22 ff.; *Engisch*, Einheit der Rechtsordnung, S. 7 ff.; *Lerche* in Isensee/Kirchhof, § 122 HdbStR V Rn. 6; *Simon*, EuGRZ 74, 85 (85); *Zippelius*, BVerfG und GG II, 108 (109). Kritisch *Vosskuhle*, AöR 125 (2000), 177 (183).

551 *Bogs*, Verfassungskonforme Auslegung, S. 23.

552 Vgl. oben **C. II.** und **III.**

553 Vgl. oben **C. III.**

554 Vgl. oben **C. II.** In diesem Zusammenhang auch *Metzger*, ZUM 2000, 924 (929 f.).

555 *Bogs*, Verfassungskonforme Auslegung, S. 17 f.

für eine Vielzahl möglicher Auslegungsfälle“[556] vorzunehmen. Ihr Hauptanliegen ist die Aufrechterhaltung der Norm.

Bei der materiellen Form der verfassungskonformen Auslegung geht es hingegen darum, eine Norm, deren Verfassungsmäßigkeit an sich nicht in Frage steht, im Einzelfall im bestmöglichen Einklang mit der Verfassung anzuwenden.[557] Die Verfassung dient hier also gewissermaßen nicht als Rechtsquelle, sondern als „Rechtserkenntnismittel“ zur Normkonkretisierung.[558] Sie kommt insbesondere dann zur Anwendung, wenn der herkömmliche Auslegunskanon dem Rechtsanwender mehrere Auslegungsalternativen belässt, die allesamt „gleichwertig“ wirken. Im Gegensatz zum Normenkontrollverfahren erschöpft sich die Aufgabe der Verfassung daher nicht in einer reinen Prüfungsfunktion. Vielmehr lassen sich auch aus der Verfassung Sachnormen zur Inhaltsbestimmung einfacher Gesetze ermitteln. Wenn die Grundrechte im Rahmen der Drittwirkung auch das einfache Recht prägen, kann die verfassungskonforme Auslegung im materiellen Sinn also die „optimalste“ Grundrechtsanwendung herausfiltern. Hierdurch wird das Gericht insoweit in seinem Entscheidungsspielraum eingeschränkt, als es stets nach dem optimalsten Grundrechtsausgleich zu suchen hat. Die verfassungskonforme Auslegung im materiellen Sinn ist dennoch nicht verbindlich, da der Richter in seiner Rechtsbewertung frei ist und auch das BVerfG nur das Ziel, nicht aber den Weg der Auslegung vorschreiben kann.

Letztlich stellt auch die verfassungskonforme Auslegung im Sinne der Normerhaltung lediglich einen Unterfall der verfassungsfreundlichen bzw. verfassungsorientierten Auslegung dar.[559] Wenn im Folgenden pauschaliert von verfassungskonformer Auslegung die Rede ist, so ist damit in der Regel die materielle Auslegung gemeint, da diese – wie im weiteren Verlauf noch dargelegt werden soll – die Anwendung des einfachen Rechts stärker prägt, als die prozessuale Form der verfassungskonformen Auslegung.

III. Adressat der verfassungskonformen Auslegung

Aus der Differenzierung zwischen verfassungskonformer Auslegung im prozessualen bzw. weiten Sinne ergibt sich bereits zwangsläufig, wer Adressat der Auslegung ist.

---

556 *Simon*, EuGRZ 74, 85 (87).

557 *Simon*, EuGRZ 74, 85 (87).

558 *Bogs*, Verfassungskonforme Auslegung, S. 127; *Vosskuhle*, AöR 125 (2000), 177 (181).

559 Dies räumt auch *Lüdemann* ein, JuS 2004, 27 (28). Ferner *Bettermann*, Verfassungskonforme Auslegung, S. 20; *Vosskuhle,* AöR 125 (2000), 177 (180).

Die **verfassungskonforme Auslegung im engen (prozessualen) Sinne** wird in Fällen auftreten, in denen die Verfassungsmäßigkeit einer Norm in Rede steht. Adressat der Auslegung in diesem Sinne mag bei oberflächlicher Betrachtung das BVerfG sein. Immerhin ist dieses Gericht für das Normenkontrollverfahren nach Art. 100 I GG zuständig.

Das BVerfG besitzt aber kein normenkontrollrechtliches Monopol. Vielmehr ist auch der Fallrichter an den ordentlichen Gerichten zur verfassungskonformen Auslegung im engen Sinne befugt und sogar verpflichtet.[560] Mehr noch: er ist Entscheidungen des BVerfG eine Stufe logisch vorgeschaltet. Das BVerfG kann nur auf Antrag eines Gerichts hin tätig werden (Art. 100 I 1 GG). Im Rahmen der verfassungskonformen Auslegung im engen (prozessualen) Sinne obliegt es also zunächst dem einfachen Richter, wenn er von der Verfassungswidrigkeit der Norm *überzeugt* ist,[561] das Verfahren auszusetzen und eine Vorlage beim BVerfG einzureichen.[562] Nur sofern die Norm keine mit der Verfassung in Einklang stehende Auslegung erfahren kann, wird das BVerfG sie als verfassungswidrig verwerfen.

Oben wurde bereits angemerkt, dass bei der **verfassungskonformen Auslegung im weiten Sinne** die Verfassungsmäßigkeit einer Norm nicht in Frage steht. Hier geht es vielmehr um die Normanwendung im bestmöglichen Einklang mit der Verfassung.

Wurde soeben bemerkt, dass der einfache Richter neben dem BVerfG verfassungskonforme Auslegung im prozessualen Sinne betreibt, reduziert sich die Rolle des BVerfG bei der materiellen Form der verfassungskonformen Auslegung auf ein kaum wahrnehmbares Maß. Gegenstand der Auslegung ist hier ausschließlich das einfache Recht. Einen Beitrag hierzu darf das BVerfG allenfalls dann leisten, wenn es im Rahmen der Verfassungsbeschwerde auf Antrag feststellt, dass ein Gericht die Grundrechte „grundlegend verkannt hat“[563]. Die verfassungskonforme Auslegung im weiten Sinne wird daher überwiegend durch die Normanwendung des ordentlichen Richters betrieben.[564]

---

560 *Bogs*, Verfassungskonforme Auslegung, S. 32. Dass ein Gros der Fälle dennoch vom BVerfG entschieden wird, liegt in der Natur der Dinge.

561 *Pieroth* in Jarass/Pieroth, Art. 100 GG Rn. 10.

562 *Simon*, EuGRZ 74, 85 (88); *Rüfner*, BVerfG und GG II, 453 (455); *Vosskuhle*, AöR 125 (2000), 177 (181).

563 So der Vorwurf an das OLG München im Falle „Germania 3“. Dazu ausführlich unten **4. Teil. B.**

564 *Simon*, EuGRZ 74, 85 (87). Kritisch *Vosskuhle*, AöR 125 (2000), 177 (184 ff.), der divergierende Entscheidungen der Fachgerichte befürchtet (188).

IV. Gegenstand verfassungskonformer Auslegung

Mit seiner Werteordnungstheorie hat das BVerfG den Grundrechten eine Ausstrahlungswirkung im Rahmen der mittelbaren Drittwirkung auch auf das Privatrecht zugebilligt.[565] Gegendstand verfassungskonformer Auslegung im Zivilrecht waren demnach insbesondere die Generalklauseln als „Einfallstor" der Grundrechte.[566] Der Verfassung kam insoweit eine Stabilisierungsfunktion zu.[567]

Durch das Abstellen auf die Schutzfunktion erweitert sich der Anwendungsbereich der Grundrechte auf das gesamte einfache Recht. [568] Darüber hinaus sind Verfassungsnormen für die Auslegung einfachen Rechts besonders dann von Bedeutung, wenn das einfache Gesetz dazu dient, eine Verfassungsnorm auszuführen, wenn also das GG dem Gesetzgeber einen Regelungsauftrag erteilt. In solchen Fällen entsteht ein Normierungszusammenhang.[569] Dieser greift dann umso mehr, wenn einfachgesetzliche Regelungen rar gesät sind, wie dies beispielsweise im Presserecht der Fall ist.[570]

V. Integration in den Auslegungskanon

Ist somit klargestellt, dass auch der Fallrichter bei der Anwendung einfachen Rechts eine Auslegung im Sinne der Verfassung zu betreiben hat, stellt sich nunmehr die Frage, wie die verfassungskonforme Auslegung in den Auslegungskanon zu integrieren ist. Hierzu kommen mehrere Anknüpfungspunkte in Frage.

1. Wortlaut

Eine Anknüpfung verfassungskonformer Auslegung an den Wortlaut wird selten bis gar nicht in Betracht kommen, sofern nicht zur Ermittlung des Wortlautes auf andere Auslegungskriterien zurückgegriffen werden muss.

Der Grund hierfür ist darin zu sehen, dass die Verfassung ihrerseits durch Generalklauseln geprägt ist, die sich nur wenig zur Konkretisierung des einfachen Rechts eignen. Zudem ist jedem Gesetzeswerk in der Regel eine eigene Terminologie immanent. Selbst wenn Begriffe in zwei Normwerken konform

---

565 Siehe oben **C. II.**

566 BVerfGE 7, 198 (206) – „Lüth". Vgl. *Bogs*, Verfassungskonforme Auslegung, S. 137 ff. mit Beispielen.

567 *Larenz/Canaris*, Methodenlehre, S. 181.

568 BVerfGE 81, 242 (256) – „Handelsvertreter". Vgl. BArbG DB 1999, 965 (966 f.); *Metzger*, ZUM 2000, 924 (929).

569 *Bogs*, Verfassungskonforme Auslegung, S. 142.

570 Vgl. hierzu die Auswirkungen auf die Pressespiegelentscheidung unten **4. Teil. C. I.**

gebraucht werden, ergibt sich oft unter Zuhilfenahme anderer Auslegungskriterien (wie der historischen Auslegung), dass der Gesetzgeber eine andere Regelung beabsichtigte. Zur Konkretisierung des Eigentumsbegriffes in § 903 BGB ist Art. 14 I GG beispielsweise ungeeignet.[571]

2. Systematische Auslegung

Eine Integration der verfassungskonformen Auslegung in die systematische Auslegung wäre dagegen dogmatisch möglich, indem die in Frage stehende Norm in Beziehung zur Verfassung gesetzt wird.[572]

Aus dem Prinzip der Einheit der Rechtsordnung resultiert das Gebot, Wertungswidersprüche zu vermeiden.[573] Zu beachten ist selbstredend, dass die Verfassung hier nicht als gleichrangiges Gesetz in Betracht kommt.[574] Sie bildet die ranghöchste Norm in der Normenhierarchie. Insbesondere der Normerhaltungsgrundsatz dürfte im Rahmen der systematischen Auslegung Beachtung finden.[575] Hier fungiert die Verfassung nicht als Erkenntnisnorm, sondern als Kontrollnorm, was eben ein mehr oder weniger typisches Merkmal der systematischen Auslegung ist.[576]

3. Historische Auslegung

Historisch wird der verfassungskonformen Auslegung nur ein geringer Wert beizumessen sein. Konkret ginge es hier um die Frage, inwieweit der Gesetzgeber sich bei der Etablierung oder Reformierung des UrhG als nachkonstitutionellem Gesetz von den Wertungen des GG leiten ließ. Zwar kommt dem Gesetzgeber der Auftrag zu, die Grundrechte zu wahren, sie durchzusetzen oder miteinander in Einklang zu bringen. Die hier gefundenen Ergebnisse lassen sich aber auch aus den übrigen Auslegungskriterien, insbesondere teleologischen oder systematischen Erkenntnissen gewinnen, die oftmals die treibende Kraft für das Handeln des Gesetzgebers sein dürften.

---

571 Vgl. oben **A. II. 1.**

572 *Bogs*, Verfassungskonforme Auslegung, S. 25 f.; *Lüdemann*, JuS 2004, 27 (30); *Heinrichs* in Palandt, Einleitung BGB Rn. 42; *Röhl/Röhl*, Allgemeine Rechtslehre, S. 622 f.; *Rüthers*, Rechtstheorie, Rn. 764; *Vosskuhle*, AöR 125 (2000), 177 (181); *Wank*, Auslegung, S. 57; *Zippelius*, Methodenlehre, S. 53.

573 *Larenz/Canaris*, Methodenlehre, S. 181.

574 *Lüdemann*, JuS 2004, 27 (30); *Zippelius*, BVerfG und GG II, 108 (109).

575 Vgl. *Lüdemann*, JuS 2004, 27 (30).

576 Vgl. auch oben bei den Unterschieden zwischen enger und weiter Form der verfassungskonformen Auslegung.

Bedeutsamer für die historische Auslegung ist dagegen die Entstehungsgeschichte einer Norm. Gerade wenn das BVerfG in der Vergangenheit eine Norm für verfassungswidrig erklärt und den Gesetzgeber zu Reformen veranlasst hat, wird die historische Auslegung jedenfalls dergestalt einzubeziehen sein, dass die Neuregelung sich von der Altregelung deutlich abheben muss, eine Auslegung in die „alte" Richtung also ausscheidet.

Als Beispiel sei auf die erste Entscheidung des BVerfG zu § 46 UrhG verwiesen. Die Vorschrift enthielt in der damaligen Fassung noch keinen Vergütungsanspruch (heute § 46 IV UrhG) und wurde daher vom BVerfG als verfassungswidrig deklariert, da das Gericht die „Zuordnung des vermögenswerten Ergebnisses der schöpferischen Leistung an den Urheber" als konstituierendes Merkmal des urheberrechtlichen Eigentumsschutzes aus Art. 14 I GG ansah.[577] Hätte der BGH nun vor Novellierung der Vorschrift abermals über die Rechte der Urheber zu entscheiden, wäre im Rahmen der historischen Auslegung durchaus die verfassungsrechtliche „Vorgeschichte" der Vorschrift zu berücksichtigen gewesen.

4. Objektiv-teleologische Auslegung

Einen gewichtigen Anknüpfungspunkt für die verfassungskonforme Auslegung wird dagegen die objektiv-teleologische Auslegung liefern.[578] Wenn es bei der teleologischen Auslegung um übergesetzliche Wertungen, wie rechtsethische oder naturrechtliche Prinzipien geht, sind diese zumeist auch in der Verfassung verankert.[579] Zudem ließe sie sich unter dem Gesichtspunkt der Vermeidung von Widersprüchen verorten[580] – ein Zwitterfeld, das sich die teleologische Auslegung mit der systematischen Auslegung „teilt".

Im Urheberrecht kann z.B. das Informationsinteresse der Allgemeinheit ein solches sowohl in der Verfassung als auch in der Rechtsethik eines demokratischen Staates verankertes Gedankengut darstellen.[581]

5. Gesamtabwägung

Nach dem eben Gesagten ist eine Berücksichtigung von Verfassungsprinzipien am ehesten im Rahmen der systematischen oder der teleologischen Auslegung

---

577 BVerfGE 31, 229 (240 f.) – „Kirchen- und Schulgebrauch".

578 *Bydlinski*, Methodenlehre, S. 457.

579 *Bogs*, Verfassungskonforme Auslegung, S. 26, 127. *Findeisen*, Auslegung urheberrechtlicher Schrankenbestimmungen, S. 133, 130 sieht hier ebenfalls eine Einbruchstelle für Verfassungsprinzipien.

580 *Bydlinski*, Methodenlehre, S. 456.

581 Vgl. hierzu *Findeisen*, Auslegung urheberrechtlicher Schrankenbestimmungen, S. 127.

möglich. Letztlich wurde aber bereits oben festgestellt, dass sich die Auslegungsprinzipien gegenseitig beeinflussen. Eine Trennung ist weder sinnvoll noch möglich. Vielmehr würde der Rechtsanwender hierdurch in seinen Auswahlmöglichkeiten zu sehr eingeschränkt werden. Daher entscheidet sich die Auslegung endgültig auch erst bei einer nach Betrachtung aller Auslegungskriterien vorzunehmenden Gesamtabwägung.[582] Dies muss auch für die verfassungskonforme Auslegung gelten.[583]

Hierfür spricht auch, dass bei der verfassungskonformen Auslegung selten einzelne Tatbestandsmerkmale, sondern die ganze Norm an sich untersucht wird. Insofern geht es also eher um das Resultat der Normanwendung, das eben erst bei der Gesamtwürdigung Berücksichtigung findet.[584]

Dies trifft erst recht auf die verfassungskonforme Auslegung im prozessualen Sinne zu, da sich diese nur auf die Auswahl eines nach herkömmlichen Methoden gewonnen Auslegungsergebnisses beschränkt.[585]

Findeisen bemängelt, dass die verfassungskonforme Auslegung, insbesondere in der Form, in der sie durch den BGH betrieben wird,[586] zum Auslegungskorrektiv „verkommt". Ein einmal durch herkömmliche Auslegungskriterien ermitteltes Ergebnis dürfe nicht durch die verfassungskonforme Auslegung in Frage gestellt werden.[587]

Dem ist jedoch so nicht zuzustimmen. In den Fällen, in welchen der BGH auf grundgesetzliche Wertungen zurückgegriffen hat, war die Auslegung noch gar nicht abgeschlossen. Demnach war auch noch nichts vorhanden, was „zu korrigieren" gewesen wäre. Die verfassungskonforme Auslegung stellt also ein zusätzliches Auslegungskriterium dar, das die Ergebnisse des Auslegungskanons ergänzt und nicht konterkarriert. Dogmatisch wirkt also die verfassungskonforme Auslegung im Rahmen der Gesamtabwägung einen logischen Schritt vorher, nämlich bei der Findung einer Auslegung – vor dem Ergebnis. Die Auslegung nach den herkömmlichen Mitteln stellt somit einen Zwischen- und keinen Endschritt dar.

---

582 Oben **D. II. 6.**

583 Vgl. auch *Bogs*, Verfassungskonforme Auslegung, S. 26.

584 *Lüdemann*, JuS 2004, 27 (30).

585 *Lüdemann*, JuS 2004, 27 (30).

586 Exemplarisch stellt *Findeisen* hierbei auf die Urteilsbegründung zu den „Elektronischen Pressespiegeln" ab.

587 *Findeisen*, Auslegung urheberrechtlicher Schrankenbestimmungen, S. 128 f. *Findeisen* zufolge *erschöpft* sich die Aufgabe der verfassungskonformen Auslegung darin, unter verschiedenen, nach herkömmlichen Auslegungsmethoden ermittelten Auslegungsvarianten eine Auswahl zu treffen, S. 133. Der verfassungskonformen Auslegung kommt daher in der Bearbeitung von *Findeisen* ausdrücklich keine große Bedeutung zu.

Dass die Rechtsprechung hierdurch von ihrem durch die einfache Auslegung ermittelten Standpunkt abweicht, mag als eine Korrektur der bisherigen Rechtsprechung erscheinen. Eine widersprüchliche Rechtsprechung ist aber kein Indiz gegen die Berücksichtigung grundgesetzlicher Wertungen durch verfassungskonforme Auslegung. Ob hierdurch die Grenzen der Auslegung, insbesondere Wortlaut und Wille des Gesetzgebers überschritten wurden, wird der praktische Teil dieser Bearbeitung zeigen.

VI. Grenzen der verfassungskonformen Auslegung

Auch die verfassungskonforme Auslegung kann und darf Verfassungsverstöße des Gesetzgebers ab einem gewissen Grad nicht mehr ausgleichen. Ihre Grenzen sind auch in der verfassungsrechtlichen Literatur noch nicht abschließend erörtert. Im Rahmen der hiesigen Bearbeitung soll daher allenfalls die Notwendigkeit der Begrenzung der verfassungskonformen Auslegung aufgrund der hieraus resultierenden Konkurrenzsituation aufgezeigt werden.

1. Rechtschaffungsmonopol der Legislative

Hierbei ist zunächst zu beachten, dass das **Rechtschaffungsmonopol der Legislative** durch die verfassungskonforme Auslegung nicht angetastet werden darf. Selbst das BVerfG darf im Rahmen der ihm durch die Verfassung gezogenen Grenzen die Norm nur kassieren. Durch die verfassungskonforme Auslegung beschränkt sich der Richter aber nicht mehr nur auf die Kassation, er kreiert neues Recht und nimmt damit Aufgaben des Gesetzgebers wahr.[588] Aus diesem Grund kann die verfassungskonforme Auslegung nicht uferlos erfolgen. Begrenzt wird die Auslegung daher *kumulativ* durch Wortlaut und Willen des Gesetzgebers.[589]

---

[588] *Hesse*, Verfassungsrecht, Rn. 83; *Starck* in v. Mangoldt/Klein/Starck, Art. 1 Abs. 3 GG Rn. 329 f.; *Simon*, EuGRZ 74, 85 (89 f.).

[589] BVerfGE 18, 97 (111); 35, 263 (280); 90, 263 (275); 93, 37 (81); *Findeisen*, Auslegung urheberrechtlicher Schrankenbestimmungen, S. 128; *Lüdemann*, JuS 2004, 27 (30); *Starck* in v. Mangoldt/Klein/Starck, Art. 1 Abs. 3 GG Rn. 329; *Heinrichs* in Palandt, Einleitung BGB Rn. 42; *Rieger*, NVwZ 2003, 17 (18, 21); *Rüthers*, Rechtstheorie, Rn. 764a; *Vosskuhle*, AöR 125 (2000), 177 (197). Darüber hinaus kann eine verfassungskonforme Rechtsfortbildung, in Betracht kommen. Diese orientiert sich dann aber nicht an Sinn und Zweck, sondern an dem Gebot der Verfassungstreue und der Normerhaltung. Vgl. BVerfGE 93, 37 (81 f.); BGH GRUR 2003, 956 (957) – „Gies-Adler“; *Larenz/Canaris*, Methodenlehre, S. 161; *Zippelius*, BVerfG und GG II, 108 (115). Kritisch *Vosskuhle*, AöR 125 (2000), 177 (197).

2. Normenkontrollrechtliches Vorlageerfordernis

Eine weitere Grenze der verfassungskonformen Auslegung bildet das Vorlageerfordernis des Art. 100 I GG und damit das **Verwerfungsmonopol des BVerfG.**[590] Falls ein Gericht von der Verfassungswidrigkeit einer Norm überzeugt ist und aufgrund des eindeutig entgehenstehenden Wortlauts und dem eindeutig entgegenstehenden Willen des Gesetzgebers keine mit der Verfassung in Einklang stehende Auslegung erreichen kann, hat es die Entscheidung gem. Art. 100 I GG auszusetzen und die Frage dem BVerfG vorzulegen, das dann über die Verwerfung der Norm entscheidet.[591]

3. Zuständigkeit der Fachgerichte

Umgekehrt ist bei der verfassungskonformen Auslegung im engen Sinne zu beachten, dass die Rolle des BVerfG nicht in die eines **„Superrevisionsgerichts“** umschlagen darf. So kann das BVerfG auch nur feststellen, dass die vorgenommene Auslegung im Ergebnis gegen die Verfassung verstößt. Die Auslegung des einfachen Rechts muss also bei den Fachgerichten bleiben. Diese verfügen im Gegensatz zu der Verfassungsgerichtsbarkeit aufgrund ihrer Erfahrung in dem einschlägigen Rechtsgebiet über die ausreichende Sachkompetenz.[592] Tatsächlich kann das BVerfG „nur“ insoweit über das einfache Recht entscheiden, als Grundrechte betroffen sind. Darüber hinaus geht das Gericht selbst davon aus, dass es nicht als „Superrevisionsinstanz“ fungiert.[593]

4. Gefahrrealisation in der Praxis

Die befürchteten Gefahren der verfassungskonformen Auslegung, insbesondere die Gefahr divergierender Entscheidungen durch die Fachgerichte,[594] sind in der Praxis ausgeblieben. Zwar sehen sich mittlerweile auch die Fachgerichte in der Aufgabe, verfassungskonforme Auslegung zu betreiben,[595] allerdings sind die Gerichte damit sehr zurückhaltend, insbesondere wenn sie „verfassungsrechtliches Neuland“ betreten.[596] Das BVerfG beansprucht das eigene Verfassungsver-

---

590 *Starck* in v. Mangoldt/Klein/Starck, Art. 1 Abs. 3 GG Rn. 331; *Rieger*, NVwZ 2003, 17 (22).

591 *Rieger*, NVwZ 2003, 17 (18).

592 *Simon*, EuGRZ 74, 85 (90); *Vosskuhle*, AöR 125 (2000), 177 (196).

593 BVerfGE 7, 198 (207) – „Lüth“. Vgl. *Vosskuhle*, AöR 125 (2000), 177 (196).

594 Hierzu *Vosskuhle*, AöR 125 (2000), 177 (179).

595 Vgl. BGHZ 81, 152 (181) und die Nachweise bei *Vosskuhle*, AöR 125 (2000), 177 (191).

596 Vgl. die Nachweise bei *Vosskuhle*, AöR 125 (2000), 177 (190 ff.).

ständnis als verbindlich für die Auslegung durch Fachgerichte.[597] Eine Gefahr der Grenz- oder Kompetenzüberschreitung oder der Entscheidungs-Divergierung ist daher nicht zu befürchten.

VII. Verfassungskonforme Auslegung in der Urheberrechtsprechung

Nach dem bisher Gesagten scheint der Rückgriff auf die Grundrechte im Zivilrecht nahe zu liegen. Umso mehr überrascht es, in welch überschaubarem Rahmen Entscheidungen des BGH zu den Schranken – abgesehen von der pauschalen Berufung auf den Beteiligungsgrundsatz - mit den Grundrechten argumentieren.

1. Rechtsprechung

1982 gestattete der BGH die **Presseberichterstattung und Kunstwerkwiedergabe** von Kunstwerken aus einer Kunstbandreihe nach §§ 50, 57 UrhG, obwohl sich das Gericht in derselben Entscheidung ausdrücklich für eine restriktive Auslegung der Vorschrift aussprach. Es sah den Abdruck vom Zweck her geboten, da ein „Informationsbedürfnis der künstlerisch interessierten Öffentlichkeit bestehe“[598].

In einer drei Jahre später ergangenen Entscheidung hatte der BGH die Frage zu klären, ob die **Liedtextwiedergabe** des Schlagers „Lili Marleen“ in einer Wochenschrift noch als Zitat gerechtfertigt sei. Einen Zitatzweck sah der BGH auch aus dem Blickwinkel der Pressefreiheit als nicht gegeben an. Trotz Kenntnis der verfassungsrechtlichen Wechselwirkungslehre ging der BGH in seiner Entscheidung davon aus, dass die Pressefreiheit nach Art. 5 II GG unter dem Vorbehalt des Urheberrechts stünde.[599]

Eine analoge Anwendung des § 51 Nr. 2 UrhG auf das **Filmzitat** sah der BGH aufgrund des Interesses der Allgemeinheit zum Nutzen „der geistige(n) Kommunikation und damit der Förderung des kulturellen Lebens zum Nutzen der Allgemeinheit“ als erforderlich an.[600]

In der bereits bekannten **„Kopienversanddienst“**-Entscheidung argumentierte der BGH zwar aufgrund von Art. 14 I GG mit einer restriktiven Auslegung

597 BVerfGE 36, 1 (13 f.). Vgl. *Rüthers*, Rechtstheorie, Rn. 755; *Zippelius*, BVerfG und GG II, 108 (112). Kritisch *Vosskuhle*, AöR 125 (2000), 177 (198).

598 BGH GRUR 1983, 28 (29) – „Presseberichterstattung und Kunstwerkwiedergabe II“. Vgl. hierzu auch *Findeisen*, Auslegung urheberrechtlicher Schrankenbestimmungen, S. 126.

599 BGH GRUR 1987, 34 (35) – „Liedtextwiedergabe I“.

600 BGH GRUR 1987, 362 (363) – „Filmzitat“, dazu unten **4. Teil C. II.**

der Schranken, konstruierte aus dem gleichen Grundrecht aber für die extensive Auslegung zugunsten des Kopienversands einen Vergütungsanspruch.[601]

Die Frage nach der Zulässigkeit **elektronischer Pressespiegel** beantwortete der BGH zunächst restriktiv, dennoch sah er diese von § 49 I UrhG erfasst an. Der BGH betonte, dass „mit den Schrankenbestimmungen teilweise ... besonderen verfassungsrechtlich geschützten Positionen Rechnung getragen wird" und „neben den Interessen des Urhebers die durch die Schrankenbestimmungen geschützten Interessen zu beachten und ihrem Gewicht entsprechend" heranzuziehen seien.[602]

Bei der Erörterung der Zulässigkeit einer Parodie des **Gies-Adlers** im Nachrichtenmagazin „Focus" (§ 24 UrhG) sprach der BGH erstmals ausdrücklich von einer verfassungskonformen Auslegung. „Bei der Anwendung des Urheberrechtsgesetzes (sei) es namentlich Aufgabe der Gerichte, bei der Bestimmung der Verwertungsbefugnisse der Urheber und bei der Auslegung der Schrankenbestimmungen die verfassungsrechtlich verbrieften Interessen der Nutzerseite angemessen zu berücksichtigen. Im Rahmen dieser Gesetzesanwendung (sei) Raum für eine Güter- und Interessenabwägung", soweit der Wortlaut dies zulasse.[603]

Eine verfassungskonforme Auslegung von § 24 UrhG hat der BGH auch bei **TV-Total** vorgenommen. Hier kam das Gericht trotz Berücksichtigung der Meinungs- und Kunstfreiheit mit einer recht knappen Begründung nicht zu einer freien Benutzung.[604]

Nicht nur der BGH hat sich mit der Auswirkung der Grundrechte auf das positive Recht befasst. Insbesondere den Entscheidungen des KG ist an dieser Stelle Aufmerksamkeit zu schenken.

Lange vor dem BGH (bereits 1968) hatte das KG die Anwendung des Zitatrechts auf eine **Karikatur** aufgrund einer verfassungskonformen Auslegung von § 51 Nr. 2 UrhG begründet.[605]

Eine verfassungsrechtliche Güter- und Interessenabwägung sah das KG später in seiner **„Botho-Strauß"**-Entscheidung für grundsätzlich möglich an.[606] Diese Entscheidung gab zugleich Anlass, sich über die Frage Gedanken zu machen, *wie* eine Güter- und Interessenabwägung zu erfolgen hätte.[607]

---

601 BGH GRUR 1999, 707 (710, 711 f.) – „Kopienversanddienst", dazu unten **4. Teil C. IV. 2. c.**

602 BGH GRUR 2002, 963 (966) – „Elektronischer Pressespiegel", dazu unten **4. Teil C. I.**

603 BGH GRUR 2003, 956 (957) – „Gies-Adler", dazu unten **4. Teil C. V. 2. d.**

604 BGH GRUR 2008, 693 (696) – „TV-Total", dazu unten **4. Teil C. V. 2. e.**

605 KG Schulze RzU, KGZ 48, 1 (5 f.).

606 KG NJW 1995, 3392 (3394) – „Botho Strauß".

2. Feststellungen

Die Auflistung zeigt, dass der Erste Zivilsenat des BGH zum größten Teil – aber nicht ausschließlich – auf die Grundrechte abstellte, wenn es galt, im Einzelfall eine extensive Auslegung der Urheberschranken zu erreichen.[608]

Gerade in den älteren Entscheidungen ist der Verweis auf die Grundrechte zum Teil subtil. Hier ist von geistigen oder kulturellen „Interessen der Allgemeinheit“, dem „Informationsbedürfnis der Öffentlichkeit“ oder dem Interesse an „geistiger Kommunikation“ die Rede. Etwas „experimentierfreudiger“ hat sich vorher insbesondere das KG gezeigt.

Erst neuerdings wird auch der BGH mutiger. Dies ist jedoch weder Zufall noch eine „späte Einsicht“ des Gerichts. Die „Pressespiegel“- und „Gies-Adler“-Urteile fußen vielmehr auf der „Germania-3“-Entscheidung, mit welcher das BVerfG im Jahr 2000 ausdrückliche Vorgaben für die Auslegung der Urheberschranken machte.[609]

Eine eingehende Untersuchung der Rechtsprechung des BGH soll in einem praktischen Teil dieser Bearbeitung erfolgen und Aufschluss darüber geben, welche Interessen dies in concreto sind. Zuvor ist aber abzuklären, *wie* eine verfassungsrechtliche Güter- und Interessenabwägung zu erfolgen hat.

VIII. Verfassungskonforme Güterabwägung

Verfassungsrechtliche Normen und Wertentscheidungen ergänzen und überlagern sich. Das BVerfG gewährt einer Norm oder einem Verfassungsgut daher nie den grundsätzlichen Vorrang. Vielmehr nimmt es stets eine einzelfallbezogene Güter- und Interessenabwägung vor.[610]

In der Literatur findet sich immer wieder die Aussage, die Schranken des UrhG stellten bereits das Ergebnis einer vom Gesetzgeber vorgenommenen Abwägung von Verfassungsgütern dar und seien daher einer verfassungskonformen Ausle-

---

[607] Unten **VIII. 1.**

[608] Vgl. auch *Findeisen*, Auslegung urheberrechtlicher Schrankenbestimmungen, S. 126 f. Dass der BGH standardmäßig eine restriktive Auslegung mit dem Schutzgebot des Art. 14 I GG begründet hat, wurde hier bewusst außen vor gelassen. Vgl. exemplarisch: BGH GRUR 1983, 562 (564) – „Zoll- und Finanzschulen“; BGH GRUR 1997, 459 (463) – „CB-infobank“.

[609] Unten **4. Teil B.**

[610] *Larenz/Canaris*, Methodenlehre, S. 162, 223 ff.

gung nicht zugänglich.[611] Würde dieser These so gefolgt, käme eine verfassungskonforme Auslegung aber nie in Betracht, denn in der Regel versucht der Gesetzgeber bei allen Gesetzeswerken, Verfassungsgüter in Ausgleich zu bringen. Das heißt aber nicht, dass die Grundrechte auf den verbleibenden Spielraum keine Anwendung fänden. Das Gegenteil ist der Fall: das BVerfG hat sogar ein Gebot der verfassungsrechtlichen Interessenabwägung für die Zivilgerichte konstatiert.[612] Der Rechtsprechung kommt in einem Staat, der die Gewaltenteilung verwirklicht, stets auch die Aufgabe zu, den Gesetzgeber zu konkretisieren. Die Aussage ist daher dahingehend zu korrigieren, dass eine abstrakte oder freischwebende, über den Wortlaut und den gesetzgeberischen Willen hinausgehende Güter- und Interessenabwägung nicht möglich sein soll, was im Übrigen im Einklang mit den oben getätigten Ausführungen zu den Grenzen der verfassungskonformen Auslegung steht.

1. Abstrakte Güterabwägung

Im Urheberrecht wurde versucht, das Institut des **übergesetzlichen Notstandes** auf die Schranken zu übertragen, um diese zum Schutz eines höherwertigen Rechtsgutes zu erweitern. Als höherwertiges Rechtsgut kämen die Meinungs- und Informationsfreiheit mit ihrer grundlegenden Bedeutung für die freiheitlich-demokratische Ordnung in Betracht.[613]

Für Aufsehen sorgte der Fall **Botho Strauß**. Das LG Berlin hatte zu entscheiden, ob der Abdruck privater Briefe in einer Zeitung durch das Rechtsinstitut des übergesetzlichen Notstandes gestattet sei.[614] Das Gericht suchte die Lösung über eine abstrakte Güterabwägung der Meinungs- und Informationsfreiheit von Verleger und Allgemeinheit mit dem Urheberrecht des Verfassers der Briefe.[615] Eine entsprechende Meinung findet sich im Schrifttum und in Teilen der Rechtsprechung.[616] Hiernach kann das Institut insbesondere dort zur An-

---

611 *Melchiar* in Schricker, Vor §§ 44a ff. UrhG Rn. 16.

612 Vgl. BVerfG GRUR 2001, 149 (151 f.) – „Germania 3“ (zum Urheberrecht).

613 KG Berlin NJW 1995, 3392 (3394) – „Botho Strauß“; LG Berlin NJW 1995, 881 (882); *Wild* in Schricker, § 97 UrhG Rn. 20; *J. B. Nordemann* in Fromm/Nordemann, § 97 UrhG Rn. 23; *v. Wolff* in Wandtke/Bullinger § 97 UrhG Rn. 34. Vgl. auch *Poeppel*, Neuordnung der urheberrechtlichen Schranken, S. 48 ff. Zur Anwendung sonstiger zivilrechtlicher Rechtfertigungsgründe vgl. *Bornkamm*, FS Piper, 641 (647); *Schack*, FS Schricker, 511 (516); *Melchiar* in Schricker, Vor §§ 44a ff. UrhG Rn. 14.

614 LG Berlin NJW 1995, 881 (882). Es handelte sich um einen Briefwechsel des Dramatikers *Botho Strauß* mit einem Redakteur eines Theatermagazins, welcher anschließend gegen den ausdrücklichen Wunsch *Botho Strauß'* in dem Magazin veröffentlicht wurde.

615 Mangels vorausgegangener Veröffentlichung kam eine Privilegierung nach §§ 50 oder 51 UrhG nicht in Frage.

616 OLG Hamburg GRUR 2000, 146 (147) – „Berufungsschrift“; LG Berlin GRUR 1962, 207 (210) – „Maifeiern“; LG Berlin NJW 1995, 881 (882); *J. B. Nordemann* in

wendung kommen, wo die Schrankenbestimmungen den grundrechtlichen Wertungen, vor allem der Meinungs- und Informationsfreiheit, nicht ausreichend Rechnung trügen. Das KG hob zwar das Urteil des LG auf – aber nur, weil nach Ansicht des KG die Interessenbewertung zugunsten des Urhebers ausfiel.[617] Gegen die Rechtsfigur des übergesetzlichen Notstandes erhob das KG keine Einwände.

Der Großteil des Schrifttums und der BGH lehnen diese Lösung jedoch zu Recht ab. Zwar ist es richtig, dass es eine abschließende Regelung durch den Gesetzgeber nicht geben kann, weshalb letztlich immer Raum für eine Güter- und Interessenabwägung verbleiben muss. Wie oben gesehen, kann aber auch die verfassungskonforme Auslegung nicht unbegrenzt erfolgen. Dem Wortlaut nach sind die Schrankentatbestände abschließend und enumerativ aufgelistet. Auch der Wille des Gesetzgebers weist auf eine abschließende Regelung im Sinne des Enumerationsprinzips.[618] Durch die Anwendung des übergesetzlichen Notstandes bewegt sich der Richter nicht mehr im Bereich der Rechtsanwendung, sondern im Bereich der Rechtschaffung. Da Ergebnisse weder absehbar wären, noch sich aus dem Gesetz ergäben, würde eine derartige Handhabung gegen das Gebot der Rechtssicherheit verstoßen.[619] Somit könnte der Rechtsanwender beliebig neue Schrankentatbestände aufstellen oder bestehende Schranken unter den Tisch fallen lassen. Das Institut des übergesetzlichen Notstandes wurde für das Strafrecht entwickelt und kann nicht ohne weiteres auf das Zivilrecht erstreckt werden.[620] Die Schranken können durch die verfassungskonforme Auslegung allenfalls in ihrer Anwendung korrigiert, aber nicht erweitert werden.[621] Die verfassungskonforme Auslegung muss sich daher innerhalb der vorgegebenen Normen vollziehen.

Fromm/Nordemann, § 97 UrhG Rn. 23; *Löffler*, NJW 1980, 201 (204); *Wild* in Schricker, § 97 UrhG Rn. 20 ff.; *v. Wolff* in Wandtke/Bullinger, § 97 UrhG Rn. 34.

617 KG Berlin NJW 1995, 3392 (3394) – „Botho Strauß".

618 BGH GRUR 2003, 956 (957) – „Gies-Adler"; *Bornkamm*, FS Piper, 641 (648); *Dreier* in Dreier/Schulze, vor §§ 44a ff. UrhG Rn. 7; *Findeisen*, Auslegung urheberrechtlicher Schrankenbestimmungen, S. 119 ff.; *von Gamm*, § 45 UrhG Rn. 3; *Poeppel*, Neuordnung der urheberrechtlichen Schranken, S. 49; *Schack*, FS Schricker, 511 (518); *ders.*, JZ 2002, 1007 (1008); *Melchiar* in Schricker, vor §§ 45a ff. UrhG Rn. 14; *Schricker* in Schricker, § 51 UrhG Rn. 8; *Ulmer*, Urheber- und Urhebervertragsrecht, S. 542.

619 *Findeisen*, Auslegung urheberrechtlicher Schrankenbestimmungen, S. 124; *Poeppel*, Neuordnung der urheberrechtlichen Schranken, S. 49.

620 *Schack*, FS Schricker, 511 (517); *Melchiar* in Schricker, vor §§ 45a ff. UrhG Rn. 14.

621 *Findeisen*, Auslegung urheberrechtlicher Schrankenbestimmungen, S. 124; *Stein/Frank*, Staatsrecht, § 20 III 1 d.

2. Konkrete Güterabwägung

Bornkamm wendet sich gegen eine zweistufige Prüfung, bestehend aus Auslegung und anschließender Interessenabwägung. Seiner Ansicht nach kann der Richter aber bei der Auslegung die konkreten Interessen dennoch beachten.[622]

Eine solche Handhabe scheint auch der I. Zivilsenat des BGH[623] im Einzelfall zu befürworten, wenn das Gericht sich in einzelnen Entscheidungen auf die Grundrechte beruft, um seine Position zu untermauern. Der BGH geht insoweit von einer abschließenden Regelung der Schranken aus, als er eine freischwebende, abstrakte Interessenabwägung außerhalb des gesetzlichen Rahmens ablehnt.[624] Bei der Auslegung der Schranken sei es aber Aufgabe der Zivilgerichte, die verfassungsrechtlich geschützten Interessen zu berücksichtigen.[625] Erst soweit das Gesetz diesen Interessen nicht ausreichend Rechnung trage, sei es Aufgabe des BVerfG, die Verfassungswidrigkeit festzustellen.[626]

Dies spricht gegen eine zweistufige Prüfung betstehend aus Auslegung und anschließender Güter- und Interessenabwägung, wie sie das LG Berlin bei der abstrakten Güterabwägung vornimmt. Letzteres könnte nämlich das Ergebnis der Auslegung umkehren und die vom Gesetzgeber durch die Normierung der Schrankenbestimmungen vorgenommene Wertentscheidung unterlaufen. Daher kann eine Berücksichtigung von Verfassungsinteressen nur vor dem Abschluss der Auslegung, also in einer einstufigen Prüfung, stattfinden.

Damit entspricht die konkrete Güterabwägung den oben getroffenen Feststellungen zur verfassungskonformen Auslegung und auch der Handhabung der Grundrechte in der Rechtsprechung des BGH. Durch die einstufige Prüfung wirkt sich die Güterabwägung erst im Rahmen der Gesamtabwägung der Auslegung, aber noch vor Findung eines endgültigen Ergebnisses aus. Dies hat zur Folge, dass der Wortlaut und andere Auslegungskriterien die Reichweite der Auslegung vorgeben und die der Norm zugrundeliegende Wertentscheidung des Gesetzgebers nicht unterlaufen wird.

---

622 *Bornkamm*, FS Piper, 641 (649 f.). Auf welche Weise dies erfolgen soll, lässt der Verfasser aber offen. A.A. *Schack*, JZ 2002, 1007 (1008), der die Schrankentatbestände insoweit für abschließend hält, als keine Abwägung mehr möglich sei.

623 Vorsitzender des Senats ist wohlgemerkt *Joachim Bornkamm*.

624 BGH GRUR 2003, 956 (957) – „Gies-Adler". Vgl. *Findeisen*, Auslegung urheberrechtlicher Schrankenbestimmungen, S. 122.

625 BGH GRUR 2003, 956 (957) – „Gies-Adler". Vgl. *Bornkamm*, FS Piper, 641 (649); *Findeisen*, Auslegung urheberrechtlicher Schrankenbestimmungen, S. 122; *Schricker* in Schricker, § 51 UrhG Rn. 8.

626 BGH GRUR 2003, 956 (957) – „Gies-Adler".

IX. Grundrechtskollisionen & praktische Konkordanz

Die konkrete Güterabwägung des BVerfG erfolgt nach dem von *Konrad Hesse* geprägten Prinzip der praktischen Konkordanz,[627] welches bei der Kollision von Grundrechten zu einem schonenden Ausgleich durch Abwägung der widerstreitenden Interessen führen soll. Wie genau die Abwägung im Rahmen praktischer Konkordanz vonstatten geht, kann die herkömmliche Methodenlehre nicht erklären. Es scheint, dass sich die Rechtswissenschaft dem Thema nur ungern und sehr zögerlich nähert. Auch das BVerfG hält sich mit einer Anleitung zurück, wofür es oft kritisiert wurde.[628]

1. Praktische Konkordanz

Das Prinzip der praktischen Konkordanz beruht auf der Vorstellung, dass kollidierende Verfassungsgüter gleichrangig sind. Daher kann nie ein Grundrecht abstrakt Vorrang vor einem anderen Grundrecht beanspruchen. Vielmehr ist stets eine Abwägung im Einzelfall vorzunehmen.[629]

Bei der Abwägung der Grundrechte im Rahmen der praktischen Konkordanz empfiehlt sich eine **zweistufige Abwägung**, bestehend aus einer abstrakten und einer konkreten Betrachtung der Grundrechtskollision.[630]

a. Abstrakter Vergleich

Zunächst sind anhand einer abstrakten Abwägung die kollidierenden Rechtsgüter miteinander zu vergleichen, um eine **abstrakte Rangordnung** der Grundrechte zu ermitteln. Kann einem Grundrecht der Vorzug gegeben werden, z.B.

---

627 Vgl. *Hesse*, Verfassungsrecht, Rn. 72. Vgl. auch BVerfGE 41, 29 (51); 77, 240 (255) – „Herrnburger Bericht“; 81, 298 (308) – „Deutschlandlied“; 83, 130 (143) – „Josefine Mutzenbacher“. Nahe dran am Prinzip der praktischen Konkordanz ist *Lerche*, der einen „nach beiden Seiten möglichst schonenden Ausgleich“ favorisiert, *Lerche* in Isensee/Kirchhof, § 122 HdbStR V Rn. 5.

628 Vgl. die Nachweise bei *Röhl/Röhl*, Allgemeine Rechtslehre, S. 660.

629 BVerfG NJW 2001, 596 (596 f.) – „Deutschland muss sterben“; ebenso BVerfG GRUR 2001, 149 (151 f.) – „Germania 3“; ferner BVerfGE 28, 243 (261); 32, 98 (108); 67, 213 (223) – „Anachronistischer Zug“; 75, 369 (376) „Strauß-Karikatur“; 77, 240 (253) – „Herrnburger Bericht“; 81 278 (292) – „Bundesflagge“; 81, 298 (304) – “Deutschlandlied“; *Bornkamm*, FS Piper, 641 (649); *Katz*, Staatsrecht, Rn. 564; *Lenz/Leydecker*, DÖV 2005, 841 (842); *Metzger*, ZUM 2000, 932; *Pahud*, Sozialbindung, S. 109 f.; *Poeppel*, Neuordnung der urheberrechtlichen Schranken, S. 43 ff. Fn. 49; *Rüfner*, BVerfG und GG II, 453 (465); *Schmidt*, Grundrechte, Rn. 193.

630 *Schmidt*, Grundrechte, Rn. 196 a.E.

weil eines der Grundrechte schrankenlos gewährleistet wird (wie die Kunstfreiheit), ein anderes aber unter einem Gesetzesvorbehalt steht?

Eine Grundrechtshierarchie im Sinne einer festen **Rangordnung**, welche den Ausschlag für eines der betroffenen Grundrechte geben kann, wird sich nicht ermitteln lassen. Allenfalls wird sich ein „Wertvorzug" ergeben, beispielsweise weil einem der Grundrechte konstituierende Bedeutung für das Gemeinwesen zukommt.[631] Grundrechte sind jedoch selbständige Gewährleistungsrechte und untereinander gleichrangig.[632] Die einzige Ausnahme bildet insoweit der Grundsatz der Menschenwürde,[633] der im Urheberrecht aber nur selten betroffen sein dürfte. Dennoch sind Konstellationen auch hier nicht gänzlich undenkbar.[634]

Eine Rangordnung ist daher im Bereich der echten Grundrechtskollision nicht anzunehmen. Denkbar ist sie aber bei der Kollision eines Grundrechts mit grundrechtsgleichen Rechten, Staatsstrukturprinzipien oder Staatszielbestimmungen.[635]

Bei der Abwägung kann weiterhin von Bedeutung sein, ob ein Grundrecht durch **Vorbehalte** beschränkt wird oder nicht. Hieraus ergeben sich aber ebenfalls keine zwingenden Indizwirkungen, die feste Aussagen über den Rang eines Grundrechts zuließen.[636] Die Vorbehalte geben vielmehr Aufschluss darüber, inweiweit sich Anknüpfungspunkte für Beschränkungen des Grundrechts bieten. Dass die Kunstfreiheit schrankenlos gewährleistet wird, lässt noch nicht den Rückschluss zu, dass sie beispielsweise die Meinungsfreiheit, die unter dem Vorbehalt des Abs. 2 steht, überwiegt.[637] So kann man der Versammlung unter freiem Himmel kaum einen niedrigeren Rang einräumen als der Versammlung in geschlossenen Räumen. Dennoch steht erstere unter dem Vorbehalt des

---

631 *Larenz/Canaris*, Methodenlehre, S. 231 mit Verweis auf BVerfGE 12, 113 (125) – „Schmid-Spiegel".

632 *Larenz/Canaris*, Methodenlehre, S. 224; *Rüfner*, BVerfG und GG II, 453 (462); *Scheuner*, DÖV 1971, 505 (509).

633 Vgl. Art. 1 I GG „unantastbar" und Art 79 III GG. Vgl. *Stern* in Isensee/Kirchhof, § 109 HdbStR V Rn. 87; *Pieroth/Schlink*, Grundrechte 24. Auflage Rn. 335.

634 So könnte man durch eine Abwandlung der Benetton-Sachverhalte (Stichwort Schockwerbung) im Urheberrecht landen. Vgl. BVerfGE 102, 347 – „Benetton I"; 107, 275 – „Benetton II".

635 *Lerche* in Isensee/Kirchhof, § 122 HdbStR V Rn. 9 f. Vgl. auch *Lenz/Leydecker*, DÖV 2005, 841 (845) zur Frage, inwieweit diese als kollidierendes *Verfassungs*recht zu begreifen sind.

636 *Rüfner*, BVerfG und GG II, 453 (463). A.A. *Lenz/Leydecker*, DÖV 2005, 841 (847).

637 Im Gegenteil hat das BVerfG immer wieder die konstituierende Bedeutung der Meinungsfreiheit für das demokratische Gemeinwesen herausgestellt. Vgl. nur BVerfGE 12, 113 (125) – „Schmid-Spiegel".

Art. 8 II GG, da die Gefährlichkeit, die hier von der Versammlung ausgeht, weitaus größer ist.[638]

b. Konkreter Vergleich

Eine Entscheidung wird sich also erst bei der konkreten Abwägung treffen lassen. Nach *Konrad Hesse* ist beiden kollidierenden Grundrechten zur optimalen Wirksamkeit zu verhelfen - keines der betroffenen Grundrechte darf vollständig zurücktreten, keines der Grundrechte darf weiter eingeschränkt werden, als es die (teilweise) Verwirklichung des anderen Grundrechts gebietet.[639] Eine Einschränkung des einen Grundrechts zur Optimierung des anderen ist also nur zulässig, wenn die Einschränkung verhältnismäßig ist.[640]

Damit vollzieht sich die konkrete Abwägung ihrerseits in zwei Schritten, nämlich einer Verhältnismäßigkeitsprüfung und einer Wesensgehaltskontrolle.[641]

aa. Verhältnismäßigkeit

Im Rahmen der Verhältnismäßigkeit ist zu untersuchen, ob die Einschränkung des einen Grundrechts zur bestmöglichen Verwirklichung eines anderen Grundrechts geeignet, erforderlich und angemessen ist.

Die **Geeignetheit** ist gegeben, wenn durch die Einschränkung des einen Grundrechts die Optimierung des anderen Grundrechts (legitimer Zweck) gefördert werden kann. Sie bedarf in der Regel keiner weiteren Diskussion.

Erforderlich ist die Einschränkung des einen Grundrechts zugunsten des anderen, wenn sie das mildeste Mittel der Grundrechtsverwirklichung darstellt. Hier spielt insbesondere eine Rolle, ob der Grundrechtsträger sämtliche Handlungsalternativen ausgeschöpft hat.[642] Dem Autor eines Romans ist es aufzugeben, eine Persönlichkeitsverletzung durch intime Darstellungen zu vermeiden, indem er die dargestellte Person durch künstlerisch zumutbare Verfremdung unkenntlich macht.[643] Eine Biologiestudentin, die aus Gewissensgründen nicht an den im

638 Beispiel nach *Rüfner*, BVerfG und GG II, 453 (462).

639 *Hesse*, Verfassungsrecht, Rn. 318, 72. Vgl. auch BVerfGE 81, 278 (292) – „Bundesflagge"; 93, 1 (21) – „Kruzifix".

640 *Fehn*, VR 1994, 413 (420); *Hesse*, Verfassungsrecht, Rn. 318.

641 *Stern* in Isensee/Kirchhof, § 109 HdbStR V Rn. 84, 85.

642 *Rüfner*, BVerfG und GG II, 453 (470 f.).

643 BVerfG GRUR 2007, 1085 (1090) – „Roman ‚Esra'".

Ausbildungsprogramm vorgesehenen Tierversuchen teilnehmen kann, kann sich nicht auf Art. 4 GG berufen, wenn sie keine alternativen Lehrmethoden vorschlagen kann.[644] Einem Postboten, der aus Gewissensgründen keine Briefe der Scientology-Organisation zustellen kann, ist es zuzumuten, sich entsprechend an seinen Dienstherren zu wenden, anstatt die Briefe zu vernichten.[645]

Damit sind zur Feststellung der Erforderlichkeit der Einschränkung sämtliche Handlungsalternativen zu ermitteln und vor dem Hintergrund der einschlägigen Grundrechte aufzuführen, damit im Rahmen der Angemessenheit an diese angeknüpft werden kann. Die Frage der Geeignetheit dieser Alternativen kann in die Abwägung einbezogen werden. Ein Zurücktreten des einen Grundrechts ist eher hinzunehmen, je mehr sich für den Betroffenen Grundrechtsträger Alternativen aufzeigen, welche dieser in zumutbarer Weise wahrnehmen kann. Bestehen dagegen keine oder kaum Alternativen, ist mit der Rückdrängung des Grundrechts entsprechend Vorsicht geboten. Die Frage der Zumutbarkeit ist an sich eine Frage der Angemessenheit. Offensichtlich unzumutbare Ausweichmöglichkeiten stellen aber von vorneherein keine Alternative dar, so dass eine Grundrechtseinschränkung insofern nicht erforderlich ist.

Die eigentliche Abwägung, die den Kern der praktischen Konkordanz ausmacht, findet bei der **Angemessenheit** oder Verhältnismäßigkeit i.e.S. statt. Lange Zeit herrschte Unklarheit, wie ein grundrechtlicher Ausgleich vonstatten zu gehen hat. Die Rechtsprechung des BVerfG zur praktischen Konkordanz im Zivilrecht entwickelte sich hauptsächlich am allgemeinen Persönlichkeitsrecht. *Schröder* hat anhand einer jüngeren Entscheidung des BVerfG eine einfache aber allgemeingültige Formel herausgearbeitet, die eine praktische Handhabe der Abwägung ermöglicht. Er hat erkannt, dass sich das BVerfG bei der Grundrechtsabwägung der **„je-desto-Formel“** bedient, um einen Ausgleich zu erzielen. „Je schwerer durch ein grundrechtlich geschütztes Verhalten ... in ein Recht eines Dritten eingegriffen wird, desto mehr muss sich der Grundrechtsträger bemühen, diesen Konflikt durch zumutbare Schutzmaßnahmen zu vermeiden.“[646]

Da das GG keine miteinander unvereinbaren Grundrechte enthält, ist eine Kollision im Kernbereich zweier Grundrechte so gut wie ausgeschlossen.[647] Konflikte entstehen also eher in der Peripherie. Im Wesentlichen ist daher im Rahmen der Angemessenheit mit Hilfe der „je-desto-Formel“ zu differenzieren,

---

644 BVerwGE 105, 73 (86 ff.). Hierzu BVerfG NVwZ 2000, 909 (909 f.).

645 BVerwGE 113, 361 (363).

646 *Schröder*, DVBl. 2008, 146 (150, 148 f.) mit Verweis auf BVerfG GRUR 2007, 1085 (1089 Rn. 90) – „Roman ‚Esra'“. Vgl. auch *Dreier* in Dreier, Art. 2 I GG Rn. 87; *Gounalakis*, § 52a UrhG, S. 18; *Stern* in Isensee/Kirchhof, § 109 HdbStR V Rn. 80 spricht hier von dem „zwar-aber“-Modell, was letztlich der „je-desto“-Formel entspricht.

647 *Rüfner*, BVerfG und GG II, 453 (465).

wie nahe ein Grundrechtseingriff dem absolut geschützten Kernbereich oder der Peripherie zuzurechnen ist.[648]

Um den Grad der Beeinträchtigung festzustellen stellt sich auch und vor allem die Frage, wem die Beeinträchtigung zugute kommt und inwieweit dem Antagonisten ein Ausweichen auf die Alternativen zuzumuten ist. Es geht also um die Frage, für welches Grundrecht eine Einschränkung die größere Härte bedeuten würde.

Damit sind in der Angessenheit die jeweiligen Beeinträchtigungen für beide Grundrechtsträger gegenüberzustellen und zu gewichten. Die Betrachtung hat dabei aus verschiedenen Blickwinkeln zu erfolgen. Bei den meisten Grundrechtskollisionen wird es verfassungsrechtliche Implikationen geben, die als Ausfluss der Rechtsprechung des BVerfG bei jeder Abwägung typischerweise zu beachten sind. Sie haben Indizwirkung, sind für die Abwägung aber nicht zu unterschätzen, da sie die für die Prüfung maßgeblichen Abwägungskriterien enthalten. Auch für das Urheberrecht hat das BVerfG entsprechende Vorgaben aufgestellt um einerseits die Ausflüsse der Eigentumsfreiheit der Urheber aber auch die nutzungsrechtliche Seite zu konkretisieren. Diese gilt es vorab herauszuarbeiten, damit sie bei Bedarf angwendet werden können.[649]

bb. Wesensgehaltsprüfung

Bei der Wesensgehaltsprüfung geht es um das o.g. Optimierungsgebot *beider* Grundrechte. Die Wesensgehaltsprüfung besagt, dass ein Eingriff in den Kernbereich eines der Grundrechte unzulässig ist. Es gilt der Grundsatz der maximalen Grundrechts-Effektivität.[650]

Ein Eingriff in den Wesensgehalt eines Grundrechts wird maßgeblich bereits durch die Berücksichtigung der Angemessenheit vermieden werden. Die Wesensgehaltsprüfung dient somit in erster Linie als Kontrolle, dass keines der Grundrechte über Gebühr beschnitten wird.

Bei der Beschränkung von Freiheitsrechten wird der Grundsatz *in dubio pro liberate*, wonach die Abwägung im Zweifel zugunsten der Freiheit zu entscheiden ist, herangezogen.[651] Theoretisch kann dieser Grundsatz auch im Rahmen der praktischen Konkordanz fruchtbar gemacht werden. Er macht aber nur auf der Ebene Bürger/Staat Sinn. Zwischen Privaten ist der Grundsatz dagegen nicht ohne weiteres anwendbar, da er zwingend davon ausgeht, dass die Grundrechte allein Abwehrrechte des Bürgers gegen den Staat sind.[652]

---

[648] *Schmidt*, Grundrechte, Rn. 196 a.E. Vgl. auch *Gounalakis*, § 52a UrhG, S. 25 ff., der der Intensität des Eingriffs einen eigenen Prüfungspunkt zuweist.

[649] Vgl. **4. Teil B. V.**

[650] *Katz*, Staatsrecht, Rn. 565.

[651] *Fehn*, VR 1994, 413 (420). Vgl. BVerfGE 6, 55 (72).

[652] *Rüfner*, BVerfG und GG II, 453 (456).

2. Verortung der Abwägung

Umstritten ist, ob die praktische Konkordanz zu einer **Begrenzung des Schutzbereichs** führt, oder ob das kollidierende Verfassungsgut eine immanente, den Eingriff **rechtfertigende Schranke** darstellt.[653]

Die Verortung der Abwägung in die Rechtfertigung liegt näher. Eine Verkürzung des Schutzbereichs kann vielleicht bei extrem sozialschädlichen Verhaltensweisen angezeigt sein,[654] in anderen Fällen dürfte die Umgehung der Rechtfertigung aber zu Rechtsunsicherheiten führen.[655] Insbesondere ist auch zu beachten, dass die Verhältnismäßigkeitsprüfung erst in der Rechtfertigung zum Tragen kommt.

3. Methode der Abwägung

Die methodische Anwendung der praktischen Konkordanz in einer Untersuchung ist dem Einzelfall anzupassen und hängt vor allem davon ab, welche Auslegungsalternativen das einfache Recht zulässt und unter welchem Blickwinkel die Unteruschung vorgenommen wird.

Soll die restriktive Rechtsprechung des BGH zur Auslegung der Urheberschranken auf den Prüfstand gestellt werden, wird sich im Rahmen der hiesigen Untersuchung die Frage stellen, ob eine restriktive Entscheidung des BGH unter verfassungsrechtlichen Gesichtspunkten haltbar ist, in anderen Fällen, ob auch eine extensive Auslegung verfassungsrechtlich möglich wäre. Die Untersuchung wird sich in diesen Fällen also auf jeweils eine Auslegungsvariante beschränken. Hat der BGH einem Journalisten, dessen Tätigkeit durch die Pressefreiheit geschützt wird, beispielsweise die Nutzung urheberrechtlich geschützter Werke für seine Arbeit ohne Brücksichtigung der Grundrechte versagt, weil die Urheberschranken grundsätzlich restriktiv auszulegen seien, könnten Zweifel an der Richtigkeit dieser Auslegung bestätigt werden, indem die kollidierenden Grundrechte einer Abwägung unterzogen werden.

Nur wenn die Auslegung eine Vielzahl möglicher Deutungen zulässt mag eine Unteruschung sämtlicher Auslegungsalternativen angebracht sein.

Sind die Alternativen als Anknüpfungspunkt der Untersuchung aufgezeigt, ist zunächst die konkrete Grundrechtskollision herauszuarbeiten. Es gilt dann, die betroffenen Schutzbereiche auf beiden Seiten so genau wie möglich einzugrenzen. Diese hängen von den beteiligten Grundrechtsträgern und deren grundrechtsrelevanten Handlungen ab. Hierbei ist festzulegen, welche Positionen

---

[653] Vgl. *Pecher*, Verfassungsimmanente Schranken, S.101 ff.
[654] *Schmidt*, Grundrechte, Rn. 195.
[655] *Schmidt*, Grundrechte, Rn. 196.

konkret betroffen sind und in welchen Ausformungen diese durch das jeweilige Grundrecht geschützt werden, denn nur so kann auch ihre jeweilige Beeinträchtigung festgestellt werden.

Der Journalist, der seine Tätigkeit nicht mehr ausüben kann, kann sich pauschal nicht lediglich auf die Pressefreiheit berufen. Er kann konkret geltend machen, dass er aufgrund des Urteils daran gehindert ist, seine Informanten zu befragen, Berichte zu verfassen oder zu veröffentlichen, da die Pressefreiheit von der Informationsbeschaffung bis hin zu deren Verbreitung reicht und daher jede Behinderung von den der Pressefreiheit unterliegenden Tätäigkeiten schützt.[656]

Dagegen kann der Urheber eine Beeinträchtigung seines Eigentums im Rahmen von Art. 14 I GG geltend machen, wenn in dem Bericht des Journalisten beispielsweise sein Werk umfassend dargestellt wird und zu befürchten ist, dass der Absatz des Urhebers hierdurch geschmälert wird, denn die Eigentumsfreiheit gebietet es, das Ergebnis der schöpferischen Leistung des Urhebers diesem auch wirtschaftlich zuzuordnen.[657]

Nach diesen Vorarbeiten können die herausgearbeiteten Grundrechte abstrakt und konkret miteinander verglichen werden und sind so der praktischen Konkordanz zugänglich.

In dem genannten Beispiel lässt sich ein abstrakter Vorrang weder der Eigentums- noch der Pressefreiheit feststellen,[658] so dass die Herstellung praktischer Konkordanz maßgeblich von der konkreten Abwägung bestimmt wird. Die restriktive Auslegung des BGH im Beispiel käme dem Schutz des Urhebers zugute und ist erforderlich, wenn sie das mildeste Mittel der Optimierung der Eigentumsfreiheit darstellt.[659] Für die Angemessenheit sind dagegen die Beeinträchtigungen der Grundrechte von Bedeutung. Es sind hier insbesondere mögliche Alternativen, die dem Journalisten verbleiben abzuwägen. Wird dieser durch die Restriktion vollständig an seiner Arbeit gehindert, ist die Pressefreiheit möglicherweise stärker beeinträchtigt als die Eigentumsfreiheit. Bei der Beeinträchtigung peripherer Tätigkeiten der Pressefreiheit, kann durchaus die Eigentumsfreiheit die Pressefreiheit überwiegen. Dagegen zählen die journalistische Recherche oder die Publikation mit zu dem von der Pressefreiheit geschützten Kern. Beeinträchtigungen wirken hier umso härter und können eine Beeinträchtigung des Wesensgehalts der Pressefreiheit darstellen.

---

656 Oben **B. III. 1. a.**

657 Vgl. oben **A. II. 2. b.**

658 Ausführlich **4. Teil C. I. 4. b. bb.**

659 Ausführlich **4. Teil C. I. 4. b. cc. (1).**

X. Zusammenfassung von 3. Teil E.

Die **verfassungskonforme Auslegung i.e.S.** beschreibt den prozessualen Ansatz i.S.d. Normerhaltung einer Vorschrift. Demnach ist eine Norm so auszulegen, dass ihr unter mehreren möglichen Auslegungsalternativen noch ein mit der Verfassung in Einklang stehender Gehalt beigemessen werden kann (negative Funktion: Ausschluss einer Nichtigkeitserklärung).

Die **verfassungskonforme Auslegung i.w.S.** bezieht sich auf den materiellen Ansatz der verfassungskonformen Auslegung. Ihr kommt eine positive Funktion zu, nämlich die Optimierung der Anwendung einer Norm im Lichte der Verfassung. Diese Form der Auslegung resultiert aus dem Gebot der Einheit der Rechtsordnung, der Werteordnung der Grundrechte oder allgemein aus der Normenhierarchie. Sie stellt das Einfallstor für eine Anwendung der Grundrechte im Urheberrecht dar.

Adressat der verfassungskonformen Auslegung ist in beiden Fällen der Auslegung der Zivilrichter. Dies ergibt sich für den prozessualen Ansatz daraus, dass der Richter zu entscheiden hat, ob er eine Vorlage nach Art. 100 I GG vornimmt. Für den materiellen Ansatz folgt dies bereits daraus, dass der Richter über die Auslegung und Anwendung des einfachen Rechts zu entscheiden hat.

Gegenstand verfassungskonformer Auslegung ist das gesamte einfache Recht, das in der Rangordnung unter dem Verfassungsrecht steht. Damit bezieht sich die verfassungskonforme Auslegung auch auf das gesamte UrhG – und nicht etwa nur auf die Generalklauseln.

Integration in den Auslegungskanon: Die verfassungskonforme Auslegung ließe sich am ehesten bei der systematischen oder der teleologischen Auslegung verorten. Nach hier vertretener Ansicht ist aber eine Berücksichtigung bei der Gesamtabwägung am zweckmäßigsten. Die Ansicht, die hierin eine Korrektur des bislang erzielten Auslegungsergebnisses sieht, ist verfehlt.

Die **Grenzen** der verfassungskonformen Auslegung bilden das Rechtschaffungsmonopol der Legislative (daher sind Wortlaut und Wille des Gesetzgebers zu beachten), das Verwerfungsmonopol des BVerfG und die Fachkompetenz der Fachgerichte.

Der **BGH** hat eine verfassungskonforme Auslegung in mehreren Urheberfällen genutzt, um ein Aufweichen des Dogmas der restriktiven Auslegung zu erreichen. Seine Rechtsprechungspraxis stützt die These, dass sich die verfassungskonforme Auslegung erst bei der Gesamtabwägung am Ende des Auslegungsvorgangs auswirkt.

Der Grundrechtsausgleich erfolgt in Form der **konkreten Güterabwägung**. Eine abstrakte, freischwebende Güterabwägung, beispielsweise in Form des **übergesetzlichen Notstandes**, kommt im Urheberrecht nicht in Betracht, da hierdurch die Schrankentatbestände unterlaufen würden.

Die konkrete Güterwägung erfolgt nach dem Prinzip **praktischer Konkordanz**.

Hier empfiehlt sich eine zweistufige Prüfung:

Ein **abstrakter Vergleich** der kollidierenden Grundrechte soll Hinweise auf eine abstrakte Rangordnung der betroffenen Grundrechte liefern (Rangordnung der Grundrechte, Schranken-Vorbehalte).

Entscheidend wird aber erst ein **konkreter Vergleich** der kollidierenden Grundrechte sein. Er beinhaltet zwei Punkte:

Verhältnismäßigkeit

Die Einschränkung des einen Grundrechts muss zur Optimierung des anderen Grundrechts *geeignet*, *erforderlich* (mildestes Mittel, Ausschöpfung zumutbarer Alternativen) und *angemessen* („je-desto-Formel“ um Eingriffe in Kernbereich bzw. Peripherie festzustellen) sein.

Wesensgehalt

Beide Grundrechte müssen optimale Wirksamkeit entfalten können. Keines darf ganz geopfert werden.

4. Teil: Praktischer Teil

A. Vorgehensweise

Im dritten Teil wurden die Grundlagen für eine grundrechtliche Überprüfung der Urheberschranken gelegt. Im Folgenden sollen nun exemplarisch einige herausragende oder vielzitierte Urteile des BGH anhand der hier gewonnenen Kriterien genauer untersucht werden. Die Rechtsprechungslinie des BGH soll noch einmal unter Berücksichtigung verfassungsrechtlicher Güter beleuchtet werden. Grundlegend hierfür ist die „Germania-3"-Entscheidung des BVerfG. Aus dieser sollen Anhaltspunkte gewonnen werden, die aus verfassungsrechtlicher Sicht die Auslegung der Urheberschranken bestimmen. Die anschließende Rechtsprechungsanalyse des BGH soll Verallgemeinerungsmöglichkeiten der Verfassungsentscheidung prüfen und den Einfluss des Verfassungsrechts auf die Auslegung des UrhG untersuchen.

B. Verfassungsgerichtliche Vorgaben

Verfassungsrechtliche Vorgaben zur Auslegung der Urheberschranken fehlten lange Zeit. Das BVerfG hatte in seiner Judikatur zwar bereits festgestellt, dass Urheberrechte als geistiges Eigentum den Schutz des Art. 14 GG genießen,[660] doch sind diese Feststellungen nicht fruchtbar, wenn man gleichzeitig bedenkt, dass der Eigentumsschutz regelmäßig mit anderen Verfassungsgütern, maßgeblich solchen des Art. 5 GG, kollidiert.

Erst im Jahre 2000 äußerte sich das Gericht anlässlich einer Verfassungsbeschwerde der Erben von *Heiner Müller* zum Verhältnis von Eigentums- und Kunstfreiheit und machte ausdrückliche Vorgaben für die Auslegung von § 51 UrhG.[661]

---

660 Siehe oben **3. Teil A. II.** m.w.N.

661 BVerfG GRUR 2001, 149 ff. – „Germania 3" m. Anm. *von Becker*, ZUM 2000, 864; *Garloff*, GRUR 2001, 476; *Kerscher*, SZ 26.7.2000, S. 15; *Ladeur* in Schulze, RzU BVfG Nr. 39, 13; *Lindhorst*, MMR 2000, 688; *Metzger*, ZUM 2000, 924; *Raue*, FS Nordemann, 327; *Winkler*, JA 2001, 371. Vgl. auch *Haass*, ZUM 1999, 834 zum Sachstand vor der Entscheidung.

I. Sachverhalt

Heiner Müller[662] hatte in einer Szene seiner letzten Inszenierung, dem Theaterwerk „Germania 3, Gespenster am toten Mann“, das die politische und gesellschaftliche Situation zwischen 1941 und 1956 thematisiert, umfangreiche Passagen aus dem Werk *Bertolt Brechts* übernommen,[663] die im Textbuch durch Kursivschrift als fremde Geistesschöpfung markiert sind.

Die Entscheidung lässt sich ohne eine literarische Betrachtung des Bühnenwerkes nicht verstehen.[664] Die beanstandete Szene, „Maßnahme 1956“[665], spielt im Büro der Intendanz am Berliner Ensemble.[666] Die Stimmung ist geprägt durch den ungarischen Volksaufstand.[667] Drei „Brechtwitwen“[668] diskutieren die aktuellen politischen Ereignisse, während sie die Proben zu *Bertolt Brechts* letzter Inszenierung am Berliner Ensemble, dem „Coriolan“,[669] verfolgen, welche per Lautsprecher in die Intendanz übertragen wird. Die Probe, bei der Textstellen aus dem Bühnenwerk von *Brecht* wiedergegeben werden, wird immer wie-

---

662 9.1.1929 - 30.12.1995; Schriftsteller, Dramaturg, Regisseur und Intendant. „Verfechter der antifaschistischen und humanistischen Ideen, die er im Kommunismus erfüllt sah“ (*Brockhaus*, Band 15, „Müller“). Trotz Mitgliedschaft in der SED waren Widersprüche in der DDR immer wieder Gegenstand seines geistigen Schaffens.

663 *Brecht* selber pflegte übrigens mit Fragen des geistigen Eigentums eher „lax“ umzugehen. So sind diverse Einlagen der „Dreigroschenoper“ mittelalterlichen Räuberliedern entlehnt, die *Karl Klammer* Anfang des 20. Jahrhunderts aus dem Französischen übersetzte, vgl. *Kastner*, NJW 1983, 1151 (1154, 1155). Eine ganz andere Mentalität wird dagegen den Brecht-Erben nachgesagt, die sich zuweilen „als Gralshüter päpstlicher als der Papst“ (vgl. *Schack*, Urheber- und Urhebervertragsrecht, Rn. 1210) aufführen wenn es um das geistige Eigentum von *Bertolt Brecht* geht - vgl. *Schall-Brecht* in Grieser, Glückliche Erben, S. 225 ff.

664 Bei oberflächlicher Betrachtung liegt eine Lösung über § 24 UrhG nahe. Erst die Einbeziehung des literarischen Hintergrundes erschließt die Bedeutung des Zitates für den Fall „Germania 3“. Aus diesem Grund erfolgt die Darstellung des Sachverhalts hier ausführlich.

665 *Müller*, Germania 3, S. 48-65. Der Titel der Szene spielt wohl auf den Ungarnaufstand von 1956 und „Die Maßnahme“ von *Brecht* (1930) an, *Haass*, ZUM 1999, 834 (834).

666 Das Berliner Ensemble wurde 1949 von *Bert Brecht* zusammen mit seiner Ehefrau *Helene Weigel* gegründet.

667 Im Herbst 1956 demonstrieren ungarische Studenten gegen die sowjetische Unterdrückung und fordern nationale Unabhängigkeit, Demokratie und politische Freiheit. Die Proteste werden von sowjetischen Streitkräften blutig beendet. Der Beginn des Volksaufstandes am 23. Oktober ist heute ungarischer Nationalfeiertag.

668 Es handelt sich um die Regiemitarbeiterin *Kilian Isot*, die Schauspielerin und Ehefrau *Brechts*, *Helene Weigel,* und die Schriftstellerin und Dramaturgin *Elisabeth Hauptmann*, die *Brecht* am Berliner Ensemble unterstützen.

669 1952/1953, Bearbeitung von Shakespears „Coriolanus“.

der durch die Stimmen von *Peter Palitzsch* und *Manfred Wekwerth*,[670] zuletzt auch durch die von *Brecht*[671] unterbrochen.

Heiner Müller will durch die Szene das Verhalten der Intellektuellen,[672] insbesondere aber das seines Vorbilds *Bertolt Brecht* vor dem politischen Hintergrund beleuchten. Hierzu bedient er sich des Stilmittels der „Zwischentexte", eine von ihm verwendete Collage-Technik, bei der fremde Texte „dazwischen" geschrieben werden, um so eine zusätzliche Interpretationsebene zu eröffnen.[673] So wird auch in der „Maßnahme 1956" die Handlung der Protagonisten mit dem Werk *Brechts* verknüpft. *Wekwerth* und *Palitzsch* repräsentieren die „politischen Antipoden des Brecht-Theaters"[674]. Ebenso ordnet *Müller* ihnen *Brechts* „Coriolan" und den „Galilei" als Antipoden zu.[675] *Palitzsch* provoziert, eingeleitet durch den Satz „Der Kleine Mönch hat recht, nicht Galilei"[676], mit der Parabel des kleinen Mönchs aus dem „Leben des Galilei"[677]. Den Antworten *Wekwerths* werden die im Rahmen der Probe wiedergegebenen Ausschnitte aus dem „Coriolan" zugeordnet.[678]

Insgesamt machen die Brecht-Passagen etwa die Hälfte der „Maßnahme 1956" aus.[679] Ohne sie wäre die Szene aber weder trag- noch aussagefähig.

---

670 Beide Meisterschüler bei Brecht am Berliner Ensemble, später selber Regisseure.

671 Die von den Erben *Brechts* geäußerte Ansicht, das durch die Stimme Brechts gesprochene Gedicht (*Müller*, Germania 3, S. 64) stelle eine Verletzung des Urheberpersönlichkeitsrechts dar (Gefahr der Entstellung des Grabstein-Gedichts, § 14 UrhG), teilte selbst das OLG München in NJW 1999, 1975 (1977) nicht.

672 Als Konsequenz aus dem (Studenten-)Aufstand in Ungarn ging die Führung der DDR mit aller Macht gegen die Intellektuellen und Kritiker im eigenen Land vor, vgl. *Raue*, FS Nordemann, 327 (332).

673 Der Bühnenautor sagt selber, dass es ihn „gelangweilt hat, (einen) Dialog ... zu machen, dessen Verlauf (er) an sich schon vorher wusste", da er durch die Geschichte festgelegt ist, *Müller*, Gesammelte Irrtümer, S. 18 f.; vgl. auch *Metzger*, ZUM 2000, 924 (925); *Raue*, FS Nordemann, 327 (333).

674 BVerfG GRUR 2001, 149 (150); *Raue*, FS Nordemann, 327 (332).

675 Der bescheidene Mönch einerseits, dessen Parabel „die Vergeblichkeit menschlichen Strebens nach Vollkommenheit der irdischen Verhältnisse" thematisiert und die menschenverachtende Rede des Coriolan, der „seine Machtträume an der ‚Dummheit der Masse' scheitern sieht" andererseits, *Raue*, FS Nordemann, 327 (332 und 333).

676 *Müller*, Germania 3, S. 54-56.

677 Das „Leben des Galilei" stellte *Brecht* 1938 im dänischen Exil fertig. Am 9.9.1943 wurde es in Zürich uraufgeführt.

678 *Müller*, Germania 3, S. 57 ff.

679 *Haass*, ZUM 1999, 834 (834).

II. Prozessgeschichte

Das OLG Brandenburg lehnte einen Unterlassungsantrag, den die Brecht-Erben im einstweiligen Verfahren stellten, ab.[680] Es sah die Übernahme der Brecht-Passagen zwar nicht von § 24, wohl aber von § 51 Nr. 2 UrhG gedeckt. Das Gericht stellte ausdrücklich klar, dass auch Collagen von der Zitierfreiheit erfasst werden können.[681]

Das LG München, das den Antrag im Hauptverfahren beschied,[682] übernahm den Beschluss des OLG Brandenburg nahezu wörtlich. Das OLG München, welches in letzter Instanz eine Entscheidung fällte, teilte dessen Rechtsauffassung jedoch nicht.[683] Es sah die Belegfunktion des Zitats als nicht gegeben an, da *Heiner Müller* durch die entlehnten Stellen lediglich eigene Ausführungen ersetzen wollte.[684] Das Zitatrecht setze stattdessen aber eine innere Verbindung mit den *eigenen* Gedanken voraus, da ja durch das Zitat eigene Gedanken gestützt werden sollen.

III. Entscheidungsgründe

Das BVerfG erteilte dieser Beurteilung eine deutliche Absage. Die Münchner Richter hätten „bei der Auslegung und Anwendung des § 51 Nr. 2 UrhG Bedeutung und Tragweite der Kunstfreiheit grundlegend verkannt“[685]. Das OLG differenziere nicht ausreichend zwischen der Verwendung in künstlerischen Werken einerseits und der Verwendung in sonstigen Sprachwerken andererseits.[686] Nicht die Auseinandersetzung im Rahmen der Belegfunktion, sondern die künstlerische Gestaltung und Intention im Rahmen der Gesamtaussage des Werkes sah das BVerfG als maßgeblich an.[687]

Art. 5 III 1 GG garantiert den Werk- und Wirkbereich, vor allem aber die freie Entfaltung des künstlerischen Schaffens. Bei der Auslegung von § 51 UrhG gebietet Art. 5 III 1 GG daher eine **kunstspezifische Betrachtung** und verlangt, „die innere Verbindung der zitierten Stellen mit den Gedanken und Überlegun-

---

680 OLG Brandenburg NJW 1997, 1162 (1163) – „Stimme Brecht“.

681 OLG Brandenburg NJW 1997, 1162 (1163) – „Stimme Brecht“.

682 Zur Prozessgeschichte insb. *Raue*, FS Nordemann, 327 (333 ff.); vgl. auch *Garloff*, GRUR 2001, 476 (476); *Metzger*, ZUM 2000, 924 (925 f.).

683 OLG München NJW 1999, 1975 (1976) – „Stimme Brecht“.

684 OLG München NJW 1999, 1975 (1976) – „Stimme Brecht“.

685 BVerfG GRUR 2001, 149 (151) – „Germania 3“, gleichzeitig bestätigten die Richter hierdurch die Entscheidung des OLG Brandenburg, vgl. *Metzger*, ZUM 2000, 924 (926).

686 BVerfG GRUR 2001, 149 (151 f.) – „Germania 3“.

687 BVerfG GRUR 2001, 149 (152) – „Germania 3“. Dabei hat das BVerfG mit seinem Beschluss im Grunde genommen nur eine alte Rechtsprechung bekräftigt, die früher im Rahmen des Zitatzwecks gängig war, vgl. *Metzger*, ZUM 2000, 924 (926, 928).

gen des Zitierenden über die bloße Belegfunktion hinaus auch als Mittel künstlerischen Ausdrucks und künstlerischer Gestaltung anzuerkennen"[688]. Kunstwerken muss also im Rahmen des Zitatrechts ein weiterer Anwendungsbereich offen stehen als nichtkünstlerischen Sprachwerken. Dabei reicht es aus, dass der urheberrechtlich geschützte Text zum besseren Verständnis der eigenen Aussage lediglich Gestaltungsmittel der künstlerischen Aussage bleibt.[689] Dass das fremde Werk Anknüpfungspunkt für die künstlerische Auseinandersetzung sein kann, beruht auch darauf, dass das Werk mit der Veröffentlichung nicht mehr alleine dem Inhaber zur Verfügung steht, sondern kulturelles Allgemeingut wird.[690] Das Werk kann dann „umso stärker als Anknüpfungspunkt für eine künstlerische Auseinandersetzung dienen ..., je mehr es seine gewünschte **gesellschaftliche Rolle** erfüllt"[691].

„Zur Bestimmung des zulässigen Umfangs dieser Eingriffe" führt das Verfassungsgericht aus, „dienen die Schrankenbestimmungen des Urheberechts ..., die ihrerseits aber wieder im Lichte der Kunstfreiheit auszulegen sind und einen Ausgleich zwischen den verschiedenen - auch verfassungsrechtlich - geschützten Interessen, hier Eigentums- und Kunstfreiheit, schaffen müssen"[692]. Dabei ist es im Falle einer Grundrechtskollision „Aufgabe des Richters, im Rahmen der Anwendung der einschlägigen einfachrechtlichen Regelungen die Schranken des Grundrechtsbereichs der einen Partei gegenüber demjenigen der anderen Partei zu konkretisieren"[693].

Bei der Beurteilung ist auch die **Gefahr wirtschaftlicher Nachteile** in die Abwägung einzubeziehen. Die Verwertungsinteressen des Urhebers haben insbesondere dann zurückzutreten, wenn nur geringfügige wirtschaftliche Beeinträchtigungen für den Urheber zu erwarten sind.[694] Schon aufgrund der Unter-

---

688 BVerfG GRUR 2001, 149 (151 und Leitsatz 1) – „Germania 3".

689 BVerfG GRUR 2001, 149 (152) – „Germania 3".

690 BVerfG GRUR 2001, 149 (151) – „Germania 3", es handelt sich hierbei um ein allgemeines Urheber- und Verfassungsrechtsprinzip, das aus der Sozialpflichtigkeit des Urheberrechts als geistigem Eigentum resultiert. Vgl. auch BVerfGE 58, 137 (148 f.); 79, 29 (42) – „Vollzugsanstalten" und oben **3. Teil A. III. 2. b**. Allerdings gibt das Gericht an dieser Stelle lediglich die amtliche Begründung des Gesetzgebers bei Einführung der Schrankentatbestände wieder, *Lindhorst*, MMR 2000, 688 (689).

691 BVerfG GRUR 2001, 149 (151) – „Germania 3". Der Kritik, dass dem Urheberrecht ein solches Prinzip nicht bekannt ist (*Lindhorst*, MMR 2000, 688 (689)), kann nicht gefolgt werden. Denn zumindest dem Verfassungsrecht ist eine derartige Staffelung des Schutzniveaus nicht fremd, und hierauf kann und muss sich letztlich das Verfassungsgericht stützen.

692 BVerfG GRUR 2001, 149 (151) – „Germania 3".

693 BVerfG GRUR 2001, 149 (151) – „Germania 3". BVerfGE 30, 173 (197) – „Mephisto".

694 BVerfG GRUR 2001, 149 (151) – „Germania 3", dies hat der BGH schon in GRUR 1959, 197 (200) – „Verkehrskinderlied" festgestellt; vgl. auch *Ulmer*, GRUR 1959, 197 (200).

schiedlichkeit der Werke stand nicht zu befürchten, dass ein Rezipient des *Müller*-Werkes durch die Zitate vom Kauf der *Brecht*-Stücke absehen könnte.[695]

IV. Resonanz

In der Literatur wurde vorgeschlagen, den Fall nicht über § 51 Nr. 2 UrhG, sondern über die freie Benutzung (§ 24 UrhG) zu lösen.[696] Ob man der Entscheidung nun aus urheberrechtlicher Sicht zustimmen möchte oder nicht, mag zunächst dahingestellt sein.[697] Das BVerfG fungiert nicht als Superrevisionsinstanz, sondern bewertet allein verfassungsrechtliche Verstöße.[698] Sofern sich die Vorgaben des Gerichtes auf alle Schrankentatbestände übertragen ließen, träfen sie auf § 24 UrhG in gleicher Weise zu, sofern man diesem beschränkenden Charakter zuerkennt.[699]

In verfassungsrechtlicher Hinsicht überrascht die Entscheidung des BVerfG nicht.[700] Das Gericht legt § 51 UrhG im Lichte des Art. 5 GG verfassungskonform aus.[701] Der Konflikt der kollidierenden Normen ist durch das einfache Recht zu lösen, da das Grundgesetz keine direkten Anhaltspunkte liefert. Die Erschaffung der hierfür notwendigen „Infrastruktur" ist Aufgabe des Gesetzgebers.[702] Probleme stellen sich insbesondere beim Kleinzitat, das nach § 51 Nr. 2 UrhG a.F. nur auf Sprachwerke begrenzt war. Nicht jedes Kleinzitat unterfällt automatisch dem Kunstbegriff. Liegt aber doch ein Kunstwerk nach Art. 5 III GG vor, ließ der Gesetzeswortlaut im Gegensatz zum Großzitat, das „einzelne Werke" erfasst, wenig Auslegungsraum.[703] Erst mit der Enforcement-Novelle vom 7.7.2008 wurde das Zitatrecht in § 51 S. 2 UrhG in eine Art Gene-

---

[695] *Metzger*, ZUM 2000, 924 (933). Der Kritik von *Lindhorst*, MMR 2000, 688 (689), dass das Gericht nicht darlegt, warum es hier einen geringfügigen Eingriff annimmt, kann nicht gefolgt werden.

[696] Für die Anwendung von § 24 UrhG insb. *Haas*, ZUM 1999, 834 (835 ff.); *Lindhorst*, MMR 2000, 688 (688); vgl. auch *von Becker*, ZUM 2000, 864 (866).

[697] M.E. spricht zumindest nach Untersuchung des literarischen Hintergrundes einiges dafür, den Sachverhalt über § 51 UrhG zu lösen.

[698] Daher kann auch dem Vorwurf von *Schack*, FS Schricker, 511 (518) und JZ 2002, 1007 (1008), das BVerfG sei nicht um eine urheberrechtskonforme Lösung bemüht, nur mit Unverständnis begegnet werden.

[699] Zu der beschränkenden Wirkung von § 24 UrhG unten **C. V. 1. b.**

[700] *Metzger*, ZUM 2000, 924 (932); *von Becker*, ZUM 2000, 864 (864) findet sie im Ergebnis begrüßenswert.

[701] *Raue*, FS Nordemann, 327 (337).

[702] *Winkler*, JA 2001, 371 (371).

[703] *Von Becker*, ZUM 2000, 864 (864).

ralklausel umgewandelt („insbesondere"), die dem Rechtsanwender im Einzelfall auch eine extensivere Auslegung ermöglichen dürfte.[704]

Inwiefern der Gesetzgeber durch die Schrankenbestimmungen des sechsten Abschnittes des UrhG einen angemessenen Ausgleich der widerstreitenden Interessen vorgenommen hat, lässt das BVerfG offen.[705] Aber kann man hieraus nicht den Rückschluss ziehen, dass das Gericht keinen Grund zur Beanstandung sieht?

Bei abschließender Betrachtung fallen sowohl die Vorgaben der wirtschaftlichen als auch der kunstspezifischen Betrachtung ins Auge. Beide Vorgaben beruhen auf der Abwägung von Verfassungsgütern – die wirtschaftliche Betrachtung resultiert aus dem Beteiligungsgrundsatz, die kunstspezifische Betrachtung aus der kollidierenden Kunstfreiheit. Die Abwägung mit dem Beteiligungsgrundsatz wird bei jeder urheberrechtlichen Interessenkollision auftreten, da hier die Rechte der Urheber zu berücksichtigen sind.[706] Die Abwägung muss aber nicht immer mit der Kunstfreiheit erfolgen. Das BVerfG führt eine werkbezogene Betrachtung durch. Insofern kann die kunstspezifische Betrachtung bei Nicht-Kunstwerken durch andere Kriterien abgelöst werden. In Frage kommen beispielsweise eine pressespezifische Betrachtung bei Presseprodukten (Pressefreiheit),[707] eine rundfunkspezifische Betrachtung bei Rundfunkbeiträgen (Rundfunkfreiheit)[708] oder eine wissenschaftsspezifische Betrachtung bei wissenschaftlichen Veröffentlichungen (Wissenschaftsfreiheit). Insofern kann abstrakt formuliert werden: neben der wirtschaftlichen Betrachtung (Beteiligungsgrundsatz) hat eine Art. 5-spezifische Betrachtung zu erfolgen[709]. Ob daneben auch andere Grundrechte zu berücksichtigen sind, wird sich zeigen.[710]

Die „gesellschaftliche Rolle" kann jedenfalls als Einfallstor für Interessen der Allgemeinheit dienen, die aus der Sozialbindung des Eigentums resultieren und mittelbar bei jeder Abwägung mit Freiheitsgrundrechten zu beachten sind.[711]

---

704 Hierzu unten **C. II. 1.**

705 *Lindhorst*, MMR 2000, 688 (688).

706 Die wirtschaftliche Beteiligung der Urheber gehört zum geschützten Kern des Urheberrechts. Vgl. schon oben **3. Teil A. II. 1.**

707 Vgl. unten **C. I.**

708 Vgl. unten **C. II.**

709 So wohl auch *Dreier* in Dreier/Schulze, § 51 UrhG Rn. 1.

710 Vgl. insoweit unten **C. III.** zum Sozialstaatsprinzip.

711 Vgl. zur gesellschaftlichen Funktion bereits **3. Teil A. III. 2. b.**

V. Analyse, zugleich Zusammenfassung von 4. Teil B.

Das BVerfG führt drei Säulen ins Feld, die beim Aufeinandertreffen von Kunst- und Eigentumsfreiheit für die Auslegung der Schranken wesentlich sind.

Zunächst verlangt das BVerfG eine **kunstspezifische Betrachtung**. Unter Zugrundelegung der „je-desto-Formel"[712] lässt sich nach dem oben Gesagten festhalten: Je mehr eine Schöpfung unter den Kunstbegriff fällt, desto mehr ist die Schranke einer extensiven Auslegung zugänglich.

Von Bedeutung wird diese Erkenntnis hauptsächlich im Bereich der §§ 24, 51 sein, da hier verstärkt Kunst- und Eigentumsfreiheit aufeinandertreffen. Das BVerfG verallgemeinert die kunstspezifische Betrachtung aber selber auf alle Schranken. Die kunstspezifische Betrachtung hat daher mitunter einer **Art. 5-spezifischen Betrachtung** zu weichen.

Weiterhin verweist das BVerfG auf die **gesellschaftliche Funktion** eines Werkes: Je mehr ein Werk kulturelles Allgemeingut wird und sich so aus der Sphäre seines Urhebers löst, umso mehr kann es Anknüpfungspunkt für eine künstlerische Auseinandersetzung sein.

Im hiesigen Fall hatte das BVerfG die gesellschaftliche Einbindung mit der kunstspezifischen Betrachtung verbunden. Eine gesellschaftliche Funktion dürfte „Germania 3" weiterhin erfüllen, weil das Stück in subtiler Weise wesentliche Epochen der Nachkriegsgeschichte aufarbeitet. Ansonsten können über die gesellschaftliche Funktion Interessen der Allgemeinheit berücksichtigt werden, die sich mittelbar auch auf Individualkonflikte auswirken.

Aus dem Beteiligungsgrundsatz leitet das BVerfG zudem eine **wirtschaftliche Betrachtungsweise** ab: Je weniger eine Schöpfung dem entlehnten Werk wirtschaftliche Nachteile bereitet, oder zu diesem in Konkurrenz tritt, umso mehr können Schranken ausgedehnt werden. Indizien für die Konkurrenz ergeben sich beispielsweise bei der Betrachtung eines gemeinsamen Absatzmarktes.

C. Rechtsprechungsanalyse

Im weiteren Verlauf der Bearbeitung wird zu untersuchen sein, inwieweit die Vorgaben des BVerfG, namentlich das hier sog. drei-Säulen-Modell auf andere Sachverhalte und andere Urheberschranken übertragbar sind. Anhand exemplarischer Vorschriften und ausgewählter Judikatur sollen diese Säulen in die verfassungskonforme Untersuchung der Urheberschranken einfließen. Der Gang der weiteren Bearbeitung wird wie folgt ablaufen: in einer Vorbetrachtung soll zunächst die jeweilige Vorschrift bzw. der zum Verständnis erforderliche Hin-

[712] Diese Formel wurde oben **3. Teil E. IX. 1. b. aa.** bei der Konkretisierung der praktischen Konkordanz herausgearbeitet.

tergrund kurz dargestellt werden. Anschließend werden die wesentlichen Urteile zu der jeweiligen Vorschrift untersucht und die Eckpfeiler der Rechtsprechung sowie deren Kritiker herausgearbeitet. Unter Berücksichtigung der eben dargestellten Säulen sollen die in Frage kommenden Auslegungsmöglichkeiten[713] einer verfassungsrechtlichen Betrachtung unterzogen und die Rechtsprechung des BGH auf ihre Verfassungsmäßigkeit hin kontrolliert werden.

I. § 49 I UrhG

Für Aufregung in der urheberrechtlichen Schranken-Literatur sorgte das Urteil „elektronischer Pressespiegel"[714] vom 11.7.2002.

1. Erscheinungsformen von (elektronischen) Pressespiegeln

Pressespiegel sind Zusammenstellungen aktueller Artikel aus der (Tages-)Presse zu einem bestimmten Thema oder nach vorgegebenen Suchbegriffen. In der Regel werden sie von größeren Unternehmen oder Behörden verwendet, um deren Mitarbeitern – teilweise auch Dritten – einen Überblick über die eigene Resonanz in der Öffentlichkeit zu verschaffen. Zur Vermittlung von Allgemeinbildung oder tagesaktuellem Geschehen sind sie dagegen nicht geeignet.[715] Pressespiegel können somit allein für die interne Nutzung innerhalb eines Unternehmens als auch die externe Nutzung gegenüber Dritten bestimmt sein. Sie können als Inhousevarianten oder durch kommerzielle Anbieter erscheinen.

a. Inhousevarianten

Inhousevarianten werden im Unternehmen selbst durch die Presseabteilung oder durch eigens dafür eingestellte Lektoren erstellt. Hierfür werden je nach Bedarf des Unternehmens Tages- und Wochenzeitungen regionaler und überregionaler Art, Wirtschafts- und Nachrichtenmagazine, sonstige Fachpresse (sofern diese unter § 49 I UrhG fällt) und teilweise auch eigene Pressemitteilungen berücksichtigt.[716]

---

[713] Als Anknüpfungspunkt kommt an sich nur das Auslegungs*ergebnis*, nicht aber das jeweilige Tatbestandsmerkmale in Betracht, da auch das BVerfG nur prüfen kann, ob ein Auslegungsergebnis mit der Verfassung in Einklang steht.

[714] BGH GRUR 2002, 963 – „Elektronischer Pressespiegel". Es handelt sich hierbei übrigens um das letzte Urteil, das der I. Zivilsenat unter dem Vorsitz des Urheberrechtlers *Willi Erdmann* vor dessen Pensionierung fällte.

[715] *Rogge*, Elektronische Pressespiegel, S. 22.

[716] *Rogge*, Elektronische Pressespiegel, S. 4 f.

Die Beiträge aus diesem Pressesortiment werden nach vorgegebenen Begriffen durchsucht. Die auszuwählenden Beiträge können entweder das Unternehmen selbst, dessen Tätigkeitsfelder oder auch dessen Mitbewerber betreffen. Die Beiträge bestehen i.d.R. aus Texten, teilweise ergänzt durch Grafiken oder Bilder.

Die gesichteten Beiträge werden mittels Scanner digitalisiert und schließlich auf die Zielseite übertragen.[717] OCR-Software[718] erfasst den Beitrag, so dass er bearbeitet werden kann. spezielle Software zum Erstellen und Layouten von Pressespiegeln indiziert die Beiträge und erkennt Überschriften, Unterschriften, Textsteine und Autorenbezeichnungen, so dass der Beitrag auffindbar wird.[719]

Der fertige (digitale) Pressespiegel wird meistens auf einem Server abgelegt und online im Intranet des Unternehmens für die Mitarbeiter, insbesondere das obere Management, bereitgestellt. Nur zum Teil werden auch Printversionen angefertigt.

Dank der OCR-Indizierung kann der Nutzer nun gezielt die Suchfunktion benutzen, um aus den selektierten Beiträgen für ihn relevante Artikel abzufragen. Die Darstellung beim Nutzer erfolgt dann z.B. im PDF-Format.

Manche Unternehmen, die sich gegen diese Form von Pressespiegeln entschieden haben, stellen ihren Mitarbeitern lediglich **Abstracts** zur Verfügung, die Zusammenfassungen der relevanten Artikel enthalten. Sie wurden entweder von einem Mitarbeiter des Unternehmens (neu) verfasst, oder aber durch ein entsprechendes Linguistik-Programm automatisch erstellt.[720]

Weitere Formen von Pressespiegeln enthalten lediglich eine Quelldatensammlung, die eine Schnellsuche ermöglicht. Mittels **Link** wird dann auf den entsprechenden (kostenpflichtigen) Beitrag im Volltext auf den Seiten des Verlages verwiesen.[721]

Dass diese Möglichkeiten der Pressespiegel-Erstellung für Unternehmen weniger attraktiv ist, liegt auf der Hand.

---

717 Teilweise wird der Digitalisierungsvorgang auch der Selektion vorangestellt.

718 OCR steht für „Optical Character Recognition“. Es handelt sich hierbei um Software zur automatischen Texterkennung. Die Software ermöglicht es, Schriftzeichen aus einer Bilddatei zu erkennen und in einem Textverarbeitungsprogramm wiederzugeben.

719 *Rogge*, Elektronische Pressespiegel, S. 5 ff.

720 *Rogge*, Elektronische Pressespiegel, S. 11 f.

721 *Rogge*, Elektronische Pressespiegel, S. 13.

b. Kommerzielle Anbieter

Längst werden Pressespiegel nicht nur hausintern erstellt. Kommerzielle Anbieter von Pressespiegeln können oftmals intensiver und zeit- und kostensparender arbeiten als eine eigene Abteilung.

Die Arbeit gleicht den Inhouseversionen, allerdings berücksichtigen kommerzielle Anbieter ein größeres Spektrum von Publikationen.[722] Die Bearbeitung wird dem Kundenwunsch angepasst. Dieser kann vorher bestimmen, welche Beiträge er berücksichtigt haben möchte, und auf welche Suchbegriffe der Anbieter zu achten hat. Um die Kosten zu senken, werden Pressespiegel zum Teil branchenspezifisch bestellt und angefertigt.[723] Auch kommerzielle Anbieter versorgen ihre Kunden heute auf elektronischem Wege, entweder per E-Mail oder per Bereitstellung zum Download.

2. Leitentscheidung

Der BGH hatte nun die Frage zu klären, ob sich die VG Wort bei der Abrechnung für einen solchen Pressespiegel in elektronischer Form zu Recht auf § 49 I 2 UrhG berufen konnte. Dies hatten die Zeitungsverleger[724] mit dem Hinweis bestritten, Pressespiegel in elektronischer Form stellten keine „lediglich Tagesinteressen dienende Informationsblätter" i.S.d. Vorschrift dar.

a. Vorinstanzen

Ganz auf der Linie bisherigen Judikatur des BGH bewegten sich die Vorinstanzen, die dem BGH in der Ansicht folgten, die urheberrechtlichen Schrankenbestimmungen seien grundsätzlich eng auszulegen.[725]

Das OLG Hamburg betonte, dass die Schrankentatbestände einer zeitgemäßen Auslegung nicht zugänglich und die technischen Gegebenheiten zum Zeitpunkt des Erlasses der Vorschrift maßgeblich seien.[726] Zur Begründung beriefen sich die Richter auf den Beteiligungsgrundsatz.[727] Die Notwendigkeit der rest-

[722] *Rogge*, Elektronische Pressespiegel, S. 17 nennt hier ein Volumen von 2.200 Publikationen pro Tag.

[723] *Rogge*, Elektronische Pressespiegel, S. 16 ff.

[724] Im vorliegenden Fall war es die Berliner Zeitung.

[725] OLG Hamburg GRUR-RR 2002, 51 (52) – „Goldmann-Kommunikationssystem". Ebenso OLG Köln GRUR 2000, 417 (419) – „Elektronischer Pressespiegel" in einem rechtskräftigen Parallelverfahren.

[726] OLG Hamburg GRUR-RR 2002, 51 (52) – „Goldmann-Kommunikationssystem" mit Verweis auf BGHZ 17, 266 (274 ff.) – „Grundig-Reporter".

[727] OLG Hamburg GRUR-RR 2002, 51 (52) – „Goldmann-Kommunikationssystem". An anderer Stelle auf der selben Seite wird dann aber auch wieder der Ausnahmecharakter

riktiven Auslegung ergebe sich ferner aus neuartiger Qualität und Quantität des Informationszugriffs, der durch die elektronische Nutzung unterstützt würde. Durch diesen eröffneten sich Verwendungsmöglichkeiten in einem gänzlich neuen Ausmaß.[728] Die Schranken seien in den vergangenen Jahren mehrfach verändert worden. Dabei habe der Gesetzgeber den § 49 I UrhG aber von Reformen ausgenommen.[729]

Der Zweck des § 49 I liege nicht in der kommerziellen Verwertung von Presseerzeugnissen, sondern in der Erleichterung der Berichterstattung und solle die geistige Auseinandersetzung der Medien untereinander ermöglichen, um so der öffentlichen Meinungsbildung und der Freiheit der Presse zu dienen.[730]

b. Entscheidungsgründe

Doch die Revisionsentscheidung des BGH überrascht. Obwohl dieser dem Berufungsgericht durchweg den Rücken stärkt[731] und dessen Urteil nur in wenigen Teilen ablehnt, gehen die Richter davon aus, dass elektronische Pressespiegel sich zumindest bei betriebs- und behördeninterner Verbreitung auf die Privilegierung des § 49 I UrhG berufen können.

Begründet wird dieses Ergebnis zunächst mit einem historischen Rückblick:[732] Durch den Vorläufer der Vorschrift, § 18 I LUG, sollten Übersichten in Zeitungen erfasst werden, in denen das Meinungsspektrum anderer Blätter dargestellt wird.[733] § 49 I UrhG wurde demgegenüber auf „Informationsblätter dieser Art“ erweitert und 1985 um die Verwertungsgesellschaftspflichtigkeit in § 49 I 3 UrhG ergänzt. So geht denn auch die ganz herrschende Meinung davon aus, dass die vorgesehene Vergütungspflicht gerade auf herkömmliche Pressespiegel abzielt, weshalb diese in jedem Fall von § 49 I erfasst werden.[734] Eine

---

der Vorschrift zur Begründung herangezogen. OLG Köln GRUR 2000, 417 (419) hatte sich dagegen zur Begründung ausdrücklich allein auf das Dogma berufen, dass Ausnahmevorschriften generell eng auszulegen seien.

728 OLG Hamburg GRUR-RR 2002, 51 (53) – „Goldmann-Kommunikationssystem“. Entsprechend OLG Köln GRUR 2000, 417 (419) – „Elektronischer Pressespiegel“.

729 OLG Hamburg GRUR-RR 2002, 51 (52, 54) – „Goldmann-Kommunikationssystem“.

730 OLG Hamburg GRUR-RR 2002, 51 (53) – „Goldmann-Kommunikationssystem“.

731 „Die Gründe, die vom Berufungsgericht gegen eine Ausdehnung der Schrankenregelung des § 49 I UrhG auf elektronisch übermittelte Pressespiegel ins Feld geführt werden, sind durchweg beachtlich“, BGH GRUR 2002, 963 (965) – „Elektronischer Pressespiegel“. So viel Zurückhaltung ist man sonst aus Karlsruhe nicht gewohnt.

732 BGH GRUR 2002, 963 (964 f.) – „Elektronischer Pressespiegel“; vgl. auch *Czychowski*, NJW 2003, 118 (119).

733 Beispielsweise das „Stimme der anderen“ auf der zweiten Seite der FAZ, vgl. *Hoeren*, GRUR 2002, 1022 (1023).

734 Bejahend: *Dreyer* in Dreyer/Kotthoff/Meckel, § 49 UrhG Rn. 11; *Backhaus* in Gounalakis, Electronic Business, § 23 Rn. 52; *Hoeren*, MMR 1999, 412 (413); *Kleinke*,

gesetzliche Normierung von Pressespiegeln in elektronischer Form wurde vom Gesetzgeber zwar angedacht, dann aber verworfen, um die Umsetzung der Multimedia-RL nicht zu verzögern.[735] Art. 5 III lit. c der Multimedia-RL stellt es den Mitgliedsstaaten frei, ob sie Pressespiegel auch in elektronischer Form berücksichtigen möchten.[736]

Es ist jedoch nicht einzusehen – so der BGH – dass Pressespiegel in elektronischer Form von § 49 UrhG nicht erfasst werden sollen, wenn die Digitalisierung lediglich der Arbeitserleichterung dient, die Arbeitsschritte aber auch auf herkömmlichem Wege ähnlich wären.[737] Der BGH fragt also nach der „funktionalen Äquivalenz"[738] des digitalen Mediums.

Eine Gleichsetzung elektronischer Pressespiegel mit herkömmlichen Pressespiegeln will der BGH aber nur zulassen, wenn hierdurch keine zusätzlichen Interessen des Urhebers tangiert werden. Dies nimmt der BGH immer dann an, wenn die Nutzung mit neuen Missbrauchsmöglichkeiten verbunden ist. Im vorliegenden Fall sieht der BGH die Gefahr, dass ein eigenes Archiv erstellt wird, was andernfalls nur unter den Voraussetzungen des § 53 II Nr. 2 UrhG möglich wäre. Der BGH hält diese Gefahr für ausgeräumt, wenn Pressespiegel ausschließlich in Faksimile-Form[739] vertrieben werden und eine Volltext-Recherche ausge-

---

Pressedatenbanken und Urheberrecht, S. 137 f.; *Kröger*, CR 2000, 662 (663); *Lettl*, Urheberrecht, § 6 Rn. 18; *Engels* in Möhring/Nicolini, § 49 UrhG Rn. 15; *Rogge*, Elektronische Pressespiegel, S. 207 ff.; *Melichar* in Schricker, § 49 UrhG Rn. 12; *Will*, MMR 2000, 368 (370); vgl. auch OLG Köln GRUR 2000, 417 (419) m.w.N.; *Eidenmüller*, CR 1992, 321 (323); *Hillig* in Fuhr/Rudolf/Wasserburg, Recht der Neuen Medien, 384 (428); *Lachmann*, NJW 1984, 405 (408); *Loewenheim*, GRUR 1996, 636 (641 f.); *Dreier* in Schricker, Urheberrecht in der Informationsgesellschaft, S. 159; *G. Schulze*, FS Erdmann, 173 (190 f.); *Wallraf*, AfP 2000, 23 (25 ff.).
Verneinend: *Beiner*, MMR 1999, 691 (695); *Dieselhorst*, K&R 2000, 511 (512); *Glas*, Elektronische Pressespiegel, S. 71 ff.; *Katzenberger*, AfP 1997, 434 (438 f.); *Lehmann/Katzenberger*, S. 37 ff.; *Maaß*, FS Söllner, 725 (726 f.); *Zahrt*, Schutz elektronischer Printmedien, S. 116 f.

735 *Czychowski*, NJW 2003, 118 (119, Fn. 3 und 5); vgl. auch *Hess/Latinovic*, ZUM 1999, 812 (814). Auf den Entwurf geht der BGH in seiner Entscheidung jedoch mit keinem Wort ein. Vgl. aber OLG Köln GRUR 2000, 417 (420) – „Elektronischer Pressespiegel".

736 BGH GRUR 2002, 963 (967) – „Elektronischer Pressespiegel". Vgl. schon oben **3. Teil D. II. 5. b.**

737 BGH GRUR 2002, 963 (965) – „Elektronischer Pressespiegel".

738 *Hoeren*, GRUR 2002, 1022 (1024).

739 Als Faksimile bezeichnet man eine originalgetreue Kopie oder Reproduktion, heute auch ein elektronisches Duplikat einer Vorlage. Für den vorliegenden Fall bedeutet dies, dass Beiträge zum Beispiel als Grafik-Datei wiedergegeben werden. Diese können dann nicht unmittelbar in Suchmaschinen und Textverarbeitung benutzt werden.

schlossen ist.[740] Um den Nutzerkreis zusätzlich zu beschränken will der BGH zudem nur den betriebs- oder behördeninternen elektronischen Pressespiegel zulassen.

Dass der BGH unter diesem Aspekt elektronische Pressespiegel den herkömmlichen Pressespiegeln nahezu gleichstellt, überrascht, hatte das Gericht doch kurz zuvor in der digitalen Vervielfältigung noch erhebliche Gefahren gegenüber der analogen Vervielfältigung gesehen.[741]

Im Einzelfall, so führt der BGH aus, kann aber die Anwendung einer Schranke für den Urheber günstiger sein, als der Verbotsanspruch. Der BGH berücksichtigt hierbei die sich im Urheberrecht allzu oft ergebende tripolare Interessenlage. So haben die Urheber in der Rechtsrealität dem Verleger gegen einmalige Vergütung umfassende Nutzungsrechte für die von ihnen verfassten Beiträge eingeräumt.[742] § 49 I 2 UrhG billigt dem Urheber dagegen eine nochmalige Vergütung für Publikationen in Pressespiegeln zu. Der Urheber wird also wirtschaftlich besser gestellt, als es beim Verbotsrecht der Fall wäre.[743] Den Verlegern mutet der BGH wiederum zu, sich durch einen Vorbehalt der Rechte an einzelnen Artikeln zu schützen.[744]

Dennoch stellt der BGH ausdrücklich klar, dass er es beim Dogma der restriktiven Schrankenauslegung belässt. Von der Begründung, dass die Schrankenvorschriften *generell* eng auszulegen seien, distanziert sich der BGH allerdings und führt als Argument ins Felde, dass der Urheber von Verfassungs wegen an der wirtschaftlichen Nutzung seiner Werke angemessen zu beteiligen ist und die ihm zustehenden Verwertungsbefugnisse nicht über Gebühr beschränkt werden dürfen (Beteiligungsgrundsatz).[745]

---

740 BGH GRUR 2002, 963 (967) – „Elektronischer Pressespiegel". Zur rechtlichen Beurteilung gängiger technischer Formate vgl. *Hoeren*, GRUR 2002, 1022 (1026 f.).

741 *Waldenberger*, MMR 2002, 743 (744) mit Verweis auf BGH GRUR 1999, 325 (327) – „Elektronische Pressearchive". Hierzu unten **IV. 3. c.**

742 Vgl. nur § 18 Nr. 1 MTV-Tageszeitungen in der Fassung vom 1. Januar 2003 und § 12 Nr. 1 MTV-Zeitschriften in der Fassung vom 1. Januar 2005. Tarifregelungen sind nach § 32 IV UrhG vom Grundsatz der angemessenen Vergütung ausgenommen. Vgl. *Hoeren*, GRUR 2002, 1022 (1024) und *van Look*, ZIP 1998, 454 (456).

743 BGH GRUR 2002, 963 (966) – „Elektronischer Pressespiegel"; vgl. *Hilty* in Hilty/Peukert, Interessenausgleich, 325 (325 ff.).

744 BGH GRUR 2002, 963 (966) – „Elektronischer Pressespiegel". Dass den Verlegern die Aufnahme in eine Zusammenstellung zustatten käme meint dagegen *Bacher*, EWiR 2002, 1107 (1108).

745 BGH GRUR 2002, 963 (966) – „Elektronischer Pressespiegel"; anders aber wohl OLG Köln GRUR 2000, 417 (419) – „Elektronischer Pressespiegel".

Auch den Grundsatz, dass die technischen Gegebenheiten zum Zeitpunkt der Einführung eines Privilegierungstatbestandes für die Auslegung maßgeblich sein sollen, hat der BGH bestätigt.[746] Allerdings wirft der BGH dem Berufungsgericht vor, hierin zu starre Grenzen gesehen zu haben.[747] So stellt der BGH klar, dass die technische Fortentwicklung zu einer Alterung von im Gesetz verwendeten Begriffen führen kann, was durch eine extensive Auslegung auszugleichen ist.[748] Dies hätte der BGH bereits in anderen Fällen so gesehen.[749]

3. Resonanz im Schrifttum

Nur wenige urheberrechtliche Entscheidungen des BGH haben so viel Resonanz hervorgerufen wie die Entscheidung zu den elektronischen Pressespiegeln. Dass die Kritik von allen Seiten gleichermaßen kommt, zeigt, dass der BGH mit seinem Urteil den konfuzianischen „goldenen Mittelweg" getroffen haben muss.[750]

Die Richter äußern sich in ihrem Urteil leider nicht zu dem Zweck der Urheberschranken[751] und vergeben damit die Chance, Licht in ein Feld des Urheberrechts zu bringen, das trotz anscheinend klarer Position der Rechtsprechung weit weniger durchsichtig ist, als der Tenor vermuten lässt.

Eine vom Wortlaut ausgehende Auslegung des Begriffs der Pressespiegel nimmt der BGH nicht vor. Auch wenn man davon ausgeht, dass die Schranken eng auszulegen sind, bleibt zunächst zu fragen, was unter dem Begriff „Zeitung" gemeint ist. Sodann ist in der Subsumtion zu prüfen, ob eine Zeitung auch in elektronischer Form vorliegen kann.[752]

Der Kunstgriff des BGH, die urheberfreundliche Auslegung der Schranken damit zu begründen, dass in einem tripolaren Verhältnis die Urheber stets durch die gesetzliche Lizenz bessergestellt würden, vermag jedenfalls nur auf den ersten Blick zu überzeugen, da nicht einzusehen ist, warum zur Begründung der Schrankenanwendung auf ein urheber*vertragsrecht*liches Konstrukt zurückge-

---

746 BGH GRUR 2002, 963 (966) – „Elektronischer Pressespiegel".

747 Hier muss man aber bei aller Sympathie für eine extensive und zeitgemäße Auslegung das Berufungsgericht in Schutz nehmen. Wie sonst sind denn die Vorgaben des BGH zu diesem Thema zu verstehen, wenn nicht als starre Grenzen?

748 BGH GRUR 2002, 963 (965) – „Elektronischer Pressespiegel".

749 Auch bei § 53 UrhG orientiert sich die Praxis nicht alleine am Zeitpunkt der Einführung der Vorschrift – so waren digitale Speichermöglichkeiten 1965 noch gar nicht bekannt und werden dennoch durch die Vorschrift erfasst; vgl. BGH GRUR 2002, 963 (966) – „Elektronischer Pressespiegel" mit Verweis auf BGH GRUR 2002, 246 (247) – „Scanner". Vgl. auch *Dreier*, JZ 2003, 477 (478).

750 So auch *Dreier*, JZ 2003, 477 (478).

751 Bedauernd auch *Dreier*, JZ 2003, 477 (479).

752 Vgl. auch *Hoeren*, MMR 1999, 412 (413).

griffen werden sollte.[753] Das Urheberrecht setzt sich nicht nur aus wirtschaftlichen, sondern auch aus persönlichkeitsrechtlichen Komponenten zusammen. Dass einerseits der Beteiligungsgrundsatz gewahrt ist, vermag nicht darüber hinwegzutäuschen, dass andererseits der Urheber regelmäßig in seinem Verfügungsrecht beeinträchtigt ist. Eine Vergütung hebt diese Beeinträchtigung zwar wieder auf, mit der Begründung des BGH müsste allerdings konsequenterweise jede Schranke, die eine Vergütung vorsieht, extensiv angewendet werden.[754] Das mag vielleicht im Ergebnis, nicht aber vor dem Hintergrund der BGH-Rechtsprechung überzeugen.

Sein Ziel hätte der BGH auch über § 32 UrhG, der dem Urheber eine angemessene Vergütung zusichert, erreichen können.[755] Die Abwägung zwischen Interessen des Urhebers und des Verwertungsberechtigten ist nämlich Gegenstand des Urhebervertragsrechts und kann nicht in die Schrankregelungen projiziert werden.[756]

Teilweise wird allerdings vorgebracht, der Urheber habe sich durch die Einräumung der Nutzungsrechte seines verfassungsrechtlich geschützten Eigentums entledigt und somit bewusst auf eine ihm zustehende Grundrechtsposition verzichtet.[757] Dieser Aussage liegt offenbar ein falsches Verständnis der monistischen Theorie zugrunde. Der Schöpfer kann sich seines Urheberrechts eben nicht entledigen, sondern dieses lediglich mit Nutzungsrechten „belasten“[758]. Ein Grundrechtsverzicht wäre damit aber ohnehin nicht verbunden.

4. Analyse

Damit stellt sich die Frage, welche Auslegung des § 49 I UrhG vor dem Hintergrund verfassungsrechtlicher Implikationen zu wählen ist. Da sowohl Rechtsprechung als auch herrschende Lehre davon ausgehen, dass Pressespiegel zumindest in Papierform von § 49 I UrhG erfasst werden (s.o.), soll dies im Rahmen der Untersuchung als Prämisse vorausgesetzt werden. Danach verbleiben folgende Auslegungsalternativen:

Zum einen könnte die Pressespiegelfreiheit restriktiv ausgelegt werden mit der Folge, dass **elektronische Pressespiegel nicht privilegiert** würden (b.).

---

753 *Glas*, Elektronische Pressespiegel, S. 93 f.; *Niemann*, CR 2002, 817 (822); *Poeppel*, Neuordnung der urheberrechtlichen Schranken, S. 232.

754 *Waldenberger*, MMR 2002, 743 (744).

755 *Czychowski*, NJW 2003, 118 (120).

756 *Niemann*, CR 2003, 119 (119); vgl. schon früher *ders.*, CR 2002, 817 (821 f.).

757 *Waldenberger*, MMR 2002, 743 (744).

758 *Hertin* in Fromm/Nordemann, Vor § 28 UrhG Rn. 1.

In die andere Richtung könnte aber auch eine Auslegung erreicht werden, die **jede Art von Pressespiegeln privilegiert** (c.).

Als vermittelnde Lösung könnte man, wie schon der BGH, elektronische Pressespiegel mit Einschränkungen privilegieren, indem man die Freistellung beispielsweise allein auf **interne Pressespiegel in Faksimile-Form** beschränkt (d.).

Schließlich ist zu Fragen, wie die Auslegung auszusehen hat, wenn **kommerzielle Zweitunternehmen** die Erstellung von Pressespiegeln übernehmen (e.).

Um eine saubere Analyse des Urteils zu ermöglichen, sind jedoch zunächst die **involvierten Grundrechtsträger** der vorliegenden tripolaren Interessenkollision festzustellen (a.).

a. Beteiligte Grundrechtsträger

Im Zusammenhang mit elektronischen Pressespiegeln gibt es mehrere Akteure, die allesamt Träger von Grundrechten sein können. Im Wesentlichen sind dies: Journalisten und Redakteure auf der einen und Verlage auf der anderen Seite. Weiterhin sind die Rollen der VG Wort und der Presse-Monitor GmbH (PMG) zu beachten.

Urheber von Beiträgen in Tageszeitungen sind nicht etwa Verlage, sondern **Journalisten und Redakteure**, die Beiträge verfasst haben. Nach dem UrhG gilt das Schöpferprinzip (§ 7 UrhG). Das Urheberrecht ist danach auch im Arbeits- und Dienstverhältnis unveräußerlich. Um sein Werk wirtschaftlich zu verwerten ist der Urheber darauf angewiesen, seine Urheberrechte mit Nutzungsrechten zu „belasten“.[759]

Verlage, die Journalisten und Redakteure beschäftigen, lassen sich regelmäßig die ausschließlichen Nutzungsrechte und damit auch das Recht zur Erstellung elektronischer Pressespiegel einräumen. Bei angestellten Urhebern geschieht dies i.d.R. durch Tarifvertrag,[760] bei den nicht tarifgebundenen Angestellten und freien Mitarbeiten wird dies durch sonstige vertragliche Abreden durch das Urhebervertragsrecht geschehen (§§ 31 ff. UrhG).[761] Dieser vermögenswerte Teil von Urheber- und Nutzungsrechten ist nach Art. 14 I GG geschützt.

Die **VG Wort** ist nach § 49 I 2, 3 UrhG zuständig, die durch einen Pressespiegel anfallenden Vergütungen entgegenzunehmen und an die Urheber auszu-

759 Vgl. hierzu BGH GRUR 1974, 480 (481 f.) – „Hummelrechte“; *Mizdalski*, MLR 2008, 13 (19 f.).

760 S.o. **2. b.**

761 *Glas*, Elektronische Pressespiegel, S. 24 ff.

schütten. Gem. § 13c WahrnG besteht eine Vermutung, dass sie zur Wahrnehmung der Rechte befugt ist.

Die **PMG** ist ein Zusammenschluss von ca. 175 Zeitungs- und Zeitschriftenverlegern.[762] Sie bietet Dienstleistungen zur Erstellung elektronischer Pressespiegel an. Zu diesem Zweck betreibt sie eine eigene Datenbank, in der sie entsprechende Beiträge bereithält. Die PMG erwirbt einfache Nutzungsrechte direkt von ihren Verlagen.[763] Damit ergibt sich ein entscheidender Unterschied: Die von der PMG angebotenen Pressespiegel legitimieren sich auf vertraglicher Basis und sind daher nicht den Einschränkungen des § 49 I UrhG unterworfen. Insbesondere kann auch Fachpresse berücksichtigt werden, die sich nicht mit dem Tagesgeschehen befasst. Der Nutzer kann sich weiterhin von der PMG das Recht einräumen lassen, ein Archiv anzulegen, und auch die vom BGH aufgestellten Beschränkungen gelten nicht – so muss der von der PMG angebotene Pressespiegel nicht allein behörden- oder betriebsintern benutzt werden, sondern kann beispielsweise von Dritten über die Internetpräsenz des Unternehmens oder der Behörde eingesehen werden.[764] Interessen der PMG sind an der Grundrechtskollision nicht unmittelbar beteiligt. Sie spielt aber insofern eine Rolle, als ihre Angebote sowohl für Verleger als auch für Unternehmen attraktive Alternativen zu den privilegierten Pressespiegeln darstellen können.

Obwohl PMG und VG Wort gegenläufige Interessen vertreten, zum einen die Interessen von Inhabern von Nutzungsrechten, zum anderen die Interessen der Werkschöpfer, arbeiten beide zusammen.[765] Das Angebot der PMG hat zu einigen Unübersichtlichkeiten geführt. Pressespiegel sind nach § 49 I 2 UrhG zu vergüten. Dies trifft auch für die Pressespiegel der PMG zu, die Grundlage der Vergütung liegt hier aber in den §§ 31 ff. UrhG. Die PMG fungiert daher auch für Pressespiegel, die nach § 49 I UrhG erstellt wurden als eine Art „Inkassostelle“ und leitet die Vergütung an die VG Wort weiter.[766] Für den Nutzer ist diese Kooperation insofern von Vorteil, als er nunmehr mit befreiender Wirkung an Gläubiger leisten kann.

b. Ausschluss elektronischer Pressespiegel von der Privilegierung

Die Berufungsinstanz hielt sich bei der Beurteilung des Falles an das Dogma der restriktiven Auslegung der Urheberschranken und schloss die Privilegierung

762 *Hilty*, GRUR 2005, 819 (822 f.).

763 Da der PMG die Nutzungsrechte „nur“ einfach eingeräumt werden, bleibt es den Verlagen unbenommen, Dritten weitere Nutzungsrechte einzuräumen.

764 *Glas*, Elektronische Pressespiegel, S. 33 f.

765 *Melchiar* in Schricker, § 49 UrhG Rn. 34.

766 *Glas*, Elektronische Pressespiegel, S. 35.

elektronischer Pressespiegel aus, ohne dabei jedoch auf verfassungsrechtliche Implikationen einzugehen.

Wendet man nun das hier sog. drei-Säulen-Modell des BVerfG zur Auslegung an, müssen gleich bei der ersten Säule, der kunstspezifischen Betrachtung, Modifikationen vorgenommen werden. Sicherlich gibt es Konstellationen, in denen ein Pressespiegel ein Kunstwerk darstellen kann. Bei dem „klassischen" Pressespiegel scheint dies aber fraglich. Die Annahme eines Kunstwerkes i.S.v. Art. 5 III GG erfordert immer auch eine kunsttypische Erscheinungsform.[767] Bei Pressespiegeln steht aber der Gebrauch im Vordergrund. Sie sollen Informationszwecken dienen. Die kunstspezifische Betrachtung muss daher durch eine pressespezifische Betrachtung abgelöst werden.

aa. Schutzbereichbestimmung

Bei der Grundrechtskollision, die sich durch die Anwendung des § 49 I UrhG auf Pressespiegel ergibt, konkurriert regelmäßig die Eigentumsfreiheit derer, die Rechte an den verwendeten Beiträgen geltend machen mit Grundrechten derjenigen, die Pressespiegel erstellen.

Auf die **Eigentumsfreiheit** können sich zunächst die Urheber als Schöpfer der Beiträge berufen, stellvertretend insbesondere die VG Wort. Unter die Eigentumsfreiheit fallen aber auch die ausschließlichen Nutzungsechte der Verlage an den Beiträgen ihrer Journalisten, die sich ebenfalls auf ihr eingeräumte (einfache) Nutzungsrechte berufen können.[768]

Rechte von Herstellern elektronischer Pressespiegel sind in der **Pressefreiheit** verbrieft.[769] Als Grundrechtsträger kommen Unternehmen oder Behörden mit Inhouse-Pressespiegeln und kommerzielle Anbieter von Pressespiegeln in Betracht.

Der Begriff der Presse definiert sich nicht durch seinen Inhalt, sondern durch sein Herstellungsverfahren und erfasst alle zur Verbreitung an die Allgemeinheit bestimmten Druckerzeugnisse.[770] Hierunter fallen auch die neuen Medien.[771] Daher können grundsätzlich auch elektronische Pressespiegel ein Presseprodukt darstellen. Fraglich ist, ob sich diese an die Allgemeinheit i.S.d. Öf-

---

[767] *Starck* in v. Mangoldt/Klein/Starck, Art. 5 Abs. 3 GG Rn. 311.

[768] Zum Schutzbereich der Eigentumsfreiheit vgl. oben **3. Teil A. II. 1.**

[769] Zum Schutzbereich der Pressefreiheit vgl. oben **3. Teil B. III. 1. a.**

[770] BVerfGE 34, 269 (283) – „Soraya"; 66, 116 (134) – „Springer/Wallraff"; 95, 28 (35) – „Werkszeitung"; *Schulze-Fielitz* in Dreier, Art. 5 I, II GG Rn. 89; *Starck* in v. Mangoldt/Klein/Starck, Art. 5 Abs. 1, 2 GG Rn. 59.

[771] S. schon oben **3. Teil B. III. 1. a.**

fentlichkeit richten. Für kommerzielle Pressespiegel, die durch Dritte erstellt werden, kann dies in jedem Fall angenommen werden. Hier stehen sich der Pressespiegelhersteller als Verbreiter von Informationen und das Unternehmen als Empfänger von Informationen gegenüber. Es gibt aber keinen Grund, Inhouse-Pressespiegel anders zu behandeln. In der Vergangenheit hat das BVerfG sogar Werkszeitungen, die lediglich unternehmensintern erscheinen, den Schutz der Pressefreiheit zukommen lassen.[772] Dann wird man diesen bei Inhouse-Pressespiegeln ebenfalls nicht versagen können.

(1). Vertriebsfreiheit

Die Herstellung von Pressespiegeln, das Sichten und Sortieren von Information ist als redaktionelle Tätigkeit geschützt. Zur Pressearbeit gehört aber nicht nur die redaktionelle Recherche. Pressearbeit ist immer auch auf Publikation und Vertrieb gerichtet **(Vertriebsfreiheit)**. Zum einen, weil die Presse nur so ihren sie legitimierenden Beitrag zur öffentlichen Meinungsbildung[773] erfüllen kann, zum anderen, weil erst die Publikation der Presse ihre wirtschaftliche Grundlage sichert.[774] Das BVerfG geht davon aus, dass „die institutionelle Eigenständigkeit der Presse von der Beschaffung der Information bis zur *Verbreitung* der Nachricht und der Meinung“ reicht.[775]

Demnach ist es richtig, § 49 I UrhG vor dem Hintergrund der Vertriebsfreiheit überhaupt auf Pressespiegel auszuweiten. Die Vertriebsfreiheit würde allerdings durch eine Beschränkung auf analoge Pressespiegel nicht unmittelbar tangiert, da eine Publikation von Pressespiegeln generell noch möglich wäre.

(2). Gestaltungsfreiheit

Die Pressefreiheit umfasst ferner das Recht der Gestaltung des Presseprodukts **(Gestaltungsfreiheit)**.[776] Dazu gehört auch die Wahl des Mediums. Eben diese kann ein Presseunternehmen aber nicht mehr voll ausüben, wenn elektronische Publikationsformen ausgeschlossen werden.

Die Einschränkung der Gestaltungsfreiheit kollidiert somit mit der Eigentumsfreiheit von Urhebern und Nutzungsrechtsinhabern.

---

772 BVerfGE 95, 28 (35) – „Werkszeitungen“; vgl. *Löffler/Ricker*, Hdb Presserecht, 6. Kap. Rn. 3.

773 Vgl. hierzu *Gounalakis/Zagouras,* JZ 2008, 652 (653).

774 Vgl. *Löffler/Ricker*, Hdb Presserecht, 7. Kap. Rn. 14. Wirtschaftliche Grundlage meint hier insbesondere die Höhe der Auflage. Dazu sogleich **d. bb. (2)**.

775 Vgl. schon oben **3. Teil B. III. 1. a.** Hervorhebung durch den Verfasser.

776 BVerfGE 95, 28 (35 f.) – „Werkszeitungen“.

bb. Abstrakte Abwägung

Die abstrakte Abwägung soll ermitteln, ob vorab einem der betroffenen Grundrechte der Vorzug eingeräumt werden kann.

Der Eigentumsfreiheit wird durch Art. 14 I 2 GG Schranken gezogen. Die Schrankenbestimmung darf allerdings die Institutsgarantie des Eigentums nicht berühren.[777] Für das Urheberrecht bedeutet dies, dass der Beteiligungsgrundsatz nicht abgeschnitten werden darf, dem Urheber ist das wirtschaftliche Ergebnis seiner Arbeit also zuzuordnen.[778]

Die Pressefreiheit ist durch die allgemeinen Gesetze beschränkbar. Als solche kommen die Bestimmungen des UrhG in Frage. Diese sind allerdings im Rahmen der Wechselwirkungslehre wiederum in ihrer beschränkenden Wirkung einzugrenzen.[779]

Damit entsprechen sich Eigentums- und Pressefreiheit abstrakt. Beide lassen sich durch das einfache Recht beschränken. Keinem der Grundrechte darf bei der vorliegenden Kollision also vorweg der Vorzug eingeräumt werden.

cc. Konkrete Abwägung

Demnach bestimmt sich die Abwägung maßgeblich durch die konkrete Betrachtung. Einschränkungen der Pressefreiheit sind hinzunehmen, wenn diese zur Optimierung der Eigentumsfreiheit (geeignet,)[780] erforderlich und angemessen sind.

(1). Erforderlichkeit einer Restriktion

Eine Restriktion von § 49 I UrhG, die zum Ausschluss der Privilegierung von elektronischen Pressespiegeln führt, käme dem uneingeschränkten Schutz des geistigen Eigentums zugute. Sie ist erforderlich, wenn sie zugleich das mildeste Mittel zur Optimierung der Eigentumsfreiheit darstellte.

Hier ist fraglich, ob ein vollständiger Ausschluss elektronischer Pressespiegel nicht durch mildere Mittel, beispielsweise der Beschränkung auf den internen Pressespiegel abgewendet werden könnte. Dies lässt sich ohne Zweifel bejahen, allerdings muss die Erforderlichkeit nicht zu Lasten der Eignung gehen. Das heißt, dass der Inhaber des Nutzungsrechts im Rahmen der Erforderlichkeit nicht darauf verwiesen wird, auf Mittel geringerer Effektivität auszuweichen.[781]

---

777 Vgl. oben **3. Teil A. III. 3.**

778 Vgl. oben **3. Teil A. II. 1.**

779 Vgl. oben **3. Teil B. I. 3. b.**

780 Die Prüfung der Geeignetheit ergibt sich meistens aus dem Gesagten und ist i.d.R. unproblematisch. Auf sie wird daher im Folgenden nicht näher eingegangen.

781 Vgl. *Katz*, Staatsrecht, Rn. 207.

Den besseren Schutz der Urheber und Nutzungsrechtsinhaber erreicht man aber durch einen vollständigen Ausschluss elektronischer Pressespiegel.

(2). Angemessenheit einer Restriktion

Die mit der Restriktion verbundene Einschränkung der Pressefreiheit müsste auch angemessen sein. Je stärker dabei der Eingriff in die Eigentumsfreiheit ausfällt, desto mehr kann – entsprechend der oben herausgearbeiteten „je-desto-Formel" – die Pressefreiheit zurückgedrängt werden.[782]

Die Restriktion kommt vornehmlich Inhabern von Nutzungsrechten, namentlich den **Verlagen** zugute, denn durch die Restriktion kann sich deren **Eigentumsfreiheit** optimal entfalten. Insoweit bestünden keine Bedenken an der Angemessenheit.

Für die **Eigentumsfreiheit der Urheber** ist insbesondere die Argumentation des BGH im tripolaren Interessenverhältnis interessant. Hiernach kommt eine Ausweitung des Pressespiegelprivilegs den Urhebern zugute, da diese nur so zweitmalig vergütet werden.[783]

Konsequenter Weise – so sollte man meinen – müsste der BGH bei einer Restriktion nun zu dem Ergebnis kommen, dass die Rechte der Urheber nicht mehr ausreichend gewahrt würden. Dennoch wirkt sich eine Restriktion nicht nachteilig auf die Eigentumsfreiheit der Urheber aus. Dies liegt daran, dass die Urheber gegenüber dem Staat keinen Anspruch auf die Eröffnung eines Absatzmarktes haben. Wird ihnen ein Absatzmarkt eröffnet, mag dies durchaus ein Glücksfall sein. Dagegen stellt es keine Eigentumsverletzung dar, wenn der Staat sich nicht aktiv um die Werkverwertung bemüht, so lange er diese nicht behindert. Von einer Behinderung kann in diesem Fall aber nicht die Rede sein, da die Urheber durch die Einräumung der ausschließlichen Nutzungsrechte bereits ihre Dispositionsbefugnis weitgehend verloren und ihre Zweitverwertungsrechte aus der Hand gegeben haben. Verfassungsrechtlich schutzwürdig ist in dieser Konstellation aber nur die Beteiligung an der Erstverwertung.

Verfassungsrechtlich problematisch ist dagegen die **Pressefreiheit von Pressespiegelherstellern**. Deren Gestaltungsfreiheit wird erheblich beschränkt, wenn man elektronische Pressespiegel nicht unter § 49 I UrhG subsumieren wollte. Gerade für kommerzielle Anbieter dürfte nämlich die Wahl des elektronischen

---

782 Zur hier sog. „je-desto-Formel" vgl. oben **3. Teil E. IX. 1. b. aa.**

783 BGH GRUR 2002, 963 (966) – „Elektronischer Pressespiegel".

Mediums den redaktionellen Arbeitsablauf entscheidend mitbestimmen, da nur so mehrere Kundenwünsche effizient bearbeitet und der Kunde schnellstmöglich mit den bestellten Informationen versorgt werden kann. Insofern behindert eine restriktive Auslegung des Pressespiegelprivilegs die redaktionelle Arbeit von Pressespiegelherstellern.

Weiterhin ist die Pressefreiheit eng mit anderen Kommunikationsfreiheiten wie der **Informationsfreiheit** verwoben. Es gehört zu den Aufgaben der Presse, die freie Bildung der öffentlichen Meinung in der demokratischen Staatsordnung durch eine pluralistische Berichterstattung zu unterstützen.[784] Da eine Säule des BVerfG die gesellschaftliche Funktion des Werkes betrifft, können derartige Allgemeininteressen in die Abwägung einfließen. Somit wirkt die Informationsfreiheit von Rezipienten mittelbar in die Gestaltungsfreiheit hinein. Dies sind bei den Inhouse-Pressespiegeln die Mitarbeiter eines Unternehmens, bei den kommerziell erstellten Pressespiegeln ist es das Unternehmen an sich, ebenfalls repräsentiert durch seine Mitarbeiter.

Informations- und Kommunikationstechnologien haben sich der Informationsgesellschaft angepasst. Dadurch haben sich nicht nur Fachbranchen entwickelt, auch der Informationssektor hat entsprechend mit einer unüberschaubaren Informationsflut reagiert. Wir stehen heute nicht mehr vor dem Problem, dass bestimmte Informationen erfasst werden müssen. Vielmehr geht es nun um die Auswertung von Informationen.[785] Einzelne Informationen sind wertlos, wenn sie nicht selektiert und ausgewertet werden können. Dies lässt sich nur mit dem Einsatz digitaler Medien erreichen. Herkömmliche Pressespiegel würden die Eigentumsfreiheit der Urheber zwar weniger beeinträchtigen, sie sind aber bei weitem nicht in vergleichbarer Weise geeignet, der Informationsfreiheit der betroffenen Rezipienten zu dienen.

Eine restriktive Auslegung von § 49 I UrhG, die eine Erweiterung der Vorschrift auf elektronische Pressespiegel (respektive Pressespiegel generell) ausschließt, ist verfassungsrechtlich daher nicht haltbar.

c. Privilegierung aller Pressespiegel

Demgegenüber würde eine extensive Handhabe von § 49 I UrhG ein gegenteiliges Ergebnis erreichen, nämlich die Privilegierung sämtlicher Erscheinungsformen von Pressespiegeln zur bestmöglichen Entfaltung der Pressefreiheit.

---

784 BVerfGE 10, 118 (121); *Löffler/Ricker*, Hdb Presserecht, 7. Kap. Rn. 18.

785 Auch die Aufbereitung von Informationen unterfällt der Informationsfreiheit, vgl. oben **3. Teil B. I. 1.**

aa. Erforderlichkeit einer Extension

Auch eine derartige Auslegung müsste erforderlich sein. Hier gilt das oben Gesagte entsprechend. Zwar wäre eine Beschränkung auf den Indoor-Pressespiegel ein milderes, die Eigentumsfreiheit der Rechteinhaber weniger beeinträchtigendes Mittel, doch ginge dies zugleich zu Lasten der Effektivität.

Als milderes Mittel zur gesetzlichen Schranke könnten Hersteller von Pressespiegeln ferner auf den vertraglichen Erwerb von Nutzungsrechten oder auf Angebote der PMG verwiesen werden. Im Bereich der Schrankenregelung kann dieser Verweis aber nie eine Alternative zu den Schranken darstellen, da die Schranken den Nutzer eben von der stärkeren Verhandlungsposition des Rechtsinhabers freistellen sollen.

bb. Angemessenheit einer Extension

Eine Ausweitung der Privilegierung müsste auch **angemessen** sein. Je mehr ein Medium Merkmale aufweist, die der pressespezifischen Gestaltungsfreiheit unterliegen, desto mehr hat die Eigentumsfreiheit zurückzustehen.

Die extensive Auslegung dient insbesondere der **Pressefreiheit von Pressespiegel-Herstellern**.

Das oben bereits genannte Argument, eine extensive Handhabe käme im tripolaren Interessenverhältnis der **Eigentumsfreiheit der Urheber** zugute, ist neuartig und mag unter urheberrechtlichen Gesichtspunkten nicht nachvollziehbar sein.[786] Aus verfassungsrechtlicher Sicht ist dies jedoch irrelevant. Maßgeblich ist hier allein die Wahrung des geschützten Kerns der Eigentumsfreiheit: die angemessene Vergütung des Urhebers für seine Leistung. Tatsächlich wird die Eigentumsfreiheit durch die Ausweitung der Schranke bei wirtschaftlicher Betrachtung sogar stärker gewahrt, da der Urheber zusätzlich zu seiner vertraglichen Lizenz (Einräumung der Nutzungsrechte) die gesetzliche Lizenz erhält. Eine extensive Handhabe schützt daher auch die Grundrechte von Urhebern.

Problematisch ist insoweit allein die **Eigentumsfreiheit der Verleger**, die in gleicher Weise mit der Pressefreiheit konkurriert. Für die Verlage entfällt durch die Erweiterung der Schranke der Vorteil der ausschließlichen Rechtseinräumung. Die Verwertung von Beiträgen in elektronischen Pressespiegeln als eigene Nutzungsart wird hier Dritten gestattet. Das Ausschließlichkeitsrecht verliert so an Attraktivität. Immerhin hat der (angestellte) Journalist seine Werke oft-

---

[786] S. schon oben **3.**

mals erst schaffen können, weil die Verlage die hierfür notwendige Infrastruktur – Büro, Telefon, Arbeitsgerät – zur Verfügung gestellt haben. Außerdem haben sie ihn für seine Arbeitsleistung bezahlt. Aufgabe der Eigentumsfreiheit ist es, diese Aufwendungen durch eine entsprechende Amortisation der Investitionen zu schützen.

Eine streng extensive Auslegung des Pressespiegelprivilegs ist daher ebenso wenig haltbar, wie eine streng restriktive Auslegung.

d. Privilegierung mit Einschränkungen

Die Anwendung der Schranke muss sich daher in einem Bereich zwischen Restriktion und Extension abspielen. Eine Privilegierung elektronischer Pressespiegel kann deswegen nur mit Einschränkungen verbunden sein.

Der BGH hat sich daher dafür entschieden, die Zulässigkeit elektronischer Pressespiegel auf den betriebs- oder behördeninternen Gebrauch zu beschränken. Pressespiegel können somit Mitarbeitern in elektronischer Form zugänglich gemacht werden. Das Unternehmen kann sich aber nach außen hin nicht mehr über Pressespiegel präsentieren.

Weiterhin befürwortet der BGH elektronische Pressespiegel nur in Faksimile-Form, beispielsweise als PDF-Lese-Datei. Dieses Format bietet den Vorteil, dass Dokumente vor unberechtigtem Zugriff geschützt werden können – ähnlich dem DRM für Musikdateien. PDF-Dateien können als Lese-Version zwar kopiert und weitergegeben werden, auch verfügen moderne Versionen des Adobe-Reader über eine Suchfunktion, im Gegensatz zu vielen anderen Formaten können Dateien im PDF-Lese-Format aber optional mit einem Kennwort geschützt und im Nachhinein nicht mehr bearbeitet werden.

Fraglich ist, welche verfassungsrechtlichen Auswirkungen diese Einschränkungen mit sich bringen.

aa. Schutzbereichbestimmung

Bezüglich der Begrenzung auf den Inhouse-Betrieb stellt sich diesmal das Problem, dass der Nutzerkreis für Pressespiegel beschränkt wird. Oben wurde die **Vertriebsfreiheit** als Teil der Pressefreiheit anerkannt. Das Grundrecht der Pressefreiheit kann sich nur dann entfalten, wenn die Presse auch zu Gehör kommen kann. Nur so kann die Pressefreiheit der freien Meinungsbildung in der freiheitlich demokratischen Grundordnung dienen.[787] Aus diesem Grunde hat das BVerfG auch erkannt, dass die Pressefreiheit von der „Beschaffung der In-

[787] *Löffler*, NJW 1961, 529 (529).

formation bis zur Verbreitung der Nachricht und der Meinung“ reicht und die Vertriebsfreiheit mit umfasst.[788] Dies geht so weit, dass die Verfassungsgerichtsbarkeit schon die Weigerung der Post, bestimmte Presseerzeugnisse zu transportieren, in der Vergangenheit für verfassungswidrig erachtet hat.[789]

Durch die Vorgaben, den Pressespiegel auf die Faksimile-Form zu beschränken, sind Unternehmen bzw. kommerzielle Hersteller elektronischer Pressespiegel abermals in ihrer **Gestaltungsfreiheit** betroffen. Das Recht der Presse, sich für eine Erscheinungsform des Presseprodukts zu entscheiden umfasst auch das Recht, ein Dateiformat auszuwählen. Diese Entscheidung ist oftmals technisch bedingt.

bb. Konkrete Abwägung bezüglich Beschränkungen des Nutzerkreises

Die Privilegierung unter Einschränkungen versucht, beiden Grundrechten zur optimalen Entfaltung zu verhelfen. Durch die Einschränkung des Nutzerkreises ist der Vertrieb elektronischer Pressespiegel nur noch in geringem Maße möglich. Damit wird eine Entwertung der ausschließlichen Rechtseinräumung auf Seiten der Verlage verhindert. Benachteiligt werden Unternehmen, die elektronische Pressespiegel verwenden. In einigen Fällen mag dem Unternehmen daran gelegen sein, sich nach außen hin über Pressespiegel zu präsentieren – beispielsweise auf der unternehmenseigenen Homepage, um so Dritten einen Eindruck über die eigene Arbeit oder besondere Errungenschaften zu geben. Es fragt sich dann, ob die Einschränkung der Pressefreiheit zugunsten der Eigentumsfreiheit verfassungsrechtlich erforderlich und angemessen ist.

(1). Erforderlichkeit einer Privilegierung unter Einschränkungen

Ein milderes Mittel würde die Erforderlichkeit der Einschränkung in Frage stellen. Verlage hätten die Möglichkeit, zum Schutz ihrer Verwertungsrechte neue Absatzmärkte zu eröffnen, indem sie sich beispielsweise der PMG anschließen, um ihre Rechte effizient zu verwerten. Allerdings würde es in diesem Fall näher liegen, Unternehmen zuzumuten, Pressespiegel von der PMG zu erwerben. Dies hätte noch einen entscheidenden Vorteil: Unternehmen, die sich auf der eigenen Homepage mit Pressespiegeln präsentieren wollen, werden oftmals kein Interesse daran haben, sich auf aktuelle Meldungen zu beschränken. Es wird gleichzeitig der Wunsch bestehen, Dritte auch mit älteren Meldungen zu versorgen. Es müsste also ein entsprechendes Archiv angelegt werden. Dies wäre über

---

788 BVerfGE 20, 162 (176) – „Spiegel“. Vgl. oben **b. aa. (1)** und **3. Teil B. III. 1. a.**

789 LVerfG Hamburg MDR 1953, 125 (126). Freilich war die Post damals noch ein rein staatliches Unternehmen.

§ 49 I UrhG ohnehin nicht zu erreichen. Ein derartiges Vorhaben ließe sich nur über eine vertragliche Rechtseinräumung und damit letztlich über Angebote der PMG realisieren.[790]

Im Gegensatz zu Verlagen hätten Hersteller von Pressespiegeln vielfältigere Alternativen, um ihre Interessen zu verwirklichen. Sie könnten die jeweils relevanten Passagen nach § 51 UrhG zitieren, Abstracts der Beiträge veröffentlichen, oder via Link auf Internet-Seiten des Verlages verweisen, sofern aktuelle Meldungen dort im Volltext frei verfügbar sind.[791] Der Grundsatz der Erforderlichkeit gebietet zwar kein Ausweichen auf ein weniger effektives Mittel (s.o.), die Herstellung praktischer Konkordanz erfordert allerdings, dass der Grundrechtsträger sämtliche *zumutbaren* Alternativen ausgeschöpft hat.[792] Die Privilegierung mit Einschränkungen durch den BGH ist daher als mildestes Mittel erforderlich.

(2). Angemessenheit einer Privilegierung unter Einschränkungen

Bei der Frage der Angemessenheit einer Privilegierung mit Einschränkungen sind die Auswirkungen auf die betroffenen Grundrechte mit Hilfe des drei-Säulen-Modells zu prüfen.

Einschränkungen der **Vertriebsfreiheit von Pressespiegelherstellern** sind nicht unbedeutend. Schnell wird deutlich, dass diese durch das Urteil des BGH sogar erheblich eingeschränkt wird. Der BGH macht ausdrückliche Vorgaben zum Adressatenkreis von Pressespiegeln. Der Sinn und Zweck der Vertriebsfreiheit kann so kaum noch erfüllt werden. Je mehr ein Pressemedium auf die Verbreitung angelegt ist, desto mehr muss auch die Eigentumsfreiheit zurückstehen. Bei Pressespiegeln ist demnach der mögliche Adressatenkreis mit dem faktischen Adressatenkreis abzugleichen. Hierbei zeigt sich jedoch, dass der wesentliche Adressatenkreis von Pressespiegeln trotz dieser massiven Einschränkung erreicht wird. Pressespiegel in kommerziellen Unternehmen sind in erster Linie für Mitarbeiter eines Unternehmens oder einer Behörde konzipiert. Außenstehende gehören nicht zum wesentlichen Nutzerkreis. Auch diese können sich zwar auf originäre Grundrechte wie die Informationsfreiheit berufen. Durch die Einschränkung der Vertriebsfreiheit wird aber deren Informationsfreiheit nicht beschnitten, da der Zugang zu Primärquellen Dritten nicht verschlossen bleibt.

---

790 Zu der Möglichkeit, elektronische Pressearchive nach § 53 II Nr. 2 UrhG anzulegen unten **IV. 3. c.**

791 Im Gegensatz zu oben, ist ein Verweis auf Alternativen bei der Gestaltungsfreiheit weniger effektiv. Für den Vertrieb ergeben sich bezüglich der Effektivität aber keine Unterschiede, weshalb hier auf das mildere Mittel verweisen werden kann.

792 Oben **3. Teil E. IX. 1. b. aa.**

Pressespiegel benutzen Artikel und Berichte aus anderen allgemein zugänglichen Informationsquellen, die Dritte ebenfalls einsehen können.

Darüber hinaus ist die **Pressefreiheit von Pressespiegelherstellern** nicht in ihrem Kern betroffen, denn die Vertriebsfreiheit macht nur einen Teil der Pressefreiheit aus. Grundsätzlich gibt es im Rahmen der Schutzbereichsbestimmung keine Abstufung zwischen wertvoller und nicht wertvoller Presse.[793] Allerdings ist zu bemerken, dass sich die redaktionelle Arbeit des Herstellens von Pressespiegeln auf das Sichten und Sortieren von vorhandenen Informationen beschränkt. Auch diese redaktionelle Arbeit ist presserechtlich geschützt, sie gehört aber nicht zum typischen Kern der Pressearbeit. Absolut schützenswert sind aus Sicht der Presse Arbeiten an den Informationsquellen, also die Recherche oder Befragung von Informanten. Die Arbeit der Pressespiegel-Hersteller wird dagegen nur dadurch ermöglicht, dass diese auf bereits vorhandene nach Art. 14 I GG geschützte Geistesleistungen zurückgreifen können. Pressespiegelprodukte sind damit zumindest nicht dem unverletzlichen Kern der Pressefreiheit zuzurechnen.[794]

Dem sind Beeinträchtigungen der **Eigentumsfreiheit von Verlagen** gegenüberzustellen. Legt man die vom BVerfG geforderte wirtschaftliche Betrachtung zugrunde, ist insbesondere zu erforschen, ob die Auslegung der Schranke den Absatz von Verlagshäusern stört, oder ihnen gar Konkurrenz bereitet.

Hier könnte zu befürchten sein, dass Abonnenten von Pressespiegeln vom Kauf von Tageszeitungen absehen. Die Berichterstattung in Pressespiegeln ist allerdings nach § 49 I UrhG nur auf einzelne Kommentare und Artikel beschränkt. Damit verengt sich der Kreis der Konsumenten auf solche, die sich explizit über ein Unternehmen oder eine Behörde informieren wollen. Es ist eher unwahrscheinlich, dass diese Interessenten die gewünschten Informationen aus einer einzigen Tageszeitung erlangen könnten. Pressespiegelabonnenten geht es gerade darum, sich ein weit gefächertes Informationsbild über ein eingegrenztes Thema zu verschaffen. Konsumenten von Tageszeitungen möchten sich dagegen über ein breites Spektrum tagesaktueller Fragen informieren. Ihnen liegt eben nichts an einer Informationskonzentration. Anderes mag für Magazine gelten, die sich umfangreicher mit einer Materie befassen können als Tageszeitungen – diese werden jedoch nicht von der Privilegierung erfasst.[795] Wirtschaftliche Benachteiligungen können und werden Verleger regelmäßig selber ausgleichen, wenn sie mit (nicht tarifgebundenen) Urhebern in Gehaltsverhandlungen stehen und diesen zusätzliche Vergütungen durch die VG Wort in Aussicht stellen.

---

793 A.A. offenbar noch *Löffler*, NJW 1961, 529 (532).

794 *Dreyer* in Dreyer/Kotthoff/Meckel § 49 UrhG Rn. 12 schließt diese gar vollständig vom Begriff der Presse aus. Großzügiger *Geiger*, KUR 2004, 70 (71 f.).

795 BGH GRUR 2005, 670 (671) – „WirtschaftsWoche".

Ausnahmen können sich ergeben, wenn beispielsweise ein Unternehmen oder eine Behörde durch ein besonders brisantes Tagesgeschehen in das Zentrum öffentlichen Interesses rückt. Hier können auch Konsumenten von Tageszeitungen geneigt sein, auf Pressespiegel zurückzugreifen, um sich eine Meinung zu bilden. In diesen Fällen wäre also bei wirtschaftlicher Betrachtung das Nutzungsrecht der Verleger stärker bedroht. Verleger haben in derartigen Ausnahmesituationen aber stets die Möglichkeit, ihre Interessen durch einen entsprechenden **Vorbehalt** abzusichern (§ 49 I 1 UrhG a.E.).[796] Pressespiegelhersteller müssten dann auf andere Schranken wie § 51 UrhG zurückgreifen.

Aber selbst wenn Auflagenzahlen aufgrund von Pressespiegeln sinken sollten, wird dies nicht gleich zu fühlbaren Einbußen führen. Anders als z.B. Fachzeitschriften finanzieren sich Tageszeitungen zu großen Teilen über ihren Anzeigen- bzw. Werbeteil.[797] Die Zahlen sind zwar rückläufig,[798] Werbeerlöse bilden neben dem eigentlichen Produkt, den Informationen, aber immer noch ein Zweitprodukt, das bei der Medienfinanzierung mindestens die Hälfte der Einkünfte ausmacht.[799] Das Verkaufsgeschäft deckt daher nur einen Teil der Herstellungskosten. Wirtschaftlich wird den Verlagen somit nur in geringem Maße geschadet, da ihnen kein wesentlicher Erlös entgeht, sondern allenfalls die Auflage geschmälert wird – was sich erst mittelbar auf die Preise für Anzeigen auswirkt.[800]

---

796 Es bleibt abzuwarten, inwiefern Zeitungsverleger von der Möglichkeit, einzelne Beiträge durch einen Vorbehalt zu schützen, Gebrauch machen werden. Ein Einzelvorbehalt auf der Titelseite einer Zeitung wird den Vorgaben des BGH wohl kaum gerecht werden, so *Hoeren*, GRUR 2002, 1022 (1025). Berücksichtigt man den mit einem Vorbehalt verbundenen Organisationsaufwand, den Verlust von Anzeigen- und Veröffentlichungsplatz und Layoutprobleme, so ist eher davon auszugehen, dass der Vorschlag des BGH wenig praktikabel ist, vgl. *Czychowski*, NJW 2003, 118 (120); *Dreier*, JZ 2003, 477 (478). Anders aber *Bacher*, EWiR 2002, 1107 (1108); *Hoeren*, GRUR 2002, 1022 (1025); *Waldenberger*, MMR 2002, 743 (745). Fraglich ist ohnehin, ob § 49 I UrhG zur Disposition des Verwertungsberechtigten steht. Sollten Verleger wirklich von einem Vorbehalt Gebrauch machen, würde die Privilegierung letztlich ins Leere laufen - *Niemann*, CR 2003, 119 (119).

797 Vgl. *Gounalakis/Zagouras,* JZ 2008, 652 (654 Fn. 25 m.w.N.).

798 1992 lag das Verhältnis Verkauf/Werbung bei der „Bild" noch bei 50/50%, bei der „Zeit" bei 44/56%, generell bei deutschen Tageszeitungen bei 36/64% und bei der „Los Angeles Times" sogar bei 18/82%. Vgl. hierzu *Kiefer*, Medienökonomik, S. 240 Übersicht 6.3.

799 *Beck*, Medienökonomie, S. 124 f.

800 Zu wettbewerbsrechtlichen Implikationen im Anzeigengeschäft vgl. *Gounalakis/Rhode*, AfP 2000, 321 (322 ff.).

cc. Konkrete Abwägung bzgl. Beschränkung auf Faksimile-Formen

Durch die technischen Vorgaben will der BGH Missbrauchsmöglichkeiten zugunsten der Eigenutmsfreiheit von Verlegern reduzieren.

(1). Erforderlichkeit einer Privilegierung unter Einschränkungen

Das mildeste Mittel zum Schutz vor Missbrauch wäre der Einsatz von DRM, der bei Musikwerken bereits üblich ist. Tatsächlich stellen Dateien im PDF-Format ein Äquivalent des DRM für Sprachwerke dar. Insofern ist kein milderes Mittel ersichtlich, weshalb die Vorgabe des BGH erforderlich ist.

(2). Angemessenheit einer Privilegierung unter Einschränkungen

Durch die Faksimile-Form wird die **Eigentumsfreiheit von Verlegern** zusätzlich zu der Beschränkung auf den internen Vertrieb von Pressespiegeln geschützt.

Dergleichen Einschränkungen müssten aber auch mit der **Gestaltungsfreiheit von Pressespiegel-Herstellern** vereinbar sein.

Auch bei Musikwerken ist der Einsatz von DRM zulässig und in §§ 95a ff. UrhG sogar ausdrücklich kodifiziert. Eine Begünstigung von Pressespiegeln ist in § 95b S. 1 UrhG nicht vorgesehen. Der Nutzer hat also keinen Anspruch auf die Durchsetzung von § 49 I UrhG, wenn Beiträge mit technischen Schutzmaßnahmen versehen sind.

Bedenklich ist jedoch die Weite der Restriktion durch den BGH. Dieser möchte grundsätzlich die Indizierbarkeit einzelner Artikel ausschalten. Auch eine Suchfunktion hält der BGH für nicht geboten. Doch wurde gerade diese oben aufgrund des mittelbaren Einflusses der Informationsfreiheit von Pressespiegel-Abonnenten durch die gesellschaftliche Betrachtung als geboten angesehen, da die Informationsfreiheit auch Informationsverarbeitung einschließt.[801]

Der BGH begründet sein Ergebnis mit der „funktionalen Äquivalenz“[802] von elektronischen Pressespiegeln im Vergleich zu herkömmlichen Pressespiegeln. Elektronische Pressespiegel sind dann zuzulassen, wenn sie herkömmlichen Pressespiegeln gleichen.[803] Es gibt keinen Grund, Nutzern den Gebrauch elektronischer Pressespiegel zu versagen, wenn diese analoge Pressespiegel nutzen dürften. Der Unterschied besteht in dem durch die Digitalisierung eröffneten

---

[801] S.o. **4. b. cc. (2).**

[802] *Hoeren*, GRUR 2002, 1022 (1024).

[803] BGH GRUR 2002, 963 (965 f.) – „Elektronischer Pressespiegel“.

Verletzungspotenzial. Dieses versucht der BGH durch das Erfordernis der Faksimile-Form auszuschalten.

Auch wenn Urheber bzw. Inhaber von Nutzungsrechten grundsätzlich schutzwürdig sind, so muss doch beachtet werden, dass das Kriterium des Gefahrenpotenzials digitaler Werke nicht dazu führen darf, eine den Nutzer legitimierende Schranke nur deshalb restriktiv anzuwenden, weil zu erwarten ist, dass Dritte hierdurch Urheberrechtsverletzungen begehen werden.[804] Auf dieser Prämisse kann keine Rechtsanwendung fußen. Eine Restriktion kann immer nur erfolgen, wenn konkrete Anhaltspunkte für eine Gefährdung vorhanden sind.[805] Die Gefährdungseignung kann allerdings bei der vom BVerfG geforderten wirtschaftlichen Betrachtung eine Rolle spielen.

Hier ist zu fragen, wie hoch das Risiko einzuschätzen ist, das Verlagen und sonstigen Inhabern von Nutzungsrechten durch die Digitalisierung entsteht. Ein erhebliches Risiko der Digitalisierung ist die schnelle, effiziente und unkontrollierbare Verbreitung von Dateien.[806] Der BGH hat aber das Pressespiegel-Privileg auf den Inhouse-Betrieb begrenzt und diese Gefahr daher selbst eingeschränkt. Somit bleibt lediglich die Gefahr bestehen, dass die entsprechenden Dateien von Mitarbeitern eines Unternehmens weitergegeben werden. Ob diese Gefahr wirklich in dem befürchteten Ausmaß anzunehmen ist, kann bezweifelt werden. Im Übrigen kann vom Hersteller eines Pressespiegels erwartet werden, dass beispielsweise in den AGBs oder den Lizenzvereinbarungen ein ausdrücklicher Hinweis erfolgt, dass eine Weitergabe von Dateien unterbleibt. Zudem kann auch durch DRM diese Gefahr weiter eingedämmt werden, indem z.B. Dateien mit einem Passwort versehen werden.[807]

Der BGH nennt selbst die Gefahr, dass Unternehmen digitalisierte Beiträge nutzen könnten, um ein elektronisches Archiv anzulegen.[808] § 49 I UrhG gestattet lediglich die Verwendung von aktuellen Beiträgen. Ein Archiv ließe sich nur unter den Voraussetzungen des § 53 II Nr. 2 UrhG anlegen. Doch auch diese Gefahr ließe sich durch entsprechende Lizenzvereinbarungen mit den Herstellern minimieren, bzw. durch DRM nahezu ausräumen, beispielsweise wenn die jeweiligen Dateien mit einer zeitlichen Sperre versehen würden. Im Übrigen kann auch bei analogen Pressespiegeln ein Archiv angelegt werden, wenn diese in einem Ordner abgelegt werden.

Dagegen eröffnet die Suchfunktion, die beispielsweise der Adobe Reader auch bei geschützten Dokumenten zulässt, keine erhöhten Gefahren für die In-

---

[804] *Dreier*, JZ 2003, 477 (479).

[805] Hierzu explizit unten **IV. 3. c. bb.**

[806] Vgl. *Lehmann/Katzenberger*, Elektronische Pressespiegel, S. 12 f.; *Waldenberger*, MMR 2002, 743 (744). So übrigens schon BGH GRUR MMR 1999, 325 (327) – „Elektronische Pressearchive".

[807] *Senftleben* in Hilty/Peukert, Interessenausgleich, 159 (165 ff.).

[808] BGH GRUR 2002, 963 (966) – „Elektronischer Pressespiegel".

haber von Nutzungsrechten und gefährdet die wirtschaftliche Verwertung der Nutzungsrechte nicht. Die Verwendung der Suchfunktion ist nutzungsrechtlich unerheblich.

Fraglich ist zudem, ob sich die genannten Gefahren durch eine Umstellung auf das Faksimile-Format komplett ausräumen ließen. Wer die Energie aufbringt, gegen Lizenzvereinbarungen zu verstoßen oder technische Schutzmaßnahmen zu umgehen, der bräuchte auch bei Faksimile-Dateien nur wenige Zwischenschritte,[809] um die genannten Hürden zu umgehen.[810] So wären durchaus auch Zweifel an der Geeignetheit der Vorgabe begründet.

Dennoch sind die Vorgaben ein kleiner Schritt zum Schutze von geistigem Eigentum. Dagegen sind die Einschränkungen für Hersteller von Pressespiegel-Produkten durchaus zumutbar und bedeuten keine große Umstellung. Sofern diese nicht ohnehin schon mit dem PDF-Format arbeiten, wäre ein entsprechendes Angebot ohne kostenintensive Systemwechsel sicher möglich. Die Ausübung der Gestaltungsfreiheit ist nicht über Gebühr beschnitten, wenn den Herstellern von Pressespiegeln beispielsweise das Wahlrecht zwischen einer Veröffentlichung im HTML- oder im PDF-Format genommen würde.

Damit wären beide Auslegungen vor dem Hintergrund der Verfassung möglich. In einem solchen Fall muss den Gerichten eine entsprechende Einschätzungsprärogative zukommen, wie sie das BVerfG auch dem Gesetzgeber zubilligt. Wenn das BVerfG „nur" einen Verfassungsverstoß, nicht aber einen Verstoß gegen das einfache Recht anmahmen kann, muss es den Gerichten möglich sein, sich für eine von mehreren Möglichkeiten, die keinen Verfassungsverstoß darstellen, zu entscheiden. Selbstredend bleibt es den Gerichten in einem solchen Fall unbenommen, sich auch von verfassungsrechtlichen Wertungen leiten zu lassen und diese in ihre Begründung einzubeziehen.

Allerdings haben Nutzer von Pressespiegeln durchaus ein Interesse daran, die Suchfunktion zu erhalten. Dies folgt mittelbar aus dem Informationsinteresse, dem letztlich auch die Pressefreiheit dienen soll. Hier sind von Verlagen entsprechende Zugeständnisse durchaus angebracht, da der BGH den Nutzerkreis im Gegenzug bereits auf den Inhouse-Betrieb beschränkt hat. Nach alldem wird eine Privilegierung unter Einschränkungen beiden Seiten gerecht. Dies spricht dafür, dass der BGH mit seiner Entscheidung praktische Konkordanz hergestellt hat.

---

809 Durch Screenshot oder eingescannten Ausdruck können die Beiträge mittels OCR-Software wieder digitalisiert werden.

810 *Hoeren*, GRUR 2002, 1022 (1026 ff.).

e. Erstellung durch Zweitunternehmen

Werden Pressespiegel nicht Inhouse, sondern durch kommerzielle Unternehmen hergestellt stellt sich die Frage, inwieweit deren Tätigkeit unter die Privilegierung fällt.[811] Vor dem Hintergrund der BGH-Entscheidung findet sich vermehrt die Behauptung, kommerzielle Pressespiegelhersteller könnten keinen Bestand mehr haben.[812] Auch diese Auslegung müsste sich letztlich an der Verfassung messen lassen.

aa. Schutzbereichbestimmung

Wird das Pressespiegelprivileg ausschließlich auf Inhouse-Pressespiegel begrenzt, könnten kommerzielle Unternehmen keine eigenen auf Grundlage von § 49 I UrhG erstellten Pressespiegel anbieten. Die **Eigentumsfreiheit von Verlagen** kollidiert dann mit der **Gründungsfreiheit von Presseunternehmen** und deren Bestandsgarantie. Art. 5 I 2 1. Alt. GG schützt komplementär zu Art. 12 I GG auch die berufsrechtliche Seite des Pressewesens.[813]

bb. Erforderlichkeit

Mildere Mittel zum Schutz der Eigentumsfreiheit von Verlagen sind nicht ersichtlich. Verleger könnten sich zwar durch einen Vorbehalt entsprechend absichern (s.o.), doch wäre diese Möglichkeit für einen pauschalen Schutz weniger effektiv. Die rechtlichen Voraussetzungen des Vorbehalts sind noch nicht abschließend erörtert. Es dürfte aber feststehen, dass ein „Generalvorbehalt" auf der Titelseite einer Tageszeitung nicht ausreichen wird, um den Schutz aus § 49 I 1 UrhG a.E. zu bewirken.[814] Jeden einzelnen Artikel mit einem Vorbehalt zu versehen ist aber nicht praktikabel. Ein Vorbehalt mag daher in Einzelfällen Nutzungsrechte von Verlegern vor ungewollter Verwendung in Pressespiegeln schützen.[815] Zum generellen Schutz von Eigentumsrechten ist er aber nicht geeignet.

---

811 Für die Privilegierung vgl. *Geiger*, KUR 2004, 70 (71 f.); *Haupt*, KUR 2004, 42 (42); *Vogtmeier*, MMR 2004, 658 (661 f.). Dagegen z.B. *Glas*, Elektronische Pressespiegel, S. 114 ff. (die bereits gegen die Einbeziehung herkömmlicher Pressespiegel ist); *Götting* in Loewenheim, § 31 HdbUrhR Rn. 136; *Engels* in Möhring/Nicolini, § 49 UrhG Rn. 15 a.E.; *Dreier* in Schulze/Dreier, § 49 UrhG Rn. 18; *Dreier* in Schricker, Informationsgesellschaft, S. 160. Der BGH selbst neigt auch dazu, die Privilegierung gänzlich zu versagen, vgl. *Glas*, Elektronische Pressespiegel, S. 110 f. m.w.N.

812 *Bacher*, EWiR 2002, 1107 (1108); *Hoeren*, MMR 2002, 742 (743); *Waldenberger*, MMR 2002, 743 (745).

813 *Herzog* in Maunz/Dürig, Art. 5 Abs. I, II GG Rn. 141 ff.

814 *Hoeren*, GRUR 2002, 1022 (1025). Zum Vorbehalt auch *Niemann*, CR 2003, 119 (119).

815 Vgl. oben **d. bb. (2).**

cc. Angemessenheit

Ob ein Ausschluss kommerzieller Anbieter aus § 49 I UrhG angemessen ist, bestimmt sich nach dem Grad der Beeinträchtigung der kollidierenden Grundrechte.

Für die **Pressefreiheit von kommerziellen Herstellern** spricht, dass es letztlich keinen Unterschied machen kann, ob Pressespiegel durch eine eigene Abteilung oder durch einen kommerziellen Hersteller angefertigt werden. Zumindest der Wortlaut des § 49 I UrhG ließe technische Hilfspersonen bei der Erstellung zu.[816] Der BGH gestattet selbst in seiner restriktiven Rechtsprechung, dass sich der Verwerter bei seinen Verwertungshandlungen eines Dritten als „Werkzeug" bedient.[817] Damit soll eine Benachteiligung von kleineren Unternehmen vermieden werden, die sich aus Kostengründen entsprechende Abteilungen oder technische Anschaffungen nicht leisten können. Danach käme eine Privilegierung in Betracht, wenn auch der Kunde nach § 49 I UrhG privilegiert würde. Da Kunden dem Hersteller Stichworte zur Suche vorgeben, könnte man durchaus von einer „Werkzeug"-Funktion sprechen.

Auch wenn wirtschaftliche Beeinträchtigungen durch die Beschränkung auf die interne Nutzung bereits eingedämmt sind (s.o.), ist doch zu berücksichtigen, dass Pressespiegel nur ein peripheres Presseprodukt darstellen (s.o.), das kaum redaktionelle Arbeit beinhaltet.

Demgegenüber ist zu untersuchen, wie Beeinträchtigungen der **Eigentumsfreiheit von Verlegern** ausfallen. Die wirtschaftliche Betrachtung muss in dem Fall auch das Verhältnis von getätigten Investitionen und hieraus gezogenem Nutzen berücksichtigen. Kommerzielle Hersteller elektronischer Pressespiegel bauen vollständig auf fremden Geistesleistungen auf und beanspruchen hierfür ihre Vergütung. Sie sind zwar zu Zahlungen an die VG Wort verpflichtet, (§ 49 I 3 UrhG), doch hat schon der BGH erkannt, dass diese allein Verwertungsrechte der Urheber, nicht aber Nutzungsrechte der Verlage aufwerten. Folglich ist die Eigentumsfreiheit gegenüber der Pressefreiheit stärker betroffen. Damit Pressespiegelhersteller die Tripolarität nicht als Rechtslücke ausnutzen, wäre eine restriktive Auslegung in diesem Fall durchaus angemessen.

Auch der mittelbare Einfluss der **Informationsfreiheit der Allgemeinheit** im Rahmen der gesellschaftlichen Betrachtung ergibt nichts anderes. Die Allge-

---

816 *Hoeren*, GRUR 2002, 1022 (1024 f.).

817 BGH GRUR 1997, 459 (462) – „CB-infobank", vgl. hierzu unten **IV. 3. b.**; ferner *Glas*, Elektronische Pressespiegel, S. 120.

meinheit hat zwar grundsätzlich ein Interesse daran, dass der Zugang zu Informationen nicht verschlossen bleibt, doch stehen die Primärquellen auch bei restriktiver Auslegung zur Verfügung (s.o.). Zudem können Rezipienten auf Pressespiegel, die unter Lizenzen erstellt wurden, zurückgreifen. Diese dürften zwar teurer sein als lizenzfreie Pressespiegel – die Informationsfreiheit schützt aber nicht den unentgeltlichen Zugang zu Informationen.[818]

dd. Wesensgehaltsprüfung

Die Gründungsfreiheit von Pressespiegelherstellern wird durch eine Auslegung gegen kommerzielle Hersteller erheblich beschnitten. Indessen wird der Wesensgehalt der Pressefreiheit nicht angetastet. So können kommerzielle Hersteller elektronischer Pressespiegel ihre Produkte den rechtlichen Gegebenheiten anpassen. Sie können sich vertragliche Rechte einräumen zu lassen, um eigene Pressespiegel zu erstellen. Relevante Meldungen können nach Maßgabe des § 51 UrhG zitiert bzw. als Abstracts in Pressespiegel aufgenommen werden. Schließlich bietet sich auch die Möglichkeit, dass kommerzielle Hersteller von Pressespiegeln als „Makler“ auf Internetseiten von Verlagen verweisen, wo entsprechende Beiträge (kostenpflichtig) im Volltext abgerufen werden können.

5. Bewertung

Das Urteil des BGH wurde als „Musterbeispiel für die Abwägung widerstreitender Interessen“[819] bezeichnet. Aus urheberrechtlicher Sicht ist es erfreulich. Obwohl der BGH weiter hinter dem Dogma der restriktiven Auslegung der Urheberschranken steht, hat er nochmals klargestellt, dass eine extensive Auslegung im Einzelfall geboten sein kann und fügt seiner Judikatur mit dem elektronischem Pressespiegel einen weiteren Einzelfall auf dem Weg zu einer hoffentlich neuen Handhabung der Schranken hinzu. Trotz anders lautendem Bekenntnis des BGH handelt es sich bei dem Urteil „Elektronischer Pressespiegel“ wohlgemerkt nicht um ein restriktives Urteil. Aus verfassungsrechtlicher Sicht bleibt wenig Grund zu Beanstandungen, so dass das Urteil in der Tat als „Musterbeispiel“ gelten kann.

II. § 51 UrhG

Ein erstes Urteil, in welchem der BGH von seinem Grundsatz der restriktiven Auslegung der Urheberschranken abwich, stellt das Urteil „Filmzitat“ vom

[818] *Schulze-Fielitz* in Dreier, Art. 5 I, II GG Rn. 59.
[819] *Czychowski*, NJW 2003, 118 (120).

4.12.1986 dar,[820] in welchem der BGH die Zitierfreiheit auf Filmwerke erweiterte.

1. Leitentscheidung

Die Arbeitsgemeinschaft der öffentlich-rechtlichen Rundfunkanstalten der Bundesrepublik Deutschland (ARD) hatte im Rahmen der Dokumentation „Laterna Teutonica“[821] über die Entwicklung des Tonfilms in Deutschland zusammen mit Interviews und Kommentaren Ausschnitte aus dem 1931 hergestellten Spielfilm „Mädchen in Uniform“ gezeigt. Hiergegen wandten sich die Inhaber der Nutzungsrechte.

Eine Rechtfertigung über das Zitatrecht des § 51 UrhG war in der damaligen Fassung der Vorschrift fragwürdig. Erst im Rahmen des „Zweiten Korbes“ wurde die Vorschrift als Generalklausel („insbesondere“) umformuliert.[822] In der früheren Fassung beschränkte sich die Vorschrift auf die heutigen Regelbeispiele. Das Kleinzitat (§ 51 Nr. 2 UrhG a.F. bzw. § 51 S. 2 Nr. 2 UrhG n.F.) war daher ausweislich des klaren Wortlauts nur auf Zitate in selbständigen *Sprach*werken begrenzt, Filmzitate waren also nicht erfasst.

a. Vorinstanzen

Das Berufungsgericht sah die Wiedergabe der Ausschnitte dennoch durch § 51 Nr. 2 UrhG gedeckt. Dieser sei bei Filmwerken entsprechend anwendbar, da Filmwerke stets auch Sprachwerke i.S.v. § 51 Nr. 2 UrhG enthielten.

b. Entscheidungsgründe

Die Auffassung des Berufungsgerichts wurde durch den BGH bestätigt. Doch stellte der BGH klar, dass eine entsprechende Anwendung der Vorschrift nicht schon deshalb in Betracht komme, weil jedes Filmwerk auch Sprachwerke enthalte.

---

820 BGH GRUR 1987, 362. Teilweise wird das Urteil auch mit „Laterna Teutonica“ bezeichnet.

821 Vgl. hierzu die Fernsehvorschau in *Frederiksen*, DIE ZEIT vom 2.11.1979, www.zeit.de/1979/45/Filmgeschiehte (sic).

822 *Lüft* in Wandtke/Bullinger, § 51 UrhG Rn. 9. Vgl. auch *Bisges*, GRUR 2009, 730 (732); *Gounalakis*, WiSt 2008, 468 (470).

Vielmehr erkannte der BGH in der Entstehungsgeschichte der Vorschrift eine planwidrige Regelungslücke. Der Gesetzgeber wollte beim Zitatrecht keine sachliche Änderung zu der Vorgängervorschrift, §§ 19 Nr. 1, 21 Nr. 1 LUG, herbeiführen.[823] Bei diesem sei aber der Begriff des „literarischen Werkes“ weiter als der des „Sprachwerkes“ und habe auch Filmwerke erfasst.[824]

Die vergleichbare Interessenlage ergebe sich aus dem Grundgedanken der Zitierfreiheit. Hiernach solle die Zitierfreiheit dem kulturellen und wissenschaftlichen Fortschritt dienen und sei deshalb in das Gesetz aufgenommen worden, da Urheber in der Regel auf kulturellen Leistungen anderer Schöpfer aufbauten.[825] Auch sei es nicht gerechtfertigt, Filmwerke anders zu behandeln als ein Bühnenschauspiel, welches als Sprachwerk von der Vorschrift privilegiert werde.[826]

Die Tatbestandsvoraussetzungen des Zitatrechts, insbesondere die Belegfunktion für die eigene Aussage, sah das Gericht als gegeben an,[827] da das zitierte Werk nicht um seiner selbst Willen, sondern zur Herstellung einer „innere(n) Verbindung mit den eigenen Gedanken“ eingebracht wurde. Es diente somit nicht Unterhaltungszecken, so dass die Verwertung des zitierten Werkes nicht gefährdet sei.[828]

2. Resonanz im Schrifttum

Auffällig ist, wie wenig „Irritationen“ die Entscheidung „Filmzitat“ in der urheberrechtlichen Literatur hervorgerufen hat[829] und das, obwohl der BGH bereits im Zeitpunkt der Entscheidung die restriktive Auslegung der Urheberschranken anerkannt hat.[830] Stattdessen wurde das Urteil des BGH zu den Filmzitaten begrüßt, da die Praxis sich vor der „unglücklich eng verklausuliert abge-

---

823 BGH GRUR 1987, 362 (363) – „Filmzitat“ mit Verweis auf BT-Drucks IV/270, UFITA 45 (1965 II), 240 (283).

824 BGH GRUR 1987, 362 (363) – „Filmzitat“ mit Verweis auf *Ulmer*, GRUR 1972, 323 (325 f.).

825 BGH GRUR 1987, 362 (363) – „Filmzitat“ mit Verweis auf BGH GRUR 1982, 37 (40) – „WK-Dokumentation“; BGH GRUR 1986, 59, 60 – „Geistchristentum“.

826 BGH GRUR 1987, 362 (363) – „Filmzitat“.

827 BGH GRUR 1987, 362 (363, vgl. auch 364) – „Filmzitat“. Zum Umfang vgl. auch *W. Nordemann* in Schulze, RzU, BGHZ 357, 9 (9 f.).

828 BGH GRUR 1987, 362 (363) – „Filmzitat“.

829 Einzige Urteilsbesprechungen nach Veröffentlichung der Entscheidung sind *W. Nordemann* in Schulze, RzU, BGHZ 357, 9 ff.; *Schricker*, EWiR 1987, 287 ff. Beide fallen knapp aus, beide begrüßen das Urteil.

830 BGH GRUR 1987, 362 (363) – „Filmzitat“ verweist selbst auf BGHZ 50, 147 (152 f.) – „Kandinsky I“ und BGH GRUR 1983, 562 (563 f.) – „Zoll- und Finanzschulen“.

fasst(en)“[831] Vorschrift nicht ausreichend entfalten konnte. Man sollte doch meinen, dass das Urteil vor der gefestigten Rechtsprechung geradezu revolutionär gewesen sein muss. Vielleicht war die Entscheidung abzusehen, wurde der Wortlaut der Vorschrift zuvor schon bei Bildzitaten überdehnt.[832] Vielleicht hat auch die Erleichterung, dass sich mit dem erweiterten Anwendungsbereich zitierfähiger Werke den strengen Voraussetzungen an den Zitatzweck begegnen ließe, mögliche Kritiker verstummen lassen. Vielleicht wurde die Kehrtwende in der Rechtsprechung aber auch einfach (noch) nicht erkannt, was wiederum dafür spricht, dass die Rechtsprechung das Dogma „Ausnahmevorschriften sind *stets* restriktiv auszulegen“ selbst als Floskel und eher unbedacht verwendete. Immerhin hat der BGH die entsprechende Auslegung ausdrücklich mit den Voraussetzungen einer Analogie begründet und damit juristische Methodik und Dogmatik in die urheberrechtliche Schrankenanwendung zurückgebracht.

3. Analyse

Gegenüber der zuvor behandelten Entscheidung zu den elektronischen Pressespiegeln wird die Analyse der „Filmzitate“ dadurch vereinfacht, dass hier keine Tripolarität besteht. Damit konkurrieren „nur“ die Positionen zweiter Grundrechtsträger (a.) miteinander.

Unter verfassungsrechtlichen Gesichtspunkten ist an der Entscheidung des BGH zunächst interessant, ob die **Ausweitung** des Zitats **auf Filmwerke** verfassungsrechtlich zulässig ist (b.).

Ein weiterer Punkt, der einer verfassungsrechtlichen Würdigung bedarf, ist die Auslegung der **weiteren Voraussetzungen** an das Zitat durch die Rechtsprechung, insbesondere des Zitatzwecks (c.). Diesen sah der BGH im vorliegenden Fall zwar als gegeben an, dennoch blieb das Gericht hier bei seinen strengen Anforderungen.

a. Beteiligte Grundrechtsträger

Die Rechte der Klägerin sind verfassungsrechtlich in der **Eigentumsfreiheit** verbürgt. Als vermögenswertes Recht werden auch die Nutzungsrechte an Filmwerken nach Art. 14 I GG geschützt.[833]

Für die beklagte Rundfunkanstalt kommen dagegen mehrere Grundrechte in Betracht.

[831] *Schricker*, EWiR 1987, 287 (287).
[832] vgl. Nachweise bei *Schricker*, EWiR 1987, 287 (287).
[833] **3. Teil A. II. 1.**

Natur- und Dokumentarfilme können als Filmwerk geschützt sein.[834] Unabhängig davon, ob ein Film die nötige eigenschöpferische Prägung aufweist, bestimmt sich der verfassungsrechtliche Schutz von Filmwerken (§ 2 I Nr. 6 UrhG) und Laufbildern (§ 95 UrhG) i.d.R. nach der **Kunstfreiheit**. Da diese auch den Wirkbereich erfasst,[835] fällt auch die Ausstrahlung von Filmmaterial unter das Grundrecht.

Überwiegt dagegen der wissenschaftliche Anspruch des Beitrags, kann durchaus ein (nahezu inhaltsgleicher) Schutz durch die **Wissenschaftsfreiheit** in Betracht kommen. Dies scheint im vorliegenden Fall insoweit fernliegend, als der BGH eine Klassifizierung als wissenschaftliches Werk nicht annehmen wollte.[836]

Welches der Grundrechte letztendlich einschlägig ist, hängt stark vom Einzelfall ab und kann mangels detaillierter Angaben allein aus dem Urteil nicht erschlossen werden. In jedem Fall dürfte für die Arbeit der Beklagten als öffentlich-rechtliche Rundfunkanstalt die **Rundfunkfreiheit** einschlägig sein.[837]

b. Ausweitung auf Filmwerke

Der zentrale Kern des Urteils behandelt die Frage der Erweiterung des Zitatrechts auf Filmwerke.

aa. Schutzbereichsbestimmung

Wie oben bereits festgestellt, umfasst die Rundfunkfreiheit entgegen ihrem allgemeinen Sprachgebrauch auch das Recht der Fernsehberichterstattung.[838] Das Grundrecht korrespondiert insoweit mit der Pressefreiheit, als die Rundfunkfreiheit die allgemeinen Grundrechte des Art. 5 I 1 GG erfasst und im Wege der Spezialität verdrängt.[839] Auch die Rundfunkfreiheit reicht daher (entsprechend

834 BGHZ 9, 262 (268) – „Lied der Wildbahn I“; BGH GRUR 1984, 730 (732) - „Filmregisseur“; OLG Frankfurt ZUM 2002, 226 (227) – „Meisterwerke“; KG ZUM 2003, 863 (864) – „Fernsehsendung ‚Beat Club‘“.

835 S.o. **3. Teil B. V. 3.**

836 Andernfalls hätte das Zitatrecht weniger Schwierigkeiten bereitet. In wissenschaftlichen Werken darf großzügiger zitiert werden – hier ist das Großzitat zulässig (§ 51 S. 2 Nr. 1 UrhG).

837 So schon *Schricker*, EWiR 1987, 287 (288) in einer der wenigen Besprechungen zu dem Fall.

838 S.o. **3. Teil B. III. 2. a.**; *Herzog* in Maunz/Dürig, Art. 5 Abs. I, II GG Rn. 197.

839 *Herzog* in Maunz/Dürig, Art. 5 Abs. I, II GG Rn. 204.

der Pressefreiheit) von der Beschaffung der Information bis zu deren Verbreitung.[840]

Dennoch bestehen im Rahmen der Rundfunkfreiheit (insbesondere öffentlich-rechtlicher Rundfunkanstalten) Besonderheiten, die den anderen Medienfreiheiten unbekannt sind. Diese resultieren aus zweierlei Unterschieden. Zum einen waren Rundfunkfrequenzen gerade in den Frühzeiten des Rundfunks bei Erlass des GG knapp. Hierdurch war es wesentlich schwieriger, die Meinungsvielfalt zu sichern als im Bereich des Pressewesens, das nicht vor derartige Hürden gestellt war.[841] Deshalb hat das BVerfG strenge Voraussetzungen aufgestellt, um die Meinungsvielfalt durch Rundfunkanstalten zu erhalten.[842] Die Rundfunkfreiheit ist insoweit eine „dienende Freiheit".[843] Zum anderen hat der Rundfunk andere Möglichkeiten der Informationsübermittlung. Gerade die Bildberichterstattung im Fernsehrundfunk führt dazu, dass Informationen einerseits besonders nachdrücklich transportiert werden können, andererseits birgt diese Form der Berichterstattung aber auch erhebliche Manipulationsmöglichkeiten.[844] Diesen Besonderheiten ist daher im Rundfunkrecht Rechnung zu tragen.

Auch die Rundfunkfreiheit leistet ihren Beitrag zur öffentlichen Meinungsbildung, weshalb die Berichterstattung als Kernstück der öffentlich-rechtlichen Rundfunkfreiheit besonders geschützt ist.[845] Sie erfüllt im Gegensatz zu den anderen Kommunikationsfreiheiten zumindest im Bereich des öffentlich-rechtlichen Rundfunks aber auch eine öffentliche Aufgabe und soll die Vielfalt der Meinungen zum Ausdruck bringen, um die informationelle Grundversorgung sicherzustellen.[846] Sie hat daher ein „Mindestmaß von inhaltlicher Ausgewogenheit, Sachlichkeit und gegenseitiger Achtung"[847] zu respektieren. Im

---

840 BVerfGE 77, 65 (74); 91, 125 (134 f.); *Schulze-Fielitz* in Dreier, Art. 5 I, II GG Rn. 105. S. schon oben bei den elektronischen Pressespiegeln **I. 4. b. aa. (1).** und **3. Teil B. III. 1. a.**

841 *Starck* in v. Mangoldt/Klein/Starck, Art. 5 Abs. 1, 2 GG Rn. 112.

842 Näheres bei *Gounalakis/Zagouras*, Medienkonzentrationsrecht, S. 25 ff.; *Petersen*, Medienrecht, § 2 Rn. 19.

843 Schon oben **3. Teil C. III. 2. b.**

844 Vgl. *Starck* in v. Mangoldt/Klein/Starck, Art. 5 Abs. 1, 2 GG Rn. 115. Ferner *Gounalakis/Zagouras,* JZ 2008, 652 (653).

845 *Starck* in v. Mangoldt/Klein/Starck, Art. 5 Abs. 1, 2 GG Rn. 104; *Herzog* in Maunz/Dürig, Art. 5 Abs. I, II GG Rn. 199 ff. Vgl. *Schulze-Fielitz* in Dreier, Art. 5 I, II GG Rn. 105.

846 *Starck* in v. Mangoldt/Klein/Starck, Art. 5 Abs. 1, 2 GG Rn. 111; ferner *Gounalakis*, NJW 2008, 800 (804); *Petersen*, Medienrecht, § 2 Rn. 21 ff.

847 BVerfGE 12, 205 (263) – „Schmid-Spiegel"; 57, 295 (325) – „3. Rundfunkurteil"; 73, 118 (153) – „4. Rundfunkurteil".

Rahmen ihrer Programmgestaltung[848] obliegt es allerdings der Rundfunkanstalt, wie sie diese Vorgaben erfüllt.

bb. Abstrakte Abwägung

Bei der abstrakten Abwägung der Rundfunkfreiheit mit der Eigentumsfreiheit ergeben sich keine Unterschiede zu den bei den elektronischen Pressespiegeln getroffenen Feststellungen. Beide Grundrechte sind durch den Gesetzgeber beschränkbar und stehen sich abstrakt gleichwertig gegenüber.[849] Vorab kann keinem Grundrecht der Vorzug vor dem anderen eingeräumt werden.

cc. Konkrete Abwägung

Da die Erweiterung der Vorschrift der Forderung nach einer extensiven Auslegung der Schranken entspricht, stellt sich im Rahmen der konkreten Abwägung die zentrale Frage, inwieweit diese Extension unter verfassungsrechtlichen Gesichtspunkten geboten ist. Die Erweiterung des Zitatrechts ist verfassungsrechtlich geboten, wenn dies zur Optimierung der Rundfunkfreiheit erforderlich und angemessen ist.

(1). Erforderlichkeit

Die Erforderlichkeit der Extension bemisst sich danach, welche Handlungsalternativen bestehen. Insbesondere ist zu hinterfragen, ob die Übernahme der Spielfilmausschnitte für die Berichterstattung unverzichtbar war. Grundsätzlich obliegt es der Rundfunkanstalt, wie sie eine Reportage über die Entwicklung des Tonfilms illustriert. Eine derartige Reportage könnte ohne Beispielmaterial aber wohl kaum die notwendigen Hintergrundinformationen vermitteln. Der vollständige Verzicht auf das geschützte Material wäre also keine zumutbare Alternative. Möglich wäre zwar auch, eine kürzere Berichterstattung zu verlangen, doch stellt sich diese Option erst gar nicht, wenn man die Nutzung des Filmmaterials von vorneherein versagt.

Daher würde es sich anbieten, die Rundfunkanstalt auf eine vertragliche Lizenzerwirkung zu verweisen. Allerdings wäre auch diese Alternative nicht zumutbar, denn dann würde die Nutzung von der übereinstimmenden Willenserklärung der Nutzungsrechtsinhaberin abhängen. Der Sinn der Schranken besteht aber gerade darin, dem Nutzer die Verwendung von Werken auch gegen den

---

[848] Zu dieser *Gounalakis*, NJW 2008, 800 (804); *Herzog* in Maunz/Dürig, Art. 5 Abs. I, II GG Rn. 213.

[849] Vgl. oben **I. 4. b. bb.**

Willen des Rechtsinhabers zu ermöglichen.[850] Aus diesem Grund sehen die meisten Schranken im Gegenzug einen Vergütungsanspruch des Rechtsinhabers vor.

Schließlich könnte von der Rundfunkanstalt verlangt werden, ihre Reportage so auszugestalten, dass sie mit geltendem Recht in Einklang zu bringen wäre. Als einzige Alternative würde sich hier § 24 UrhG anbieten. Die Vorschrift regelt aber eine völlig andere Materie als § 51 UrhG. Bei § 24 UrhG wird ein neues Werk geschaffen. Das Urwerk hat bei der Erstellung lediglich als Anregung gedient, seine eigenpersönlichen Züge verblassen daher bei der Gesamtbetrachtung.[851] Dagegen ist bei § 51 UrhG gewollt, dass das Urwerk in seiner ursprünglichen Aussage zu erkennen ist.[852]

Damit ist eine Erweiterung des Zitatrechts als Mittel der Optimierung der Rundfunkfreiheit erforderlich.

(2). Angemessenheit

Die Restriktionen, die sich durch die Ausweitung ergeben, müssten auch angemessen sein. Je stärker in die Rundfunkfreiheit eingegriffen wird, desto mehr sind entsprechend den im theoretischen Teil getroffenen Feststellungen Erweiterungen des Zitatrechts zu Lasten der Eigentumsfreiheit hinzunehmen.[853]

Es stellt sich also die Frage, wie schwer Einbußen für die **Rundfunkfreiheit** durch eine restriktive Auslegung ausfallen würden.

Wie zuvor bereits gesehen, wäre ohne die Ausweitung des Zitatrechts eine Filmberichterstattung gar nicht möglich. Die Schutzbereichsbestimmung hat aber ergeben, dass die Filmberichterstattung gerade eine der Besonderheiten der Rundfunkfreiheit ausmacht. Dem ist auch bei der Rechtsanwendung Rechnung zu tragen. Die Filmberichterstattung eröffnet journalistische Möglichkeiten, welche der „herkömmlichen" Presse oder dem Hörfunk verschlossen bleiben. Sie erreicht mehr Menschen und kann auch mehr Informationen vermitteln. Insbesondere gelingt es ihr besser, visuelle Informationen zu transportieren. Der Rundfunkfreiheit kommt daher im Rahmen der Grundversorgung die Aufgabe der Unterrichtung zu.[854]

---

850 Vgl. oben bei den Pressespiegeln **I. 4. c. aa.**

851 BGH GRUR 1958, 402 (404) – „Lili Marleen". Vgl. auch das Beispiel der Parodie unten **V.**

852 So auch bei *Heiner Müllers* „Germania 3". Siehe oben **B.** Darin unterscheidet sich § 51 UrhG von der Parodie, welche die antithematische Behandlung beinhaltet.

853 Vgl. oben **3. Teil E. IX. 1. b.**

854 BVerfGE 57, 295 (320) – „3. Rundfunkurteil"; 73, 118 (158) – „4. Rundfunkurteil"; 97, 228 (257) – „Kurzberichterstattung"; *Starck* in v. Mangoldt/Klein/Starck, Art. 5 Abs. 1, 2 GG Rn. 111.

Das BVerfG führt eine werkbezogene Betrachtung durch. Somit ist auch die Thematik der Dokumentation zu würdigen. Ein Bericht über die Entwicklung des Ton*films* wird schwerlich ohne eine zeitdokumentarische Illustration auskommen. Gerade die Anfänge des Tonfilms werden noch eine stark visuelle Prägung aufweisen. Dies könnte die rein auditive Berichterstattung aber kaum vermitteln. Somit würde die Rundfunkfreiheit ohne die Möglichkeit des Filmzitats erheblich in ihrer Berichterstattungsfreiheit eingeschränkt. Zugunsten der Rundfunkfreiheit ist die Analogie somit angemessen.

Dagegen sind Einschneidungen der **Eigentumsfreiheit** weniger intensiv. Das BVerfG macht dies insbesondere an der wirtschaftlichen Betrachtung fest. Die entlehnten Ausschnitte von 5:36 Minuten machen gemessen an der Gesamtlänge des Filmes „Mädchen in Uniform“ - 98 Minuten[855] - nur einen geringen Teil aus. Der Filmgenuss potenzieller Nutzer wird hierdurch nicht befriedigt, so dass diese weiterhin als Kunden für die Zweitverwertung zur Verfügung stehen. Im Gegenteil würde die Berichterstattung im Rahmen der Dokumentation eher Anreize schaffen, den Film zu konsumieren.[856] Insofern könnte die Reportage dazu dienen, neue Kunden zu werben bzw. vergessene Filmwerke wieder in Erinnerung zu rufen. Diese Art der „Werbung“ ist umso vielversprechender, als der Zuschauerkreis von „Laterna Teutonica“ und „Mädchen in Uniform“ große Schnittmengen aufweisen dürfte. Zuschauer der Reportage über die Entwicklung des Tonfilms kommen durchaus als Konsumenten von Werken aus dieser Zeit in Frage. Damit tritt die Reportage nicht in Konkurrenz zu dem zitierten Werk und stört dessen wirtschaftliche Verwertung in keinster Weise.

Die optimale Entfaltung beider Grundrechte verbietet einen Eingriff in den **Wesensgehalt** eines der Grundrechte.

Fraglich ist, ob die Analogie mit dem Wesensgehalt der Eigentumsfreiheit vereinbar ist. Immerhin sieht das Zitatrecht keine Vergütung vor,[857] was dem Beteiligungsgrundsatz zuwiderlaufen würde. Das BVerfG hätte in der Vergangenheit aber die Möglichkeit gehabt, die Zitierfreiheit wegen mangelnder Vergütung als insgesamt verfassungswidrig einzustufen. Vielmehr hat das Gericht auch die unentgeltliche Nutzung von Urheberrechten erlaubt, wenn ein gestei-

[855] www.de.wikipedia.org/wiki/M%C3%A4dchen_in_Uniform_(1931) (Stand November 2008).

[856] Zu beachten ist hier insbesondere die Pflicht zur Quellenangabe gem. § 63 UrhG, die auch bei Filmzitaten entsprechend gilt.

[857] Vgl. *Lettl*, Urheberrecht, § 6 Rn. 25.

gertes öffentliches Interesse gegeben war.[858] Dieses kann sich aus dem „Allgemeininteresse an freier geistiger Auseinandersetzung, an Dialog, Kritik und kultureller Weiterentwicklung“[859] ergeben, dem das Zitatrecht letztlich zu dienen bestimmt ist. Im Übrigen könnte der Wesensgehalt ansonsten dadurch gewahrt werden, dass auch der Vergütungsanspruch analog konstruiert würde.[860]

Dagegen wären Rundfunkanstalten durch eine restriktive Auslegung gezwungen, ihre Berichterstattung den verbleibenden visuellen Möglichkeiten anzupassen. Hierdurch müssten viele Themenbereiche aus der Programmgestaltung entfallen, die letztlich als Kern der Rundfunkfreiheit geschützt sind. Ein Eingriff in den Wesensgehalt der Rundfunkfreiheit wäre durch eine restriktive Auslegung des Zitatrechts daher eher zu befürchten.

c. Anforderungen an das Zitat

Die Entscheidung gibt Anlass, sich über die weiteren Voraussetzungen des Zitats Gedanken zu machen. Die weite Auslegung der zitierfähigen Werke hat der BGH durch strenge Anforderungen an Zitatzweck, Umfang oder Selbständigkeit des zitierenden Werkes wettgemacht.

aa. Anforderungen vor „Germania 3“

Das Zitat ist nach der Rechtsprechung des BGH nur zum **Zweck** der Erläuterung des Inhalts des zitierenden Werkes zulässig.[861] Die Anwendung des Zitats wird damit auf die Funktion als Belegstelle oder Erörterungsgrundlage für selbständige Ausführungen begrenzt.[862] Voraussetzung ist, dass eine innere Verbindung zu den eigenen Gedanken hergestellt wird.[863] Hierdurch soll vermieden werden, dass das Zitat nur als Ausschmückung dient,[864] als Blickfang ohne Belegfunktion[865] oder als Ersatz für eigene Ausführungen des Autors.[866] Das zitierte Werk

---

858 BVerfGE 31, 229 (243) – „Kirchen und Schulgebrauch“; 49, 382 (400) – „Kirchenmusik“; 79, 29 (41) – „Vollzugsanstalten“; *Poeppel*, Neuordnung der urheberrechtlichen Schranken, S. 140 f. Vgl. oben **3. Teil A. II. 2. b.**

859 *Dreier* in Dreier/Schulze, § 51 UrhG Rn. 1.

860 Vgl. BGH GRUR 1999, 707 (711 ff.) – „Kopienversanddienst“, dazu unten **IV. 3. d.**

861 *Lüft* in Wandtke/Bullinger, § 51 UrhG Rn. 3.

862 BGH GRUR 1987, 34 (35) – „Liedtextwiedergabe I“; OLG Frankfurt ZUM 2005, 477 (481) – „TV Total“; *Gounalakis*, WiSt 2008, 468 (470); *Lüft* in Wandtke/Bullinger, § 51 UrhG Rn. 3.

863 BGH GRUR 1987, 34 (35) – „Liedtextwiedergabe I“; BGH GRUR 1987, 362 (363) – „Filmzitat“; OLG Frankfurt ZUM 2005, 477 (481) – „TV Total“.

864 Vgl. BGHZ 50, 147 (155) – „Kandinsky“. Dagegen ist es unschädlich, wenn die Schmuckfunktion neben den Zitatzweck tritt, so lange dieser nicht unterliegt. Vgl. auch *Schricker* in Schricker, § 51 UrhG Rn. 17.

865 OLG Hamburg GRUR-RR 2003, 33 (37) – „Maschinenmensch“.

soll also nicht um seiner selbst Willen der Allgemeinheit zur Kenntnis gebracht werden.[867]

Auch die Bestimmung des **Umfangs** eines Zitates ist von Bedeutung, denn wenn dieser überschritten wird, ist die gesamte Wiedergabe nicht mehr von der Zitatfreiheit gedeckt.[868] Die Rechtsprechung hat den Umfang nie pauschal, sondern stets im Einzelfall[869] unter Berücksichtigung von Zitatzweck sowie Inhalt und Umfang sowohl des entlehnten Werkes als auch des zitierenden Werkes bestimmt.[870]

Schließlich muss das zitierende Werk **selbständig** sein. Es muss auch ohne das Zitat als schutzfähige Schöpfung bestehen bleiben können.[871] Der Werkcharakter darf also nach Ansicht des BGH nicht erst durch die Zitierung erreicht werden.

Zuweilen findet sich der Hinweis, der Ausnahmecharakter des Zitatrechts müsse dazu führen, bei den übrigen Voraussetzungen des Zitats einen strengen Maßstab anzulegen.[872] Der BGH sah im Fall der Filmzitate keinen Anlass zur Beanstandung.

bb. Anforderungen nach „Germania 3“

Anhand der „Germania 3“-Entscheidung hat das BVerfG aber klargestellt, dass auch die weiteren Voraussetzungen an das Zitat einer verfassungskonformen Auslegung zugänglich sind. Die Instanzgerichte hatten die Zulässigkeit des Bühnenwerkes *Müllers* an dem fehlenden Zitatzweck scheitern lassen. Das OLG München vermisste einen inneren Bezug zu den entlehnten Stellen und äußerte die Vermutung, dass *Müller* lediglich eigene Ausführungen ersetzen wollte.[873] Dem trat das BVerfG mit der bereits bekannten Forderung entgegen, auch den Zitatzweck einer kunstspezifischen Betrachtung zu unterziehen.[874] Diese hat ergeben, dass die entlehnten Stellen *Brechts* erst die Interpretationsebene eröffnen sollten und dem Stück so eine völlig neue Bedeutung gaben. Es ging *Müller* nicht einmal darum, *Brechts* Meinung in das eigene Stück zu transponieren.

---

866 OLG München NJW 1999, 1975 (1976) – „Stimme Brecht“. Diese Entscheidung diente dem BVerfG schließlich als Vorlage seines „Germania 3“-Beschlusses.

867 BGH GRUR 1959, 197 (199) – „Verkehrs-Kinderlied“; BGH GRUR 1986, 59 (60) – „Geistchristentum“; LG Berlin GRUR 1962, 207 (210) – „Maifeiern“; *Krause-Ablaß*, GRUR 1962, 231; *Waldenberger* in Möhring/Nicolini, § 51 UrhG Rn. 5.

868 *Lüft* in Wandtke/Bullinger, § 51 UrhG Rn. 6.

869 Vgl. RGZ 129, 252 (254 ff.) – „Operettenführer“.

870 BGH GRUR 1986, 59 (69) – „Geistchristentum“. Hierzu *Bisges*, GRUR 2009, 730 (732).

871 BGH GRUR 1994, 800 (802 f.) – „Museumskatalog“; BGH GRUR 1986, 59 (59) – „Geistchristentum“.

872 *Waldenberger* in Möhring/Nicolini, § 51 UrhG Rn. 6.

873 OLG München NJW 1999, 1975 (1976) – „Stimme Brecht“.

874 S.o. **B. III.**

Vielmehr wollte er diese als Kontrast einer kritischen Würdigung unterziehen.[875] Dieses Ergebnis ließe sich mit einer rein urheberrechtlichen Betrachtung des Zitatzwecks aber nicht erreichen.

Eine entsprechende verfassungsrechtliche Würdigung des Zitatzwecks hätte auch im Falle der Filmzitate zu erfolgen. Die kunstspezifische Betrachtung müsste dann einer rundfunkspezifischen Betachtung weichen. Diese wird dann relevant, wenn sich bestimmte Wirkungen nicht mehr durch das UrhG, sondern erst durch die Rundfunkfreiheit erreichen lassen. Hätte die Rundfunkanstalt beispielsweise zur Veranschaulichung der Entwicklung des Tonfilms aktuelle Filmausschnitte angefügt, könnte der Zitatzweck abermals mit der Begründung in Frage gestellt werden, die entlehnten Passagen stellten keine Verbindung zum zitierenden Werk her. Unter dem Blickwinkel der Rundfunkfreiheit könnte es aber insbesondere vor dem Hintergrund technischer Möglichkeiten des Fernsehrundfunks Sinn machen, Zuschauern der Reportage die heutigen technischen Errungenschaften im Gegensatz zu den Anfängen des Tonfilms zu verdeutlichen und entsprechend neuere Filmausschnitte als Kontrast anzuführen.

Damit stellt sich die Frage, welche Besonderheiten sich durch den verfassungsrechtlichen Einfluss auf die Tatbestandsmerkmale des Zitats ergeben.

Das BVerfG hat die **Belegfunktion** des Zitats um das Kriterium der „künstlerischen Aussage“ erweitert.[876] Ob die bisherige Rechtsprechung des BGH zum Zitatzweck noch Bestand haben kann, wird sich zeigen. In jedem Fall ist dieses Kriterium weiter als der bisherige „Zitatzweck“.[877]

Eine Belegfunktion wird man auch weiterhin voraussetzen müssen.[878] Dies ist eben Wesensmerkmal des „Zitates“. Doch wird es nunmehr ausreichen müssen, dass mit der Anführung – wie im Falle „Germania 3“ - eine Aussage verbunden ist.

Das Merkmal der äußeren und inneren Bezugnahme muss man nach der Entscheidung lockern. Maßgeblich wird im Bereich der Kunstfreiheit nicht mehr die Bezugnahme sein, sondern die Art und Weise, wie sich das Zitat „funktional

---

875 S.o. **B. I.**

876 BVerfG GRUR 2001, 149 (151) - „Germania 3“. Vgl. BGH GRUR 2008, 693 (696) – „TV-Total“.

877 *Von Becker*, ZUM 2000, 864 (865). Offen gelassen bei BGH GRUR 2010, 628 (630) – „Vorschaubilder“.

878 So auch *Bisges*, GRUR 2009, 730 (731) allerdings ohne Berücksichtigung der „Germania 3“-Entscheidung.

in die künstlerische Gestaltung[879] und Intention (des) Werks einfügt und damit als integraler Bestandteil einer eigenständigen künstlerischen Aussage erscheint"[880]. Die Belegfunktion ist also vor dem Hintergrund der konkurrierenden Grundrechte zu betrachten.

Eine Begrenzung des Zitats wird in Zukunft nur noch über die wirtschaftliche Zumutbarkeit zu erreichen sein.[881] § 51 UrhG enthält keinen Vergütungsanspruch zugunsten der Urheber – insofern könnte man bei der Vorschrift tatsächlich von einer Ausnahme im Sinne einer Ausnahmevorschrift sprechen.[882] Allerdings werden wirtschaftliche Interessen im Bereich des Zitatrechts selten in Rede stehen, insbesondere da das BVerfG hier auch die Konkurrenzsituation durch das zitierende Werk einbezieht.

Auf eine gewisse **Selbständigkeit** des zitierenden Werkes wird auch in Zukunft nicht verzichtet werden können, denn nur selbständige Schöpfungen erfüllen aus urheberrechtlicher Sicht die Anforderungen an den Werkbegriff.[883] Dies vermag auch eine verfassungsrechtliche Betrachtung nicht zu ändern. Gegebenenfalls wird aber das Verfassungsrecht eine entsprechend großzügige Auslegung der Selbständigkeit erforderlich machen. Hatte die Rechtsprechung diese zuvor verneint, wenn das Zitat die Hauptsache des neuen Werkes ausmachte,[884] oder als Faustregel gefragt, ob das „neue" Werk auch ohne das Zitat bestehen kann,[885] wird diese Rechtsprechung vor dem Hintergrund der „Germania-3"-Entscheidung wohl keinen Bestand mehr haben können.[886] Im Falle „Germania 3" wäre die Szene „Maßnahme 1956" ohne die *Brecht*-Anführungen inhaltlich zusammengebrochen. Die kunstspezifische Betrachtung diente hier gerade dem Erhalt der Selbständigkeit des Kunstwerkes.

In der „TV-Total"-Entscheidung hat der BGH die Vorgaben des BVerfG ausdrücklich aufgegriffen und berücksichtigt. Da die entlehnten Filmausschnitte „Medienkritik und die satirische Darstellung der zunehmenden Niveaulosigkeit des deutschen Fernsehens" bezweckten, untersuchte das Gericht auch hier den Einfluss der Kunstfreiheit.[887] Allerdings vermisste der BGH jegliche Form der geistigen Auseinandersetzung, die das Zitat letztlich ja erst ermöglichen soll.

---

[879] Oder rundfunk-/pressespezifische Gestaltung, Anm. d. Verf.
[880] *Von Becker*, ZUM 2000, 864 (866).
[881] Anders bei BGH GRUR 2008, 693 (696) – „TV-Total".
[882] Vgl. oben **2. Teil D. II.** und **3. Teil D. IV.**
[883] *Von Becker*, ZUM 2000, 864 (865); *Bisges*, GRUR 2009, 730 (731).
[884] BGHZ 50, 147 (155) – „Kandinsky I".
[885] *Vinck* in Fromm/Nordemann, § 51 UrhG Rn. 3 f.
[886] So auch *Von Becker*, ZUM 2000, 864 (865).
[887] BGH GRUR 2008, 693 (696) – „TV-Total".

Verfassungsrechtlich ist dies nicht zu beanstanden, denn jede weitere Auslegung der Zitierfreiheit käme der oben abgelehnten abstrakten Güterabwägung gleich.[888]

4. Bewertung

Durch den „Zweiten Korb" wurde die Aufzählung in § 51 S. 2 UrhG um die Formulierung „insbesondere" ergänzt. Hierdurch ermöglicht jetzt bereits der Wortlaut eine erweiterte Auslegung zitierfähiger Werke. Das einfache Recht lässt somit mehrere Auslegungsvarianten zu. Die Vorschrift, die nunmehr als „Generalklausel" verstanden werden kann, ist daher umso „anfälliger" für die verfassungskonforme Auslegung. Damit wurde die Problematik zwar insgesamt entschärft, die Argumente sind aber insbesondere im Bereich der Werk-Konkurrenz auch auf andere Sachverhalte übertragbar. Im Rahmen der Bestimmung zitierfähiger Werke sind daher stets konkurrierende Grundrechte zu beachten. Somit hat sich das Blatt gewendet. Es scheint nunmehr fraglich, ob bei der Bestimmung zitierfähiger Werke eine restriktive Auslegung der Vorschrift überhaupt noch möglich sein wird. Diese Frage ist – wie stets – dem Einzelfall vorbehalten; sowohl vor dem Hintergrund der „Germania 3"-Entscheidung als auch der Neufassung der Vorschrift wird die extensive Auslegung in diesem Bereich aber die Regel sein. *Von Becker* erwägt sogar, die Problematik der Parodie, welche nach fast einhelliger Ansicht über § 24 UrhG zu behandeln ist,[889] nunmehr über das Zitatrecht zu lösen.[890]

Auch bei den übrigen Voraussetzungen des Zitates wird Großzügigkeit walten müssen. Eine Eingrenzung der Vorschrift wird nur hier ansetzen können. Sobald mit der Anführung des Zitats eine Aussage verbunden ist, müssen die konkurrierenden Grundrechte im Rahmen der praktischen Konkordanz beachtet werden. Das Zitat wird zwar nicht durch eine Vergütung ausgeglichen – das führt aber nicht automatisch dazu, dass die vom BVerfG geforderte wirtschaftliche Be-

---

888 Vgl. oben **3. Teil E. VIII. 1.**

889 BGH GRUR 1971, 588 (589) – „Disney-Parodie"; BGH GRUR 1994, 191 (193) – „Asterix-Persiflagen"; BGH NJW 2001, 603 (604) – „K's Mattscheibe"; *von Becker*, NJW 2001, 583 (583); *Platho*, GRUR 1992, 360 (361); *Rütz*, WRP 2004, 323 (324); *Vinck*, GRUR 1973, 251 (251). Vgl. unten **V. 1.**

890 *Von Becker*, ZUM 2000, 864 (866). So auch schon zuvor *Schmieder*, NJW 1971, 2169 (2170). Auch wenn die Thematik hier nicht Gegenstand der Diskussion sein soll bleibt festzuhalten, dass die antithematische Behandlung der Parodie eher eine Anwendung von § 24 UrhG gebietet, da das Werk meist in einen völlig neuen Kontext gestellt wird. Andernfalls würden die Grenzen zwischen § 24 UrhG, bei dem neue Bearbeiterurheberrechte entstehen, und § 51 UrhG verwischen. Ablehnend auch *Bisges*, GRUR 2009, 730 (732).

trachtung zugunsten des zitierten Werkes ausfällt. Vielmehr ist hier zu untersuchen, ob das zitierende Werk dem entlehnten Werk Konkurrenz bereiten könnte. Diese Frage wird ebenfalls maßgeblich von der Abwägung mit konkurrierenden Grundrechten abhängen. Bei den „Filmzitaten" hätte sie wohl nicht einmal dann vorgelegen, wenn aktuelle Filmwerke zur Veranschaulichung der Entwicklung des Tonfilms verwendet worden wären (s.o.). Anders wäre möglicherweise zu urteilen, wenn die Reportage dazu bestimmt war, eine vollständige Inhaltswiedergabe des Films zu bewirken. Gerade bei aktuellen Kinofilmen könnte dies die Besucherzahlen schmälern und die wirtschaftliche Betrachtung in eine andere Richtung lenken.

Damit kann aber das Dogma der restriktiven Auslegung der Urheberschranken selbst beim Zitatrecht des § 51 UrhG nicht aufrecht erhalten werden, obwohl sich dieses als Ausnahmevorschrift verstehen ließe (s.o.).

III. § 52 UrhG

Ein weiterer Aufhänger bei der Entwicklung des Dogmas „die Schranken des Urheberrechts sind restriktiv auszulegen" ist die Privilegierung nach § 52 UrhG. Da sich die Vorschrift auch als „soziale" Privilegierung verstehen lässt, kann eine Untersuchung der Vorschrift insbesondere Aufschluss darüber geben, ob die gesellschaftliche Funktion auch soziale Belange erfasst.

1. Die Vorschrift

§ 52 UrhG regelt das Recht der öffentlichen Wiedergabe und erlaubt die öffentliche Wiedergabe eines Werkes unter bestimmten Voraussetzungen.

In Abs. 1 gestattet die Vorschrift die Wiedergabe eines veröffentlichten[891] Werkes, wenn die Wiedergabe keinem Erwerbszweck des Veranstalters dient, Teilnehmer ohne Entgelt zugelassen werden und im Falle des Vortrags oder der Aufführung ausübenden Künstlern keine besondere Vergütung gezahlt wird. Die Vorschrift sieht in S. 2 eine Vergütung für die öffentliche Wiedergabe vor.[892]

---

[891] Bis zum 12.9.2003 wurde das Erscheinen des Werkes (§ 6 II UrhG) vorausgesetzt.

[892] In der ursprünglichen Fassung von 1965 bis 1985 war die öffentliche Wiedergabe eines Werkes auch ohne Zahlung einer Vergütung zulässig. Verfassungsrechtlich war dies nicht haltbar und führte nach der Kirchenmusik-Entscheidung des BVerfG zur Einführung einer Vergütung. Vgl. BVerfGE 49, 382 (398 ff.) – „Kirchenmusik"; *Waldenberger* in Möhring/Nicolini, § 52 UrhG Rn. 2; *Lüft* in Wandtke/Bullinger, § 52 UrhG Rn. 1.

Genau diese Vergütung entfällt aber für die in S. 3 genannten Veranstaltungen sozialer oder erzieherischer Zweckbestimmung.

Das Dogma der restriktiven Auslegung der Urheberschranken entwickelte sich maßgeblich auch anhand der Entscheidungen zu § 52 UrhG. Bis heute werden sie von der Rechtsprechung zitiert. Auch für die Verfassungsrechtsprechung zum Urheberrecht war die Vorschrift von Bedeutung.[893] § 52 UrhG ist eine der umstrittensten Normen des UrhG, da es hier nicht alleine um den freien Zugang, sondern zugleich um den kostenlosen Zugang zu Werkstücken geht. Daher sind verfassungsrechtliche Positionen der Urheber umso empfindlicher betroffen.[894] Andererseits dient die Vorschrift aber auch dazu, insofern „handfeste finanzielle Interessen insbesondere der öffentlichen Hand“[895] abzusichern, als § 52 I 3 UrhG einen Katalog von Veranstaltungen der öffentlichen Hand statuiert, welche die Urheber faktisch zu „subventionieren“[896] haben.

2. Leitentscheidungen

Die wiederstreitenden Interessen werden auch im Wechselspiel von Rechtsprechung und Gesetzgebung deutlich. Versuche des Gesetzgebers, sich in öffentlichen Belangen um eine Vergütung zu drücken, hat die Rechtsprechung durch eine entsprechend strenge Rechtsanwendung auszugleichen versucht.[897]

a. „Landesversicherungsanstalt“, „Zoll- und Finanzschulen“, „Vollzugsanstalten“, „Alten-Wohnheim“

Die ersten Urteile zu § 52 UrhG fällte der BGH kurz nach Inkrafttreten des UrhG, noch vor der Reform von 1985. Die Linie des BGH wird hierbei anhand der Urteile „Landesversicherungsanstalt“, „Zoll- und Finanzschulen“, „Vollzugsanstalten“ und „Alten-Wohnheim“ deutlich, die allesamt ähnlich gelagert sind.

Im Fall der Landesversicherungsanstalten war Beklagte das Land Hessen als Trägerin von Heilanstalten, in denen Wiedergabegeräte für GEMA-pflichtige Werke aufgestellt wurden. Gleiches ereignete sich in den Aufenthaltsräumen einer durch die öffentliche Hand betriebenen Zoll- und Landesfinanzschule mit internatsähnlicher Unterbringung sowie dem Gemeinschaftsraum einer Voll-

---

[893] BVerfGE 79, 29 – „Vollzugsanstalten“.

[894] Zur Verfassungsmäßigkeit der Neufassung vgl. BVerfGE 79, 29 (38) – „Vollzugsanstalten“; BVerfG NJW 1996, 2022 (2022).

[895] *Junker*, EWiR 1992, 391 (391).

[896] *Schricker*, EWiR 1993, 1115 (1116).

[897] *Nordemann*, GRUR 1983, 564 (564 f.) befürchtete diese Entwicklung schon relativ früh.

zugsanstalt des Landes Hessen und einem von einer Stiftung der freien Wohlfahrtspflege betriebenen Altenwohnheim. Da es sich jeweils um öffentliche Wiedergaben handelte,[898] blieb den Beklagten einzig die Rechtfertigung über die Schranke des § 52 I Nr. 1 UrhG.

In diesem Zusammenhang stellt der BGH klar, dass er schon im Hinblick auf das Ausschließlichkeitsrecht des Art. 11 RBÜ eine enge Auslegung befürworte.[899] Das Merkmal des **Erwerbszwecks** sei daher (im Sinne einer restriktiven Auslegung) weit zu fassen. Der Gesetzgeber habe ausweislich der amtlichen Begründung singende Wandergruppen und öffentliche Schüleraufführungen bei der Privilegierung vor Augen gehabt, deren Darbietungen andernfalls tantiemepflichtig wären.[900]

Die Rechtsprechung habe dem dadurch Rechnung getragen, dass bereits solche Einrichtungen als gewerbliche Unternehmen angesehen würden, die zwar nicht primär einen Erwerbszweck verfolgten, aber nach wirtschaftlichen Gesichtspunkten geführt und wie ein privatwirtschaftliches Unternehmen nach Grundsätzen der Wirtschaftlichkeit verwaltet würden.[901]

Dennoch passe der Begriff des Erwerbszwecks nicht auf Einrichtungen der öffentlichen Hand, die dem Gemeinwohl dienten. Da der Gesetzgeber den Sondertatbestand der Werkwiedergabe durch die öffentliche Hand nicht ausdrücklich in die gesetzliche Regelung einbezogen habe, wolle er diese auch nicht generell freistellen.[902]

Eine Privilegierung sei hierdurch aber nicht vollends ausgeschlossen. Ob eine Freistellung dennoch in Betracht komme, bestimme sich danach, ob im Einzelfall „Gründe des Gemeinwohls vorliegen, denen bei Beachtung des Grund-

---

898 Ausführlich diskutiert bei BGH NJW 1972, 1273 (1273) – „Landesversicherungsanstalt"; BGH GRUR 1983, 562 (563) – „Zoll- und Finanzschulen"; BGH GRUR 1984, 734 (735) – „Vollzugsanstalten"; BGH NJW 1974, 1872 (1873) – „Alters-Wohnheim".

899 Vgl. BGH NJW 1972, 1273 (1273 f.) – „Landesversicherungsanstalt"; BGH GRUR 1983, 562 (563) – „Zoll- und Finanzschulen"; BGH NJW 1974, 1872 (1873) – „Alters-Wohnheim". Vgl. *Waldenberger* in Möhring/Nicolini, § 52 UrhG Rn. 7; *Lüft* in Wandtke/Bullinger, § 52 UrhG Rn. 2. Dagegen aber BT-Drucks IV/270, UFITA 45 (1965-II), 240 (284 f.). Kritisch zur Anwendung der RBÜ generell *Findeisen*, s. schon oben **3. Teil D. II. 5. c.**

900 BGH GRUR 1983, 562 (563) – „Zoll- und Finanzschulen"; BGH NJW 1974, 1872 (1873) – „Alters-Wohnheim"; BGH GRUR 1984, 734 (735) – „Vollzugsanstalten"; vgl. BT-Drucks IV/270, UFITA 45 (1965-II), 240 (286).

901 BGH NJW 1972, 1273 (1274) – „Landesversicherungsanstalt"; BGH GRUR 1983, 562 (564) – „Zoll- und Finanzschulen"; BGH NJW 1974, 1872 (1873) – „Alters-Wohnheim". So würden derartige Unternehmen schon hinsichtlich der Verjährung Unternehmen der Privatwirtschaft gleichgestellt.

902 BGH NJW 1972, 1273 (1274) – „Landesversicherungsanstalt"; BGH GRUR 1983, 562 (564) – „Zoll- und Finanzschulen"; BGH GRUR 1984, 734 (735) – „Vollzugsanstalten".

satzes der Verhältnismäßigkeit der Vorrang vor den urheberrechtlichen Interessen gebührt“[903]. Dies hänge auch maßgeblich von der Bedeutung der Veranstaltung ab.[904]

In allen hier zu begutachtenden Fällen sollte die Wiedergabe der geschützten Werke dazu dienen, den Aufenthalt angenehmer zu gestalten, um entweder Heilerfolge zu fördern[905] oder attraktive Freizeitmöglichkeiten anzubieten[906]. Diese Gründe rechtfertigten nach Ansicht des BGH keine Einschränkung zu Lasten der Urheber.

Der BGH begründet sein Ergebnis unter anderem mit einer verfassungskonformen Auslegung und zieht hierzu Grundsätze des BVerfG aus den Urheberrechtsentscheidungen heran. Hiernach sei wesentlich, „dass in keinem vergleichbaren Lebensbereich die gesetzliche Verpflichtung besteht, das Ergebnis eigener Leistung für Zwecke der Volksbildung unentgeltlich zur Verfügung zu stellen“[907]. Hierzu fällt dem BGH auf, dass weder Lieferanten der jeweiligen Anstalten noch Personal oder die Gemeinden, welche eine Kurtaxe erheben, auf eine Vergütung verzichten müssen. Selbst Rundfunkanstalten könnten Gebühren für die in Vollzugsanstalten aufgestellten Empfangsgeräte verlangen.[908] Die Sozialfürsorge sei stets von der Bevölkerung gemeinsam zu tragen, nicht aber von einzelnen Gruppen.[909] Daher dürften auch die Urheber nicht einseitig belastet werden. Ein Sonderopfer sei den Urhebern nicht zuzumuten.

b. „Verteileranlagen“

Nach der Neufassung des § 52 UrhG im Jahre 1984 und der ausdrücklichen Nennung der Gefangenenbetreuung als privilegiertem Zweck sahen die hessischen Justizvollzugsanstalten abermals die Möglichkeit, sich der GEMA-Vergütung zu entziehen und stellten die Zahlungen ein, die sie für Wiedergabe in Gemeinschaftsräumen, für Sendungen mittels Verteileranlagen direkt in die

---

903 BVerfGE 49, 384 (403) – „Kirchenmusik“; BGH GRUR 1984, 734 (735) – „Vollzugsanstalten“; vgl. auch BGH GRUR 1983, 562 (564) – „Zoll- und Finanzschulen“.

904 BGH GRUR 1983, 562 (564) – „Zoll- und Finanzschulen“.

905 BGH NJW 1972, 1273 (1274) – „Landesversicherungsanstalt“.

906 BGH GRUR 1983, 562 (564) – „Zoll- und Finanzschulen“; BGH GRUR 1984, 734 (736) – „Vollzugsanstalten“; BGH NJW 1974, 1872 (1873) – „Alters-Wohnheim“.

907 BVerfGE 31, 229 (246) – „Kirchen- und Schulgebrauch“. Vgl. BGH NJW 1972, 1273 (1274) – „Landesversicherungsanstalt“.

908 Vgl. *Naujock* in Beck’scher Kommentar zum Rundfunkrecht, § 1 RGebStV Rn. 37 m.w.N.

909 BGH NJW 1972, 1273 (1275) – „Landesversicherungsanstalt“; BGH GRUR 1983, 562 (564) – „Zoll- und Finanzschulen“; BGH GRUR 1984, 734 (736) – „Vollzugsanstalten“. Vgl. auch *Lüft* in Wandtke/Bullinger, § 52 UrhG Rn. 6.

Zellen, oder für vorherige Aufzeichnung und anschließende Wiedergaben an die GEMA leisteten.[910]

Nachdem das BVerfG auf Vorlage des LG Frankfurt die Neufassung von § 52 UrhG für verfassungskonform erachtete,[911] entschieden das OLG Frankfurt und schließlich auch der BGH.

aa. Vorinstanzen

Abgesichert durch die Entscheidung des BVerfG sah denn auch das OLG Frankfurt keine verfassungsrechtlichen Bedenken gegen eine weite Auslegung des § 52 I 3 UrhG.[912] Es sah in der Neufassung der Vorschrift eine differenzierte Neuschaffung der öffentlichen Wiedergabe, die sowohl Umfang als auch Voraussetzungen der öffentlichen Wiedergabe regelte.[913]

Das Gericht ging noch weiter und sah die Vorschrift als eigenständiges Privileg an, das primär an den Zweck der Wiedergabe und nicht mehr so sehr an den Begriff der Öffentlichkeit anknüpfe.[914]

Zu der öffentlichen Wiedergabe in den Gemeinschaftsräumen der Vollzugsanstalten stellte das Gericht auf die Begründung des Gesetzgebers ab, der „ins-

---

910 Diese Vielfalt an Verwertungshandlungen beruhte darauf, dass die unterschiedlichen Anstalten in Hessen jeweils andere technische Ausstattungen aufwiesen.

911 BVerfGE 79, 29 (38 ff.) – „Vollzugsanstalten".

912 OLG Frankfurt, GRUR 1991, 602 (603) – „Justizvollzugsanstalten" mit Bezugnahme auf die Entscheidung des BVerfG.

913 OLG Frankfurt, GRUR 1991, 602 (603) – „Justizvollzugsanstalten" mit Verweis auf BT-Drucks 10/837, 14 rechte Spalte: „Die vom BVerfG geforderte Abwägung zwischen den Belangen der Urheber und denen der Allgemeinheit lassen die Begünstigung der Veranstaltungen der Jugend-, Alten- und Sozialpflege gerechtfertigt erscheinen. Es handelt sich um einen eng begrenzten Kreis von Veranstaltungen, die einen ausschließlich sozialen Bezug haben."

914 OLG Frankfurt GRUR 1991, 602 (604) – „Justizvollzugsanstalten". Dies folgerten die Richter daraus, dass nach dem alten Recht die Freistellung daran scheiterte, dass mangels Verbundenheit der Inhaftierten eine öffentliche Wiedergabe vorlag, vgl. BGH GRUR 1984, 734 (735) – „Vollzugsanstalten". Dem wolle der Gesetzgeber Abhilfe schaffen, indem er nunmehr lediglich einen „eng begrenzten Personenkreis" ausschließen wollte (BT-Drucks 10/837, 27), nämlich die „Anstaltsöffentlichkeit". Den privaten Bereich in der Zelle wolle der Gesetzgeber nach Ansicht des OLG aber unbedingt freistellen. Bestätigt sah sich das Gericht auch durch die Materialien des Gesetzgebers, welche eine öffentliche Wiedergabe auch bei Schulen nicht annahmen (BT-Drucks 10/3360, 19). Daher sei der Begriff des „bestimmten Personenkreises" für jede Einrichtung gesondert zu bestimmen. A.A. wohl *Dreier* in Dreier/Schulze, § 52 UrhG Rn. 4, der bemerkt, dass der Wortlaut auf den Veranstalter abstellt. Entsprechend *Waldenberger* in Möhring/Nicolini, § 52 UrhG Rn. 26 der klarstellt, dass die Zweckbestimmung des § 52 I 3 UrhG je nach Einrichtung gesondert zu interpretieren sei.

besondere“ Vollzugsanstalten privilegieren wollte.[915] Das Gericht ging daher davon aus, dass ein enger Veranstaltungsbegriff nicht dem Willen des Gesetzgebers entspräche und interpretierte den Begriff der Veranstaltung denn auch im Lichte der sozialen Aufgabe der Veranstaltung.[916] Hierzu führten die Richter aus, dass die öffentliche Wiedergabe in den Gemeinschaftsräumen einer der Hauptanwendungsbereiche von öffentlichen Wiedergaben in Vollzugsanstalten darstellen dürfte. Dem Gesetzgeber könne nicht unterstellt werden, dass er einerseits die öffentliche Wiedergabe für die Gefangenenbetreuung privilegieren, andererseits aber gerade die Wiedergabe in Gemeinschaftsräumen nicht erfassen wollte. Erlaubnispflichtige Veranstaltungen seien daher solche, welche die „Anstaltsöffentlichkeit“ einbezögen.[917]

bb. Entscheidungsgründe

Dem widersprach der BGH entschieden, indem er ausdrücklich klarstellte, dass die Schranken des Urheberrechts restriktiv auszulegen seien.

Die Übertragung via Verteileranlage stelle bereits eine **öffentliche Wiedergabe** dar.[918] Der BGH geht hierbei davon aus, dass das Senderecht betroffen ist und begründet dies damit, dass das Senderecht „dadurch gekennzeichnet (sei), dass bereits das Zugänglichmachen des Werkes ... als öffentliche Wiedergabe behandelt wird, ohne dass es ... darauf ankommt, ob tatsächlich ein Empfang stattfindet“[919]. Die Sendung wird jedoch gem. § 52 III UrhG nicht privilegiert, da § 52 UrhG entsprechend der sozialen Zweckbestimmung der Vorschrift nur auf einen bestimmten abgegrenzten Kreis von Personen anwendbar sein soll. Dies sei bei Funksendungen generell nicht der Fall.[920] Außerdem sollten nicht die engen Voraussetzungen des § 47 UrhG umgangen werden, der die Zulässigkeitsvoraussetzungen von Funksendungen aufstellt.[921]

---

915 BT-Drucks 10/837, 27.

916 OLG Frankfurt, GRUR 1991, 602 (604 f.) – „Justizvollzugsanstalten“.

917 OLG Frankfurt, GRUR 1991, 602 (605) – „Justizvollzugsanstalten“. Kritisch *Vinck* in LM § 52 UrhG 1992, 1189 (1191).

918 BGH GRUR 1994, 45 (46) – „Verteileranlagen“; vgl. BGH GRUR 1984, 734 (735) – „Vollzugsanstalten“, *Poll*, GRUR 1994, 209 (209).

919 BGH GRUR 1994, 45 (46) – „Verteileranlagen“. Vgl. BGHZ 36, 171, 181 f. – „Rundfunkempfang im Hotelzimmer“; zustimmend *Loewenheim*, LM § 20 UrhG Nr. 3 Bl. 4; vgl. auch *Poll*, GRUR 1994, 209. A.A. *Ulmer*, Urheber- und Verlagsrecht, S. 254; *Schricker*, FS für Oppenhoff, 367 (379 ff.).

920 BGH GRUR 1994, 45 (47) – „Verteileranlagen“; bestätigt in BGH NJW 1994, 797 (797 f.) – „Verteileranlage im Krankenhaus“. Vgl. *W. Nordemann* in Fromm/Nordemann, § 52 UrhG Rn. 4.

921 BGH GRUR 1994, 45 (47) – „Verteileranlagen“; *Lüft* in Wandtke/Bullinger, § 52 UrhG Rn. 3.

Die vorherige Aufzeichnung und das anschließende Senden seien ebenfalls nicht privilegiert, da es sich hierbei um eine Vervielfältigung handelt (§ 16 UrhG), die bei der gebotenen engen Auslegung nicht erfasst sei. Eine entsprechende Anwendung sei nur in seltenen Fällen möglich.[922]

c. „Altenwohnheim II“

Bereits eine Entscheidung zuvor hatte der BGH auf die Neufassung der Vorschrift durch den Gesetzgeber mit einer restriktiven Auslegung reagiert und der Entscheidung des OLG Frankfurt noch vor der eigenen Revisionsentscheidung widersprochen. In dem Urteil „Altenwohnheim II“ hatte der BGH den **Veranstaltungsbegriff** unter die Lupe genommen, um die vergütungsfreie Wiedergabe von geschützten Werken aus dem Repertoire der GEMA in Gemeinschaftsräumen von Altenheimen von der vergütungsfreien Privilegierung des § 52 I 3 UrhG auszuklammern.[923] Das Gericht stimmte der Berufungsinstanz, dem OLG München zu, dass der Begriff der Veranstaltung eng auszulegen sei.[924]

Veranstaltungen, führt der BGH aus, seien stets Einzelveranstaltungen aus besonderem Anlass, nicht aber die tägliche Dauernutzung.[925] Die Wiedergabe in den Gemeinschaftsräumen des Altenheimes erfülle somit nicht die Voraussetzungen des § 52 I 3 UrhG und sei demnach vergütungspflichtig.

Der BGH begründet seine Auslegung zunächst mit dem bekannten Argument, dass die Schranken des Urheberrechts Ausnahmevorschriften darstellten,

---

922 BGH GRUR 1985, 874 (876) – „Schulfunksendung“; BGH GRUR 1987, 362 (363) – “Filmzitat“; BGH GRUR 1992, 386 (387) – „Altenwohnheim II“.

923 Anders als in der Entscheidung „Verteileranlagen“ richtete sich das Urteil diesmal nicht gegen die Beklagten aus der „Alters-Wohnheim“-Entscheidung des BGH aus dem Jahre 1984, sondern gegen den Bayerischen Landesverband e.V. des Paritätischen Wohlfahrtsverbandes.

924 BGH GRUR 1992, 386 (386) – „Altenwohnheim II“. Ebenso BGH GRUR 1984, 734 (736) – „Vollzugsanstalten“. Zur restriktiven Auslegung des Erwerbszwecks vgl. BGH NJW 1972, 1273 (1274) – „Landesversicherungsanstalt“; BGH GRUR 1983, 562 (563 f.) – „Zoll- und Finanzschulen“; BGH NJW 1974, 1872 (1873) – „Alters-Wohnheim“; BGH GRUR 1984, 734 (735) – „Vollzugsanstalten“.

925 BGH GRUR 1992, 386 (387) – „Altenwohnheim II“; bestätigt in BGH GRUR 1994, 45 (47) – „Verteileranlagen“; ebenso *Seifert*, FS Reichardt, 1990, 225 (242); *Schricker*, EWiR 1993, 1115 (1116); *Vinck* in LM § 52 UrhG 1992, 1189 (1191). A.A. OLG Frankfurt GRUR 1991, 602 (604 f.); *Melchiar* in Schricker, § 52 UrhG 1. Auflage Rn. 23. Dem OLG Frankfurt hält der BGH entgegen, dass sich eine Extension aus den Materialien des Gesetzgebers nicht entnehmen lasse. Vielmehr weist der Gesetzgeber immer wieder darauf hin, dass der Kreis der privilegierten Veranstaltungen begrenzt sei.

die generell eng auszulegen seien, eine extensive – z.B. verfassungskonforme – Auslegung müsse durch besondere Anhaltspunkte gerechtfertigt sein (!).[926]

§ 52 I 3 UrhG enthalte zudem eine doppelte Ausnahme. Dem Urheber werde nicht nur das Verbotsrecht genommen, vielmehr könne er für die unter S. 3 fallenden Handlungen auch keine Vergütung verlangen.[927]

Nach dem allgemeinen Sprachgebrauch verstehe man unter Veranstaltungen zeitlich begrenzte Einzelereignisse, die aus einem besonderen Anlass stattfinden.[928] Diese Auslegung decke sich auch mit dem Begriff der Veranstaltung aus § 13b I WahrnG.[929]

3. Analyse

Die Urteile zeigen, wie der BGH § 52 UrhG in seinen verschiedenen Fassungen ausgelegt und dabei die Vorgaben des BVerfG[930] berücksichtigt hat. Dabei haben sich drei Merkmale herausgebildet, die als Anknüpfungspunkt für eine verfassungskonforme Auslegung dienen können:

Aus verfassungsrechtlicher Sicht ist insbesondere zu untersuchen, wie das Merkmal der **Öffentlichkeit** der Wiedergabe auszulegen ist. Die großzügige Auslegung durch den BGH hat zu einer Einschränkung des Anwendungsbereichs im Sinne einer restriktiven Auslegung der Schranke geführt (c.).

Weitere Bedeutung wird dem Merkmal des **Erwerbszwecks** zukommen (d.). Auch hier hat der BGH eine weite Auslegung bevorzugt und so eine Restriktion des § 52 UrhG erreicht.

Schließlich hat die Rechtsprechung das Merkmal der **Veranstaltung** restriktiv ausgelegt (e.). Auch hierdurch wurde der Anwendungsbereich von § 52 UrhG eingeengt.

---

926 BGH GRUR 1992, 386 (387) – „Altenwohnheim II". Vgl. BGH NJW 1972, 1273 (1273 f.) – „Landesversicherungsanstalt"; BGH GRUR 1983, 562 (563 f.) – „Zoll- und Finanzschulen"; BGH NJW 1974, 1872 (1873) – „Alters-Wohnheim". Dies deckt sich selbstredend nicht mit den oben im **3. Teil** getroffenen Feststellungen, wonach stets Raum für eine verfassungskonforme Auslegung besteht.

927 BGH GRUR 1992, 386 (387) – „Altenwohnheim II".

928 BGH GRUR 1992, 386 (387) – „Altenwohnheim II".

929 Gesetzeswortlaut: „Veranstalter von öffentlichen Wiedergaben urheberrechtlich geschützter Werke haben vor der Veranstaltung die Einwilligung der Verwertungsgesellschaft einzuholen ..." Auch dies lässt eher auf eine Einzelveranstaltung schließen. Auch in anderen Gesetzen wird die Veranstaltung als „planmäßiges, zeitlich begrenztes, aus dem Alltag herausgehobenes Ereignis" verstanden, vgl. BGHSt 37, 330 (331) zu § 39 WaffG. Da es hier aber nicht um die Regelung urheberrechtlicher Belange – ja nicht einmal um den Ausgleich des Informationsinteresses mit dem Eigentum - geht, sollte mit der Übertragung Vorsicht geboten sein.

930 BVerfGE 48, 382 – „Kirchenmusik"; 79, 29 – „Vollzugsanstalten".

Im vorliegenden Fall ist die Benennung der **kollidierenden Grundrechte** (b.) zunächst problematisch, insbesondere aber auch die **Grundrechtsträgerschaft** (a.). Es gilt daher, diese vorrangig herauszuarbeiten.

a. Beteiligte Grundrechtsträger

Grundrechtsträger sind auf der Seite des Eigentums freilich die Urheber, bzw. die GEMA, welche die Vergütung für die öffentliche Wiedergabe nach § 52 UrhG eintreibt.

Auf § 52 UrhG beriefen sich eine Landesversicherungsanstalt als Trägerin von Heilanstalten im Land Hessen, eine Zoll- und Finanzschule mit internatsähnlicher Unterbringung, eine Justizvollzugsanstalt des Landes Hessen und ein Altenwohnheim, das von einer evangelischen Stiftung der freien Wohlfahrtspflege betrieben wurde. In immerhin drei der untersuchten Urteile kollidierten also Grundrechte der Urheber mit Positionen von juristischen Personen des öffentlichen Rechts.

Oben wurde bereits statuiert, dass Grundrechte Abwehrrechte des Bürgers *gegen* den Staat sind und - bis auf wenige Ausnahmen[931] - als solche auch nicht dem Staate zugute kommen. Nach Art. 19 III GG sind juristische Personen generell grundrechtlich geschützt, soweit die Grundrechte ihrem Wesen nach auf diese anwendbar sind.[932] Nach einer Mindermeinung können die Grundrechte auch angewendet werden, wenn diese den Schutz personifizierter Organisationen bezwecken, die einem Hoheitsträger rechtlich unterworfen sind.[933] Zumindest bei den Heilanstalten und den Justizvollzugsanstalten ist dies aber fraglich. Diese könnten theoretisch zwar auch in privater Rechtsform betrieben werden, dennoch nehmen sie hoheitliche Aufgaben wahr. Auch das BVerfG sieht daher die Anwendung von Grundrechten auf juristische Personen des öffentlichen Rechts als begründungsbedürftige Ausnahme an.[934]

Damit ist der Grundrechtsschutz von Trägern der jeweiligen Einrichtungen fraglich. Dass in den relevanten Urteilen öffentlich-rechtliche Träger beteiligt waren, soll nicht zum Ausschluss der Untersuchung führen, zumal in einigen Fällen, etwa dem Altenwohnheim, auch eine privatrechtliche Trägerschaft denkbar wäre. Bei der Abwägung ist daher nicht auf die öffentlich-rechtlichen juristi-

---

931 Öffentlich-rechtliche Rundfunkanstalten können sich auf die Rundfunkfreiheit, Universitäten auf die Wissenschaftsfreiheit berufen. Siehe schon oben **3. Teil B. III. 2. a.** und **VI.**

932 Dieses Argument wird durch die Entstehungsgeschichte gestützt, vgl. *Dreier* in Dreier, Art. 19 III GG Rn. 55.

933 *Pieroth/Schlink*, Grundrechte, Rn. 177.

934 Vgl. die Nachweise bei *Dreier* in Dreier, Art. 19 III GG Rn. 55, 57 f.

schen Personen, sondern auf die jeweiligen Nutzer, also Patienten der Heilanstalten, Lehrgangsteilnehmer der Zoll- und Finanzschulen, Insassen von Vollzugsanstalten[935] und Einwohner von Altenwohnheimen abzustellen.

b. Kollidierende (Grund)Rechte

Damit stellt sich die Frage, auf welche Rechte sich diese Personengruppen berufen können.

aa. Informationsfreiheit und Medienfreiheiten

Nutzer könnten sich allgemein auf die Informationsfreiheit oder diese beinhaltende Medienfreiheiten wie die Rundfunkfreiheit berufen. Zwar privilegiert § 52 UrhG die *öffentliche* Wiedergabe von Werken – dennoch muss die Öffentlichkeit nicht zwangsläufig dazu führen, dass die Wiedergabe auch **allgemein zugänglich** i.S.d. Informationsfreiheit ist.[936] Bei den in Rede stehenden Einrichtungen handelt es sich größtenteils um öffentliche Einrichtungen der Daseinsvorsorge – dennoch ist der Zugang faktisch nicht jedem möglich. Am deutlichsten zeigt sich dies bei den Justizvollzugsanstalten. Aber auch Heilanstalten und Altenwohnheime werden die Ruhe von Patienten und Heimbewohnern wahren wollen und den Zutritt allenfalls Besuchern und Angehörigen gestatten.

Selbst wenn eine Einrichtung so ausgestaltet sein sollte, dass sich Wiedergaben als allgemein zugängliche Quelle i.S.d. Informationsfreiheit definieren lassen, vermag doch die Informationsfreiheit des Nutzers einer der genannten Anstalten nicht die **kollektive öffentliche Wiedergabe** zu rechtfertigen. Es bedarf daher eines spezielleren Grundrechts, das den Werkgenuss der Nutzer während des Aufenthalts in der Anstalt privilegiert.

bb. Sozialstaatsprinzip

Ein solches spezielles Recht könnte das Sozialstaatsprinzip darstellen. Das Sozialstaatsprinzip ist rechtlich kaum umschrieben. Es stellt ein Novum dar, dessen sich der Verfassungsgeber bei Erlass des GG selbst noch nicht bewusst war.[937] Wesen, Inhalt und Bestandteile sind bislang wenig konkretisiert. Als Staatszielbestimmung ist es in Art. 20 I, 28 I GG verankert. Eine klare Definition oder eine genaue Umschreibung des Schutzbereichs ist bislang nicht gelungen und auch kaum denkbar, da das Sozialstaatsprinzip mehr als andere Staatszielbestimmungen dynamisch ist und sich dem Wandel der Rechtstatsächlichkeit stets

---

935 Vgl. zu diesen BVerfGE 33, 1

936 Vgl. oben **3. Teil B. I. 1. b.** zur allgemeinen Zugänglichkeit.

937 *Gitter/Schmitt*, Sozialrecht, § 3 Rn. 11. Vgl. *Katz*, Staatsrecht, Rn. 212.

anzupassen hat.[938] Sein normativer Gehalt ergibt sich primär aus dem Kontext mit anderen Staatszielbestimmungen[939] bzw. aus Ergänzungen mit anderen Freiheitsrechten. Das Sozialstaatsprinzip bedarf wegen seiner unzureichenden verfassungsrechtlichen Konkretisierung der Umsetzung des Gesetzgebers (vgl. § 31 SGB I).[940]

Nach herrschender Meinung bestimmt das Sozialstaatsprinzip die Pflicht des Staates, für eine gerechte Sozialordnung zu sorgen und Mindestvoraussetzungen für ein menschenwürdiges Dasein zu schaffen.[941] Auf welche Weise dies zu geschehen hat (das „wie"), regelt es nicht.[942] Insbesondere stellt das Sozialstaatsprinzip wie alle Staatszielbestimmungen keine Leistungsnorm dar.[943] In erster Linie richtet es sich an den Gesetzgeber,[944] letztlich werden aber auch Verwaltung und Rechtsprechung angesprochen.[945] Damit hat der Gesetzgeber bei der Verwirklichung der sozialen Aufgabe weitgehend freie Hand.[946] Ein Verstoß gegen das Sozialstaatsprinzip liegt vor, wenn das Existenzminimum des Bürgers unterschritten wird.[947]

In seinem Kern verpflichtet das Sozialstaatsprinzip den Staat, „für einen Ausgleich der sozialen Gegensätze und damit für eine gerechte Sozialordnung zu sorgen"[948]. Lasten sind gleichmäßig zu verteilen (Solidaritätsmaxime).[949] Der Staat hat die „Herstellung erträglicher Lebensbedingungen für alle"[950] zu gewährleisten. Das Sozialstaatsprinzip beinhaltet damit den sozialen Ausgleich, die soziale Sicherheit und die soziale Gerechtigkeit.[951] Insofern begünstigt es ausschließlich natürliche Personen.[952]

Daneben hat der Gesetzgeber die Teilhabe seiner Bürger an öffentlichen Einrichtungen sicher- und bereitzustellen (Daseinsvorsorge)[953] sowie Sozial-

---

938 *Sommermann* in v. Mangoldt/Klein/Starck, Art. 20 Abs. 1 GG Rn. 103, 106.
939 *Sommermann* in v. Mangoldt/Klein/Starck, Art. 20 Abs. 1 GG Rn. 98.
940 BVerfGE 1, 97 (105); 65, 182 (193); 71, 66 (80); 82, 60 (80); *Waltermann*, Sozialrecht, § 1 Rn. 13.
941 *Sommermann* in v. Mangoldt/Klein/Starck, Art. 20 Abs. 1 GG Rn. 123.
942 *Katz*, Staatsrecht, Rn. 215a; *Schnapp*, JuS 1998, 873 (877).
943 BVerfGE 52, 283 (298); 82, 60 (80); *Katz*, Staatsrecht, Rn. 215a; *Muckel*, Sozialrecht, § 6 Rn. 3; *Sommermann* in v. Mangoldt/Klein/Starck, Art. 20 Abs. 1 GG Rn. 103.
944 BVerfGE 65, 182 (193); 70, 278 (288); 75, 348 (359 f.).
945 BVerfGE 1, 97 (105).
946 BVerfGE 59, 231 (263); 82, 60 (81); 100, 271 (284); *Muckel*, Sozialrecht, § 6 Rn. 2.
947 Vgl. *Sommermann* in v. Mangoldt/Klein/Starck, Art. 20 Abs. 1 GG Rn. 121.
948 BVerfGE 22, 180 (204); vgl. 69, 272 (314).
949 BVerfGE 1, 97 (105); *Gitter/Schmitt*, Sozialrecht, § 3 Rn. 19, 21.
950 BVerfGE 1, 97 (105).
951 *Muckel*, Sozialrecht, § 6 Rn. 1.
952 *Jarass* in Jarass/Pieroth, Art. 20 GG Rn. 120.
953 *Katz*, Staatsrecht, Rn. 221.

und Bildungseinrichtungen zu schaffen.[954] Die konkrete organisatorische Ausgestaltung dieser Einrichtungen obliegt jedoch ebenfalls dem Hoheitsträger.

Letztlich soll die Wiedergabe von geschützten Werken dem Aufenthalt der Patienten und damit deren Heilung zugute kommen; als Freizeitaktivität in Zoll- und Finanzschulen Lehrgangsteilnehmern zur Verfügung stehen und damit die Aus- und Weiterbildung angenehmer gestalten; Häftlingen in Justizvollzugsanstalten erleichterte Haftbedingungen schaffen oder älteren Menschen in Altenwohnheimen zur Freizeitgestaltung und Unterhaltung dienen. Zu den Mindesvoraussetzungen menschenwürdigen Daseins kann auch der Werkgenuss urhebrrechtlich geschützter Werke in einem „angemessenen"[955] Grad gezählt werden, sofern es dabei um die Teilhabe an Informationen geht. Für Insassen von Vollzugsanstalten dient diese nach Ansicht des BVerfG als Ersatzkommunikationsmittel und ist daher für deren psychische Gesundheit unterlässlich.[956] Dass auch der Gesetzgeber eine ähnliche Auffassung vertritt wird daran deutlich, dass Fernsehgeräte von der Pfändung[957] und Sozialschwache von der Zahlung der Rundfunkgebühr[958] ausgenommen sind.

cc. Scheinkollision

Die Herstellung praktischer Konkordanz kann nur im Kollisionsfall erfolgen. Es gibt aber auch Fälle scheinbarer Kollisionen, die sich bei näherer Betrachtung nicht als Aufeinandertreffen zweier verfassungsrechtlich geschützter Schutzbereiche darstellen.

Auch bei vorbehaltlos gewährleisteten Grundrechten ist der Schutzbereich von vornherein beschränkt und steht dem grundrechtlich geschützten Handeln Dritter nicht immer immanent entgegen. Es kommt dann gar nicht zu einer Kollision, weshalb das (vermeintlich) kollidierende Grundrecht Vorrang hat.[959] *Müller* hat im Zusammenhang mit der Kunstfreiheit davon gesprochen, dass gewisse Betätigungen bloß „bei Gelegenheit" ausgeführt werden.[960]

---

954 BVerfGE 33, 303 (331 f.) – „numerus clausus".
955 BVerfGE 79, 29 (44) – „Vollzugsanstalten".
956 BVerfGE 79, 29 (42) – „Vollzugsanstalten".
957 Auf Fernsehgeräte trifft dies zumindest dann zu, wenn diese als Informationsmittel für den Schuldner dienen. Vgl. LG Itzehoe, DGVZ 1988, 120 (120); Baumbach/Lauterbach/Albers/Hartmann, § 811 ZPO Rn. 18.
958 *Wenzel* in Fichtner/Wenzel, § 27 SGB XII Rn. 44.
959 *Rüfner*, BVerfG und GG II, 453 (457 f.).
960 *Müller*, Freiheit der Kunst, S. 104 ff.; *ders.*, JZ 1970, 87 (89).

Die Besteuerung von Tätigkeiten, die der Religionsausübung dienen, schränkt beispielsweise die Religionsfreiheit nicht ein.[961] Die Kunstfreiheit eines Architekten ist nicht betroffen, wenn sein Bauvorhaben aufgrund von Bebauungsplänen nicht realisiert werden kann.[962] Auch kommt es nicht zu einer Schutzbereichsverletzung der Meinungsfreiheit, wenn dem Mieter versagt wird, Wahlplakate am Eigentum des Vermieters anzubringen, denn die Meinungsfreiheit erfasst die Nutzung fremden Eigentum zur Meinungskundgabe gar nicht erst.[963] Die Kunstfreiheit von Graffiti-Künstlern erstreckt sich ebenfalls nicht auf die Beeinträchtigung fremden Eigentums.[964] Der Künstler, der sein Arbeitsmaterial stiehlt, handelt nur im Zusammenhang mit seiner künstlerischen Tätigkeit, nicht aber bei deren Ausübung.[965] Der Maler, der sein minderjähriges Model verführt, handelt nur bei Gelegenheit des Kunstschaffens, weshalb nachfolgende Sanktionen die Kunstfreiheit nicht betreffen.[966] Würde Frauen oder Vertretern einer politischen Meinung der Zugang zu einer Ausstellung verwehrt, wäre Art. 3 II, III GG, nicht aber Art. 5 III 1 GG betroffen.[967] Auch strafrechtliche Normen, die blasphemische oder landesverräterische Äußerungen von Kunstschaffenden unter Strafe stellen verstoßen nicht gegen die Kunstfreiheit, da sie nicht „in Verbindung zu innerkünstlerischen Wertungen" stehen. Anders sieht die Beurteilung aus, wenn staatliche Stellen Kunst als entartet beurteilen, da die Kunstfreiheit das künstlerische Schaffen gerade von derartigen Wertungen frei halten soll.[968] Es sind also bei der Betrachtung des Schutzbereichs zugleich teleologische Erwägungen anzustellen um zu entscheiden, ob ein Sachverhalt unter den Schutzbereich eines Grundrechts fällt oder nicht.

Vor der Herstellung praktischer Konkordanz ist somit die Frage zu beantworten, ob der Schutzbereich eines Grundrechts beschritten ist - was den Weg für die Abwägung frei macht, oder ob gewisses Handeln von vornherein nicht dem Schutzbereich eines Grundrechts unterstellt ist – dann liegt eine Scheinkollision vor, die eine Abwägung entbehrlich macht.

---

961 Vgl. BVerfGE 19, 129 (133).
962 *Müller*, Freiheit der Kunst, S. 126.
963 BVerfGE 7, 230 (234 ff.).
964 BVerfG NJW 1984, 1293 (1294) – „Sprayer von Zürich"; ebenso BVerwG NJW 1995, 2648 (2649). *Pieroth/Schlink*, Grundrechte, Rn. 666 wollen die Kunstfreiheit mit dieser Entscheidung auf erlaubtes Verhalten begrenzt wissen. Dem ist so aber nicht zu folgen, denn die Frage, was erlaubt und was verboten ist wird maßgeblich durch das einfache Recht bestimmt.
965 *Müller*, JZ 1970, 87 (91).
966 Vgl. *Pieroth/Schlink*, Grundrechte, Rn. 668 f.
967 *Müller*, JZ 1970, 87 (91).
968 *Müller*, JZ 1970, 87 (91).

Für den hier vorliegenden Fall erscheint es fraglich, ob das Sozialstaatsprinzip tatsächlich die kostenlose Nutzung urhebrrechtlich geschützter Werke zu sozialen Zwecken umfasst. Vielmehr dürften sich vermeintliche Beschränkungen des Sozialstaatsprinzips nur als Fernwirkung der Regelung des Urheberrechts und damit als eine scheinbare Kollision darstellen.

Diese Untersuchung soll aber gerade Abwägungsindizien für das Aufeinandertreffen konträrer Grundrechtspositionen liefern. Insbesondere soll anhand der Untersuchung von § 52 UrhG die Reichweite der gesellschaftlichen Funktion in Bezug auf soziale Belange auf den Prüfstand gestellt werden. Da weitere Fälle in der Rechtsprechugnspraxis bisher nicht aufgetaucht sind, kann die Untersuchung nur noch auf einer hypothetischen Ebene fortgesetzt werden, indem die **Kollision** für den Fortgang der Untersuchung **fingiert** wird.

c. Öffentlichkeitsbegriff

Die Rechtsprechung hat den Öffentlichkeitsbegriff des § 52 UrhG ausgedehnt um den rechtfertigungsbedürftigen Bereich zu vergrößern, denn erst eine öffentliche Wiedergabe stellt eine Verletzung von Verwertungsrechten dar. Das Merkmal der Öffentlichkeit spielt in erster Linie bei der Anwendung von Verwertungsrechten eine Rolle. Da die Verwertungsrechte den Gegenpol zu den Schranken bilden und einige der Schranken die Veröffentlichung des Werkes voraussetzen, ist es dogmatisch nicht zu beanstanden, dass der BGH bereits hier ansetzt.

aa. Abstrakte Abwägung

Bereits bei der abstrakten Betrachtung stellt sich das Problem des Rangs des Sozialstaatsprinzips. Bei diesem handelt es sich „nur" um eine Staatszielbestimmung. Das allein muss aber nicht dafür sprechen, dass dem kollidierenden Grundrecht grundsätzlich der Vorrang einzuräumen ist. So gibt es durchaus Konstellationen, in denen Staatszielbestimmungen der Vorrang vor Individualgrundrechten gebührt. Dies wird schnell klar, wenn man Kollisionsfälle mit dem Demokratieprinzip und Individualgrundrechten betrachtet – als zugespitztes Beispiel sei die Einschränkung des Wahlrechts von Frauen aus religiösen Gründen genannt.

Eine gewisse Rangordnung resultiert eher daraus, dass das Sozialstaatsprinzip im Gegensatz zur Eigentumsfreiheit nicht fest umrissen ist. Das heißt nicht, dass es vorbehaltlos gilt. Vielmehr ist dessen konkrete Ausgestaltung in das Ermessen des Gesetzgebers gestellt. Aufgrund der großzügigen Einschätzungsprärogative gibt das Sozialstaatsprinzip auch mehr Anknüpfungspunkte für Einschränkungen i.S.v. Schutzbereichsverkürzungen, während Einschränkungen der

Eigentumsfreiheit aufgrund des klar umrissenen Schutzbereichs begründungsbedürftig sind.[969]

Bei der abstrakten Betrachtung des Öffentlichkeitsbegriffs besteht die Besonderheit, dass der Nutzerkreis durch die Vorschrift selber beschränkt wird (vgl. § 52 I 3, III UrhG). Damit ist die Privilegierung von Anfang an auf eine geringe Streuung angelegt.[970]

bb. Konkrete Abwägung

Das BVerfG hat zwar bei der Kollision von Kunstfreiheit und Urheberrecht eine kunstspezifische Betrachtung gefordert, die hier bisher auf alle Freiheiten des Art. 5 GG ausgedehnt wurde; hieraus kann aber nicht unmittelbar abgeleitet werden, dass das BVerfG eine sozialstaatsspezifische Betrachtung ebenfalls befürworten würde. Doch hat das BVerfG in der „Germania-3"-Entscheidung durchblicken lassen, dass ein Werk auch eine gesellschaftliche Funktion erfüllt. Diese könnte das Einfallstor für sozialstaatliche Belange bilden.

(1). Erforderlichkeit

Fraglich ist, ob eine Eingrenzung des Nutzerkreises, wie sie der BGH praktiziert, erforderlich ist, um die Eigentumsfreiheit von Urhebern zu schützen. Bei der Untersuchung ist das mildeste Mittel der Optimierung zu finden.

§ 52 UrhG geht auf Belange der Urheber nicht ein und schützt einseitig Interessen von Nutzern. Die Vorschrift billigt den Urhebern für Nutzungen im sozialen Bereich auch keine Vergütung zu. Zwar hat der BGH auch in anderen Fällen Vergütungsansprüche analog konstruiert,[971] doch gilt hier das oben gesagte entsprechend:[972] Auch ein analog konstruierter Vergütungsanspruch vermag Nutzungen nicht immer adäquat auszugleichen und ist daher gegenüber der Restriktion weniger effektiv. Dies muss im Rahmen der Erforderlichkeit jedoch nicht hingenommen werden.

(2). Angemessenheit

Die restriktive Auslegung des BGH verspricht einen effektiven Eigentumsschutz zugunsten von Urhebern. Die Entscheidungen haben gezeigt, dass Nutzern, die

969 Entsprechend dem Grundsatz des Vorbehalts des Gesetzes, wonach die Eingriffsverwaltung einer gesetzlichen Grundlage bedarf.

970 Dazu sogleich ausführlich bei der Prüfung der Angemessenheit (systematische Betrachtung).

971 Vgl. unten **IV. 3. d.**

972 Vgl. oben **I. 4. b. cc. (1).** und **I. 4. c. aa.**

sich auf das Sozialstaatsprinzip berufen können, durch diese Interpretation der Werkgenuss im Rahmen der Schranke erschwert wird. Je mehr das Sozialstaatsprinzip (bei Annahme einer Kollision) hierdurch in seinem Kern betroffen ist, desto mehr hat sich der Rechtsanwender von der Öffentlichkeit der Wiedergabe zu lösen.

Allerdings führt eine weite Auslegung des Öffentlichkeitsbegriffs nicht zu einem Verbot des Werkgenusses, da dieser gegen ein Entgelt immer noch möglich ist. Bleibt man bei dem Auslegungsmodell, das der BGH bei den elektronischen Pressespiegeln gewählt hat,[973] dürfte den Urhebern hieran auch gar nicht gelegen sein, denn grundsätzlich haben Urheber bei der öffentlichen Wiedergabe einen Anspruch auf eine angemessene Vergütung (§ 52 I 2 UrhG), so dass durch die öffentliche Wiedergabe erst die Amortisation ihrer Leistung erfolgt. Damit ist aber der Betrieb in den Einrichtungen selbst dann nicht gestört, wenn man von einer Kollision von Verfassungsgütern ausgeht. So kann das Pflegeheim gegen Zahlung der GEMA-Gebühren weiterhin ein Fernsehgerät in Gemeinschaftsräumen aufstellen. Naheliegend ist, dass die Pflegesätze hierdurch steigen werden. Allerdings ist kaum anzunehmen, dass die zu erwartenden Preissteigerungen dazu führen werden, dass Pflegebedürftige Angebote von Pflegeheimen aus finanziellen Gründen gar nicht mehr wahrnehmen können, zumal in diesem Fall immer noch erwogen werden kann, einen effektiven Grundrechtsschutz (beispielsweise aus Art. 12 I GG zugunsten von privaten Pflegeheimbetreibern) durch besondere Tarifgestaltungen mit der GEMA zu erreichen.

Die Eigentumsfreiheit der Urheber gebietet dagegen in Fällen des § 52 I 3 UrhG eine enge Streuung, um den Nutzerkreis der vergütungsfreien Wiedergabe möglichst klein zu halten. Bei der vom BVerfG geforderten wirtschaftlichen Betrachtung ist jedenfalls festzuhalten: je öffentlicher die Wiedergabe, desto größer sind wirtschaftliche Gefährdungen der Urheber, da diese für Wiedergaben im Rahmen des § 52 I 3 UrhG keine Vergütung erhalten und die Vorschrift somit abermals als „wahre“ Ausnahme angesehen werden kann.[974]

Dies gilt insbesondere auch für die Nutzungsformen des § 52 III UrhG, da diese Formen der Werkwiedergabe besonders aufwändig, folglich schutzwürdiger, und somit von besonderer wirtschaftlicher Bedeutung sind.[975]

---

[973] Oben **I. 2. b.**

[974] Vgl. oben **2. Teil D. II.**, **3. Teil D. IV.** und **4. Teil C. II. 3. c. bb.**

[975] Zum anderen kann dem Veranstalter für den sich in diesen Fällen ohnehin ergebenden Verwaltungsaufwand auch zugemutet werden, die Erlaubnis des Urhebers einzuholen, vgl. *Dreier* in Dreier/Schulze, § 52 UrhG Rn. 17; *W. Nordemann* in Fromm/Nordemann, § 52 UrhG Rn. 4.

An einer weiten Auslegung des Öffentlichkeitsbegriffs im Sinne einer restriktiven Schrankenhandhabung bestehen daher verfassungsrechtlich keine Bedenken.

d. Erwerbszweck

§ 52 UrhG privilegiert nur Veranstaltungen, die keinem Erwerbszweck dienen. Hierfür hat die Rechtsprechung es bereits ausreichen lassen, dass ein Betrieb wirtschaftlich geführt wird, den Erwerbszweck also weit und § 52 UrhG damit abermals restriktiv ausgelegt. Auch diese Auslegung ist vor dem Hintergrund von Eigentumsfreiheit einerseits und Sozialstaatsprinzip andererseits zu sehen.

aa. Abstrakte Abwägung

Die abstrakte Betrachtung entspricht weitestgehend den oben gemachten Angaben. Statt aus § 52 I 3, III UrhG ergeben sich zusätzliche Einschränkungen, die eine abstrakte Restriktion gebieten, diesmal zwar nicht direkt aus der Norm, dafür aber aus der Natur der Sache. Das Sozialstaatsprinzip soll nicht Erwerbstätigkeiten fördern. Diesbezüglich können sich Anstalten in privater Trägerschaft auf Art. 12 GG berufen. Damit dürfte das Merkmal des Erwerbszwecks von vornherein tendenziell extensiv und damit im Sinne einer restriktiven Auslegung von § 52 UrhG auszulegen sein.

bb. Konkrete Betrachtung

Die vom BVerfG geforderte wirtschaftliche Betrachtung dürfte sich gerade am Merkmal des Erwerbszwecks manifestieren. Der Grund für die Privilegierung des § 52 UrhG ist darin zu sehen, dass Wiedergaben, die keinem Erwerbszweck dienen, die normale Verwertung des Werkes nicht in Frage stellen und somit keine Konkurrenzsituation entstehen kann.[976] Damit entspricht die extensive Auslegung des Erwerbszwecks gerade der urheberrechtlichen Sicht.

(1). Erforderlichkeit

Auch hier müsste die Restriktion, welche das Merkmal durch den BGH erfahren hat, erforderlich sein. Die Auslegung soll einen effektiven Urheberschutz garantieren. Das Sozialstaatsprinzip soll dagegen dem Bürger helfen, sich selber zu helfen. Es sollen keine Mittel in Anspruch genommen werden können, wenn keine Bedürftigkeit vorliegt.[977] Gerade bei Veranstaltungen, die einem Erwerbs-

---

976 *Waldenberger* in Möhring/Nicolini, § 52 UrhG Rn. 5.
977 BVerfGE 9, 20 (35); 9, 256 (258); 17, 38 (56).

zweck dienen, steht die Bedürftigkeit der Nutzer aber in Frage. Eine restriktive Auslegung des Merkmals ist daher das mildeste Mittel zum Schutze des Eigentums und folglich erforderlich.

(2). Angemessenheit

Die restriktive Auslegung des BGH verspricht abermals einen effektiven Eigentumsschutz zugunsten von Urhebern. Anstalten, die ein Entgelt für ihre Leistungen erhalten, werden daher Belastungen auferlegt. Diese sind angemessen, wenn sie sozialstaatliche Belange bei Annahme einer Kollision nicht über Gebühr beschneiden.

Insoweit ist weitestgehend auf die obigen Ausführugnen zurückzugreifen. Belastungen der Urheber wiegen weitaus schwerer als Einschränkungen, welche Insassen oder Nutzer der Anstalten hinnehmen müssen.

Belastungen können nicht einseitig auf einzelne Gruppen abgewälzt werden. Sozialleistungen werden i.d.R. durch Steuern ermöglicht.[978] Sonderopfer sind damit nicht vereinbar. Wirtschaftlichen Veranstaltungen im weitesten Sinne hat der BGH zu Recht eine Absage erteilt. Den Betreibern ging es in den in Rede stehenden Urteilen allein um Unterhaltungszwecke. Solche stehen aber mit den sozialen Zwecken des § 52 I 3 UrhG nicht mehr im Einklang. Auch alle anderen Wirtschaftszweige können eine Vergütung für ihre Leistungen beanspruchen. Es ist nicht einzusehen, warum gerade den Urhebern ein Sonderopfer auferlegt werden soll, wenn dies beim Vergleich mit dem Sacheigentum nicht der Fall ist. Dies war im Übrigen einer der Gründe, warum der Gesetzgeber bei Erlass des UrhG die Privilegierung zu wohltätigen Zwecken aus dem Vorgänger, § 17 I 2 Nr. 2 LUG, gestrichen hat.

Nach verfassungskonformer Abwägung ist daher auch das Merkmal der Wirtschaftlichkeit weit, § 52 UrhG somit eng auszulegen.

e. Veranstaltungsbegriff

Auch den Veranstaltungsbegriff hat die Rechtsprechung restriktiv ausgelegt, um die Fälle der vergütungsfreien Wiedergabe (§ 52 I 3 UrhG) entsprechend gering zu halten.

---

[978] Vgl. *Ipsen*, Staatsrecht I, Rn. 996 ff.

aa. Abstrakte Betrachtung

Für die abstrakte Betrachtung bestehen im Rahmen des Veranstaltungsbegriffs keine Besonderheiten. Es wird insoweit auf die vorherigen Ausführungen verwiesen.

bb. Konkrete Betrachtung

Die konkrete Betrachtung ist diesmal umso interessanter, als die vom BVerfG statuierte Auslegung im Lichte der gesellschaftlichen Funktion des urheberrechtlichen Werkes sich gerade am Veranstaltungsbegriff manifestieren lässt. Je mehr das Werk eine gesellschaftliche Funktion aufweist, desto mehr muss der Urheber hinnehmen, dass es bei Veranstaltungen wiedergegeben wird.

(1). Erforderlichkeit

Auch beim Veranstaltungsbegriff ist eine restriktive Auslegung der Vorschrift erforderlich. Zwar gäbe es mildere Alternativen, wie die analoge Konstruktion eines Vergütugnsanspruchs, doch ist es dem Urheber nicht zuzumuten, auf Alternativen geringerer Effektivität verweisen zu werden.

(2). Angemessenheit

Das Kriterium der gesellschaftlichen Funktion ist eine der Säulen der „Germania-3“-Rechtsprechung. In § 52 UrhG sind ausnahmslos soziale Zwecke aufgeführt. Das Kriterium der gesellschaftlichen Funktion könnte dazu dienen, eine extensive Auslegung des Veranstaltungsbegriffs zu erreichen.

Aus urheberrechtlicher Sicht wird die Abwägung maßgeblich durch das Kriterium der wirtschaftlichen Betrachtung bestimmt. Veranstaltungen, die dem Urheber Konkurrenz bereiten, sind möglichst nicht zu privilegieren. Dieser Aspekt findet aber primär bei der Auslegung des Erwerbszwecks Berücksichtigung.

Nach dem Sozialstaatsprinzip wäre § 52 UrhG dagegen auf möglichst viele Veranstaltungen von Trägern sozialer Art zu erstrecken. Streng genommen ging es aber bei den zu untersuchenden Urteilen darum, ob sich die Dauerwidergabe von Werken unter die Vorschrift subsumieren ließ. Dieser Aspekt wurde bei der Auslegung des Erwebszwecks nicht berücksichtigt und steht daher vorliegend auf dem Prüfstand.

Die kostenlose Dauerwidergabe von urheberrechtlich geschützten Werken kann aber unter verfassungsrechtlichen Gesichtspunkten nie gerechtfertigt sein, da sie dem Urheber die Amortisation seiner Leistung versagt. Gerade hierauf fußt aber der Schutz des Urheberrechts als Eigentum im Sinne der Verfassung.

Damit kann es auf den Zweck der Veranstaltung gar nicht erst ankommen, da der Eigentumsschutz nicht bloß im Peripherie-, sondern im Kernbereich betroffen ist. Die Abwägung bestimmt sich daher unabhängig von den Ausprägungen des Sozialstaatsprinzips.

Damit ist aus verfassungsrechtlicher Sicht der Veranstaltungsbegriff zumindest was die Dauerwidergabe von Werken angeht zwingend restriktiv auszulegen.

4. Bewertung

Wegen der unzureichenden Konkretisierung des Sozialstaatgebotes ist es sehr schwer, Verstöße gegen dieses festzustellen, insbesondere, da die Kollision von Verfassungsgütern im vorliegenden Fall schon nicht anzunehmen war. Daher kann das Sozialstaatgebot im Rahmen dieser Untersuchung auch nur vage Erkenntnisse liefern.

Die Untersuchung hat ergeben, dass der Einfluss des Sozialstaatsprinzips auf § 52 UrhG gering ist. § 52 I 3 UrhG stellt sich als „wahre" Ausnahmebestimmung dar. Es ist davon auszugehen, dass die kunstspezifische Betrachtung des BVerfG nicht durch eine sozialstaatsspezifische Betrachtung ersetzt werden kann. Die gesellschaftliche Funktion erfasst nicht so sehr soziale Belange, sondern vielmehr Belange der Allgemeinheit.

Die Notwendigkeit einer extensiven Auslegung von § 52 UrhG lässt sich aus verfassungsrechtlicher Sicht nicht erkennen. Zwar kann die vom BVerfG geforderte gesellschaftliche Funktion durchaus als Einfallstor für das Sozialstaatsprinzip fungieren – die wirtschaftliche Betrachtung dürfte aber regelmäßig zugunsten der Urheber ausfallen, da das Sozialstaatsprinzip nicht in seinem Kern, sondern allenfalls in der äußeren Peripherie, die Eigentumsfreiheit dagegen stärker betroffen wäre.

IV. § 53 II UrhG

Auch das Archivrecht war Gegenstand der BGH-Rechtsprechung.

1. Die Vorschrift

§ 53 UrhG gestattet in Abs. 2 S. 1, Vervielfältigungsstücke herzustellen oder herstellen zu lassen, die für ein eigenes Archiv bestimmt (Nr. 2) oder zum sonstigen eigenen Gebrauch gedacht sind, wenn es sich nur um kleine Teile eines

erschienenen Werkes handelt (Nr. 4a). Zusätzliche Voraussetzungen des Archivrechts sind in Abs. 2 S. 2 normiert.

Die Vorschrift findet ferner eine wichtige Ergänzung in den §§ 54 ff. UrhG, in denen die pauschale Vergütungspflicht in Form der Geräteabgabe für Vervielfältigungen nach § 53 UrhG genannt ist.

Nunmehr ausdrücklich geregelt ist die der Entscheidung „Kopienversanddienst"[979] zugrunde liegende Konstellation. Der Gesetzgeber hat die Entscheidung zum Anlass genommen, in § 53a I UrhG eine eigene Privilegierung für den Kopienversand mit korrespondierender Vergütungspflicht (Abs. 2) zu kodifizieren. Da eine Entsprechung im Zeitpunkt der Entscheidung noch nicht vorlag, hat der BGH den Fall über § 53 II Nr. 4a UrhG gelöst. Auf diese Vorschrift soll denn auch im Rahmen dieser Untersuchung zurückgegriffen werden.

Juristisch und rechtspolitisch interessant wäre sicherlich auch eine Untersuchung der noch relativ neuen Fassung des § 53 I UrhG. Dieser wurde im Zuge der Neuerungen des „Ersten Korbs" auf „nicht offensichtlich rechtswidrige Vorlagen" beschränkt. Aufgrund der Reformen durch den „Ersten Korb" war die Vorschrift seit ihrer Neufassung aber noch nicht oft Gegenstand höchstrichterlicher Rechtsprechung.[980]

2. Leitentscheidungen

Die der Vorschrift zugrunde liegenden wesentlichen Urteile sind allesamt sehr unterschiedlich gelagert.

a. CB-infobank I & II

Die ersten grundlegenden Urteile zu § 53 II UrhG bilden die „Infobank"-Entscheidungen des BGH. Die Klägerinnen, die Verleger von Handelsblatt[981] und Frankfurter Allgemeinen Zeitung[982], richteten ihre Klage gegen die Commerzbank. Diese bot den Informations- und Recherchedienst „CB-infobank" an. Er beinhaltete ein Zettelkasten-Archiv, in welchem die Bank Artikel der Klägerinnen archivierte und katalogisierte. Neben der hausinternen Nutzung recher-

---

979 Dazu sogleich **2. c.**

980 Vgl. aber BGH ZUM 2009, 765 – „Save.TV" m. Anm. *Damm*, K&R 2009, 577; *Kamps/Koops*, CR 2007, 581.

981 BGH GRUR 1997, 459 – „CB-infobank I"; zuvor OLG Köln GRUR 1995, 265 – „Infobank".

982 BGH GRUR 1997, 464 – „CB-infobank II"; zuvor OLG Frankfurt GRUR 1996, 351 – „CB-Infobank".

beachten sei.[993] Eine pauschale Gleichsetzung mit Bibliotheken, die Kopienversanddienste betreiben, hielt das Gericht nicht für angebracht. Ob sich diese Dienste auf eine Privilegierung berufen könnten, sei stets eine Frage des Einzelfalls und daher gesondert zu prüfen.[994] Das Informationsinteresse der Allgemeinheit sei auch ohne eine zukunftsorientierte Betrachtung dadurch ausreichend geschützt, dass Daten und Fakten urheberrechtlich unbeschadet weitergegeben werden könnten.[995]

b. Elektronische Pressearchive

In einem anderen Urteil[996] hatte der BGH zu entscheiden, ob die Erstellung elektronischer Pressearchive nach Vorlagen, die der Kunde der Beklagten zur Verfügung stellte, zulässig sei.[997] Es handelt sich hier gewissermaßen um die Frage, ob die oben[998] untersuchten Pressespiegel auch im Unternehmen archiviert werden dürfen.

Der BGH lehnte die Anwendung der Schranke mit der Begründung ab, es liege kein Archiv im Sinne der Vorschrift vor, denn § 53 II Nr. 2 UrhG beziehe sich nur auf solche Archive, „deren Zweck sich in einer unter sachlichen Gesichtspunkten geordneten Sammlung vorhandener Werke zum internen Gebrauch erschöpft“[999]. Der BGH fragte abermals nach der Zielsetzung des Gesetzgebers bei Erlass der Vorschrift und nahm die Auslegung anhand dieser Zielsetzung vor. Dabei wich der vorliegende Sachverhalt nach Auffassung des

---

993 BGH GRUR 1997, 459 (463) – „CB-infobank I”. Dagegen wurde die Unentgeltlichkeit noch in § 15 II LUG und § 18 I KUG ausdrücklich vorausgesetzt, vgl. *Schricker*, JZ 1997, 795 (796).

994 BGH GRUR 1997, 459 (463) – „CB-infobank I”.

995 BGH GRUR 1997, 464 (466) – „CB-infobank II“. Vgl. schon oben **3. Teil B. I. 3. a.**

996 BGH GRUR 1999, 325 – „Elektronische Pressearchive“ vom 10.12.1998. Anders als in den ähnlich gelagerten Fällen „CB-infobank I und II“ in GRUR 1997, 459 ff. und 464 ff. erfolgte die Archivierung hier nicht für den Eigengebrauch, sondern gegen Entgelt für Kunden. Vgl. hierzu *Hess/Latinovic*, ZUM 1999, 812 (812 f.); *Völker*, K&R 1999, 228 (228 f.).

997 Zu unrecht sah die Klägerin nach Ansicht des BGH wettbewerbswidriges Verhalten darin, dass die Beklagte Urheberrechte verletzt habe. Allein die Verletzung von Urheberrechten sei nicht wettbewerbsrelevant, da das Urheberrecht den Schutz der Urheber vor unerlaubter Nutzung seines Werkes, nicht aber den Schutz von Mitbewerbern sichern sollte, BGH GRUR 1999, 325 (326) – „Elektronische Pressearchive“.

998 **C. I.**

999 BGH GRUR 1999, 325 (327) – „Elektronische Pressearchive“ mit Verweis auf BGH GRUR 1997, 459 (461) – „CB-infobank I“. Kritisch *Lütje*, CR 1999, 216 (217), der meint, dass die vom BGH angeführten Beispielsfälle des Entleihens eben den Bereich der internen Nutzung verlassen und dieses Merkmal daher den Schwerpunkt der Prüfung bilden sollte. Dass *Lütje* hier aber zu einem vom BGH abweichenden Ergebnis kommen sollte ist nicht ersichtlich.

BGH erheblich von den Vorstellungen des Gesetzgebers ab, der in erster Linie Bibliotheken bei der Sicherung ihrer Bestände auf Mikrofilm privilegieren wollte.[1000] Dass hier Unternehmen ihre Bestände sichern wollten und sich dazu eines Dienstanbieters bedienten, sah der BGH nicht als vergleichbar an.

In diesem Zusammenhang bestätigte der BGH den Grundsatz, „dass die Schranken des Urheberrechts ... grundsätzlich eng auszulegen (seien)“[1001]. Diese enge Auslegung sah der BGH durch erhebliche Missbrauchsgefahren geboten, welche die elektronische Nutzung eröffnete.[1002] Dies seien insbesondere schnelle, kostengünstige und kaum kontrollierbare Vervielfältigungsmöglichkeiten. Zudem werde mehreren Mitarbeitern der gleichzeitige Zugriff auf die Daten ermöglicht. Die Gefahr, dass den betreffenden Urhebern und Inhabern von Nutzungsrechten Mehrfachabonnements entgingen, bezog der BGH in seine Begründung ein. Insofern sah das Gericht „die den Urhebern vorbehaltene Auswertung ihrer Werke in wesentlichem Umfang beeinträchtigt“[1003].

c. Kopienversanddienst

Beklagte in dem schon mehrfach genannten Urteil „Kopienversanddienst“ war die Technische Informationsbibliothek Hannover (TIB). Diese fertigte auf Bestellung Kopien von einzelnen Beiträgen aus ihrem in einem frei zugänglichen Online-Katalog angebotenen Fachbestand an, die sie gegen Entgelt per Post oder Telefax versendete.

aa. Vorinstanzen

Das Berufungsgericht sah die Anfertigung der Vervielfältigungsstücke nach § 53 II Nr. 4a UrhG als zulässig an, da sich die Nutzer hierbei auf die Vervielfältigung zum eigenen Gebrauch unter Einschaltung eines Dritten berufen konnten. Da die Vorschrift keine Vergütung vorsah, sei es Sache des Gesetzgebers, der unbefriedigenden Rechtslage Abhilfe zu schaffen.[1004]

[1000] BGH GRUR 1999, 325 (327) – „Elektronische Pressearchive“. *Hess/Latinovic*, ZUM 1999, 812 (814) lassen dieses Beispiel bei der Auslegung allerdings nicht gelten, da es „angesichts der technischen Entwicklung die Auslegung nicht entscheidend bestimmen kann“.

[1001] BGH GRUR 1999, 325 (327) – „Elektronische Pressearchive“.

[1002] Vgl. *Waldenberger*, MMR 2002, 743 (744).

[1003] BGH GRUR 1999, 325 (327) – „Elektronische Pressearchive“.

[1004] OLG München ZUM 1997, 136 (140); vgl. *Nippe*, ZUM 1998, 382 (383).

bb. Entscheidungsgründe

Dem schloss sich im Wesentlichen auch der BGH an. Unter Verweis auf das „CB-infobank I"–Urteil wiederholte das Gericht zunächst die Zulässigkeit der Einschaltung Dritter.[1005] Dennoch musste der BGH zugeben, dass die von der TIB angebotenen Dienstleistungen über den Umfang herkömmlicher Kopierdienste hinausgingen, da die TIB nicht nur die Kopiervorlage bereithalte, sondern diese online über einen Katalog für den Nutzer einsehbar sei.[1006]

Der BGH sah dennoch keine Veranlassung, den Nutzern im Fall des Kopienversands eine Privilegierung zu versagen. Den Materialien zur Urheberrechtsnovelle von 1985 ließ sich der uneingeschränkte Wille des Gesetzgebers entnehmen, öffentliche Bibliotheken zu privilegieren.[1007]

Der BGH bekannte im Folgenden, dass sich „die Verhältnisse, die bestanden, als der Gesetzgeber seine Entscheidung getroffen hat, ... Kopienversanddienste freizustellen... im Laufe der letzten Jahre entscheidend verändert (hätten)"[1008]. Dies sei insbesondere der technischen Entwicklung und dem neuen Stand der technischen Ausrüstung geschuldet. So trage gerade der digitale Katalog der TIB dazu bei, die angebotenen Dienste in einem Umfang zu nutzen, der über das Maß aller bisher gekannten Angebote hinausgehe. Die TIB mache das Angebot auch Nutzern zugänglich, die andernfalls nicht zum Kreis der analogen Nutzer gehören würden.[1009]

Dieser Regelungslücke wollte der BGH Rechnung tragen, indem er den Urhebern einen ungeschriebenen verwertungsgesellschaftspflichtigen Vergütungsanspruch zusprach. Hierdurch wollte sich der BGH nicht zu einer engen Auslegung des § 53 II Nr. 4a UrhG bekennen,[1010] doch führte das Gericht aus, dass angesichts der technischen und wirtschaftlichen Entwicklungen der letzten Jahre und vor dem Hintergrund von Art. 9 RBÜ, Art. 9 und 13 TRIPS, Art. 14 GG sowie dem urheberrechtlichen Beteiligungsgrundsatz eine angemessene Vergü-

---

[1005] BGH GRUR 1999, 707 (709 f.) – „Kopienversanddienst"; vgl. auch *van Look*, WuB V F. § 53 UrhG 2.99, 1044 (1045); *Nippe*, ZUM 1998, 382 (384 ff.).

[1006] Anders als bei den „CB-infobank"-Urteilen, wo die Bank die Recherche für die Nutzer übernahm. BGH GRUR 1999, 707 (709) – „Kopienversanddienst". Vgl. auch *Baronikians*, ZUM 1999, 126 (130); *Katzenberger*, AfP 1999, 335 (336). Kritisch *van Look*, WuB V F. § 53 UrhG 2.99, 1044 (1046).

[1007] BGH GRUR 1999, 707 (710) – „Kopienversanddienst"; vgl. auch *Raczinski/Rademacher*, GRUR 1989, 324 (328); *Nippe*, ZUM 1998, 382 (384 ff.).

[1008] BGH GRUR 1999, 707 (711) – „Kopienversanddienst"; vgl. ausführlich die Besprechung bei *Nippe*, ZUM 1998, 382 (385 f.).

[1009] BGH GRUR 1999, 707 (711 f.) – „Kopienversanddienst".

[1010] BGH GRUR 1999, 707 (710, 713) – „Kopienversanddienst".

tung geboten sei.[1011] Die Vergütungsvorschrift des § 54a UrhG sei hierzu „offensichtlich“[1012] unzureichend, weshalb eine Regelungslücke entstanden sei. So lange der Gesetzgeber noch nicht tätig geworden sei,[1013] müsse diese durch analoge Anwendung von § 27 II, III UrhG (Bibliothekstantieme), § 49 I UrhG (Zeitungsartikel und Rundfunkkommentare) und § 54a II i.V.m. § 54h I UrhG (Betreibervergütung) geschlossen werden.[1014] In all diesen Vorschriften komme im Interesse der Allgemeinheit am freien Zugang zu Informationen zum Ausdruck, dass ein Verbotsrecht durch einen Vergütungsanspruch ersetzt werde.

cc. Resonanz im Schrifttum

Im Schrifttum wurde das Urteil als „Sensation“[1015] bezeichnet, die Idee, einen Vergütungsanspruch für die Urheber zu etablieren, durchweg positiv aufgenommen.[1016] Gewürdigt wurde vor allem, dass der BGH an die vom BVerfG aufgestellten Grundsätze der „Kirchenmusik“-Entscheidung anknüpfte, die gegenseitigen Interessen ausreichend abgewogen und selbst das Konventionsrecht ausdrücklich in die Entscheidung einbezogen habe.[1017]

Im Hinblick auf urheberrechtliche Aspekte blieb der BGH bei seiner restriktiven Auslegung.[1018] Dieses Urteil stellt sich dennoch als Ergebnis einer extensiven Auslegung dar. Nicht nur, dass der BGH im Bereich der Schranken abermals nach den „Filmzitaten“ eine Analogie bildete; neben der Vervielfältigung

---

1011 BGH GRUR 1999, 707 (710, 713 f.) – „Kopienversanddienst“. Zu Art. 9 II RBÜ vgl. auch *Baronikians*, ZUM 1999, 126 (130 f.); *Schack*, JZ 1999, 1007 (1008). *Van Look*, WuB V F. § 53 UrhG 2.99, 1044 (1045 f.) bezweifelt das Vorliegen einer Regelungslücke.

1012 BGH GRUR 1999, 707 (713) – „Kopienversanddienst“. Die Offensichtlichkeit begründet der BGH nicht näher. Zu berücksichtigen ist bei dieser Unterstellung freilich, dass das Vergütungssystem zum Zeitpunkt der Entscheidung seit 1985 nicht verändert wurde, vgl. *Baronikians*, ZUM 1999, 126 (129), der eine Einzelvergütung favorisiert; *Katzenberger*, AfP 1999, 335 (336); *Loewenheim*, ZUM 1999, 574 (574); wohl auch *Nippe*, ZUM 1998, 382 (388).

1013 Was mittlerweile mit § 53a UrhG der Fall ist.

1014 BGH GRUR 1999, 707 (711) – „Kopienversanddienst“.

1015 *Hoeren*, MMR 1999, 672 (672 f.). Ferner a.a.O.: „Die Entscheidung öffnet das Tor zu einer neuen Auslegung der Schranken“.

1016 *Dördelmann* in Schulze, RzU, BGHZ 470, 29 (30); *Hoeren*, MMR 1999, 672 (672 f.); *Loewenheim*, ZUM 1999, 574 (575); *Schack*, JZ 1999, 1007 (1008); *Vinck*, LM UrhG § 53 Nr. 13 (10/1999), 2.a.

1017 *Loewenheim*, ZUM 1999, 574 (575). Zum Konventionsrecht ausdrücklich oben **3. Teil D. II. 5. c.**

1018 So *Dördelmann* in Schulze, RzU, BGHZ 470, 29 (30).

dehnte der BGH den § 53 UrhG faktisch auf die Verbreitung (§ 17 UrhG) aus.[1019]

3. Analyse

Die Entscheidungen lassen sich auf folgenden entscheidungserheblichen Kern reduzieren, der jeweils Anknüpfungspunkt für die verfassungskonforme Auslegung sein kann:

In den „CB-infobank“-Urteilen erkennt der BGH grundsätzlich für alle Fälle des § 53 II UrhG an, dass auch **Dritte** für Vervielfältigungshandlungen **eingeschaltet** werden können. Der BGH geht aber davon aus, dass der Dritte dann den Weisungen des Kunden unterliegt und stellt insoweit nur die „technisch mechanische Vervielfältigung“ unter die Privilegierung (b.).

Der BGH beschränkt in seinem Urteil zu den „elektronischen Pressearchiven“ das **Archiv** i.S.v. § 53 II Nr. 2 UrhG auf **den internen Gebrauch** (c.). Dieses Ergebnis begündet das Gericht mit einer restriktiven Auslegung des Archivbegriffs und mit den **Gefahren**, die aufgrund der **elektronischen Nutzung** entstehen.

An sich ist die **analoge Konstruktion eines Vergütungsanspruchs** aus der „Kopienversanddienst“-Entscheidung nunmehr obsolet und bedürfte keiner verfassungsrechtlichen Würdigung. Hier soll dennoch eine Betrachtung ohne Berücksichtigung von § 53a II UrhG erfolgen, da entsprechende Regelungslücken beim Auftreten neuer Sachverhalte aufgrund technischer Neuerungen auch weiterhin denkbar sind (d.).

a. Beteiligte Grundrechtsträger

Obwohl die Grundrechtsträger sehr unterschiedlichen Milieus entstammen, sind die Grundrechtskonstellationen doch ähnlich gelagert.

Die Commerzbank **(CB-infobank)** wollte im Rahmen ihrer Tätigkeit Kunden mit Informationen versorgen. Wie oben gesehen, gehört auch das Recht, Informationen nach Wunsch ungestört zu verbreiten zum Schutzbereich der Informationsfreiheit.[1020]

Dasselbe kann von den Herstellern **elektronischer Pressearchive** gesagt werden. Letztlich wäre hier auch ein Schutz durch die Pressefreiheit denkbar,[1021] auch wenn die Beklagte im Fall „nur“ vom Kunden eingereichte Vorlagen

---

[1019] *Baronikians*, ZUM 1999, 126 (131 f.), der auch eine Verbreitung im rechtlichen Sinne annimmt; ferner *van Look*, WuB V F. § 53 UrhG 2.99, 1044 (1045); *Schack*, JZ 1999, 1007 (1007). § 54 UrhG erfasst nur die Vervielfältigung.

[1020] Vgl. oben **3. Teil B. I. 1.**; ferner *Kröger*, Informationsfreiheit und Urheberrecht, S. 201.

[1021] Vgl. *Hoeren*, MMR 1999, 412 (413).

digitalisierte. Wie oben gesehen, werden auch nicht-periodische Druckwerke der Pressefreiheit unterstellt.[1022] Da diese aber unter den gleichen Vorbehalten steht wie die Informationsfreiheit und die Argumente sich entsprechen dürften, soll hier im Interesse der gemeinsamen Betrachtung auf die Informationsfreiheit abgestellt werden.

Ob sich die TIB Hannover **(Kopienversanddienst)** auf Grundrechte berufen kann, ist fraglich. Sie ist zugleich Universitätsbibliothek der Leibniz-Universität Hannover.[1023] Letztlich geht es auch Bibliotheken um Informationsverbreitung. Eine Berufung auf die Informationsfreiheit kommt wegen des Abwehrcharakters der Grundrechte aber nicht in Frage, wenn die Einrichtung von einem Hoheitsträger betrieben wird. Insofern bliebe einzig der Schutz über die Wissenschaftsfreiheit. Dagegen ist Bibliotheken in privater Rechtsträgerschaft der Rückgriff auf die Informationsfreiheit nicht verwehrt. Für den vorliegenden Fall wird daher eine private Trägerschaft unterstellt, um die Entscheidungen ebenfalls einer einheitlichen Betrachtung zugänglich zu machen.

Allen Entscheidungen ist gemeinsam, dass mittelbar auch die **Freiheit der Kunden bzw. der Nutzer, Informationen zu empfangen,** befriedigt werden soll. Diese ist über die gesellschaftliche Funktion des Urheberrechts auch dann zu berücksichtigen, wenn Kunden oder Nutzer konkret keine Grundrechte geltend machen.

Es kollidiert damit die Eigentumsfreiheit von Urhebern (verfasste Beiträge) und Verlegern (Nutzungsrechte) mit der Informationsverbreitungsfreiheit der Unternehmen und Anstalten bzw. mittelbar der Informationsempfangsfreiheit der Rezipienten.

b. CB-infobank I & II

Ausweislich des klaren Wortlauts des § 53 II UrhG ist es zulässig, Vervielfältigungsstücke zum privaten Gebrauch herstellen zu *lassen* – mithin Dritte mit der Vervielfältigung zu beauftragen. Im Gegensatz zum OLG Köln hat der BGH in der „CB-infobank“-Entscheidung die Einschaltung Dritter jedoch begrenzt. Diese Einengung steht im Folgenden auf dem Prüfstand der Betrachtung.

aa. Abstrakte Betrachtung

Die abstrakte Betrachtung unterscheidet sich nicht von den bereits getätigten Ausführungen. Sowohl Informations- als auch Eigentumsfreiheit sind abstrakt

---

[1022] Oben **3. Teil B. III. 1. a.**

[1023] http://www.tib.uni-hannover.de/ueber_uns/ (Stand Januar 2009).

gleichrangig, so dass die Abwägung maßgeblich von der konkreten Betrachtung abhängt.

bb. Konkrete Betrachtung

Der Ausschluss Dritter aus der Privilegierung ist Folge der restriktiven Handhabung der Schranke durch den BGH. Es ist im Folgenden also zu untersuchen, ob eine derartige Handhabung verfassungsrechtlich haltbar ist.

(1). Erforderlichkeit

Durch die Reduzierung der Vervielfältigung auf technisch mechanische Vervielfältigungen stellt der BGH sicher, dass der Dritte ausschließlich als „Werkzeug des Kunden" agieren kann. Der Dritte wird so auf die genauen Anweisungen des Kunden verwiesen. Damit hat der BGH den Einsatz Dritter nicht völlig ausgeschlossen. Mildere Mittel sind zum Schutze der Urheber und Nutzungsrechtsinhaber insoweit nicht ersichtlich, weshalb diese Entscheidung des BGH als erforderlich angesehen werden kann.

(2). Angemessenheit

Die Intention des BGH liegt auf der Hand: der Informationsdienst der Commerzbank soll nicht von fremden Geistesleistungen der Autoren profitieren. Kritik an dem Urteil des BGH hält sich denn auch in Grenzen.[1024] Die Möglichkeit, Dritte einzuschalten, soll eine Benachteiligung derer verhindern, denen die Vervielfältigung mangels Personal, Know-How oder technischer Geräte nicht möglich ist.[1025] Dieselbe Problematik spielt heute bei der Digitalisierung wieder eine Rolle wenn es darum geht, Informationen digital zu erfassen und zu selektieren oder zu verbreiten. Beide Tätigkeiten werden von der Informationsfreiheit geschützt.[1026] Der Dritte soll daher auch nur solche Vervielfältigungshandlungen erbringen dürfen, die der Nutzer bei Ausgleich dieser Fehlstände selbst hätte vornehmen können. Insofern scheint die Beschränkung auf den technisch mechanischen Vervielfältigungsvorgang verfassungsrechtlich jedenfalls zulässig, denn § 53 UrhG privilegiert nur den *eigenen* Gebrauch. Dieser ist aber überschritten, wenn der Nutzer von den Erfahrungen Dritter profitiert. Die wirtschaftliche Betrachtung würde in diesem Fall ergeben, dass Interessen der Urhe-

---

1024 Zustimmend *Hertin* in Schulze, RzU, BGHZ 453, 11 (15 ff.); *Loewenheim*, CR 1997, 408 (408 f.); *Schricker*, JZ 1997, 795 (796 f.); *ders.*, EWiR 1997, 473 (474) und 475 (476). Zweifelnd *Höche*, WuB V F. § 53 UrhG 1.97.

1025 Vgl. auch *Nippe*, ZUM 1998, 382 (384).

1026 Vgl. schon oben **3. Teil B. I. 1.** und **4. Teil C. I. 4. b. cc. (2).**

ber und Nutzungsrechtsinhaber stärker betroffen sind, als wenn der Nutzer selber gehandelt hätte.

Dagegen muss es dem Nutzer aber auch möglich sein, einen Dritten als Werkzeug einzuschalten, um eine Ungleichbehandlung derer zu verhindern, die eben nicht über die erforderlichen Gerätschaften verfügen. Insofern ist also auch entgegengesetzt zu prüfen, ob die Einschaltung Dritter zu Recht abgelehnt wurde. Dies scheint im Falle der „CB-infobank" fraglich. Berücksichtigt man, dass der Kunde der Infobank den Kopierwunsch ausdrücklich äußern muss, ist die Commerzbank nämlich sehr wohl als dessen „Werkzeug" anzusehen. So könnte sich der Kunde in urheberrechtlich unbedenklicher Weise die Quellen der Recherche aushändigen und die Kopien von einem Bibliotheksdienst anfertigen lassen. Für die wirtschaftliche Beeinträchtigung des Urhebers würde dies keinen Unterschied machen.[1027] Der eigentliche Vorwurf des BGH kann daher nicht darin zu sehen sein, dass ein Dritter mit der Vervielfältigung beauftragt wird, sondern dass die Bank ihr Archiv Dritten zur Verfügung stellt.[1028]

Ein Überschreiten des eigenen Gebrauchs im Rahmen der Einschaltung Dritter wäre allenfalls dann anzunehmen, wenn die Vervielfältigung sich nur mit neusten weitgehend unerforschten Methoden realisieren lassen würde, die auch ein Durchschnittskunde mit den notwendigen technischen Geräten nicht vollbringen könnte. Ein derart extrem gelagerter Fall stand bislang aber noch nicht auf dem Prüfstand. Damit dürfte für die Einschaltung Dritter vor dem Hintergrund der Informationsfreiheit eine eher extensive Handhabung des § 53 II UrhG geboten sein. Im Fall der „CB-infobank" kann dem BGH unter verfassungsrechtlichen Gesichtspunkten nicht in seiner Subsumtion gefolgt werden.

c. Elektronische Pressearchive

In seinem Urteil zu den „elektronischen Pressearchiven" will der BGH die Nutzung des Archivs durch eine Mehrzahl von Mitarbeitern verhindern und macht dies direkt am Archivbegriff fest. Auch hier konkurrieren die Informationsfreiheit von Mitarbeitern mit der Eigentumsfreiheit der Urheber und Nutzungsrechtsinhaber.

aa. Erforderlichkeit

Aus urheberrechtlicher Sicht ließe sich bemängeln, dass der BGH keine Auslegung nach dem klassischen Auslegungskanon betreibt. Er führt vielmehr ausge-

---

[1027] *Höche*, WuB V F. § 53 UrhG 1.97, I. 3., der dem BGH darin zustimmt, dass die Attraktivität des Dienstes unter der zeitlichen Verzögerung leiden würde.

[1028] Dieser Punkt wird erst unten bei den elektronischen Pressearchiven behandelt.

hend vom Dogma der restriktiven Auslegung von vorneherein eine Restriktion herbei, indem er den Archivbegriff einengt. Fraglich ist, ob eine derartige Restriktion verfassungsrechtlich erforderlich ist. Dann dürfte es keine milderen Mittel zum Schutze der Rechte von Urhebern und Verlagen geben. In der Tat scheint es so, als stünden Urhebern nur wenig Alternativen zum Schutze ihrer Rechte zur Seite. Denkbar wäre es, diese auf die Eröffnung eigener vergleichbarer Portale zu verweisen. Ob diese Alternative aber als „milder" einzustufen ist, bleibt fraglich. Zwar müssen Betreiber es nicht hinnehmen, als einzige Alternative auf den rechtsgeschäftlichen Lizenzerwerb verwiesen zu werden, da dies eben dem Wesen der Schranken widerspricht,[1029] dennoch bedeutet das Verbot der Vervielfältigung nach § 53 II Nr. 2 UrhG kein vollständiges Verbot des Archivrechts, denn das Recht der Inhaltsmitteilung ist hiervon nicht betroffen.[1030] Damit ist der Handlungsspielraum von Archivbetreibern größer als der von Urhebern, denn diese können ihren Kunden immer noch das (aufwändigere) Anfertigen von Abstracts oder Exzerpten anbieten.

bb. Angemessenheit

Dagegen ist fraglich, ob die Restriktion des BGH auch angemessen ist. Je mehr nämlich ein Medium dazu bestimmt ist, Informationen zu transportieren, umso mehr müssen die Rechte der Urheber zurückstehen.

Dabei ist nach Ansicht des BVerfG auch zu berücksichtigen, ob die Nutzung eine gesellschaftliche Funktion aufweist. Nach Ansicht des BGH bezieht sich die Vorschrift des § 53 II Nr. 2 UrhG „nur auf Archive, deren Zweck sich in einer unter sachlichen Gesichtspunkten geordneten Sammlung vorhandener Werke zum *internen* Gebrauch erschöpft". Genau dies war aber im Fall der „elektronischen Pressearchive" gegeben.[1031] Der BGH zäumt das Pferd von hinten auf, wenn er verbesserte Zugriffsmöglichkeiten in die Definition des Archivs einbezieht. Nach dieser Handhabung bestimmt der „Grad des Zugriffs" über das Tatbestandsmerkmal „Archiv".[1032] Dann „würde (aber) das Wesen des Archivs darin bestehen, dass es möglichst nicht genutzt wird"[1033]. Das Gegenteil ist jedoch der Fall. Archive dienen mehr denn andere Medien der Informationsfreiheit. Sie

---

1029 Vgl. z.B. oben bei den Pressespiegeln **I. 4. c. aa.** oder **II. 3. b. cc. (1).** bei den Filmzitaten.

1030 Hierzu schon oben **3. Teil B. II. 3. a.** Vgl. ferner *Van Look*, ZIP 1998, 454 (455). Insofern ist es nicht richtig, wenn behauptet wird, dass Informationsdiensten durch das Urteil jede Existenzgrundlage entzogen wird. Zu den Auswirkungen für Kopierdienste vgl. *Hertin* in Schulze, RzU, BGHZ 453, 11 (16 f.).

1031 *Hoeren*, MMR 1999, 412 (413 f.).

1032 *Hoeren*, MMR 1999, 412 (414). Vgl. auch mit ähnlicher Kritik *Hess/Latinovic*, ZUM 1999, 812 (813).

1033 *Hoeren*, MMR 1999, 412 (414).

sind daher nicht nur integraler Bestandteil der Informationsfreiheit, sondern dienen zugleich der vom BVerfG geforderten gesellschaftlichen Funktion, die - sofern sie nicht sogar den Ausschlag zugunsten einer extensiven Auslegung gibt – eine Restriktion nicht haltbar erscheinen lässt.

Darüber hinaus zeigt die wirtschaftliche Betrachtung keine überhöhten Gefahren für die Urheber. Bei diesen geht es „nur“ um die Zweitverwertung. Im Fall der „elektronischen Pressearchive“ wurden die Vorlagen zur Digitalisierung von den Kunden eingereicht. Die jeweiligen Zeitschriften wurden also bereits käuflich erworben. Der BGH argumentiert zwar mit der Gefahr, dass durch die Digitalisierung Zweitabonnements ausbleiben, da digitale Werke mehreren Mitarbeitern zugänglich gemacht werden können, doch kann auch hier auf die Argumentation bei den Pressespiegeln verwiesen werden. Bei der Tagespresse ist davon auszugehen, dass die relevanten Einkünfte nicht allein aus den Abonnements, sondern auch aus dem Anzeigengeschäft kommen. Insofern stellt also der Verlust von Zweitabonnements nur auf den ersten Blick eine wirtschaftliche Gefährdung von Urhebern und Verlagen dar. Entscheidend ist aber folgender Gedanke: Der BGH unterstellt, dass Kunden im Fall „elektronische Pressearchive“ auch als Kunden für Zweitabonnements zur Verfügung stünden. Dies dürfte ein Trugschluss sein. In vielen Fällen dürfte die Digitalisierung lediglich dazu dienen, ein platzsparendes Archiv als Alternative zum „Zeitschriftenständer im Keller“ anzulegen. Insofern kämen Kunden also ebenfalls nicht für Zweitabonnements in Frage. Selbst wenn dem so sein sollte, könnte der BGH als milderes Mittel verlangen, dass nur ältere Beiträge Gegenstand der Digitalisierung werden, um den Zweiterwerb von Abonnements nicht zu gefährden, zugleich aber dem unternehmerischen Bedürfnis nach Speicherminimalisierung nachzukommen. Der BGH hat zwar die sich aus einer elektronischen Nutzung ergebenden Gefahren auf der einen Seite ausführlich gewürdigt, hat aber auf der anderen Seite übersehen, dass es im vorliegenden Fall gar nicht um tagesaktuelle Beiträge ging.[1034] Die befürchtete Konkurrenz dürfte daher geringer ausfallen als vom BGH prognostiziert.

Im Zusammenhang mit neuen Medien begründet der BGH seine restriktive Auslegung immer wieder mit dem Argument, dass so den **Gefahren**, die sich **aus der elektronischen Nutzung** ergeben, entgegengewirkt werden müsse. Auch hier ist eine Pauschalisierung unzulässig. Derartige Gefahren können aber im Rahmen der **wirtschaftlichen Betrachtung** berücksichtigt werden.

Auch das BVerfG hat bereits bei Gefahren durch die moderne Technik andere Grundrechte zurückstehen lassen. So hat es vor dem Hintergrund von § 169 S. 2 GVG gebilligt, dass einem Journalisten beim Besuch einer brisanten

---

[1034] *Hess/Latinovic*, ZUM 1999, 812 (814).

Strafverhandlung[1035] der Gebrauch eines Laptops untersagt wurde, da moderne Laptops „teils über Kameras und Mikrofone verfügen, deren § 169 S. 2 GVG zuwider laufende Verwendung während der mündlichen Verhandlung sich kaum kontrollieren ließe".[1036] Zwar hat das BVerfG entgegenstehende Beeinträchtigungen der Pressefreiheit und das erhebliche öffentliche Interesse an dem Strafverfahren berücksichtigt, doch hat das Gericht nicht prüfen lassen, ob denn konkret der Laptop über Kamera und Mikrofon verfügte. Allerdings ist die Situation hier eine andere als im Falle der Pressearchive. Wegen des großen Besucherandrangs ließ sich im konkreten Fall kaum prüfen, welcher der anwesenden Journalisten über einen Laptop mit Kamera oder Mikrofon verfügte – bzw. diese Funktionen abgeschaltet hatte. In der Tat verfügen moderne Laptops schon standardmäßig über derartige Funktionen und stellen daher nicht nur eine abstrakte, sondern auch eine konkrete Gefahr dar. Im Falle der Pressearchive wäre dagegen eine Kontrolle über den Zugriff durch Mitarbeiter möglich. So könnte Prävention durch den Einsatz technischer Schutzmaßnahmen betrieben werden. Bei Nutzungen im Internet ließe sich zudem mit Hilfe der IP-Nummer der Nutzer ermitteln.[1037]

Ob aber bereits abstrakt die Möglichkeit des Bestehens von Gefahren die Abwägung beeinflusst und so eine „grundsätzlich"[1038] restriktive Auslegung des § 53 II UrhG ermöglicht, ist fraglich. Auch im Bereich der urheberrechtlichen Unterlassensklage muss die Erstbegehung unmittelbar drohend bevorstehen,[1039] bzw. die Wiederholungsgefahr durch eine tatsächliche Vermutung Anhaltspunkte für eine bevorstehende Rechtsverletzung liefern, bevor eine Klage statthaft wäre.[1040] Andernfalls bestünde die Möglichkeit, dass vorschnell eine Gefährdung unterstellt wird.

Dass eine pauschale Restriktion, wie sie der BGH im Urteil zu den „elektronischen Pressearchiven" befürwortet, tatsächlich erforderlich ist, ist unwahrscheinlich. Eine Gefährdung wirtschaftlicher Interessen ließe sich ohne weiteres durch den Einsatz von DRM ausräumen, indem dem Dienstanbieter auferlegt wird, Dateien durch einen Kopierschutz vor übermäßigem Gebrauch zu schützen.[1041] Auch können Nutzer in Lizenzvereinbarungen entsprechend verpflichtet

---

[1035] Es ging um einen Holzklotzwurf von einer Autobahnbrücke, bei dem die Beifahrerin tödlich verletzt wurde.

[1036] BVerfG NJW 2009, 352 (353).

[1037] Vgl. *Hoeren*, Recht der Access Provider, 1. Teil Rn. 185; *Roßnagel/Scholz*, MMR 2000, 721 (725).

[1038] BGH GRUR 1999, 325 (327) – „Elektronische Pressearchive".

[1039] BGH GRUR 1999, 1097 (1099) – „Preissturz ohne Ende". Vgl. *Backhaus* in Mestmäcker/Schulze, § 97 UrhG Rn. 47.

[1040] BGH GRUR 2001, 453 (455) – „TCM-Zentrum"; BGH GRUR 2002, 717 (719) – „Vertretung der Anwalts-GmbH"; Vgl. *Backhaus* in Mestmäcker/Schulze, § 97 UrhG Rn. 44.

[1041] *Senftleben* in Hilty/Peukert, Interessenausgleich, 159 (165 ff.). Vgl. bereits das oben **I. 4. d. cc. (2).** bei den elektronischen Pressespiegeln gesagte.

werden, Dateien nur an eine begrenzte Anzahl von Mitarbeitern weiter zu geben. Technisch möglich wäre auch, dass Beiträge sich nicht unbegrenzt öffnen ließen. Obwohl die Digitalisierung viele Gefahren mit sich bringt, schafft sie doch zugleich auch zahlreiche Möglichkeiten technischer Schutzmaßnahmen, mit denen sich eine wirtschaftliche Gefährdung verringern lässt.

Dies zeigt, dass Einschränkungen der Informationsfreiheit schwerer wiegen als Beeinträchtigungen der Eigentumsfreiheit. Auch der **Wesensgehalt** der Eigentumsfreiheit bleibt bei der Anwendung der Vorschrift gewahrt, denn §§ 54 ff. UrhG sehen für Vervielfältigungen nach § 53 I-III UrhG entsprechende Vergütungen vor.

Für den Fall der „elektronischen Pressearchive" ergibt sich noch ein weiter Punkt. Während die „CB-infobank" ihre Dienstleistungen theoretisch auch anbieten könnte, indem sich die Bank auf die reine Inhaltsmitteilung konzentriert, also die Auswertung der Beiträge für den Kunden selber vornimmt (z.B. in Form von Abstracts), kommt dies im Fall der „Pressearchive" kaum in Betracht. Hier wollte der Kunde gerade die Beiträge im Original digitalisieren lassen. Diese Tätigkeit könnte der Dienstanbieter bei der Auslegung durch den BGH aber nicht mehr anbieten. Daher kann durchaus erwogen werden, ob der Dienstanbieter in diesem Fall nicht auch in seiner Berufsfreiheit verletzt ist. Sein Tätigkeitsfeld wird jedenfalls durch die Restriktion erheblich eingeschränkt. Inwieweit der Kunde die eingereichten Vorlagen nämlich weiteren Mitarbeitern zur Verfügung stellt, liegt nicht im Machtbereich des Dienstanbieters.

d. Kopienversanddienst

Die Klärung der Frage, ob die Konstruktion eines Vergütungsanspruchs für den Kopienversand öffentlicher Bibliotheken verfassungsrechtlich geboten ist, ist mit der Kodifikation des § 53a II UrhG hinfällig geworden. Dies gilt jedoch nicht für die Frage, ob generell die analoge Konstruktion einer Vergütungspflicht verfassungsrechtlich von Bedeutung ist. Dass der technische Fortschritt dem Urheberrecht erneut seine Grenzen aufzeigen wird, ist keine Frage des „ob", sondern eine Frage der Zeit. So wird sich irgendwann wieder die Frage stellen, ob Zugeständnisse an Nutzer zu Lasten der Urheber durch einen Vergütungsanspruch ausgeglichen werden können – insbesondere da die Rechtsprechung hier flexibler und rascher Lücken schließen kann als der Gesetzgeber.[1042] In diesem Fall können hier gewonnene Erkenntnisse übertragen werden.

[1042] Vgl. oben **3. Teil D. V. 3.**

Der einzige Unterschied besteht darin, dass eine Analogie nunmehr auch zu § 53a II UrhG gezogen werden kann.

aa. Abstrakte Betrachtung

Dass sich Gerichte mit der Konstruktion eines Vergütungsanspruchs schwer tun, ist nur allzu verständlich. Immerhin handelt es sich hierbei um eine Analogie, die nicht mehr die Rechtsauslegung, sondern die Rechtsfortbildung betrifft. Damit nimmt die Judikative aber Aufgaben wahr, die originär der Legislative zugewiesen sind.[1043] Dies führt bei der abstrakten Betrachtung indes nicht zur Unwirksamkeit aufgrund mangelnder Kompetenz. Dass die Gerichte auch zur Rechtsfortbildung berufen sind, ist unumstritten. Lediglich deren Reichweite ist unklar.[1044] Eine Rechtsfortbildung hat sich daher streng an den Vorstellungen des Gesetzgebers und damit an bereits bestehenden Vorschriften zu orientieren. Für die Konstruktion eines Vergütungsanspruchs gibt es mehrere Hinweise in §§ 27 II, III, 49 I, 54a II i.V.m. § 54h I UrhG und nunmehr auch § 53a II UrhG, so dass von gerichtlicher Willkür also nicht die Rede sein kann.

bb. Konkrete Betrachtung

Insbesondere die Notwendigkeit einer Analogie kann überzeugend durch die verfassungskonforme Auslegung erklärt werden. Darüber hinaus sind die Grenzen zwischen verfassungskonformer Auslegung und Rechtsfortbildung fließend.

(1). Erforderlichkeit

Für die Erforderlichkeit eines derartigen Anspruchs ist von Bedeutung, dass er das mildere Mittel gegenüber einem den Urheber schützenden Verbotsanspruch darstellt[1045] und dass es kein weiteres und noch milderes Mittel gibt. Verzichtbar wäre er jedoch nicht, weil der BGH davon ausgeht, dass das geltende Vergütungssystem zum Schutze der Eigentumsrechte von Urhebern nicht geeignet ist.[1046]

Die Möglichkeit, einen Vergütungsanspruch analog aus anderen gesetzlichen Lizenzen herzuleiten, hatte der BGH im „Grundig-Reporter"-Urteil noch nicht (§ 15 II LUG).[1047] Ein Entgelt für die Nutzung sah das Gesetz bis dato

---

1043 Hierzu schon oben **3. Teil D. III.**

1044 Und wird auch im Rahmen dieser Untersuchung nicht vollständig geklärt werden können.

1045 *Schack*, JZ 1999, 1007 (1008).

1046 BGH GRUR 1999, 707 (712 f.) – „Kopienversanddienst".

1047 BGHZ 17, 266. Hier ging es um Magnettobandgeräte (Tonbandgeräte) mit Aufnahmefunktion, die für Audiovervielfältigungen geeignet waren und daher für Vervielfältigun-

wohl deshalb nicht vor, weil nur schwer nachvollzogen werden konnte, ob die Nutzung privat oder am Arbeitsplatz erfolgte.[1048] Gem. § 32 UrhG hat der Urheber einen Anspruch auf angemessene Vergütung. Heute gibt es daher eine ganze Reihe von Vergütungsansprüchen, die dem Rechtsanwender die Analogie eröffnen.[1049] Der BGH hätte alternativ den Weg über die Verfassungswidrigkeit der niedrigen Vergütung des § 54d UrhG gehen können.[1050] Zu Recht zieht der BGH jedoch die Normerhaltung der Verwerfung vor, denn auch sie stellt das mildere Mittel dar.

(2). Angemessenheit

Bei der wirtschaftlichen Betrachtung sind nicht nur Einnahmeverluste für Urheber und Verleger auf der einen, sondern auch ökonomische Interessen von Bibliotheken auf der anderen Seite zu beachten. Fachpublikationen werden oftmals nur in geringer Auflage und somit besonders kostenintensiv verlegt. Daher macht ein entsprechender Fachbestand oftmals auch nur Sinn, wenn er überregional angeboten werden kann und dadurch mehrere Bibliotheken im Umkreis ersetzt. Es steht also nicht nur die Informationsfreiheit, sondern auch die wirtschaftliche Grundlage von Bibliotheken zur Abwägung.

Diese Situation mag auch in anderen Bereichen bestehen. So haben auch Pressespiegel-Hersteller ähnliche existenzielle wirtschaftliche Interessen, die aber bisher nicht in die Abwägung einbezogen wurden. Der Unterschied bei der TIB liegt in der fundamentalen Bedeutung öffentlicher Bibliotheken für die Informationsversorgung. Daher zieht auch der BGH das Informationsinteresse der *Allgemeinheit* in die Abwägung ein.[1051] Über die vom BVerfG statuierte gesellschaftliche Betrachtung ist dies ohne weiteres möglich. Der einzelne Nutzer ist auf die Einrichtung von Bibliotheken mit Fachbestand dringend angewiesen, da er sich einen derartigen Fundus privat nicht zulegen kann.

Auch wenn ein Fachbestand ohne überregionale Angebote, wie sie ein Kopierdienst darstellt, oftmals nicht ökonomisch angelegt werden kann, wird eine extensive Handhabung dazu führen, dass bei rückläufigen Absatzzahlen aus Kostengründen Fachliteratur gar nicht mehr verlegt würde.[1052] Die wirtschaftli-

---

gen von Schallplatten und Radiosendungen genutzt werden konnten. Die GEMA sah hierin keine Vervielfältigung zum eigenen Gebrauch.

1048 *Vinck*, LM UrhG § 53 Nr. 13 (10/1999), 1.

1049 *Schack*, JZ 1999, 1007 (1008).

1050 *Van Look*, WuB V F. § 53 UrhG 2.99, 1044 (1046); *Schack*, JZ 1999, 1007 (1008).

1051 BGH GRUR 1999, 707 (713) – „Kopienversanddienst".

1052 *Baronikians*, ZUM 1999, 126 (131); *Nippe*, ZUM 1998, 382 (383); *Schack*, JZ 1999, 1007 (1007).

che Betrachtung wird auch dadurch gelenkt, dass die TIB ihre Werke in einem Online-Katalog der Allgemeinheit angeboten hat. Damit hätte die TIB hier mehr als nur die erlaubte Übermittlung der Kopien angeboten.[1053] So hat der BGH denn auch die Gefährdung wirtschaftlicher Interessen der Urheber aufgrund von gesteigerten Zugriffsmöglichkeiten durch den Online-Katalog der TIB explizit angesprochen. Durch einen derartigen Online-Katalog mögen urheberrechtlich geschützte Werke sicherlich erst Gegenstand des Interesses potenzieller Nutzer werden. Doch stellt die Online-Recherche noch keine Urheberrechtsverletzung dar.[1054] Als Äquivalent kann im Recht des Sacheigentums auch noch keine erhöhte Gefährdung angenommen werden, wenn ein Juwelier teure Schmuckstücke in seinem Schaufenster ausstellt und damit erst potenzielle Rechtsverletzer wie Diebe auf seine Ware aufmerksam macht. Der Schutz geistigen Eigentums muss aber mit dem Schutz des Sacheigentums vergleichbar sein.[1055] Eine Gefährdung kann sich im Fall der TIB daher auch erst daraus ergeben, dass Urheber nur eine unzureichende Vergütung erhalten. Diese Gefahr hat der BGH aber im Wege der Analogie durch die Konstruktion eines Vergütungsanspruchs selbst ausgeräumt. Im Übrigen minimalisieren viele Urheber und Nutzungsrechtsinhaber die für ihre Rechte bestehenden Gefahren selbst, indem sie auf DRM zurückgreifen – genauso, wie der Juwelier aus dem Beispiel eine Alarmanlage und weitere Schutzmaßnahmen bereit halten wird.

Ob der Einnahmeverlust für Urheber und Verleger schwerer wiegt als die Existenzberechtigung öffentlicher Bibliotheken, lässt sich schwer sagen. Immerhin sind nicht nur Verlage im Kern der Eigentumsfreiheit, sondern auch Bibliotheken im Kern der Informationsversorgungsfreiheit und die Allgemeinheit im Kern der Informationsfreiheit betroffen, wenn öffentliche Bibliotheken ihren Aufgaben nicht mehr nachkommen können. Werden Beeinträchtigungen von Urhebern aber durch die Konstruktion einer analogen Vergütung (respektive der Vergütung nach § 53a UrhG) aufgewogen, dürften eklatante Beeinträchtigungen der Informationsfreiheit durch eine extensive Handhabe der Urheberschranke vermieden werden.

4. Bewertung

Die Urteile zu § 53 II UrhG unterscheiden sich größtenteils in ihren Begründungen. Bei „CB-infobank" hat der BGH auf die klassischen Auslegungskriterien wie den Willen des Gesetzgebers, Systematik und Teleologie zurückgegriffen, um seine restriktive Auslegung zu begründen. Bei den „elektronischen Pressearchiven" findet sich diese Dogmatik leider nicht mehr. Abgesehen von Zielset-

---

[1053] *Schack*, JZ 1999, 1007 (1008).
[1054] *Van Look*, WuB V F. § 53 UrhG 2.99, 1044 (1046).
[1055] Vgl. oben **2. Teil B. IV.**

zungen des Gesetzgebers erklärt der BGH nicht, wie er zu seiner Auslegung kommt. An welcher Stelle der BGH seine Prüfung konkret scheitern lässt, wird nicht offensichtlich, denn das Gericht zieht die Feststellung, dass es sich für eine restriktive Auslegung entscheidet, nach vorne. Dies impliziert jedoch, *dass* Auslegung betrieben wurde. Die Entscheidung „Kopienversanddienst" zeigt dann wieder nachdrücklich, welche Bedeutung der BGH der Berücksichtigung verfassungsrechtlicher Vorgaben sowie den klassischen Auslegungskriterien, insbesondere der historischen Auslegung, beimisst. Pauschale Aussagen sind kaum möglich, denn auch der BGH nimmt wie immer eine Betrachtung des Einzelfalles vor.

Damit zeigt sich, dass auch im Rahmen von § 53 II UrhG der Einfluss von Art. 5 GG zu einer eher extensiven Handhabe der Schranke führt bzw. führen müsste. Dies ist umso interessanter, als § 53 II UrhG den Urhebern in vielen Bereichen tatsächlich wirtschaftliche Konkurrenz bereiten dürfte. Zu beachten ist, dass die wirtschaftliche Gefährdung durch die neuen Vergütungsansprüche sowie die Möglichkeit, einen Vergütungsanspruch im Wege einer Analogie zu begründen, minimiert oder gar ausgeschaltet werden kann.

V. § 24 UrhG

Die Bedeutung der verfassungskonformen Auslegung hat sich auch an der rechtlichen Behandlung der Parodie maßgeblich entwickelt, die nach überwiegender Ansicht über die freie Benutzung (§ 24 UrhG) zu lösen ist.

1. Die Vorschrift

Die Schaffung „neuer" (Kunst)Werke ist keine Selbstverständlichkeit. Künstler lassen sich oft von bereits vorhandenen Schöpfungen inspirieren. Aber nicht jede Übernahme fremden Geistesgutes stellt ein Plagiat dar. Frappantes Beispiel ist die Parodie.

Das deutsche UrhG hat den Fall der Parodie im Gegensatz zu einigen anderen Rechtsordnungen[1056] nicht ausdrücklich geregelt. Nach herrschender Meinung ist § 24 UrhG daher Maßstab für die Zulässigkeit der Parodie,[1057] nach an-

---

[1056] Beispiele bei *Ruijsenaard*, GRUR Int. 1993, 918 (919 ff.).

[1057] Vgl. nur *von Becker*, NJW 2001, 583 (583); *Hess*, ZUM 1993, 527 (527); *Nordemann*, GRUR 1971, 591 (591); *Rehbinder*, Urheberrecht, Rn. 382; *Rütz*, WRP 2004, 323 (324); *Schack*, Urheber- und Urhebervertragsrecht, Rn. 280; *Vinck*, GRUR 1973, 251 (251). *Platho*, GRUR 1992, 360 (362 f.) sieht die Parodie als „freie Bearbeitung" nach § 23 UrhG an.

derer Ansicht soll auch eine Lösung über § 51 UrhG in Betracht kommen.[1058] Der Weg was diese Vorschrift angeht scheint insbesondere nach der „Germania 3"-Entscheidung mit ihrer kunstspezifischen Betrachtung und den Änderungen an § 51 UrhG durch den „Zweiten Korb" nicht mehr abwegig.

a. Anwendung des § 24 UrhG auf die Parodie

Der BGH beruft sich bei der Zulässigkeit der Parodie auf die freie Benutzung nach § 24 UrhG.[1059] Die Vorschrift stellt an sich einen Fremdkörper in einer Untersuchung über die Auslegung der Urheber*schranken* dar, denn § 24 UrhG ist systematisch bei den Verwertungsrechten aufgeführt. Tatsächlich besteht der Unterschied zu den Schranken im engeren Sinn darin, dass diese einen rechtfertigungsbedürftigen Bereich regeln und hier die Nutzung gestatten. Bei der Anwendung von § 24 UrhG wird dagegen der nicht-rechtfertigungsbedürftige Bereich ausgedehnt – es entsteht ein neues Werk. Das Urwerk hat bei der Annahme von § 24 UrhG nur als Anregung gedient, seine charakteristischen Züge verblassen bei der freien Benutzung jedoch.[1060]

Die Parodie imitiert das Werk, schiebt diesem aber einen anderen Inhalt unter, um so einen komischen Effekt zu erzeugen.[1061] Kennzeichen der Parodie ist insoweit die „antithematische Behandlung".[1062] Ihr ist immanent, dass das Urwerk erkennbar bleibt. Die bei der freien Benutzung sonst gebräuchliche Formel des Verblassens passt daher auf die Parodie nicht und wurde vom BGH entsprechend modifiziert.[1063]

1058 *Schmieder*, NJW 1971, 2169 (2170); vgl. *Hess*, Urheberrechtsprobleme der Parodie, S. 136 ff.; *Ruijsenaars,* GRUR Int. 1993, 918 (924); *Stuhlert*, Die Behandlung der Parodie im Urheberrecht, S. 57 ff. Ablehnend wohl *Bisges*, GRUR 2009, 730 (732).

1059 BGH GRUR 1971, 588 (590) – „Disney-Parodie"; BGH GRUR 1994, 191 (193) – „Asterix-Persiflagen"; BGH NJW 2001, 603 (604) – „K's Mattscheibe"; BGH GRUR 2003, 956 (957) – „Gies-Adler"; BGH GRUR 2008, 693 (694) – TV-Total".

1060 *Ulmer*, Urheber- und Verlagsrecht, S. 275; vgl. BGH GRUR 1958, 402 (404) – „Lili Marleen".

1061 *Vinck*, GRUR 1973, 251 (251); zum Begriff der Parodie vgl. auch *von Becker*, NJW 2001, 583 (583); *Chakraborty*, Das Rechtsinstitut der freien Benutzung im Urheberrecht, S. 101; *Hess*, Urheberrechtsprobleme der Parodie, S. 94 ff., 134; *Stuhlert*, Die Behandlung der Parodie im Urheberrecht, S. 11 ff. Der Begriff der Parodie ist vielfältig und auch aus literaturwissenschaftlicher Sicht nicht geklärt, weshalb eine allgemeinverbindliche Definition kaum möglich sein wird.

1062 BGH GRUR 1971, 588 (589) – „Disney-Parodie"; *von Becker*, NJW 2001, 583 (583); *Schack*, Urheber- und Urhebervertragsrecht, Rn. 280.

1063 BGH GRUR 1958, 402 (404) – „Lili Marleen". Eine Übersicht hierzu findet sich bei *von Becker*, NJW 2001, 583 (584).

b. Schrankencharakter des § 24 UrhG

Dennoch kann auch die Parodie zusammen mit den Schranken untersucht werden – zumal eine Mindermeinung ohnehin die Anwendung des Zitatrechts befürwortet. Wie oben bereits klargestellt, definieren nämlich Verwertungsrechte und Schranken das Urheberrecht von zwei Seiten her und korrespondieren insoweit miteinander. Einer weiten Auslegung der Schrankentatbestände steht faktisch eine Eingrenzung der Verwertungsrechte gegenüber und umgekehrt. Auch für die Wirkung, die § 24 UrhG auf den Urheber des Urwerkes hat, kommt die freie Bearbeitung einer Schranke gleich, da die Vorschrift ebenfalls einen Bereich schafft, in welchem der Urheber anderen die Werknutzung nicht untersagen kann.[1064] Die Parodie muss ebenso wie die Benutzung von Werken, die unter einen Schrankentatbestand fallen, ohne die Zustimmung des Urhebers möglich sein.[1065]

2. Leitentscheidungen

Die ersten Urteile zur Parodie fällte der BGH bereits in den Siebziger Jahren. Aber auch in neuen Entscheidungen wird die Parodie vermehrt unter Berücksichtigung der verfassungskonformen Auslegung Gegenstand der Rechtsprechung.

a. Disney-Parodie

Dass die für die freie Bearbeitung gebräuchliche Formel des Verblassens bei der Parodie einer Modifikation bedarf, stellte der BGH bereits in seiner Entscheidung zu den Disney-Parodien fest.[1066] Stattdessen fragte der BGH, ob die Übernahme der berühmten Disney-Figuren, die der Zeichner *Hans Traxler* kurz nach dem Tode von *Walt Disney* bei der „künstlerischen Ausgestaltung" des Himmels darstellte, **erforderlich** war. *Traxler* wollte damit zum Ausdruck bringen, dass die „Scheinwelt" *Disneys* von den tatsächlichen Problemen des menschlichen Lebens ablenkte. Der BGH verneinte die Erforderlichkeit der Übernahme, da der Künstler im konkreten Fall nicht die jeweiligen Figuren, sondern deren Urheber parodieren wollte. Die gesellschaftliche Parodie schloss der BGH damit aus dem Anwendungsbereich von § 24 UrhG aus.

[1064] So wohl auch *Garloff*, GRUR 2001, 476 (477); *Pahud*, Sozialbindung, S. 127 f.; *Poeppel*, Neuordnung der urheberrechtlichen Schranken, S. 26 Fn. 10.

[1065] *Stuhlert*, Die Behandlung der Parodie im Urheberrecht, S. 1 f.

[1066] BGH GRUR 1971, 588 (589 f.) – „Disney-Parodie".

Im Schrifttum stieß der BGH mit seiner Erforderlichkeits-Rechtsprechung jedoch auf Kritik.[1067] Die vom BGH aufgestellten Kriterien kämen einer Neuschöpfung gleich, was aber dem Wesen der Parodie nicht gerecht würde, sie zuweilen sogar unmöglich mache.[1068] Mit der Kunstfreiheit sei dies nicht zu vereinbaren.[1069] Nicht jede Parodie begnüge sich damit, das Werk an sich zu thematisieren. Gegenstand der Parodie seien oftmals auch gesellschaftliche Bräuche und Werte sowie teilweise der Autor des Urwerkes selbst.[1070]

b. Asterix-Persiflagen

In seiner Entscheidung zu den Asterix-Persiflagen hatte der BGH daher neue Kriterien zur Beurteilung der Parodie aufgestellt und statt auf die Erforderlichkeit auf den **inneren Abstand** zum Urwerk abgestellt.[1071] Der innere Abstand könne dann vorliegen, wenn das Werk sich mit dem älteren Werk auseinandersetze.

Gegenstand der Klage war das Comic-Heft „Die hysterischen Abenteuer von ISTERIX. Jubiläums-Persiflagen“, in dem die berühmten Figuren *Asterix* und *Obelix* dargestellt wurden. Es handelte sich um eine Sammlung mehrerer Beiträge, die politische und gesellschaftliche Themen, aber auch Themenbereiche der französischen Comic-Helden bearbeitete.

Die „Zeichnung H.“,[1072] in welche der Zeichner den verstorbenen bayerischen Ministerpräsidenten *Franz Josef Strauß* integrierte, wie dieser als „Schutzheiliger der Wildschweinjäger“ die Comic-Helden bei der Jagd verfolgte, sah der BGH nicht als Verletzung von Urheberrechten an *Asterix* und *Obelix* an. Das Gericht führt dazu aus, dass die Zeichnung zwar in allen wesentlichen Merkmalen den Vorbildern entspreche, dass der Zeichner jedoch eine eigene Aussage geschaffen habe, die das Bild beherrsche, obwohl die entlehnten Figuren nahezu unverändert übernommen worden seien. In erster Linie drehe sich die Darstellung aber um *Franz Josef Strauß*.[1073] „Entscheidend ist für die Anwendung des § 24 UrhG, ob das neue Werk zu dem benutzten älteren Werk einen so großen inneren Abstand hält, dass das neue Werk seinem Wesen nach als selbständig

---

[1067] *Nordemann*, GRUR 1971, 590 (591); zustimmend dagegen *Vinck*, GRUR 1973, 251 (253); *Loewenheim* in Schricker, § 24 UrhG 1. Auflage 1987 (!) Rn. 19; *Platho*, GRUR 1992, 360 (261) sieht bereits die Anwendung von § 24 UrhG als verfehlt an.

[1068] *Platho*, GRUR 1992, 360 (361).

[1069] *Platho*, GRUR 1992, 360 (361), der sich auf BVerfGE 75, 369 (376) beruft.

[1070] *Rütz*, WRP 2004, 323 (324).

[1071] BGH GRUR 1994, 191 (193) – „Asterix-Persiflagen“.

[1072] S. BGH GRUR 1994, 191 (205 B. 4.) – „Asterix-Persiflagen“.

[1073] BGH GRUR 1994, 191 (205) – „Asterix-Persiflagen“. Dieser starb nach einer Hirschjagd an einem Herz-Kreislaufversagen.

anzusehen ist. Nur in diesem Sinn ist ein ‚Verblassen' der übernommenen urheberrechtlich geschützten eigenschöpferischen Züge des älteren Werks in dem neuen erforderlich, damit eine freie Benutzung angenommen werden kann."[1074]

c. K's Mattscheibe

Das Merkmal des inneren Abstands bestätigte der BGH in der „Mattscheibe"-Entscheidung und trennte sich endgültig vom Merkmal der Erforderlichkeit. Außerdem machte der BGH Vorgaben für den Umfang der entlehnten Stellen.

In der Sendung „Kalkofes Mattscheibe" wurde die RTL-Show „Der Preis ist heiß" satirisch verfremdet. Dies geschah dergestalt, dass fast ausschließlich Original-Szenen aus „Der Preis ist heiß" übernommen und mit neuen Szenen vermischt wurden, in welchen der Moderator *Oliver Kalkofe* die Ursprungsszenen nachspielte und dadurch ins Lächerliche zog.

Der BGH wiederholte das in der „Asterix"-Entscheidung bereits aufgestellte Erfordernis des inneren Abstands und distanzierte sich ausdrücklich von der in der „Disney"-Entscheidung praktizierten Erforderlichkeits-Rechtsprechung.[1075] „Ein solches Kriterium würde ... nicht dem Wesen urheberrechtlich geschützter eigenschöpferischer Werke entsprechen, weil deren Wirkung stets abhängig ist von den eingesetzten Mitteln, diese daher für die konkrete eigenpersönliche Schöpfung stets auch im eigentlichen Sinn erforderlich sind."[1076]

In der geschickten Einbindung der Original-Ausschnitte mit den Darstellungen des Moderators sah der BGH ausreichend inneren Abstand gegeben, der durch die Kritik an dem Unterhaltungsniveau der Sendung „Der Preis ist heiß" gestützt werde.[1077] Der BGH berücksichtigte ausdrücklich die Aufgabe der Sendeunternehmen, zur öffentlichen Meinungsbildung und Medienkritik beizutragen.[1078]

d. Gies-Adler

In der „Gies-Adler"-Entscheidung begründete der BGH seine Entscheidung erstmals auch mit verfassungsrechtlichen Gesichtspunkten.

Gegenstand der Klage war die im Bonner Plenarsaal des Deutschen Bundestages wiedergegebene Gips-Nachbildung des von *Ludwig Gies* geschaffenen Bundesadlers. Das Nachrichtenmagazin „Focus" hatte unter dem Titel „Der un-

---

1074 BGH GRUR 1994, 191 (205) – „Asterix-Persiflagen".
1075 BGH NJW 2001, 603 (604) – „K's Mattscheibe".
1076 BGH NJW 2001, 603 (604) – „K's Mattscheibe".
1077 BGH NJW 2001, 603 (605) – „K's Mattscheibe".
1078 BGH NJW 2001, 603 (606) – „K's Mattscheibe".

seriöse Staat" einen Beitrag über die Finanzpolitik des Bundes veröffentlicht und hierzu auf der Titelseite eine Karikatur des *Gies*-Adlers mit Geldscheinen in der Kralle abgebildet. Hiergegen wandten sich die Erben *Ludwig Gies'*, die in der Wiedergabe eine unfreie, erlaubnispflichtige Bearbeitung nach § 23 UrhG sahen.

Der BGH führte aus, dass die Schranken des UrhG zwar abschließend seien – eine abstrakte Güterabwägung mithin nicht in Frage käme – dass jedoch „im Einzelfall ... eine enge, am Gesetzeswortlaut orientierte Auslegung einer großzügigeren, dem Informations- und Nutzungsinteresse der Allgemeinheit Rechnung tragenden Interpretation weichen muss."[1079] Damit sprach sich der BGH ausdrücklich für eine verfassungskonforme Auslegung des positiven Rechts aus. Diese führte im konkreten Fall dazu, dass zur Optimierung der Pressefreiheit § 24 I UrhG derart auszulegen war, dass es für die Annahme des inneren Abstands ausreichte, „dass sich die kritische Auseinandersetzung nicht auf das verwendete Werk selbst, sondern auf dessen thematisches Umfeld bezieht"[1080].

e. TV-Total

In der Entscheidung „TV-Total" hatte der Moderator der gleichnamigen Sendung, *Stefan Raab*, Ausschnitte des Hessischen Rundfunks gezeigt, in der ein Reporter eine Passantin auf der Straße fragte, wie spontan sie sich auf einer Skala von 1 bis 10 halte. Da die Passantin ihre Spontaneität mit „zehn, neun, ..." als hoch empfand, forderte der Reporter sie zum „Spontan-Jodeln" auf und gab den Takt mit „drei, vier, ..." vor. Das missverstand die Passantin als neue Frage nach ihrer Fähigkeit zum Spontanjodeln. Anstatt ihre Stimme zum Jodeln zu erheben, antwortete sie daher mit „drei", was aufgrund des Missverständnisses in der Sendung als komisch emfpunden wurde.

Der BGH lehnte eine „Rechtfertigung" der Übernahme sowohl nach § 51 UrhG,[1081] als auch nach § 24 UrhG ab.[1082] Die unfreiwillige Komik ergebe sich allein aus dem übernommenen Beitrag selbst, nicht aber aus der Einbettung in die Sendung „TV-Total". Damit fehle auch der für die Parodie erforderliche innere Abstand.[1083]

Auch bei „TV-Total" berücksichtigte der BGH die Grundrechte. Allerdings schob er lediglich in einem Nachsatz hinterher, dass auch Meinungs- und Kunst-

---

[1079] BGH GRUR 2003, 956 (957) – „Gies-Adler" mit Verweis u.a. auf die „Germania 3"-Entscheidung.
[1080] BGH GRUR 2003, 956 (958) – „Gies-Adler".
[1081] BGH GRUR 2008, 693 (696) – „TV-Total".
[1082] BGH GRUR 2008, 693 (694 f.) – „TV-Total".
[1083] BGH GRUR 2008, 693 (696) – „TV-Total".

freiheit keine andere Beurteilung rechtfertigen.[1084] Eine Güter- oder Interessenabnehmung nahm er nicht vor. Diese Begründung ist „gefährlich“. Ob dem BGH in seiner ansonsten nicht weiter begründeten Annahme zuzustimmen ist, wird daher die folgende Untersuchung ergeben.

3. Analyse

Bei der verfassungsrechtlichen Bewertung der Parodie stehen sich hier erstmals zwei Urheber gegenüber; der Urheber, dessen Werk für die Parodie benutzt wird (im Folgenden „Urheber“) und der Urheber der Parodie (im Folgenden „Parodist“) (a.). Für die verfassungsrechtliche Untersuchung ist interessant,
wie die Modifikation nach § 24 UrhG bei der Parodie konkret auszusehen hat,
ob also auf die Erforderlichkeit der Übernahme oder aber auf den **inneren Abstand** abzustellen ist und ob die gesellschaftliche Parodie damit von § 24 UrhG erfasst wird (b.)
und in welchem **Umfang** die Übernahme entlehnter Werkteile zulässig ist (c.).

a. Beteiligte Grundrechtsträger

Für den **Urheber des entlehnten Werkes** kommt abermals Art. 14 I GG, in Frage. Im Falle der Parodie könnten erstmals auch persönlichkeitsrechtliche Befugnisse Gegenstand der Abwägung sein, zumindest dann, wenn der Urheber zugleich auch der Parodierte ist. Da sich aber der Urheber durch die Veröffentlichung seines Werkes selbst in das Licht der Öffentlichkeit gerückt hat[1085] und insoweit auch mit unterschiedlichen Reaktionen rechnen muss, wird man nach der Rechtsprechung des BVerfG eine Verletzung des allgemeinen Persönlichkeitsrechts erst bei Vorliegen von Schmähkritik annehmen können.[1086] Zu beachten ist auch, dass persönlichkeitsrechtliche Befugnisse des Urhebers vom Persönlichkeitsrecht parodierter Persönlichkeiten zu unterscheiden sind. Das Urheberrecht schützt weder vor Schmähkritik[1087] noch vor Produktkritik.[1088] Insofern beeinflussen persönlichkeitsrechtliche Interessen die Abwägung nicht.

1084 BGH GRUR 2008, 693 (696) – „TV-Total“.

1085 Eine andere Bewertung kann unveröffentlichten Werken zukommen, bei denen sich das Urheberpersönlichkeitsrecht (§ 12 UrhG) stärker auswirkt.

1086 Grundsätzlich hat derjenige, der sich in die Öffentlichkeit stellt, schärfere Reaktionen hinzunehmen. Vgl. BVerfGE 12, 113 (131) – „Schmid-Spiegel“; 24, 278 (286 f.) – „GEMA“; *Gounalakis/Rhode*, Persönlichkeitsschutz im Internet, Rn. 259 („Recht auf Gegenschlag“). Die Grenze des Zumutbaren ist aber im Falle der Schmähkritik überschritten. BVerfGE 75, 369 (379 f.) - „Strauß-Karikatur“; 82, 272 (281 ff.) – „Zwangsdemokrat“; 93, 266 (293 f.) – „Soldaten sind Mörder“; BVerfG NJW 1999, 204 (206) – „Verunglimpfung des Staates“

1087 Vgl. BGH NJW 2001, 603 (605) – „K's Mattscheibe”.

Oftmals ist die Parodie mit einer Kritik verbunden, so dass als Grundrechte des Parodisten insbesondere die Kunst-, bei entsprechenden Wertungen auch die Meinungsfreiheit in Frage kommen.[1089]

Darüber hinaus darf nicht übersehen werden, dass der Parodist, der nach § 24 UrhG erfolgreich ein neues Werk geschaffen *hat*, über eine Position verfügen kann, die als geistiges Eigentum durch Art. 14 I GG geschützt ist. Aber bereits bei der Frage, *ob* eine Schöpfung als Parodie unter das Urheberrecht fällt, ist Art. 14 I GG zu beachten. Problematisch dabei ist, dass im Zeitpunkt der Abwägung noch gar nicht fest steht, ob die Parodie urheberrechtlich geschützt ist und somit eine durch den Gesetzgeber gewährte Rechtsposition im Sinne der Eigentumsfreiheit darstellt. Dies soll durch die Abwägung ja erst ermittelt werden. Zu den konstituierenden Merkmalen des Eigentums im Sinne der Verfassung gehört aber die Zuordnung des vermögenswerten Ergebnisses der schöpferischen Leistung an den Schöpfer.[1090] Je mehr sich also die Parodie als Ergebnis schöpferischer Leistung darstellt, desto stärker muss auch der Einfluss des Art. 14 GG zugunsten der Schutzwürdigkeit der Parodie nach § 24 UrhG ausfallen.

In den Entscheidungen „K's Mattscheibe" und „TV-Total" ließe sich die Parodie zudem über die Rundfunkfreiheit der betroffenen (privatrechtlichen) Rundfunkanstalten[1091], im Falle des *Gies*-Adlers über die Pressefreiheit[1092] schützen.

b. Innerer Abstand

Die Frage, ob sich die Übernahme entlehnter Ausschnitte nach der Erforderlichkeit oder nach dem inneren Abstand zu richten hat, ist nur auf den ersten Blick von Bedeutung. Letztlich sind beide Lösungen eher unbefriedigend, denn Ergebnisse hängen stark von der Subsumtion des Rechtsanwenders ab. Insoweit dürfte es sich in erster Linie um rein terminologische Unterschiede handeln.[1093] Abweichungen haben sich in der Judikatur des BGH allein bei der gesellschaft-

---

1088 Vgl. oben **3. Teil B. IV.** zum Fall „Scientology".

1089 BGH NJW 2001, 603 (605) – „K's Mattscheibe"; *Chakraborty*, Das Rechtsinstitut der freien Benutzung im Urheberrecht, S. 102; *Platho*, GRUR 1992, 360 (362, 363); *Schack*, Urheber- und Urhebervertragsrecht, Rn. 279.

1090 **3. Teil A. II. 1.**

1091 „Kalkofes Mattscheibe" wurde ursprünglich für den Sender Premiere produziert, s. http://de.wikipedia.org/wiki/Kalkofes_Mattscheibe (Stand Juni 2009). „TV-Total" ist eine Produktion des Senders ProSieben. Beide Sender gehörten seiner Zeit zur Kirch-Gruppe, s. http://de.wikipedia.org/wiki/Kirch-Gruppe (Stand Juni 2009).

1092 Diese führte denn auch der BGH an: BGH GRUR 2003, 956 (957 f.) – „Gies-Adler".

1093 *Hess*, ZUM 1993, 527 (528) setzt den „Abstand" dem „Verblassen" gleich und sieht hier in erster Linie terminologische Unterschiede. Ähnlich wohl auch *Rütz*, WRP 2004, 323 (327). M.E. sind beide Begriffe dehnbar und können gleichgesetzt werden.

lichen Parodie ergeben. Von Bedeutung ist daher, ob auch die gesellschaftliche Parodie unter § 24 UrhG fällt oder ob sich die Parodie stets nur gegen das Werk zu richten hat.

Bei den Asterix-Persiflagen hatte der BGH die gesellschaftliche Parodie von *Franz Josef Strauß* gebilligt, bei der Darstellung des *Gies*-Adlers ebenfalls das „thematische Umfeld“ als Anknüpfungspunkt anerkannt. Dieses Ergebnis entspricht dem Erfordernis einer weiten Auslegung der Schranken. Gegenstand dieser Untersuchung sollen daher die „Disney-Parodie“ sein, in welcher der BGH die Parodie auf *Walt Disney* mangels Erforderlichkeit der Übernahme abgelehnt hat, sowie die „TV-Total“-Entscheidung, bei welcher der BGH die Medienkritik nicht ausreichen ließ, um den inneren Abstand zu begründen.

aa. Schutzbereichsbestimmung

Für die Veröffentlichung der „Disney-Parodie“ in einem Druckwerk[1094] wäre an sich die Pressefreiheit, für die Ausstrahlung von „TV-Total“ die Rundfunkfreiheit maßgeblich. Jede Parodie dürfte aber zugleich ein Kunstwerk darstellen und muss sich daher letztlich auch unabhängig vom gewählten Medium der Veröffentlichung an der Kunstfreiheit messen lassen. Schließlich wurden die geschützten Elemente in mehr oder weniger schöpferischer Weise in die jeweilige Parodie eingebunden, so dass die schöpferische Leistung entsprechend ihrer Ausprägung als vermögenswertes Ergebnis der Leistung des Parodisten „vorab“ durch Art. 14 I GG geschützt sein kann.

Für die Urheberrechte von *Walt Disney* und Hessischem Rundfunk ist dagegen die Eigentumsfreiheit maßgeblich.

bb. Abstrakte Abwägung

Während die Herstellung einer Parodie auch nach § 23 UrhG stets möglich ist, bedarf erst die Veröffentlichung der Zustimmung, wenn nicht ein Fall des § 24 UrhG vorliegt. Damit garantiert das Urheberrecht den unverletzlichen Werkbereich der Kunstfreiheit, Eingriffe müssen sich aber am Wirkbereich messen lassen.[1095]

Oben wurde bereits ausgeführt, dass allein die Tatsache, dass ein Grundrecht vorbehaltlos gewährleistet wird, nicht bereits dafür sprechen muss, dass diesem der Vorrang vor einem anderen Grundrecht eingeräumt wird.[1096] Insofern wären Eigentums- und Kunstfreiheit abstrakt gleichwertig. Das BVerfG wird aber nicht müde, die fundamentale Bedeutung der Kunstfreiheit für einen Staat, der sich

---

[1094] Es handelte sich um das Februar-Heft der Zeitschrift „pardon“ aus dem Jahre 1967.

[1095] Zu Werk- und Wirkbereich schon oben **3. Teil B. V. 3.**

[1096] **3. Teil E. IX. 1. a.**

auch als Kulturstaat versteht, zu betonen.[1097] Die Kunstfreiheit als Freiheitsgrundrecht wird so zur Staatszielbestimmung. Damit kann der Kunstfreiheit abstrakt zwar kein wirklicher Vorzug gegenüber der Eigentumsfreiheit eingeräumt werden, tendenziell werden aber Interessen des Gemeinwohls der Kunstfreiheit eher zur Geltung verhelfen als der Eigentumsfreiheit, zumal das BVerfG hier ohnehin eine gesellschaftliche Betrachtung befürwortet.

cc. Konkrete Abwägung

Dennoch gibt erst die konkrete Betrachtung den Ausschlag für die Grundrechtsabwägung.

(1). Erforderlichkeit

Dem BGH geht es in seinen Entscheidungen um einen effektiven Urheber- *(Walt Disney)* und Leistungsrechtsschutz (Hessischer Rundfunk). Eine Einschränkung des § 24 UrhG ist erforderlich, wenn diese das mildeste Mittel zum Schutz von Art. 14 I GG darstellt. In der Tat gibt es nicht viele Möglichkeiten, den „Missbrauch" fremder Werke zur freien Benutzung zu unterbinden. Dem Verbot sollte selbstredend eine Vergütung vorzuziehen sein. Doch kann dieser Maßstab hier nicht in gleicher Weise wie bei den Urheberschranken angelegt werden, da es sich bei § 24 UrhG um eine Schranke im weiteren Sinne handelt. Bei § 24 UrhG geht es gerade darum, dass dank ausreichender Schöpfungshöhe ein *neues*, originäres Werk entsteht. Kann eine Schöpfung den hierfür erforderlichen Maßstab nicht erreichen, kann es sich auch nicht um eine freie Benutzung (§ 24 UrhG), sondern lediglich um eine Bearbeitung oder Umgestaltung (§ 23 UrhG) handeln. Dies zu beurteilen ist Aufgabe des Urheberrechts. Aus verfassungsrechtlicher Sicht ist insoweit allein von Bedeutung, dass es mit § 23 UrhG immerhin Alternativen für Parodisten gibt, der Werkbereich also letztlich garantiert wird. Zudem können Schöpfungen, die einen unzureichenden inneren Abstand zum Originalwerk aufweisen, immer noch als Zitat (§ 51 UrhG) veröffentlicht werden. Eine Einschränkung der Parodie mag daher noch erforderlich sein.

(2). Angemessenheit

Dann drängen sich aber zwangsläufig Zweifel an der Angemessenheit der Untersagung auf. Eine Einschränkung der freien Benutzung ist angemessen, wenn dies zum Schutze der Urheberrechte unabdingbar ist. Je mehr aber die

---

[1097] BVerfGE 36, 321 (331) – „Schallplattenumsatzsteuer"; 81, 108 (116). Schon oben **3. Teil C. III. 2. c.** Vgl. auch *Henschel*, NJW 1990, 1937 (1937).

freie Benutzung einen kulturellen Zweck verfolgt, desto großzügiger ist dabei nach der vom BVerfG bestimmten gesellschaftlichen Funktion der Abstand zum Urwerk zu bewerten.[1098]

Dabei muss zweierlei Maß für die Beurteilung von „TV-Total" und den „Disney-Parodien" angelegt werden.

In der **„TV-Total"-Entscheidung** wurden nahezu unkommentiert Stellen übernommen. Diese wurden so gut wie gar nicht in den Ablauf der Sendung eingebunden. Vielmehr besteht das Sendeformat insgesamt aus einer Aneinanderreihung verschiedener Fernsehausschnitte[1099] die allesamt belustigend wirken, entweder weil die jeweiligen Sendungen oder aber die gezeigten Personen besonders niveaulos oder komisch erscheinen.

Bei der Beurteilung hat man sich vor Augen zu halten, dass Sinn und Zweck des § 24 UrhG darin besteht, eine abhängige Schöpfung originär zu schützen, wenn „sie zu einer Bereicherung des kulturellen Gesamtguts durch eine neue eigenschöpferische Leistung führt"[1100]. Diese Voraussetzungen ergeben sich sowohl aus der Kunst- als auch aus der Eigentumsfreiheit.

Daher sind umso geringere Anforderungen an den inneren Abstand zu stellen, je mehr das Werk in die freie Bearbeitung eingebunden ist. Dies war beispielsweise in der „Mattscheibe"-Entscheidung der Fall. Ein Großteil der Komik ergab sich hier erst durch die teilweise sehr polemischen Kommentierungen des Moderators, der die Darstellungen bei „Der Preis ist heiß" übernahm und auf die Spitze trieb.

Anders herum können strengere Anforderungen an den inneren Abstand gestellt werden, wenn entlehnte Stellen kaum in das neue Werk eingebunden oder kommentarlos übernommen werden.[1101] Als Vergleich: wer einem Lehrbuch die wesentlichen Aussagen entnimmt, zusammenfasst oder neu anordnet, der erbringt eher eine eigenschöpferische Leistung als derjenige, der die jeweiligen Stellen nur durch Markierungen hervorhebt. Dies entspräche der „TV-Total"-Entscheidung. Hier fand nur eine kurze Anmoderation statt, ansonsten ergab sich die Komik aber nicht aus einem schöpferischen Zutun des Moderators. Damit sind bei „TV-Total" zugleich weniger (eigen)schöpferische Elemente vorhanden, die im Wege der Eigentumsfreiheit dem Parodisten zuzuordnen wären.

[1098] Vgl. schon oben **3. Teil A. III. 2. b.** Ferner *Rehbinder*, Urheberrecht, Rn. 383.

[1099] „TV-Total" wird auf ProSieben gesendet. Ein Großteil der entlehnten Sendungen entstammt Produktionen von anderen Sendern der ProSiebenSat.1 Media AG, der insgesamt 26 Free-TV-Sender angehören. S. http://www.prosiebensat1.de/unternehmen/ (Stand Januar 2009). Mit den Nutzungsrechten gab es daher bislang eher weniger Probleme.

[1100] BGH GRUR 2008, 693 (695) – „TV-Total". Vgl. *G. Schulze* in Dreier/Schulze, § 24 UrhG Rn. 5; *Loewenheim* in Schricker, § 24 UrhG Rn. 9.

Bei den **„Disney-Parodien“** lag die eigene Leistung nicht in der Übernahme der Comic-Figuren, sondern in dem Kontext, in welchen der Zeichner sie einbettete. Dadurch war seine Parodie mit einer *eigenen* Aussage verbunden, nämlich Kritik an der „Scheinwelt“ *Disneys'*. Dies ist aber eben das künstlerische Bestreben eines Parodisten. Entscheidend für die Beurteilung des Abstands ist also eine gewisse Kritik als Merkmal der antithematischen Behandlung, als künstlerisches Merkmal der Parodie und als Merkmal der schöpferischen Leistung, die das vermögenswerte Ergbnis der Arbeit des Parodisten darstellt. Unter dem Blickwinkel der Kunstfreiheit ist daher unverständlich, wie der BGH die Parodie hier ausschließen konnte.

Die kunstspezifische Betrachtung darf zwar nicht dazu führen, dass Aussagen oder Meinungen bewertet werden - eine politische Parodie ist ebenso schutzwürdig wie eine Parodie in den Boulevard-Medien - tendenziell lässt sich aber als Faustregel sagen, dass politische Parodien eher mit einer Aussage und somit mit einer eigenschöpferischen Leistung verbunden sind, weshalb diese potenziell schutzbedürftiger sind[1102] – was allerdings allein vom Anteil der eigenschöpferischen Prägung abhängig ist, und nicht etwa von ihrer gesellschaftlichen oder politischen Bedeutung.

§ 24 UrhG soll dagegen keine Rechtsgrundlage für den Missbrauch fremder Geistesschöpfungen bilden. Daher könnten sich im Rahmen der **wirtschaftlichen Betrachtung** Zweifel an der Angemessenheit ergeben. Die wirtschaftliche Betrachtung schützt die Interessen des Urhebers des Urwerkes. Wie oben angemerkt, geht es hierbei nicht um den ideellen Schutz des Werkes, sondern allein um die Sicherstellung der wirtschaftlichen Verwertung der schöpferischen Leistung. Diese ist dann gestört, wenn die Parodie nicht mehr um ihrer selbst Willen zur Kenntnis genommen wird, sondern aus Interessen, die an sich dem Urwerk gebühren. Doch ist dies durch das Kriterium des inneren Abstandes und der antithematischen Behandlung nahezu ausgeschlossen. Wahrt die Parodie einen ausreichenden inneren Abstand, handelt es sich bei ihr um ein neues Werk. Die antithematische Behandlung verkehrt die Aussage der Parodie gerade in ihr Gegenteil, weshalb das Interesse an der Parodie reziprok ist. Liegt also tatbestandlich eine Parodie vor, gebietet die kunstspezifische Betrachtung auch großzügige Zugeständnisse an deren Umfang – im Gegenzug sind dann aber keine Einschränkungen mehr durch die wirtschaftliche Betrachtung zu erwarten. Im Gegenteil ist Art. 14 I GG auch zugunsten der Parodie zu beachten und damit die Verwertung der Parodie durch den Parodisten sicherzustellen, weshalb im Bereich der Parodie grundsätzlich eine extensive Auslegung geboten ist.

1101 BGH GRUR 2008, 693 (695) – „TV-Total“.

1102 Vgl. auch BVerfGE 101, 361 (389) – „Caroline von Monacco II“.

Die Tatsache, dass bei § 24 UrhG dem Urheber des entlehnten Werkes keine Vergütung zu zahlen ist, lässt jedoch Zweifel an der Wahrung des **Wesensgehalts** entstehen. Da es sich bei § 24 UrhG um keine Schranke im engeren Sinn handelt, kann dies aber nicht von Bedeutung sein, denn hier wird gar nicht erst der Rechtsbereich des anderen Werkes beschritten, sondern originäres Schaffen geschützt. Dem Urheber wird also nichts „genommen". Abgesehen davon wäre eine Vergütung hier kaum praktikabel. Wovon sich ein Parodist konkret inspirieren ließ, kann nicht immer so eindeutig festgestellt werden, wie im Falle von „TV-Total". Meist sind es mehrere Eingebungen, die einen Künstler mit unterschiedlich starker Ausprägung im Schaffensprozess beeinflussen.

Ein Verbot, wie der BGH es im Urteil zu den Disney-Parodien ausgesprochen hat, wirkt sich dagegen viel einschneidender auf den Wirkbereich der Kunstfreiheit aus und beeinträchtigt deren Wesensgehalt daher viel nachhaltiger.

Damit muss auch die gesellschaftliche Parodie unter § 24 UrhG fallen. Im Lichte der Kunstfreiheit ist also eine großzügigere Interpretation des inneren Abstandes vorzuziehen, die alte Erforderlichkeits-Rechtsprechung des BGH damit abzulehnen.

c. Umfang

Ähnlich wie bei den Anforderungen an das Zitat,[1103] ist auch bei der Parodie der Umfang der erlaubten Entlehnung von Bedeutung. Auf die Spitze getrieben wurde dieser in der „Mattscheibe"-Entscheidung. Hier bestand der Beitrag, der insgesamt 1,25 Minuten dauerte zu 69% (58 Sekunden) aus entlehnten Szenen von „Der Preis ist heiß".[1104] Der eigenschöpferische Beitrag *Kalkofes* war mit 27 Sekunden also entsprechend gering. Dennoch billigte der BGH die Übernahme.

Im Folgenden sollen verfassungsrechtliche Indikatoren bestimmt werden, die für den Umfang der gestatteten Übernahme entscheidend sind.

Die Frage, in welchem Umfang die Parodie geschützte Teile anderer Werke übernehmen darf, ist stets im Einzelfall und nicht pauschal zu bestimmen. Auch hier handelt es sich in erster Linie um ein materielles Problem, bei dem zu beachten ist, dass bei § 24 UrhG die Schöpfung eines neuen originären Werkes im Vordergrund steht. Ist ein solches Werk geschaffen, ist der Umfang der Entlehnung an sich nicht mehr von Bedeutung. So gesehen geht es also um die Frage,

---

[1103] Oben **II. 3. c. aa.**

[1104] BGH NJW 2001, 603 (605 f.) – „K's Mattscheibe".

wie viel vom „alten" Werk noch erkennbar sein darf, damit immer noch von einer Neuschöpfung gesprochen werden kann.

Der BGH bestimmt dies einfachrechtlich an einem Gesamtvergleich der freien Bearbeitung mit den entlehnten Stellen.[1105] Der Umfang der Übernahme muss durch deren Zweck gerechtfertigt sein.

In der „Mattscheibe"-Entscheidung bemerkt das Gericht, dass gemessen am Gesamtumfang der Sendung „Der Preis ist heiß" (ca. 30 Minuten) die entlehnten Ausschnitte nur einen kleinen Teil ausmachten.[1106] Dies ist aber (auch nach Ansicht des BGH) nicht das entscheidende Kriterium, denn andernfalls wären besonders umfangreiche Werke, die in besonderem Maße schutzbedürftig sind, Entlehnungen preisgegeben. Entscheidend muss also der eigenschöpferische Beitrag des Parodisten sein. Auch dieser war bei *Oliver Kalkofe* gering. Bei ihm überwiegt aber letztlich die Kritik am Unterhaltungsniveau der Sendung. Die besonders umfangreichen Entlehnungen dienten insoweit der Darstellung des Unterhaltungsniveaus als Grundlage der Kritik. Der BGH hatte der Sendung „Der Preis ist heiß" daher auch nur Laufbildschutz zugesprochen. Aber auch dies ist kein entscheidungserhebliches Kriterium, denn im Umkehrschluss wären andernfalls besonders anspruchsvolle Werke der Parodie nahezu unzugänglich, was aber mit der Kunstfreiheit, die keine Differenzierungen im Niveau kennt,[1107] ebenfalls nicht vereinbar wäre.

Maßgeblich ist vielmehr, ob der (neue) Gesamtbeitrag als eine Einheit erscheint.[1108] Dies war in der „Mattscheibe"-Entscheidung der Fall, da hier auf zuweilen abstoßende Weise Ausschnitte aus „Der Preis ist heiß" imitiert wurden, um so die Niveaulosigkeit der Sendung hervorzuheben. Bei „TV-Total" standen sich dagegen der Beitrag des Hessischen Rundfunks und die Kommentierungen durch *Stefan Raab* als zwei Teile gegenüber. Es fehlte insoweit an der antithematischen Behandlung, die eben künstlerische Ausprägung sowohl des § 24 UrhG als auch der Kunstfreiheit ist.

Damit wird der erlaubte Umfang der Parodie von deren Aussage bestimmt. Die Kunstfreiheit gebietet eine möglichst weite Auslegung des Parodiezwecks. Mithin können sämtliche Stellen entlehnt werden, die Anknüpfungspunkt für die antithematische Behandlung durch die Parodie sind. Die kunstspezifische Betrachtung gebietet es aber, auch solche Stellen der Parodie zugänglich zu ma-

---

[1105] BGH GRUR 1988, 812 (814) – „Ein bisschen Frieden"; BGH GRUR 1994, 206 (208) – „Alcolix"; BGH NJW 2001, 603 (604) – „K's Mattscheibe".

[1106] BGH NJW 2001, 603 (606) – „K's Mattscheibe".

[1107] Oben **3. Teil B. V. 1.**

[1108] So auch BGH NJW 2001, 603 (605) – „K's Mattscheibe".

chen, die lediglich als Vor- oder Nachbereitung der antithematischen Behandlung dienen.

4. Bewertung

Die Ergebnisse haben gezeigt, dass im Bereich der Parodie eine extensive Auslegung geboten ist. Vornehmlich die neueren Entscheidungen des BGH (einschließlich der „TV-Total"-Entscheidung) entsprechen der verfassungsrechtlichen Überprüfung der Parodie – den einzigen Ausreißer bildet die „Disney"-Entscheidung, die unter dem Blickwinkel der Kunstfreiheit nicht haltbar ist. Die Übereinstimmungen lassen sich rasch aufklären: Da es sich bei § 24 UrhG nicht um eine Schranke im engeren Sinne handelt, ist der BGH hier nicht vom Dogma der restriktiven Auslegung beeinflusst. Zudem stehen sich bei einer im Rahmen von § 24 UrhG zulässigen Parodie zwei originäre Urheber gegenüber, so dass der BGH mit seiner generell urheberfreundlichen Rechtsprechung zwangsläufig eine Abwägung vornehmen musste.

5. Teil: Konklusion & These

Das vom BGH in jahrzehnte langer Rechtsprechung aufrecht erhaltene Dogma der restriktiven Auslegung der Urheberschranken ist zu einer Floskel verkommen, die längst nicht mehr zeitgerecht ist. So ist denn auch der BGH gewzungen, dem Dogma in neueren Urteilen immer wieder Ausnahmen hinzufügen. Eine derart inkonsistente Rechtsprechung muss aber zwangsläufig zu erheblichen Rechtsunsicherheiten führen.

A. Ausgangslage der Untersuchung

Die Gründe, die das Dogma stützen und auch vom BGH immer wieder angeführt werden, lassen sich widerlegen. Dies gilt insbesondere für eines der Hauptargumente des BGH, dem urheberrechtlichen Beteiligungsgrundsatz, der in Art. 14 I GG verbürgt ist. Wer davon ausgeht, dass dieser unilateral sei, der irrt. Die vorliegende Untersuchung hat gezeigt, dass Grundrechte der Urheber und Nutzungsrechtsinhaber aus der Eigentumsfreiheit regelmäßig mit vielseitigen **Grundrechtspositionen Dritter aus Art. 5 GG** konkurrieren. Hierdurch entsteht ein Grundrechtskonflikt, den es im Wege verfassungskonformer Abwägung aufzulösen gilt – ein für die ordentliche Gerichtsbarkeit weitgehend unerforschtes Gebiet, in dem sie Zurückhaltung übt. Dennoch muss dieser Weg beschritten werden, unabhängig davon, ob der Beteiligungsgrundsatz als Argument herangezogen wird oder nicht. Auch der BGH hat in Fällen, in denen er Art. 5 GG berücksichtigt hat, oder methodisch „sauber" arbeitet, stets eine extensive Auslegung erreicht.

B. Vorgaben des BVerfG

Die vorliegende Untersuchung hat unter Berücksichtigung **grundrechtlicher Vorgaben des BVerfG** Anhaltspunkte für die Auflösung der sich im Urheberrecht ergebenden Grundrechtspositionen aufgezeigt. In der „Germania 3"-Entscheidung hat das Gericht sein drei-Säulen-Modell aufgestellt und festgestellt, dass...

... die Interessen der Urheber und Inhaber der Nutzungsrechte über eine **wirtschaftliche Betrachtung** sichergestellt werden. Diese ist Ausfluss des Beteiligungsgrundsatzes, der in seinem Kern die Zuordnung des wirtschaftlichen Nutzens der schöpferischen Arbeit sicherstellt.

... bei der Auflösung einer Grundrechtskollision eine **kunstspezifische Betrachtung** zu erfolgen hat. Diese resultiert daraus, dass die Interessenlage im Urheberrecht wie in jedem Rechtsgebiet bilateral ist, weshalb mit den Grund-

durch die Enforcement-Novelle noch ausdifferenziert wurden, zum anderen hat sich der BGH mit der analogen Konstruktion eines Vergütungsanspruchs beholfen, um Benachteiligungen der Urheber auszugleichen.

Noch weiter ging die Betrachtung von § 24 UrhG. Da es sich hier „nur" um eine Schranke im weiteren Sinne handelt, die nicht den Rechtskreis eines Urhebers einschränkt, sondern den eines Nutzers ausweitet, wird dem Urheber, sofern die Voraussetzungen von § 24 UrhG erfüllt sind, nichts genommen. Hier findet also regelmäßig keine Beeinträchtigung statt, weshalb im Rahmen von § 24 UrhG nicht der Eigentumsschutz, sondern allein die mit Art. 14 GG konkurrierenden Grundrechte greifen.

III. Gesellschaftliche Funktion

Auch die vom BVerfG angesprochene gesellschaftliche Funktion des Werkes wurde in die hiesige Untersuchung einbezogen.

Bei den Pressespiegeln entfaltete sich mittelbar vor dem Hintergrund der Informationsfreiheit auch das Bedürfnis der Informationsselektierung, was sich nur auf digitalem Wege erreichen ließ. Zudem wurde erkannt, dass die Pressefreiheit auch der Informationsversorgung der Allgemeinheit diente, weshalb Informationsinteressen von Pressespiegelkunden und der Allgemeinheit entsprechend Berücksichtigung fanden.

Die gleiche Konstellation war in den Entscheidungen zum Zitatrecht anzutreffen. Hier hatten die (öffentlich-rechtlichen) Rundfunkanstalten sogar in besonderem Maße der Informationsversorgung nachzukommen. Im Bereich des Rundfunkrechts ist die Informationsversorgung umso bedeutsamer, als das Medium Rundfunk geeignet ist, Informationen nachhaltig zu transportieren.

Ausgerechnet bei § 52 UrhG, der „sozialen Schranke" des UrhG verzeichnete sich aber keine gesellschaftliche Funktion. Dies lag nicht etwa an den in der Vorschrift genannten Themenkomplexen, sondern vielmehr daran, dass die Vorschrift den Urhebern Sonderopfer auferlegte, die in anderen Bereichen des Rechts nicht anzutreffen waren. Dies ist aber selbst mit dem Sozialstaatsprinzip nicht vereinbar. Belastungen sind hiernach von der Gemeinschaft zu tragen.

Auch § 53 II UrhG wird neben dem Informationsinteresse der Betroffenen nachhaltig durch Informationsinteressen der Allgemeinheit beeinflusst.

Im Rahmen des § 24 UrhG ließ sich schließlich das Bekenntnis der Verfassung zur Kulturstaatlichkeit im Rahmen der gesellschaftlichen Funktion verzeichnen.

E. Kurz-Resümee & These

Eine allgemein gültige Formel für die Auslegung der Urheberschranken lässt sich auch in dieser Untersuchung nicht finden. Die Auslegung wird nach wie vor maßgeblich vom Einzelfall und somit von einer Vielzahl von Indikatoren bestimmt. Die in der Untersuchung dargelegten Auslegungsmodelle haben somit lediglich beispielhaften Charakter, können aber bei späteren Grundrechtskollisionen vergleichend herangezogen werden.

Der einfachgesetzlichen Auslegung der urheberrechtlichen Schranken und dem Diskurs um das Dogma der restriktiven Auslegung lässt sich aber für die Zukunft folgende These zufügen:

Da Grundrechtskollisionen bilateral sind, kann eine restriktive Auslegung der Urheberschranken nicht allein mit dem Beteiligungsgrundsatz begründet werden. Stets konkurrieren auch Grundrechte Dritter und Interessen der Allgemeinheit mit der Eigentumsfreiheit der Urheber. Ob die Auslegung restriktiv oder extensiv zu erfolgen hat, bestimmt sich im Einzelfall nach einer Abwägung aller miteinander konkurrierender Interessen. Dies sind nach dem hier sog. drei-Säulen-Modell insbesondere:

wirtschaftliche Interessen von Urhebern und Nutzungsrechtsinhabern, die aus dem Beteiligungsgrundsatz resultieren,

konträre Grundrechte Dritter aus **Art. 5 GG** und

mittelbare Interessen bzw. Allgemeininteressen, die der **gesellschaftlichen Funktion** des Werkes entstammen.

Schrifttum

Alternativkommentar zum Grundgesetz für die Bundesrepublik Deutschland | Band 1: Art. 1-20 | Neuwied 1984 *(zitiert: Bearbeiter in Ak-GG).*

Bacher, Klaus Anmerkung (zu BGH EWiR 2002 § 49 UrhG 1/02) | EWiR 2002, Seiten 1107-1108.

Backhaus, Ralph Erich Schulze und die Entwicklung des Musikurheberrechts in der zweiten Hälfte des 20. Jahrhunderts | Festgabe zum 90. Geburtstag von Erich Schulze | Marburg 2003, Seiten 23-36.

Badura, Peter Staatsrecht | 4. Auflage München 2010.

Ders. Zur Lehre von der verfassungsrechtlichen Institutsgarantie des Eigentums, betrachtet am Beispiel des „geistigen Eigentums" | Festschrift für Theodor Maunz zum 80. Geburtstag | München 1981, Seiten 1-16 = FuR 1984 Seiten 552-560.

Bamberger, Heinz Georg | Roth, Herbert Kommentar zum Bürgerlichen Gesetzbuch | Band 2: §§ 611-1296 | 2. Auflage München 2008.

Bappert, Walter Wege zum Urheberrecht | Frankfurt a.M. 1962.

Baronikians, Patrick Kopienversand durch Bibliotheken – rechtliche Beurteilung und Vorschläge zur Regelung | ZUM 1999 Seiten 126-135.

Baum, Alfred Völkerrecht, Berner Konvention und Landesgesetze | GRUR 1950 Seiten 437–480.

Baumbach, Adolf | Lauterbach, Wolfgang | Albers, Jan | Hartmann, Peter Zivilprozessordnung | 68. Auflage München 2010.

Bechtold, Stefan Der Schutz des Anbieters von Information – Urheberrecht und Gewerblicher Rechtsschutz im Internet | ZUM 1997 Seiten 427-450.

Beck, Hanno Medienökonomie | 2. Auflage Berlin/u.a. 2002.

Beck'scher Kommentar zum Rundfunkrecht | 2. Auflage München 2008.

Becker, Bernhard von Grenzenlose Freiheit der Satire? | NJW 2001 Seiten 583-585.

Ders. Zitat und Kunstfreiheit | ZUM 2000 Seiten 864-866.

Beiner, Torsten Der urheberrechtliche Schutz digitalisierter Presseartikel in unternehmenseigenen Datenbanken | MMR 1999 Seiten 691-697.

Benda, Ernst | Maihofer, Werner | Vogel, Hans-Jochen Handbuch des Verfassungsrechts | 2. Auflage Berlin/u.a. 1994 *(zitiert: Bearbeiter in Benda/Maihofer/Vogel, HdbVerfR).*

Bermuth, Wolf von § 46 UrhG und Multimedia-Richtlinie | GRUR Int. 2002 Seiten 567-571.

Bettermann, Karl August Die verfassungskonforme Auslegung | Heidelberg 1986.

Bettermann, Karl August | Nipperdey, Hans Carl | Scheuner, Ulrich Die Grundrechte | Band IV 1. Halbband: Grundrechte und institutionelle Garantien | Berlin 1960.

Bisges, Marcel Grenzen des Zitatrechts im Internet | GRUR 2009 Seiten 730-733.

Böckenförde, Ernst-Wolfgang Moderne deutsche Verfassungsgeschichte (1815-1918) | Köln 1987.

Böckenförde, Ernst-Wolfgang | Wieland, Joachim Die „Rundfunkfreiheit" – ein Grundrecht? | AfP 1982 Seiten 77-85.

Bogs, Harald Die verfassungskonforme Auslegung von Gesetzen | Diss. Heidelberg 1963, Stuttgart 1966.

Bonner Kommentar zum Grundgesetz | Band 3: Art. 6 II – 14 | Stand: 146. Ergänzungslieferung Heidelberg Juli 2010 *(zitiert: Bearbeiter in BK, GG).*

Bornkamm, Joachim Ungeschriebene Schranken des Urheberrechts | Festschrift für Henning Piper zum 65. Geburtstag | München 1996, Seiten 641-653.

Bremer, Xenia Tote im Zelt - Plastination versus Bestattungszwang? | NVwZ 2001 Seiten 167-169.

Breuer, Rüdiger Die Bodennutzung im Konflikt zwischen Städtebau und Eigentumsgarantie | Habil. Bonn 1975, München 1976.

Brockhaus Enzyklopädie in vierundzwanzig Bänden | 15. Band: MOE-NOR | 19. Auflage Mannheim 1991 *(zitiert: Brockhaus, „Stichwort")*

Brugger, Winfried Hassrede, Beleidgung, Volksverhetzung | JA 2006 Seiten 687-692.

Brünneck, Alexander von Die Eigentumsgarantie des Grundgesetzes | Habil. Hannover 1984, Baden-Baden 1984.

Brunner, Otto | Conze, Werner | Koselleck, Reinhart Geschichtliche Grundbegriffe | Band 2: E-G | Stuttgart 1975.

Bullinger, Martin Strukturwandel von Rundfunk und Presse - Rechtliche Folgewirkungen der neuen elektronischen Medien | NJW 1984 Seiten 385-390.

Bydlinski, Franz Juristische Methodenlehre und Rechtsbegriff | 2. Auflage Wien/u.a. 1991 *(zitiert: Bydlinski, Methodenlehre).*

Canaris, Claus-Wilhelm Grundrechtswirkungen und Verhältnismäßigkeitsprinzip in der richterlichen Anwendung und Fortbildung des Privatrechts | JuS 1989 Seiten 161-172.

Ders. Grundrechte und Privatrecht | AcP 184 (1984) Seiten 201-246.

Ders. Die Feststellung von Lücken im Gesetz | Diss. München 1965, 2. Auflage Berlin 1983.

Chakraborty, Martin Das Rechtsinstitut der freien Benutzung im Urheberrecht | Diss. Freiburg 1996, Baden-Baden 1997.

Czychowsky, Christian Karlsruhe locuta, causa finita: Elektronische Pressespiegel nunmehr erlaubt?! | NJW 2003 Seiten 118-120.

Damm, Ole Der virtuelle Videorecorder – ein Verstoß gegen das Urheberrecht? | K&R 2009 Seiten 577-579.

Detterbeck, Steffen Öffentliches Recht | 7. Auflage München 2009.
Detterbeck, Steffen | Windhorst, Kay | Sproll, Hans-Dieter Staatshaftungsrecht | München 2000.
Deumeland, Klaus D. Fragen zur Zensur | KUR 2001 Seiten 121-124.
Dieselhorst, Jochen Kommentar (zu OLG Hamburg K&R 2000, 510 – Keine elektronischen Pressespiegel ohne Zustimmung der Tageszeitung) | K&R 2000 Seiten 511-512.
Dördelmann, Jörg-Eckhard Anmerkung (zu BGH Schulze RzU BGHZ 470) | Schulze RzU BGHZ 470 Seiten 29-31.
Dreier, Horst Grundgesetz Kommentar | Band I: Artikel 1-19 | 2. Auflage Tübingen 2004.
Ders. Subjektiv-rechtliche und objektiv-rechtliche Grundrechtsgehalte | Jura 1994 Seiten 505-513.
Dreier, Thomas Anmerkung (zu BGH JZ 2003, 473) | JZ 2003 Seiten 477-480.
Dreier, Thomas | Schulze, Gernot Urheberrechtsgesetz Kommentar | 3. Auflage München 2008.
Dreyer, Gunda | Kotthoff, Jost | Meckel, Astrid Heidelberger Kommentar zum Urheberrecht | 2. Auflage Heidelberg 2009.
Dürig, Günter Zum „Lüth-Urteil" des Bundesverfassungsgerichts vom 15.1.1958 | DÖV 1958 Seiten 194-197.
Ders. Grundrechte und Zivilrechtsprechung | Festschrift für Hans Nawiasky zum 75. Geburtstag | München 1956, Seiten 157-190.
Eidenmüller, Horst Elektronischer Pressespiegel | CR 1992, 321-324.
Engel, Christoph Privater Rundfunk vor der Europäischen Menschenrechtskonvention | 1. Auflage Baden-Baden 1993.
Engisch, Karl Die Einheit der Rechtsordnung | Heidelberg 1935.
Ders. Würtenberger, Thomas/Otto, Dirk (Hrsg.) | Einführung in das juristische Denken | 10. Auflage Stuttgart 2005.
Erdmann, Willi Verwendung zeitgenössischer Literatur für Unterrichtszwecke am Beispiel Harry Potter | WRP 2002 Seiten 1329-1344.
Erichsen, Hans-Uwe Die Drittwirkung der Grundrechte | Jura 1996 Seiten 527-533.
Fechner, Frank Medienrecht | 9. Auflage Tübingen 2008.
Ders. Geistiges Eigentum und Verfassung | Habil. Tübingen 1998, Tübingen 1999.
Fehn, Karsten Grundrecht versus Grundrecht – Die Problematik der Grundrechtskollisionen anhand von Fällen | VR 1994 Seiten 413-420.
Fichte, Johann Gottlieb Beweis der Unrechtmäßigkeit des Büchernachdrucks. Ein Räsonnement und eine Präambel (1793) | UFITA 106 (1987) Seiten 155-172.

Fichtner, Otto | Wenzel, Gerd SGB XII – Sozialhilfe mit AylG Kommentar | 4. Auflage München 2009.
Findeisen, Frank Die Auslegung urheberrechtlicher Schrankenbestimmungen | Diss. Heidelberg 2005, Baden-Baden 2005.
Frederiksen, Anne Filmgeschiehte (sic) | DIE ZEIT 2.11.1979 Nr. 45 www.zeit.de/1979/45/Filgeschiehte (Stand Oktober 2008).
Freiwald, Sven Die private Vervielfältigung im digitalen Kontext unter besonderer Berücksichtigung des Filesharing | Diss. Freiburg 2003, Baden-Baden 2004 *(zitiert: Freiwald, Private Vervielfältigung im Digitalen Kontext).*
Fromm, Friedrich Karl | Nordemann, Wilhelm Urheberrecht | 10. Auflage Stuttgart 2008.
Gamm, Otto-Friedrich Freiherr von Urheberrechtsgesetz Kommentar | München 1968.
Garloff, Peter Copyright und Kunstfreiheit – zur Zulässigkeit ungenehmigter Zitate in Heiner Müllers letztem Theaterstück | GRUR 2001 Seiten 476-482.
Geiger, Christophe Der urheberrechtliche Interessenausgleich in der Informationsgesellschaft - Zur Rechtsnatur der Beschränkungen des Urheberrechts | GRUR Int. 2004 Seiten 815-821.
Ders. Die Schranken des Urheberrechts im Lichte der Grundrechte – Zur Rechtsnatur der Beschränkungen des Urheberrechts | in: Hilty, Reto M./Peukert, Alexander (Hrsg.), Interessenausgleich im Urheberrecht | Baden-Baden 2004, Seiten 143-157.
Geiger, Christophe Die Vereinbarkeit einer Privilegierung von kommerziellen Pressespiegeln mit europarechtlichen Vorgaben | KUR 2004 Seiten 70-73.
Gettke, Wolfram Das Fotokopierrecht der §§ 53, 54 UrhG; zum Erfordernis einer Gesetzesänderung | Diss. Berlin 1982, Berlin 1984.
Gierke, Otto von Die soziale Aufgabe des Privatrecht | Band 1 | Frankfurt a.M. 1943.
Gieseke, Ludwig Vom Privileg zum Urheberrecht | Baden-Baden 1995.
Gitter, Wolfgang | Schmitt, Jochen Sozialrecht | 5. Auflage München 2001.
Glas, Vera Die urheberrechtliche Zulässigkeit elektronischer Pressespiegel | Diss. Leipzig 2008, Tübingen 2008 *(zitiert: Glas, Elektronische Pressespiegel).*
Goerlich, Helmut Wertordnung und Grundgesetz | Diss. Hamburg 1972, Baden-Baden 1973.
Gottschalk, Eckart Grenzüberschreitende Werbung als eigenständiger urheberrechtlicher Verletzungstatbestand | IPRax 2006 Seiten 135-138.
Gounalakis, Georgios Öffentlich-rechtlicher Rundfunk hat seinen Preis – Das Karlsruher Gebührenurteil vom 11.9.2006 | ZUM 2008 Seiten 800-805.

Ders. Urheberrecht und E-Learning | WiSt 2008 Seiten 468-473.

Ders. Ein neuer Morgen für den Wissenschaftsparagrafen: Geistiges Eigentum weiter in Piratenhand | NJW 2007 Seiten 36-38.

Ders. Embryonenforschung und Menschenwürde | Baden-Baden 2006.

Ders. Elektronische Kopien für Unterricht und Forschung (§ 52a UrhG) im Lichte der Verfassung | Tübingen 2003 *(zitiert: Gounalakis, § 52a UrhG).*

Ders. (Hrsg.) Rechtshandbuch Electronic Business | München 2003 *(zitiert: Bearbeiter in Gounalakis, Electronic Business).*

Ders. Regulierung von Presse, Rundfunk und elektronischen Diensten in der künftigen Medienordnung | ZUM 2003 Seiten 180-192.

Gounalakis, Georgios | Rhode, Lars Persönlichkeitsschutz im Internet | München 2002.

Dies. Unentgeltlicher Zeitungsvertrieb – modernes Medienkonzept oder Marktstörung? | AfP 2000 Seiten 321-329.

Gounalakis, Georgios | Zagouras, Georgios Medienkonzentrationsrecht | München 2008.

Dies. Publizistische Vielfaltsicherung – Eine Aufgabe für Europa? | JZ 2008 Seiten 652-661.

Gusy, Christoph Der Freiheitsschutz des Grundgesetzes | JA 1980 Seiten 78-85.

Haass, Jörg Müller oder Brecht? | ZUM 1999 Seiten 834-838.

Hager, Günter Von der Konstitutionalisierung des Zivilrechts zur Zivilisierung der Konstitutionalisierung | JuS 2006 Seiten 769-775.

Hager, Johannes Grundrechte im Privatrecht | JZ 1994 Seiten 373-383.

Haug, Karl Herbert Luthers Bedeutung für das Urheberrecht | Diss. München 1955 | UFITA 135 (1997) Seiten 145-241.

Haupt, Stefan Der Vorschlag der FIBEP für eine Neufassung von § 49 UrhG – Eine Einführung | KUR 2004 Seiten 42-43.

Hendler, Reinhard Zur bundesverfassungsgerichtlichen Konzeption der grundgesetzlichen Eigentumsgarantie | DVBl. 1983 Seiten 873-883.

Herdegen, Matthias Europarecht | 12. Auflage München 2010.

Hertin, Paul W. Anmerkung (zu BGH Schulze RzU BGHZ Nr. 452 und 453) | Schulze RzU BGHZ 453 Seiten 11-17.

Hess, Gangolf Anmerkung zum Urteil des Bundesgerichtshofs vom 11. März 1993 – I ZR 263/91 – Alcolix | ZUM 1993 Seiten 527-529.

Ders. Urheberrechtsprobleme der Parodie | Diss. Berlin 1991, Baden-Baden 1993.

Hess, Wolfgang/Latinovic, Andrej Wettbewerbsrechtliche und urheberrechtliche Probleme der Nutzung elektronischer Pressearchive – Anmerkung zu BGH Urt. v. 10.12.1998 – I ZR 100/96 (=ZUM 1999, 240) | ZUM 1999 Seiten 812-814.

Hesse, Konrad Grundzüge des Verfassungsrechts der Bundesrepublik Deutschland | 20. Auflage Heidelberg 1995 *(zitiert: Hesse, Verfassungsrecht).*

Hillig, Hans-Peter Urheberrecht und Wettbewerbsrecht | in: Fuhr, Ernst W./Rudolf, Walter/Wasserburg, Klaus (Hrsg.), Recht der neuen Medien | Heidelberg 1989, Seiten 384-467.

Hilty, Reto M. Verbotsrecht vs. Vergütungsanspruch: Suche nach den Konsequenzen der tripolaren Interessenlage im Urheberrecht | Festschrift für Gerhard Schricker zum 70. Geburtstag | München 2005, Seiten 325-352.

Ders. Vergütungssystem und Schrankenregelungen | GRUR 2005 Seiten 819-837.

Hirsch Ballin, Ernst Enteignung von Urheberrecht | UFITA 21 (1956-I) Seiten 196-215.

Höche, Thorsten Anmerkung (zu BGH WuB V F. § 53 UrhG 1.97) | WuB V F. § 53 UrhG 1.97 Seiten 696-698.

Hoeren, Thomas Recht der Access Provider | München 2004.

Ders. Pressespiegel und das Urheberrecht - Eine Besprechung des Urteils des BGH „Elektronischer Pressespiegel" | GRUR 2002 Seiten 1022-1028.

Ders. Happy Birthday to you: Urheberrechtliche Fragen rund um ein Geburtstagsständchen | Festschrift für Otto Sandrock zum 70. Geburtstag | Heidelberg 2000, Seiten 357-373.

Ders. Urheberrecht 2000 - Thesen für eine Reform des Urheberrechts | MMR 2000 Seiten 3-7.

Ders. Anmerkung (zu BGH MMR 1999, 409) | MMR 1999 Seiten 412-414.

Ders. Anmerkung (zu BGH MMR 1999, 665) | MMR 1999 Seiten 672-673.

Hoeren, Thomas | Sieber, Ulrich Handbuch Multimedia-Recht | Stand 18. Ergänzungslieferung München Oktober 2007 *(zitiert: Bearbeiter in Hdb Multimedia).*

Hohagen, Gisbert Die Freiheit der Vervielfältigung zum eigenen Gebrauch | München 2004.

Hoppe, Bernd Die „allgemeinen Gesetze" als Schranke der Meinungsfreiheit | JuS 1991 Seiten 735-738.

Huber, Ernst Rudolf Deutsche Verfassungsgeschichte | Band IV: Struktur und Krisen des Kaiserreiches | 2. Auflage Stuttgart/u.a. 1982.

Huber, Ulrich Savignys Lehre von der Auslegung der Gesetze in heutiger Sicht | JZ 2003 Seiten 1-17.

Hubmann, Heinrich Die Idee vom geistigen Eigentum, die Rechtsprechung des Bundesverfassungsgerichts und die Urheberrechtsnovelle von 1985 | ZUM 1988 Seiten 4-13.

Ders. Die soziale Bindung des Urheberrechts und die Aufführungsfreiheit | FuR 1983 Seiten 291-297.

Hubmann, Heinrich Immanuel Kants Urheberrechtstheorie | UFITA 106 (1987) Seiten 145-154.

Huster, Stefan Das Verbot der „Auschwitzlüge“, die Meinungsfreiheit und das Bundesverfassungsgericht | NJW 1996 Seiten 487-491.

Ipsen, Jörn Staatsrecht I: Staatsorganisationsrecht | 22. Auflage Neuwied/u.a. 2010.

Isensee, Josef | Kirchhof, Paul Handbuch des Staatsrechts der Bundesrepublik Deutschland | Band V: Allgemeine Grundrechtslehren | 2. Auflage Heidelberg 2000.

Dies. Handbuch des Staatsrechts der Bundesrepublik Deutschland | Band VI: Freiheitsrechte | 2. Auflage Heidelberg 2001.

Jahn, Beatrix Das Urheberpersönlichkeitsrecht im deutschen und britischen Recht | Diss. Münster 1993, Münster 1994.

Jänich, Volker Geistiges Eigentum – eine Komplementärerscheinung zum Sacheigentum? | Habil. Osnabrück 2000, Tübingen 2002.

Jarass, Hans D. Nachrichtensperre und Grundgesetz | AfP 1979 Seiten 228-231.

Jarass, Hans | Pieroth, Bodo Grundgesetz für die Bundesrepublik Deutschland | 10. Auflage München 2009.

Jellinek, Georg System der subjektiven öffentlichen Rechte | 2. Auflage Tübingen 1963/anastatischer Nachdruck der Ausgabe Tübingen 1919.

Jhering, Rudolph von Der Zweck im Recht | Erster Band | 3. Auflage Leipzig 1893.

Junker, Abbo Kurzkommentar (zu BGH EWiR § 52 UrhG 1/92) | EWiR 1992 Seiten 391-392.

Kamps, Michael | Koops, Leonard Online-Videorecorder im Lichte des Urheberrechts | GRUR 2007 Seiten 581-586.

Kant, Immanuel Von der Unrechtmäßigkeit des Büchernachdrucks (1785) | UFITA 106 (1987) Seiten 137-144.

Katz, Alfred Staatsrecht | 18. Auflage Heidelberg 2010.

Katzenberger, Paul Eine salomonische Entscheidung, aber kein Freibrief | AfP 1999 Seiten 335-337.

Ders. Elektronische Printmedien und Urheberrecht | AfP 1997 Seiten 434-442.

Ders. Elektronische Printmedien und Urheberrecht | Stuttgart 1996.

Kempen, Bernhard Der Eingriff des Staates in das Eigentum | Köln/u.a. 1999.

Kerscher, Helmut Was das Zitat tat | SZ 26.7.2000 Seite 15.

Kiefer, Marie Luise Medienökonomik | 2. Auflage München 2005.

Kirchhof, Paul Der Gesetzgebungsauftrag zum Schutz des geistigen Eigentums gegenüber modernen Vervielfältigungstechniken | Heidelberg 1988.

Ders. Der verfassungsrechtliche Gehalt des geistigen Eigentums | Festschrift für Wolfgang Zeidler, Band 2 | Berlin/u.a. 1987, Seiten 1639-1661.

Kleinke, Yvonne Pressedatenbanken und Urheberrecht | Diss. Würzburg 1998, Köln/u.a. 1999.

Kleinlein, Kornelius Die ausgleichspflichtige Inhaltsbestimmung – eine Alternative zur Enteignung? | DVBl. 1991 Seiten 365-375.

Knies, Wolfgang Schranken der Kunstfreiheit als verfassungsrechtliches Problem | Diss. München 1966, München 1967.

Kobor, Hagen Grundfälle zu Art. 5 III GG | JuS 2006 Seiten 593-698.

Ders. Die Auslegung im Erbschaftssteuergesetz | Diss. Augsburg 1999, Berlin 2000.

Kohler, J. Die Idee des geistigen Eigentums | AcP 82 (1894) Seiten 141-242.

Krause-Ablaß, Günter B. Zitate aus Aufführungen, Tonaufnahmen, Filmen und Sendungen in Film und Rundfunk | GRUR 1962 Seiten 231-240.

Kreft, Friedrich Die Eigentumsgarantie und verfassungsrechtliche Entschädigungspflichten | Festschrift für Willi Geiger zum 80. Geburtstag | Tübingen 1989, Seiten 399-416.

Kreibich, Sonja Das TRIPS-Abkommen in der Gemeinschaftsordnung | Diss. Bonn 2002, Frankfurt a.M./u.a. 2003.

Kreile, Reinhold Die Sozialbindung des geistigen Eigentums | Festschrift für Peter Lerche zum 65. Geburtstag | München 1993, Seiten 251-266.

Kröger, Detlef Informationsfreiheit und Urheberrecht | Diss. Chemnitz 2000, München 2002.

Ders. Enge Auslegung von Schrankenbestimmungen - wie lange noch? - Zugang zu Informationen in digitalen Netzwerken | MMR 2002 Seiten 18-21.

Ders. Anmerkung (zu OLG Hamburg CR 2000, 658) | CR 2000 Seiten 662-663.

Krüger, Herbert Die Bestimmung des Eigentumsinhaltes (Art. 14 Abs. I S. 2 GG) | Hamburger Festschrift für Friedrich Schack zu seinem 80. Geburtstag am 1.10.1966 | Hamburg 1966, Seiten 71-84.

Krüger-Nieland, Gerda Der Urheberrechtsschutz im Spannungsfeld der Eigentumsgarantie der Verfassung | Festschrift für Walter Oppenhoff zum 80. Geburtstag | München 1985, Seiten 173-192.

Lachmann, Jens-Peter Ausgewählte Probleme aus dem Recht des Bildschirmtextes | NJW 1984 Seiten 405-408.

Larenz, Karl | Canaris, Wilhelm Methodenlehre der Rechtswissenschaft | 3. Auflage Berlin/u.a.1995.

Lauber, Anne | Schwipps, Karsten Das Gesetz zur Regelung des Urheberrechts in der Informationsgesellschaft | GRUR 2004 293-300

Laudeur, Karl-Heinz Anmerkung (zu BVerfG Schulze RzU BVfG 39) | Schulze RzU, BVfG 39 Seiten 13-18.

Lehmann, Michael | Katzenberger, Paul Elektronische Pressespiegel und Urheberrecht | Stuttgart 1999.

Leinemann, Felix Die Sozialbindung des „Geistigen Eigentums" | Diss. Freiburg 1998, Baden-Baden 1998.

Leisner, Walter Sozialbindung des Eigentums | Berlin 1987.
Ders. Eigentumswende? Liegt der Grundwasserentscheidung des Bundesverfassungsgerichts ein neues Eigentumsverständnis zugrunde? | DVBl. 1983, Seiten 61-67.
Lenz, Sebastian | Leydecker, Philipp Kollidierendes Verfassungsrecht | DÖV 2005 Seiten 841-850.
Lerche, Peter Aktuelle Grundfragen zur Informationsfreiheit | Jura 1995 Seiten 561-566.
Ders. Fragen sozialbindender Begrenzungen urheberrechtlicher Positionen | Festschrift für Ernst Reichhardt zum 70. Geburtstag | Baden-Baden 1990, Seiten 101-110.
Lettl, Tobias Urheberrecht | München 2008.
Liebs, Detlef Lateinische Rechtsregeln und Rechtssprichwörter | 6. Auflage, München 1998.
Lindhorst, Hermann Anmerkung (zu BVerfG MMR 2000, 686) | MMR 2000 Seiten 688-689.
Loewenheim, Ulrich Die Benutzung urheberrechtlich geschützter Schriftwerke in Sekundärliteratur für den Schulunterricht | ZUM 2004 Seiten 89-96.
Ders. Handbuch des Urheberrechts | 2. Auflage München 2010 *(zitiert: Bearbeiter in Loewenheim, HdbUrhR).*
Ders. Anmerkung zum Urteil des BGH vom 25. Februar 1999 – I ZR 118/96 – Kopienversanddienst | ZUM 1999 Seiten 574-575.
Ders. Anmerkung (zu BGH CR 1997, 403) | CR 1997 Seiten 408-409.
Ders. Die urheber- und wettbewerbsrechtliche Beurteilung der Herstellung und Verbreitung kommerzieller elektronischer Pressespiegel | GRUR 1996 Seiten 636-643.
Ders. Nationale und internationale Erschöpfung von Schutzrechten im Wandel der Zeiten | GRUR Int. 1996 Seiten 307-316.
Ders. Anmerkung (zu BGH LM § 20 UrhG Nr. 3) | LM § 20 UrhG Nr. 3 Blätter 4-5.
Löffler, Martin Das Grundrecht auf Informationsfreiheit als Schranke des Urheberrechts | NJW 1980 Seiten 201-205.
Ders. Um die akademische Freiheit | NJW 1961 Seiten 529-533.
Löffler, Martin | Ricker, Reinhart Handbuch des Presserechts | 5. Auflage München 2005 *(zitiert: Löffler/Ricker, Hdb Presserecht).*
Look, Frank van Urheberrechtliche Fragen des Kopienversands durch Informationsdienste | ZIP 1998 Seiten 454-462.
Ders. Anmerkung (zu BGH WuB V F. § 53 UrhG 2.99) | WuB V F § 53 UrhG 2.99 Seiten 1044-1045.
Lüdemann, Jörn Die verfassungskonforme Auslegung von Gesetzen | JuS 2004 Seiten 27-30.

Lütje, Stefan Urteilsanmerkung (zu BGH CR 1999, 213) | CR 1999 Seiten 216-217.
Lutterbeck, Bernd Globalisierung des Rechts – am Beginn einer neuen Rechtskultur? | CR 2000 Seiten 52-60.
Maaß, Wolfgang Elektronische Pressespiegel im Lichte des Urheberrechts | Festschrift für Alfred Söllner zum 70. Geburtstag | München 2000, Seiten 725-737.
Mangoldt, Hermann von | Klein, Friedrich | Starck, Christian Das Bonner Grundgesetz | Band 1: Präambel, Artikel 1 bis 19 | 6. Auflage München 2010.
Dies. Das Bonner Grundgesetz | Band 2: Artikel 20 bis 82 | 5. Auflage München 2005.
Maunz, Theodor Das geistige Eigentum in verfassungsrechtlicher Sicht | GRUR 1973 Seiten 107-115.
Maunz, Theodor | Dürig, Günter Grundgesetz Kommentar | Stand: 57. Ergänzungslieferung München Juni 2010.
Melchiar, Ferdinand Die Entlehnung aus literarischen Werken in Schulbüchern | UFITA 92 (1982) Seiten 43-60.
Mestmäcker, Ernst-Joachim | Schulze, Erich Kommentar zum deutschen Urheberrecht | Stand 52. Aktualisierungslieferung Neuwied/u.a. Dezember 2010.
Metzger, Axel „Germania 3 Gespenster am toten Mann" oder: Welchen Zweck darf ein Zitat gemäß § 51 Nr. 2 UrhG verfolgen? | ZUM 2000 Seiten 924-933.
Mizdalski, Florian Die Grundlagen des Urheberrechts | MLR 2008 Seiten 13-21.
Möhring, Philipp | Nicolini, Käte Urheberrechtsgesetz Kommentar | 2. Auflage München 2000.
Muckel, Stefan Sozialrecht | 3. Auflage München 2009.
Müller, Friedrich Juristische Methodik | 7. Auflage Berlin 1997.
Ders. Strafrecht, Jugendschutz und Freiheit der Kunst | JZ 1970 Seiten 87-92.
Ders. Freiheit der Kunst als Problem der Grundrechtsdogmatik | Berlin 1969.
Müller, Heiner Germania 3 Gespenster am Toten Mann | Köln 1996 *(zitiert: Müller, Germania 3).*
Ders. Gesammelte Irrtümer | Frankfurt a.M. 1986.
Münch, Ingo von | Kunig, Philip Grundgesetz-Kommentar | Band 1: Präambel bis Art. 19 | 5. Auflage München 2000.
Neumann, Till Urheberrecht und Schulgebrauch | Baden-Baden 1994.
Niemann, Fabian Pressespiegel de lege ferenda | CR 2003 Seiten 119-126.
Ders. Pressespiegel de lege lata | CR 2002 Seiten 817-827.
Nippe, Wolfgang Der Kopienversand auf Bestellung durch Bibliotheken | ZUM 1998 Seiten 382-390.

Nipperdey, Hans Carl Boykott und freie Meinungsäußerung | DVBl. 1958 Seiten 445-452.

Ders. Gleicher Lohn der Frau für gleiche Leistung | RdA 1950 Seiten 121-128.

Nordemann, Vorname unklar Anmerkung (zu BGH GRUR 1971, 588) | GRUR 1971 Seiten 590-591.

Ders. Anmerkung (zu BGH GRUR 1983, 562) | GRUR 1983 Seiten 564-565.

Nordemann, Wilhelm Anmerkung (zu BGH RzU BGHZ 357) | Schulze, RzU BGHZ 357 Seiten 9-10.

Nordemann, Wilhelm | Vinck, Kai | Hertin, Paul W. | Meyer, Gerald International Copyright | Weinheim 1990.

Nüßgens, Karl | Boujong, Karlheinz Eigentum, Sozialbindung und Enteignung | München 1987.

Odendahl, Kerstin Das „Lüth-Urteil" | JA 1998 Seiten 933-937.

Ossenbühl, Fritz Staatshaftungsrecht | 5. Auflage München 1998.

Ders. Mitbestimmung in der Kunst | DÖV 1983 Seiten 785-791.

Osterloh, Lerke Die Abgrenzung zwischen Sozialbindung und Enteignung | JuS 1992 Seiten L9-L12.

Pahud, Eric Die Sozialbindung im Urheberrecht | Diss. Zürich 2000, Bern 2000.

Palandt Bürgerliches Gesetzbuch | 69. Auflage München 2010.

Parodi, Silvana Eigentumsbindung und Enteignung im Natur- und Denkmalschutz | Diss. Konstanz 1983, Berlin 1984.

Pecher, Christian Matthias Verfassungsimmanente Schranken von Grundrechten | Diss. Hamburg 2001, Münster/u.a. 2002.

Petersen, Jens Medienrecht | 4. Auflage München 2008.

Pieroth, Bodo | Schlink, Bernhard Grundrechte | 25. Auflage Heidelberg 2009.

Plaß, Gunda Hyperlinks im Spannungsfeld von Urheber-, Wettbewerbs- und Haftungsrecht | WRP 2000 Seiten 599-610.

Platho, Rolf Die Parodie: Eine „freie Bearbeitung" nach § 23 UrhG | GRUR 1992 Seiten 360-365.

Podlech, Adalbert Gehalt und Funktionen des allgemeinen verfassungsrechtlichen Gleichheitssatzes | Habil. Heidelberg 1969, Berlin 1971.

Poeppel, Jan Die Neuordnung der urheberrechtlichen Schranken im digitalen Umfeld | Diss. Kiel 2005, Göttingen 2005.

Pohlmann, Hansjörg Privilegienwesen und Urheber-Recht | UFITA 33 (1961) Seiten 169-204.

Poll, Günter Anmerkung (zu BGH GRUR 1994, 45) | GRUR 1994 Seiten 209-210.

Raczinski, Bernd | Rademacher, Ulrich Urheberrechtliche Probleme beim Aufbau und Betrieb einer juristischen Datenbank | GRUR 1989 Seiten 324-331.

Ramsauer, Ulrich Die faktischen Beeinträchtigungen des Eigentums | Diss. Hamburg 1979, Berlin 1980.

Ders. Über den Unterschied von Inhaltbestimmung und Schrankenbestimmung des Eigentums | DVBl. 1980 Seiten 539-542.

Raue, Peter Zum Dogma von der restriktiven Auslegung der Schrankenbestimmungen des Urheberrechtsgesetzes | Festschrift für Wilhelm Nordemann zum 70. Geburtstag | München 2004, Seiten 327-339.

Rehbinder, Manfred Urheberrecht | 18. Auflage München 2010.

Rieger, Reinhard Grenzen verfassungskonformer Auslegung | NVwZ 2003 Seiten 17-22.

Riesenhuber, Karl Der Einfluss der RBÜ auf die Auslegung des deutschen Urheberrechtsgesetzes | ZUM 2003 Seiten 333-342.

Rogge, Tonia Elektronische Pressespiegel in urheber- und wettbewerbsrechtlicher Beurteilung | Diss. Hamburg 2000, Hamburg 2001.

Röhl, Klaus F. | Röhl, Hans Christian Allgemeine Rechtslehre | 3. Auflage Köln/u.a. 2008.

Rollecke, Gerd Prinzipien der Verfassungsinterpretation in der Rechtsprechung des Bundesverfassungsgerichtes | Bundesverfassungsgericht und Grundgesetz, Festgabe aus Anlass des 25jährigen Bestehens des Bundesverfassungsgerichts, Band II | Tübingen 1976, Seiten 22-49.

Rossnagel, Alexander | Scholz, Philip Datenschutz durch Anonymität und Pseudonymität - Rechtsfolgen der Verwendung anonymer und pseudonymer Daten | MMR 2000 Seiten 721-731.

Rüfner, Wolfgang Grundrechtskonflikte | Bundesverfassungsgericht und Grundgesetz, Festgabe aus Anlass des 25jährigen Bestehens des Bundesverfassungsgerichts, Band II | Tübingen 1976, Seiten 453-479.

Ruijsenaard, Heijo E. Comic-Figuren und Parodien - Ein urheberrechtlicher Streifzug - Teil II: Beurteilungskriterien für die zulässige Parodie | GRUR Int. 1993 Seiten 918-933.

Rüthers, Bernd Rechtstheorie | 4. Auflage München 2008.

Ders. Die unbegrenzte Auslegung | Habil. Münster 1968, Tübingen 1986.

Rütz, Christian Die Parodie in der Informationsgesellschaft | WRP 2004 Seiten 323-330.

Sachs, Michael Grundgesetz Kommentar | 5. Auflage München 2009.

Ders. Grundrechtsbegrenzungen außerhalb von Gesetzesvorbehalten | JuS 1995 Seiten 984-989.

Sass, Wolfgang Art. 14 GG und das Entschädigungserfordernis | Diss. Köln 1991, Heidelberg 1992.

Savigny, Friedrich Carl von System des heutigen römischen Rechts | Erster Band | Berlin 1840.

Schack, Haimo Urheber- und Urhebervertragsrecht | 5. Auflage Tübingen 2010.

Ders. Urheberrechtliche Schranken, übergesetzlicher Notstand und verfassungskonforme Auslegung | Festschrift für Gerhard Schricker zum 70. Geburtstag | München 2005, Seiten 511-521.

Ders. Kunst und Recht | Köln/u.a. 2004.

Ders. Anmerkung (zu BGH JZ 2002, 1005) | JZ 2002 Seiten 1007-1008.

Ders. Urheberrecht | 50 Jahre Bundesgerichtshof, Festgabe aus der Wissenschaft, Band II | München 2000, Seiten 687-698.

Ders. Anmerkung (zu BGH JZ 1999, 1000) | JZ 1999, Seiten – 1007-1008.

Schall-Brecht, Barbara „Enterbt die Brecht-Erben!“ | in: Grieser, Dietmar (Hrsg.), Glückliche Erben | München/u.a. 1983.

Scheuner, Ulrich Die Funktion der Grundrechte im Sozialstaat, Die Grundrechte als Richtlinie und Rahmen der Staatstätigkeit | DÖV 1971 Seiten 505-513.

Schick, Martin Der verfassungsrechtliche Begriff des Kunstwerks | JZ 1970 Seiten 645-647.

Schlink, Bernhard Zwischen Identifikation und Distanz | Der Staat (15) 1976 Seiten 335-366.

Ders. Abwägung im Verfassungsrecht | Diss. Heidelberg 1975, Berlin 1976.

Schmid, Matthias | Wirth, Thomas Urheberrechtsgesetz Handkommentar | Baden-Baden 2004.

Schmidt, Rolf Grundrechte | 12. Auflage Grasberg 2010.

Schmieder, Hans-Heinrich Anmerkung (zu BGH NJW 1972, 1273) | NJW 1972 Seiten 1947-1948.

Ders. Voraussetzungen der Verbreitung der Parodie eines unter Urheberschutz stehenden Werkes | NJW 1971 Seiten 2169-2170.

Schmitt Glaeser, Walter Die Meinungsfreiheit in der Rechtsprechung des Bundesverfassungsgerichts | AöR 113 (1988) Seiten 52-100.

Schnapp, Friedrich E. Was können wir über das Sozialstaatsprinzip wissen? | JuS 1998 Seiten 873-877.

Schnapp, Friedrich E. | Kaltenborn, Markus Grundrechtsbindung nichtstaatlicher Institutionen | JuS 2000 Seiten 937-943.

Schoch, Friedrich Öffentlich-rechtliche Rahmenbedingungen einer Informationsordnung | VVDStRL 57 (1998) Seiten 158-215.

Ders. Die Eigentumsgarantie des Art. 14 GG | Jura 1989 Seiten 113-121.

Scholz, Rupert Medienfreiheit und Publikumsfreiheit | Festschrift für Martin Löffler zum 75. Geburtstag | München 1980, Seiten 355-374.

Schricker, Gerhard Urheberrecht Kommentar | 3. Auflage München 2006.

Ders. Anmerkung (zu BGH JZ 1997, 791) | JZ 1997 Seiten 795-797.

Ders. (Hrsg.) Urheberrecht auf dem Weg zur Informationsgesellschaft | Baden-Baden 1997 *(zitiert: Bearbeiter in Schricker, Informationsgesellschaft).*

Ders. Kurzkommentar (zu BGH EWiR § 31 UrhG 1/97) | EWiR 1997 Seiten 473-474.

Ders. Kurzkommentar (zu BGH EWiR § 20 UrhG 1/93) | EWiR 1993 Seiten 1115-1116.

Ders. Kurzkommentar (zu BGH EWiR § 51 UrhG 1/87) | EWiR 1987 Seiten 287-288.

Ders. Videovorführung in Hotels in urheberrechtlicher Sicht | Festschrift für Walter Oppenhoff zum 80. Geburtstag | München 1985 Seiten 367-383.

Schröder, Meinhard Die Je-desto-Formel des Bundesverfassungsgerichts in der Esra-Entscheidung und ihre Bedeutung für Grundrechtsabwägungen | DVBl. 2008 Seiten 146-150.

Schulze, Gernot Spielraum und Grenzen richterlicher Rechtsfortbildung im Urheberrecht | Festschrift für Willi Erdmann zum 65. Geburtstag, Köln/u.a. 2002 | Seiten 173-194.

Schulze-Osterloh, Lerke Das Prinzip der Eigentumsopferentschädigung im Zivilrecht und im öffentlichen Recht | Diss. Hamburg 1978, Berlin 1980.

Schwabe, Jürgen Die Enteignung in der neueren Rechtsprechung des Bundesverfassungsgerichts | JZ 1983 Seiten 273-279.

Ders. Anmerkung (zu BVerwG NJW 1973, 1242) | NJW 1973 Seite 1818.

Seifert, Fedor § 52 Abs. 1 Satz 3 UrhG nach dem „Vollzugsanstalten"-Urteil des Bundesverfassungsgerichts | Festschrift für Ernst Reichardt zum 70. Geburtstag | Baden-Baden 1990, Seiten 225-244.

Senftleben, Martin Die Bedeutung der Schranken des Urheberrechts in der Informationsgesellschaft und ihre Begrenzung durch den Dreistufentest | in: Hilty, Reto M./Peukert, Alexander (Hrsg.), Interessenausgleich im Urheberrecht | Baden-Baden 2004, Seiten 159-186.

Simon, Helmut Die verfassungskonforme Gesetzesauslegung | EuGRZ 1974 Seiten 85-91.

Smend, Rudolf Das Recht der freien Meinungsäußerung | VVDStRL 4 (1928) Seiten 44-73.

Söllner, Alfred Zum verfassungsrechtlichen Schutz geistigen Eigentums | Festschrift für Fritz Traub zum 65. Geburtstag | Frankfurt a.M. 1994, Seiten 367-374.

Spindler, Gerald | Heckmann, Jörn Retrodigitalisierung verwaister Printpublikationen | GRUR Int. 2008 Seiten 271-284.

Stammler, Rudolf Theorie der Rechtswissenschaft | 2. Auflage Halle a.d.S. 1923.

Stein, Ekkehart | Frank, Götz Staatsrecht | 20. Auflage Tübingen 2007.

Stuhlert, Sabine Die Behandlung der Parodie im Urheberrecht | Diss. Köln 2001, München 2002.

Thieme, Werner Die Wissenschaftsfreiheit der nichtuniversitären Forschungseinrichtungen | DÖV 1994 Seiten 150-156.

Thormann, Martin Abstufungen in der Sozialbindung des Eigentums | Diss. Marburg 1996, Stuttgart/u.a. 1996.

Ulmer, Eugen Urheber- und Urhebervertragsrecht | 3. Auflage Berlin/u.a. 1980.
Ders. Zitate in Filmwerken – Urheberrecht | GRUR 1972 Seiten 323-328.
Ders. Anmerkung (zu BGH GRUR 1959, 197) | GRUR 1959 Seite 200.
Unruh, Peter Der Verfassungsbegriff des Grundgesetzes | Habil. Göttingen 2001, Tübingen 2002.
Vesting, Thomas Gegenstandsadäquate Rechtsgewinnungstheorie – eine Alternative zum Abwägungsprogramatismus des Bundesdeutschen Verfassungsrechts? | Der Staat 41 (2002) Seiten 73-90.
Vinck, Kai Parodie und Urheberschutz | GRUR 1973 Seiten 251-254.
Ders. Anmerkung (zu BGH LM § 52 UrhG Nr. 4) | § 52 UrhG Nr. 4, Blätter 1191-1192.
Ders. Anmerkung (zu BGH LM § 53 UrhG Nr. 13) | § 53 UrhG Nr. 13, Blätter 10-11.
Vogtmeier, Julia Elektronischer Pressespiegel im zweiten Korb | MMR 2004 Seiten 658-662.
Völker, Stefan Kommentar (zu BGH K&R 1999, 225) | K&R 1999 Seiten 228-230.
Vosskuhle, Andreas Theorie und Praxis der verfassungskonformen Auslegung von Gesetzen | AöR 125 (2000) Seiten 177-201.
Waldenberger, Arthur 2. Anmerkung (zu BGH MMR 2002, 739) | MMR 2002 Seiten 743-745.
Wallraf, Georg Elektronische Pressespiegel aus Sicht der Verlage | AfP 2000 Seiten 23-29.
Waltermann, Raimund Sozialrecht | 8. Auflage Heidelberg 2009.
Wandtke, Artur-Axel Copyright und virtueller Markt in der Informationsgesellschaft - oder das Verschwinden des Urhebers im Nebel der Postmoderne? | GRUR 2002 Seiten 1-11.
Wandtke, Artur-Axel | Bullinger, Winfried Praxiskommentar zum Urheberrecht | 3. Auflage München 2009.
Dies. Fallsammlung zum Urheberrecht | 2. Auflage München 2005.
Wank, Rolf Die Auslegung von Gesetzen | 4. Auflage Köln/u.a. 2008 *(zitiert: Wank, Auslegung).*
Weber, Horst M. Anmerkung (zu BGH NJW 1972, 1273) | NJW 1972 Seiten 1577-1578.
Weinsheimer, Willi Auslegung von Ausnahmevorschriften und Vorschriften mit „eindeutigem" Wortlaut | NJW 1959 Seite 566.
Wendt, Rudolf Eigentum und Gesetzgebung | Habil Köln 1983, Hamburg 1985.
Wessels, Johannes | Beulke, Werner Strafrecht Allgemeiner Teil | 39. Auflage Heidelberg 2009.

Wieacker, Franz Privatrechtgeschichte der Neuzeit | 2. Auflage Göttingen 1967.

Willoweit, Dietmar Deutsche Verfassungsgeschichte | 6. Auflage München 2009.

Winkler, Markus Künstlerische Zitierfreiheit und Urheberrecht | JA 2001 Seiten 371-373.

Zahrt, Michael Der urheberrechtliche Schutz elektronischer Printmedien | Diss. Marburg 1998; Frankfurt a.M./u.a. 1999.

Zippelius, Reinhold Juristische Methodenlehre | 10. Auflage München 2006.

Ders. Verfassungskonforme Auslegung von Gesetzen | Bundesverfassungsgericht und Grundgesetz, Festgabe aus Anlass des 25jährigen Bestehens des Bundesverfassungsgerichts, Band II | Tübingen 1976, Seiten 108-124.

Zweigert, Konrad Rechtsvergleichung als universale Interpretationsmethode | RabelsZ 15 (1949/50) Seiten 5-21.

Schriften zum Handels- und Wirtschaftsrecht

Herausgegeben von Michael Kling, Herbert Leßmann und Ralph Backhaus

Band 1 Thomas Häuser: Die Eigenmittel der Kreditinstitute und mögliche Erweiterungen. 2000.

Band 2 Susanne Koch: Schutz vor kommerzieller Markenverunglimpfung durch das Markengesetz. 2001.

Band 3 Andreas Lachmann: Haftungs- und Vermögensfolgen bei Sitzverlegung ausländischer Kapitalgesellschaften ins Inland. 2000.

Band 4 Markus Fischer: Die freie Benutzung beim Schreiben künstlerischer Literatur. 2001.

Band 5 Frank Zingel: Ausbietungsgarantien. Rechtliche Probleme eines Kreditsicherungsmittels. 2001.

Band 6 Stephan Marienfeld: Konzernproblematiken bei der Publikumspersonengesellschaft. Dargestellt an den Beispielen der Mehrheitsentscheidungen, des Beirates und der Treuhandkonstruktion. 2001.

Band 7 Tobias Menzel: Werbebeschränkungen im Sport. Eine wettbewerbsrechtliche Untersuchung verbandsrechtlicher Werbebeschränkungen am Beispiel des DFB. 2002.

Band 8 Thomas Ullrich: Unternehmensmitbestimmung in der kapitalistischen Kommanditgesellschaft auf Aktien. 2002.

Band 9 Sebastian Jungermann: Der Beweiswert elektronischer Signaturen. Eine Studie zur Verläßlichkeit elektronischer Signaturen und zu den Voraussetzungen und Rechtsfolgen des § 292a ZPO. 2002.

Band 10 Axel Schilder: Schadensersatz bei Durchbrechung der Bindung an obligatorische Vertragsofferten. Eine vergleichende Untersuchung zum BGB und zum UN-Kaufrecht (CISG). 2003.

Band 11 Götz Wied: Gewinnversprechen von Versandfirmen. Rechtfertigung, Auslegung und Anwendungsprobleme des § 661a BGB. 2003.

Band 12 Timo Elsner: Die laufende Kontrolle der Tochtergesellschaften durch die Verwaltung der Muttergesellschaft. Eine Konkretisierung der aktiengesetzlichen Grundlagen. 2004.

Band 13 Elmar Mand: Das Recht der Kabelweitersendung. Kabelweiterleitung von Rundfunkprogrammen im Lichte des § 20 b UrhG. 2004.

Band 14 Thorsten Schaefer: Normenkonkurrenz beim Schutz von Marken und geschäftlichen Bezeichnungen. 2005.

Band 15 Frank Fricke: Zivilrechtliche Folgen von Verstößen gegen das SchwarzArbG. 2005.

Band 16 Christine Bunzel: Der Ersatz vergeblicher Aufwendungen im modernisierten Schuldrecht. 2007.

Band 17 Christian Severin: Auflassungsvormerkung und Eingriffsschutz. Zur Frage, ob dem Inhaber eines vormerkungsgesicherten Eigentumsverschaffungsanspruchs Sanktionsschutz gegen faktische Einwirkungen auf das vormerkungsbelastete Grundstück zukommt. 2008.

Band 18 Young-Jong Yi: Zur Strukturreform der koreanischen börsennotierten AG vor dem Hintergrund des deutschen und des US-amerikanischen Aktienrechts. 2008.

Band 19 Sandra Löwer: Inhaltskontrolle von Nutzungs- und Leistungsbeziehungen zwischen dem Idealverein und seinen Mitgliedern. 2008.

Band 20 Sandra Mießner: Providerhaftung, Störerhaftung und Internetauktion. 2008.

Band 21 Alexander W. Schilling: Passivlegitimation im gewerblichen Rechtsschutz und Urheberrecht. Die Bestimmung des Anspruchsgegners des urheber-, marken- und wettbewerbsrechtlichen Unterlassungsanspruchs anhand von Verkehrspflichten. 2010.

Band 22 Florian Mizdalski: Zur restriktiven Auslegung der Urheberschranken vor dem Hintergrund von Art. 5 GG. 2011.

www.peterlang.de